SAMUEL P. HUNTINGTON

扉页插图：杜鲁门总统与麦克阿瑟将军在威克岛会面（1950 年 10 月 15 日）

雅理译丛

田雷 主编

The Soldier
And The State

The Theory And Politics
Of Civil-Military Relations

〔美〕 塞缪尔·亨廷顿
Samuel P. Huntington
——著

李晟—译

军人与国家
军政关系的理论与政治

上海交通大学出版社
SHANGHAI JIAO TONG UNIVERSITY PRESS

图书在版编目（CIP）数据

军人与国家：军政关系的理论与政治／（美）塞缪
尔·亨廷顿（Samuel Phillips Huntington）著；李晟
译. -- 上海：上海交通大学出版社，2023.11（2025.3 重印）
　　书名原文：The soldier and the state：the theory
and politics of civil-military relations
　　ISBN 978-7-313-28964-3

　Ⅰ．①军…　Ⅱ．①塞…　②李…　Ⅲ．①军事科学-关
系-政治-研究　Ⅳ．①E0-053

　　中国版本图书馆 CIP 数据核字（2023）第 191614 号

军人与国家：军政关系的理论与政治
JUNREN YU GUOJIA：JUNZHENG GUANXI DE LILUN YU ZHENGZHI

著　　者：[美]塞缪尔·亨廷顿	译　　者：李晟
出版发行：上海交通大学出版社	地　　址：上海市番禺路 951 号
邮政编码：200030	电　　话：021-64071208
印　　制：上海盛通时代印刷有限公司	经　　销：全国新华书店
开　　本：710mm×1000mm　1/16	印　　张：32.25
字　　数：444 千字	印　　数：5001—8000 册
版　　次：2023 年 11 月第 1 版	印　　次：2025 年 3 月第 2 次印刷
书　　号：ISBN 978-7-313-28964-3	
定　　价：128.00 元	

版权所有　侵权必究

告读者：如发现本书有印装质量问题请与印刷厂质量科联系

联系电话：021-37910000

献给我的母亲

导　读

> "国虽大，好战必亡；天下虽安，忘战必危。"
>
> ——《司马法·仁本》

塞缪尔·亨廷顿的《军人与国家：军政关系的理论与政治》问世于 1957 年。这本书针对第二次世界大战前美国社会对强大军事力量的恐惧，基于欧洲军政关系从贵族制到民主制的大变革，以及军事建制的地位、角色、影响力和伦理在此过程中发生的巨大变化，提出了一种新的军政关系理论。由于欧洲军政关系的这个转变也是美国以及亚非拉各国已经、正在或需要经历的，因此可以说，亨廷顿处理的是一个历久弥新的经典问题，即什么样的军政关系有利于维护国家安全。

军政关系，即军队与政府之间或者军事权力与行政、立法、司法三种权力之间的关系，具体是指军官群体与文官群体之间的关系。亨廷顿以马克斯·韦伯式的口吻断言，军队是科层制的职业和组织，军人"管理暴力"、表达国家对军事安全的需求、运用军事视角评判国家的行动方案并实施国家的军事安全决策。简言之，军人直接代表国家垄断合法暴力的行使权，维护国家的军事安全。亨廷顿主张，在欧洲，以军官群体的职业化为首要特征的军事专业化，是其经济、社会、政治和军事现代化进程的产物，尤其是现代国家常备军需求的产物，崛起的欧洲民族国家需要由职业化军队构成的常备军，并为之提供充足的财政和人事资源，职业化的军官群体成为国家官僚体系的组成部分，军事制度成为国家的政治制度。

一

欧洲军事专业化兴起于 19 世纪的普鲁士、法兰西和英格兰，这些先行者在准入、晋升、教育、能力、精神和参谋体系六个方面从贵族制转向专业化，催生了军政关系问题。普鲁士在欧洲首创了职业化的军官群体、职业化的总参谋部、义务兵役制，并接受了克劳塞维茨的文官控制理论，把保守主义和现实主义作为军事伦理，[1] 强调军人必须假定"政策是全社会整体利益的代表"且坚决服从，并把服从文官控制作为军人的天职。通过推动军人、军队与军事的专业化，并坚持文官对军队的有效控制，普鲁士炼就了一支由共同纽带与共识团结起来的"新常备军"，成为欧洲军队的楷模。亨廷顿在此基础上提出了一种新的军政关系理论，主张从军官群体相对于文官群体的权力、专业化军事伦理与其他主流政治意识形态之间的关系两个方面，谋求军事专业化与"客观文官控制"的最大化。

但是，在专业化的性质上，欧洲与美国不同。亨廷顿认为：在欧洲，专业化挑战的是占统治地位的贵族制，因此是民主制的；而在美国，专业化挑战的是占统治地位的民主制，因此是贵族制的。从独立战争直至 20 世纪上半叶，得天独厚的地理优势和地缘优势使美国人几乎不需要担心其安全，自由主义始终主导着美国及其军政关系，美国人只知道自由主义及其少数几种变体，而自由主义反对维持大规模的常备军，认为军事制度和军事职能必然威胁自由、民主、繁荣与和平，因此只关心什么样的军政关系模式能与美国的自由民主价值兼容。

这一点也体现在宪法上。亨廷顿强调，尽管美国宪法是保守主义的，但制宪者既没有预料到大众民主的兴起，也没有预料到军事职业的

---

[1] 亨廷顿将保守主义界定为军事伦理核心特征的思想渊源，参见 Guttman, Allen, "Political Ideals and the Military Ethic", *American Scholar*, 34：2（Spring 1965）：221—237.

兴起，因此美国宪法完全没有触及政党问题，也没有规定文官控制，它延缓了英国式的强大政党体制在美国的形成，也阻止了英国式的有效文官控制在美国的形成。这是因为，美国宪法的民兵条款分割了州与联邦政府对民兵的控制权，分权条款分割了国会与总统对军队的控制权，统帅条款分割了总统与内阁部长对军队的控制权，政治分权和刚性宪法相结合，导致美国无法建立起英国那样有效的文官控制。因此，美国军官群体的职业化进程远远落后于欧洲各国。

美国南北战争（后简称"内战"）之前，美国不存在重要的专业化军事制度，常备军的规模非常小。美国的军事专业化生成于内战至第一次世界大战期间，这个时期既是"军队政治权力和社会影响的冬天"，又是"军事专业化的春天"，"国家更加自由主义，军队更加保守主义"。1914年，美国军人的战争与政策理论已经完全"克劳塞维茨化"："政策制造战争，战争执行政策"。但正是因为美国的文官群体常常无法制定清晰的军事政策，国家安全委员会（Council of National Defense）等军事决策机构才应运而生。然而，一战结束后，美国又重回自由主义的孤立主义传统，"商业和平主义"和"改革自由主义"都坚持反军事主义，导致美国军事专业化在两次世界大战之间完全停顿下来。二战期间，美国的军政关系从文官控制变为军方主导，保守主义的职业军事伦理成为美国军官群体的主流意识形态，参谋长联席会议的权力大大扩张，直接协助总统制定战略、决定军事预算，不受任何文官机构的约束。

二

二战结束不久，世界政治陷入冷战格局，美国的军政关系从此发生巨变。作为世界政治的主要参与者，美国需要远高于二战前水平的军事力量，这推动军事需求成为外交政策的基本内容，职业化的军人、军队与军事机构获得史无前例的权威和影响力。保守主义的军事观念、强化的军事力量与自由主义社会之间的关系持续紧张。因此，亨廷顿反复追问：一个自由主义社会如何提供军事安全？如果说，美国军事安全的必要条件是美国社会的基本价值观从自由主义转向保守主义，那么这个转向在战后十年就开始了。1964年，戈德华特破天荒赢得了作为民主党铁票区的南方六州，加速了这个转向。[1] 换言之，二战后的美国军政关系发生了亨廷顿所期望的变化，军队走向保守主义，国家也走向保守主义。

随着美国军事力量的不断强化，军官群体在政治、行政、工业等领域扮演了日益重要的非军事角色，与很多民间团体联系密切，这极大地影响着美国的社会、经济和政治进程。美国军人的数量在二战期间高达1570多万人，这些人在战后需要重新回归社会，美国为此专门制定了一部退伍军人权利法，向其中约1240万人提供教育、培训、医疗、就业、失业救济、创业、置地、建房等方面的全面支持，朝鲜战争、越南战争、海湾战争、伊拉克战争和阿富汗战争结束后的退伍军人安置问题，也都做了类似处理，这推动美国出现了退伍军人进大学求学、教书、置业，进法院，做工程师和郊区城镇化的浪潮。[2] 因此，哈佛大学政治学者西达·史考朴（Theda Skocpol）认为，[3] 美国社会政策的政治起源主要在于对士兵和母亲的保护。

二战直至越战期间，美国军人的数量一直比联邦政府的文职雇员多。整个冷战期间，国防部的文职雇员数量都维持在100多万人，1945年甚至高达260万人，直至今天，占联邦政府雇员总数的比重长期在35%至78%之间，是美国联邦政府的第一大部，这在人类政治史上前无

---

〔1〕［美］小尤金·约瑟夫·迪昂：《为什么美国人恨政治》，赵晓力等译，上海世纪出版集团·上海人民出版社2011年版，第145—328页。

〔2〕See Altschuler, Glenn, and Stuart Blumin, *The GI Bill: The New Deal for Veterans*, Oxford University Press, 2009.

〔3〕See Skocpol, Theda, *Protecting Soldiers and Mothers: The Political Origins of Social Policy in United States*, Harvard University Press, 1995, pp. 1-152.

古人。美国国防部、退伍军人事务部、国土安全部、联邦调查局、中央情报局、国家安全局、国防情报局和国家图像与地图局等负责维护国家与社会安全的文职雇员超过150万人，联邦政府一半的公务员执掌国家强制机器。还有200多万军人、2000多万军人家属，"国防工业复合体"所催生的大量依赖国防合同生存的公司企业，以及遍布全球的海外军事基地和此起彼伏的对外战争。在这些因素的共同作用下，美国的军事开支巨大，历年军事预算均超过非军事预算，历年占比超过一半，只有五六年的时间例外。这些现象说明，美国军事与民事职能的比例回到了1890年之前西方各国军事职能长期压倒民事职能的状态。[1] 当代欧洲与美国不同，其社会开支超过1/2甚至2/3，军事预算和开支比例普遍较少，这主要是因为二战结束以来美国及其领导北约体系为欧洲提供集体安全保障，这就是保守主义者罗伯特·卡恩所说的欧美关系格局：欧洲的天堂依赖美国实力的保障。[2] 就此而言，美国政体可说是一种"军事政体"，因为国家职能军事化了，开支也军事化了，军事建制对国家与社会生活的影响巨大。

这种影响尤其体现在作为军事力量集中运用的战争上。耶鲁大学政治学者戴维·梅休（David Mayhew）曾经批评美国学者按照和平时代的剧本照本宣科，大大低估了战争对美国社会和美国政治的巨大影响。梅休认为，战争能够创造一个全新的政治世界，战争制造了新问题，也开启了培育新政策的政治窗口。同时，战争还可以催生新理念、新议题、新方案、新偏好、新意识形态，重塑旧的选举联盟，从而永久地改变政治的需求侧。通过增强民族国家的力量，战争还可以改变政治的供给侧。在美国历史上，1812年第二次独立战争、美墨战争、内战、一战、二战都进行了大规模的社会动员，并深刻塑造了美国内政，催生了美国政

---

〔1〕［英］迈克尔·曼：《社会权力的来源（第二卷）：阶级和民族国家的兴起（1760—1914）》（下），陈海宏等译，上海世纪出版集团·上海人民出版社2007年版，第393—485、527—560页。

〔2〕［美］罗伯特·卡根：《天堂与实力：世界新秩序下的美国与欧洲》，肖蓉等译，新华出版社2004年版，第107—156页。

治的很多新政策、新议题、新变化，比如保护性关税、国家银行体系、所得税、退伍军人权利、黑人权利、州际铁路、赠地大学、累进税制、国家预算体系、禁酒令、女性投票权、国内情报体系、保障充分就业的财政政策、限制工会、科研政策、原子能政策、限制行政权力、更新国家安全结构、公共住房，等等。[1] 进而，美国的现代国家制度建构在很大程度上就是战争及其需求的产物。而在欧洲，正如查尔斯·蒂利所指出的，强制与资本推动了近代西欧民族国家的诞生，民族国家是战争的副产品。[2] 简言之，美国的国家建构过程类似于欧洲的国家形成过程。

三

《军人与国家》是亨廷顿六十多年前写就的著作，他在书中对美国军政关系的探讨截至 1955 年，他提醒美国人正视美国军政关系的下述重大危机，自由主义的社会意识形态难以接受对抗苏联挑战所必需的强大的专业化军队和军事建制。他在 1961 年强调，在军事行动、军力水平和武器规模方面，美国的军事政策只是文官政府对国内外环境各种相互冲突的压力所做的反应，冲突主要发生在文官所界定的对外政策目标与对内政策目标之间，而不是文官与军人之间。[3] 他坚持美国必须在这个直接影响国家安全的军政关系上做出决断。

不过，尽管亨廷顿开创了美国的军政关系研究领域，但并不是所有人都认同他的军政关系理论。反对派的代表人物之一、政治学者吉恩·

---

〔1〕 See David R. Mayhew, *Parties and Policies: How the American Government Works*, Yale University Press, 2008, pp. 288-327.

〔2〕 See Tilly C. *Coercion, Capital, and European States, AD 990-1992*, Oxford: Wiley-Blackwell; Revised edition, 1992, pp. 1-37, 67-95.

〔3〕 See Samuel P. Huntington, *The Common Defense: Strategic Programs in National Politics*, New York, Columbia University Press, 1961; Samuel P. Huntington, "Equilibrium and Disequilibrium in American Military Policy", *Political Science Quarterly* v. 76, n. 4 (1961): 481-502.

莱昂斯（Gene M. Lyons）就主张，亨廷顿没有充分重视影响美国军政关系的一些新因素，比如国防部这个集权组织的强化，文官领导人的职业化，军事职业特征的扩展，军事事务不再为军队所垄断，战争与和平之间、外交政策与军事政策之间的模糊界限，以及国防计划、国家政策的目标和价值与安全困境之间的复杂关系。简言之，美国同时存在"文官的军官化"和"军官的文官化"趋势，军政之间的分工更复杂，因此需要一种新的军政关系理论。[1] 社会学者莫里斯·贾诺威茨（Morris Janowitz）则提出了新的军政关系理论，把重心放在士兵的公民化上，主张外部威胁可以激发国家内部的凝聚力，激发维系国家所必需的公民参与和公民身份认同。社会学者詹姆斯·伯克（James Burk）认为，贾诺威茨和亨廷顿的军政关系理论不同，一个遵循古罗马富人共和主义传统，一个秉持霍布斯式和密尔式的思想传统，后者主张军队是维护军事安全所必要的，同时又必须受国家规制，防止其追求反民主的目标，但二者实质上都是联邦主义的。[2] 政治学者彼得·费维尔（Peter Feaver）把重心放在新的文官控制理论上，[3] 这种新文官控制理论需要协调两种不同的军政关系，也即究竟是要一个有能力按照文官要求做任何事的强大军队，还是要一个只能做文官所授权之事的从属军队。

作为回应，亨廷顿在 1994 年再次谈及本书时指出，由于美国自由主义受到威胁，也由于美国总统德怀特·艾森豪威尔在军事安全需求与社会需求之间建立了可持续的相互妥协，美国人在冷战期间接受了强大军事建制的长期存在，这对美国而言是一件幸事。但是，为了避免后冷战时代重新陷入危机，美国需要建立新的、可持续的军政关系，这是对

---

〔1〕 See Lyons, Gene, "The New Civil-Military Relations", *American Political Science Review* 55 (March 1961): 53-60.

〔2〕 See Burk J., "Theories of Democratic Civil-Military Relations", *Armed Forces & Society*, 2002, 29 (1): 7-29.

〔3〕 See Feaver, Peter, "The Civil-military Problematique: Huntington, Janowitz and the Question of Civilian Control", *Armed Forces and Society: An Interdisciplinary Journal* 23: 2 (Winter 1996): 149-178. 对亨廷顿军政关系理论的商榷及新的研究进展，参见 Eds. Nielson, Suzanne and Don Snider, *American Civil-Military Relations: The Soldier and the State in a New Era*. Baltimore: Johns Hopkins University Press, 2009, pp. 1—10, 72—90.

政治领导人和军事领导人的巨大挑战，因为这需要几个前提。第一，不能仅仅依据军事建制的规模或资源来判断其政治影响力，消耗大量资源的军事力量完全可以在有效的文官控制之下，比如冷战期间的美国和苏联，很多拉美和非洲国家的军队虽然消耗很少的资源，却经常蔑视甚至推翻文官政府。第二，政治领导人与军事领导人之间的强烈敌意当然意味着彼此的关系可能失衡，但二者也可能建立和谐的关系，二者职能不同，视角和利益也就不同，自然存在竞争和紧张。第三，军事建制希望政治领导人制定清晰的目标和政策，如果后者没有这么做，参谋长有责任自行做出规划。第四，政治领导人和军事领导人都承认和接受各司其职原则，不干预对方，军队往往在资源和自主性之间宁愿选择后者。第五，职业化的军官积极备战而不好战。[1] 由于这些条件不断变化，这种新的可持续的军政关系平衡还在探索之中，但冷战结束后的美国军政关系总体上符合亨廷顿心目中的理想模式。

可以看出，在冷战结束之后，亨廷顿仍然坚持自己四十年前提出的在美国行之有效的文官控制的军政关系理论，坚持军事伦理和社会意识形态必须从自由主义转向保守主义，坚持包括自由主义社会在内的任何社会都需要权威，而军事权力、军事制度是现代国家非常重要的一种权威。一个强大、团结、高度职业化的保守主义军官群体和军队不是对自由的威胁，而是自由主义社会的保障和政策执行过程的平衡器，军人、军官、军队就是现代国家的护卫者阶层，一个政治化、派系分裂、别有用心、缺乏声望但又对公众知名度敏感的军官群体将会危害到国家安全。军事伦理强调备战而非好战，强调军事强国而非穷兵黩武，主张用纪律、等级制、克制与坚定等军事德性约束军事力量。为了避免职业化的军官群体和军队军人无法自律，尤其是防止军人干政、军事政变，必须建构合理的军政关系模式，军官应该接受人事任免、财政预算和军纪国法审查等方面的文官控制，接受文官在合法性、道德、政治智慧和治

---

[1] See Kohn, Richard, Colin Powell, John Lehman, William Odom, Samuel Huntington, "An Exchange on Civil-Military Relations", *The National Interest*, 36 (Summer 1994): 23-31.

国能力上高于、优于、强于自己，把服从作为军人的最高德性，这种坚持军事专业化的客观文官控制优于追求文官权力最大化的文官控制。总之，军官必须服从文官的权威。

"权威"一词堪称理解亨廷顿思想的一把钥匙。20世纪50年代，他主张自由主义社会同样需要权威，服从文官控制的职业化军官群体和保守主义军队是维护国家安全的必要条件。20世纪60年代，他把文官控制军队的有效制度视为国与国之间统治水平的主要差别之一，把军人干政的原因归为政治而非军事，把军人干政的执政官式政体视为不发达社会之社会力量普遍政治化的表现，视为包括军队在内的社会子系统彼此脱嵌的产物，视为缺乏有效的政治制度或者政治制度软弱，进而没有能力调节、改进和节制各群体政治活动的恶果。他还进一步强调，军队领导人的主观偏好和准则往往无法提供社会所需要的三种政治制度，即反映现行的权力分配又能吸纳同化新的社会力量、有能力超越这些集团利益的政治制度，高度发达的官僚输出制度，以及控制权力交接的制度。在成熟的现代政体中，这三种制度需求往往由政党体系满足。因此，军队必须接受政党所领导的文官体系的控制。[1] 20世纪70年代，他更是直截了当地主张民主是建立权威的唯一手段，对政治体系的过多要求既扩大了后者的职能又破坏了后者的权威，节制的民主更长命。[2] 20世纪80年代，他把反政府权威、不反政治体制的自由主义"信念政治"视为美国政治制度既令人失望又抱有希望的原因所在，[3] 把稳定视为与增长、公平、民主、自主相并列的发展目标。[4] 20世纪90年代，他强调民主只是一种公共美德，并不是唯一的美德，民主制度很脆

---

〔1〕［美］塞缪尔·亨廷顿：《变动社会的政治秩序》，张岱云等译，上海译文出版社1989年版，第1—9、211—285页。

〔2〕［法］米歇尔·克罗齐、［日］绵贯让治、［美］塞缪尔·亨廷顿：《民主的危机》，马殿军等译，求实出版社1989年版，第54—102页。

〔3〕［美］塞缪尔·亨廷顿：《美国政治：失衡的承诺》，周端译，东方出版社2005年版，第241—284页。

〔4〕［美］塞缪尔·亨廷顿：《现代化：理论与历史经验的再探讨》，罗荣渠主编，上海译文出版社1993年版，第331—357页。

弱，需要把稳定作为任何政治制度分析的核心维度。[1] 20 世纪末 21 世纪初，他将目光转向美国的国家认同所面临的多元种族、多元语言、多元文化的挑战，[2] 在全球尺度的比较文明史分析框架中，这种挑战又构成某种推动世界秩序重建的文明冲突。[3] 对亨廷顿而言，在政治理念与政治制度两个维度上，权威都是建构理想政治秩序所不可或缺的。

2007 年，亨廷顿在接受访谈时回忆了这本书在五十年前所引发的一桩学术公案。[4] 1957 年，哈佛大学政治系的自由派教授卡尔·弗里德里希（Carl Friedrich）认为这本书在鼓吹权威主义，拒绝授予亨廷顿终身教职，亨廷顿被迫和布热津斯基一道转投哥伦比亚大学。尽管这位自由派教授四年后又亲自把亨廷顿请回了哈佛大学政治系，但亨廷顿本人在五十年后仍不接受这位学者的批评。他始终认为，在人类历史的长河中，文明的兴衰、战争与和平的交替、国家之间的攻守易势，都处在无尽的循环往复之中，变化是自然的，也是必然的。因此，如欲探寻走向政治秩序之道，人们必须区分权威（Authority）与权威主义（Authoritarianism）。

欧树军

中国人民大学政治学系教授

〔1〕 [美] 塞缪尔·亨廷顿等：《第三波：20 世纪后期的民主化浪潮》，刘军宁译，上海三联书店 1998 年版，第 7—11 页。

〔2〕 [美] 塞缪尔·亨廷顿：《我们是谁？美国国家特性面临的挑战》，程克雄译，新华出版社 2005 年版，第 119—148 页。

〔3〕 [美] 塞缪尔·亨廷顿：《文明的冲突与世界秩序的重建》，周琪等译，新华出版社 1998 年版，第 43—74、347—372 页。

〔4〕 See Munck, Gerardo L., and Richard Snyder, *Passion, Craft, and Method in Comparative Politics*, Johns Hopkins Press, 2008, pp. 211-216.

序　言

本书提出了一种有关军政关系的理论。读者将会发现许多历史素
材，这些素材主要来自美国，也有部分来自欧洲和亚洲。不过，本书并
不试图对军政关系做出一种历史性描述，无论是一般性的还是关于特殊
情况下的具体方面。本书的目标，在于发展出一种对军政关系进行观察
和分析的视角，简单来说，是一个理论框架。理解需要理论，理论需要
总结，而总结则需要对现实的抽象和梳理。没有理论可以解释所有的事
实，而读者们有时也会在本书中发现，理论概念及其差别被犀利而精细
地抽象出来，因而距离现实非常遥远。显然，真实的世界是混合的、非
理性的并且不协调的：现实的个性、组织与信仰，都很难被有条理地做
出合乎逻辑的分类。但是，如果有人想要对这个他生活在其中的真实世
界做出有意义的理解，并且将所理解到的经验广泛地加以适用，那么，
有条理的逻辑分类仍然是必要的。他必须对那些完全不会按照人类理性
法则而运作的现象做出一般化的抽象。对于理论做出衡量的标准之一，
是看该理论能够涵盖并解释相关事实的程度。而另一个标准，也是更重
要的标准，则是看它在多大程度上能够比别的理论更好地涵盖并解释事
实。对于军政关系的研究，一直以来在理论上都颇为薄弱。在美国流行
的关于军政关系的唯一理论，只不过是从美国自由主义的基本教条中所
得出的一些令人困惑并且不成体系的假想和信念而已。只有这样一些观
念的集合是不够的，无助于理解许多重要的事实，它们不过是一些陈词
滥调，形成于那些在当今世界已经颇为可疑的价值等级体系之中。这本
著作将做出努力，提供一个更有效且更贴切的理论框架，并提出和界定

viii 那些涉及军政关系研究的基本理论问题。如果因此能够激励关于军政关系与国家安全的进一步思考的话，那就实现了本书最重要的目标。

　　构成本书基础的是两个方法论上的假定。首先，假定军政关系在任何社会中都应作为一个包含了诸多相互依赖的组成要素的系统加以研究。这个系统的主要组成要素包括军事组织在政府中正式的、结构化的位置，以及军事集团在政治与社会中全面的非正式的角色与影响，还有军事与非军事集团的意识形态特性。作为这个系统中的一部分，任何一个要素都有可能牵一发而动全身。例如，德国与日本军官集团的不同意识形态，直接与他们在各自所处社会中的不同权威与行动影响相关联，并且也关系到这些社会中的不同意识形态特色。与之相似，美国军官集团在 1935 年到 1945 年间的权力变迁，对这个集团内部所持有的看法有着巨大的影响。因此，任何一个军政关系的复杂系统都会涉及军事集团与处于另一端的非军事集团的权威、影响与意识形态之间的微妙平衡。有无数的手段可以达成这种平衡。然而，本书的第二个方法论假定是，从对于军事制度性质与目标的特定前提出发，有可能概括一种特定形式的平衡——"客观文官控制"——来最大化军事安全。运用这一标准，有可能分析任何社会中军政关系体制增强还是削弱了其所在社会的军事安全的程度。如果这一体制大概接近于"客观文官控制"之平衡的话，也就可能对这一体制的组成部分所需要的变化提供建议。

　　本书的某些部分此前已经发表在《文官控制与宪法》［"Civilian Control and the Constitution", *American Political Science Review* （September 1956），676–699］，以及《军队的文官控制：理论综述》［"Civilian Control of the Military：A Theoretical Statement", in Heinz Eulau, Samuel J. Eldersveld, and Morris Janowitz

ix （eds.），*Political Behavior：A Reader in Theory and Research* （Glencoe, Ill.：The Free Press, 1956），pp. 380–385］。

　　本书的完成得益于社会科学研究理事会（Social Science Research Council）提供的教授研究基金资助。我衷心感谢理事会提供的资助，也要感谢理事会主席彭德尔顿·赫林（Pendleton Herring）持续的鼓励与关注，以及凯伊（V. O. Key, Jr.）教授对于我获得这一基金的支持。虽然他们可能并未意识到本书所体现的影响，但我的政治思考在许多方面受益于那些资深同事的智慧与视角。他们包括：赫尔康（Arthur N. Holcombe）教授、艾略特（William Yandell Elliott）教授、哈茨（Louis Hartz）教授。密歇根大学的简诺维兹（Morris Janowitz）教授、哥伦比亚大学的哈蒙德（Paul Y. Hammond）博士、哈佛大学的梅伊（Ernest R. May）教授以及美国陆军的杜普伊（Trevor N. Dupuy）上校通读了本书的初稿，这些研究领域覆盖了社会学、政府管理、历史学和军事学，学者们从多方面提出了建设性的批评与建议。塞拉（Alexander J. Cella）也在本书写作初期阅读了初稿。他对本书所做的工作已经超越了友情的范畴，大刀阔斧地删减冗词赘句，并且对保留下来的部分从整体上加以改进，做出了重要的贡献。

　　我也要感谢尼兹（Paul H. Nitze）与罗索夫斯基（Henry Rosovsky）对本书初稿中某些部分所做的评论，以及赫兹曼（Lewis Hertzman）在该研究的某些具体方面所做的协助，还要感谢哈佛出版社的柯芬（Ann Louise Coffin）细心且非常有帮助的编辑意见。我要特别感谢我的母亲对本书清样的细致审读，以及阿克里安（Nancy A. Arkelyan）、卡朋特（Carolyn N. Carpenter）、凯乐南（Martha Ann Kelleran）对这一艰苦工作的协助。最后，我要表达对以下同事的深深感谢：豪斯（Kirkland House）、埃德曼（Howard L. Erdman）、赫希曼（Warren B. Harshman）、霍赫豪泽（Stephen I. Hochhauser）、穆森（Howard H. Muson）、拉威尔（Roger C. Ravel）和托宾（Stanley E. Tobin），他们在核对参考文献与引证方面做出了辛勤的工作。所有学友、批评者与助手都对本书的创作过程有着重要的帮助，但最后当然要说明的是，一切文责由作者自负。

塞缪尔·亨廷顿
1956 年 11 月于马萨诸塞州坎布里奇

目　录

第三编　美国军政关系的危机（1940—1955）

导　论
国家安全与军政关系

军政关系是国家安全政策的一个方面。国家安全政策的目标，在于 面对来自其他国家的威胁时，能够增强其社会、经济与政治制度的安全性。通常认为，国家安全政策以三种形式、两个层次表现出来。军事安全政策作为一系列行动方针，目标是能够尽可能减少或抵消那些独立于国家政权或区域之外的武装力量的行动对国家造成的不同程度的危害。而国内安全政策所要处理的是颠覆政权的威胁——那些在政权与区域范围之内进行的会削弱乃至摧毁国家的力量运作。情境化的安全政策则涉及源自社会、经济、人口与政治的长时段变迁而造成的侵蚀国家权力的威胁。这三种形式的政策都有各自的运作层面与制度层面。运作层面的政策由那些直接回应安全威胁的方法构成；而制度层面的政策则提供方法来形成并执行运作层面的政策。在军事安全政策中，军政关系是一个基本的制度化构成要素。

军事政策中的直接运作层面通常涉及以下方面：

1. 军事力量规模、征募与供给的定量处理，包括国家资源应当以何种比例投入军事需要当中这一基础性问题；

2. 军事力量的组织、构成、装备与部署的定性处理，包括武器装备的型号、基地的位置、盟友的安排等类似问题；

3. 军事力量使用的动态处理，包括什么时候、什么情形之下，军事力量被投入使用。

公共辩论常常围绕着这些问题。但是从长远来看，对于这些问题所做出的决断本质上取决于制度模式，通过后者才有了前者。制度层面政策的基本问题常常被提出；它们总是不断被重新定义而从未彻底解决。因此，军政关系的体系也就成了国家军事安全政策的基础。从制度层面来说，该政策的目标是建立一个军政关系的体系，通过这个体系以最小限度牺牲其他社会价值的成本来最大化军事安全的收益。要达成这样的目标，需要在政治与军事集团之间达成力量与观念的复杂平衡。那些在这一方面形成了适当平衡模式的国家，则能够在安全方面大为获益。这些国家在军事政策的运作层面也更容易获得正确的答案。而那些未能建立起军政关系平衡模式的国家，则会浪费国家资源，并且遭遇无法预期的风险。

军政关系的至关重要

在任何社会中，军事制度都由两方面力量所塑造：源于社会安全威胁的功能必要性，以及源于社会中占据主导地位的力量、意识形态与制度所造成的社会必要性。只反映社会价值观的军事制度，或许不会在其军事功能方面得到有效的表现。此外，纯粹因为功能必要性而塑造的军事制度，也难以与社会相容。这两方面力量的交互作用是军政关系的关键。两者之间冲突的程度，取决于安全需求的紧迫性，以及社会价值模式的性质与强烈程度。对这两种力量的调节与平衡并非不可避免：有些社会从其内在就无法有效提供自身的军事安全。这样的社会在威胁持续的时代中缺乏生存价值。

对美国人而言，要平衡功能的与社会的必要性，直到最近才显示出其新的意义。从 19 世纪最初 10 年到 20 世纪 30 年代，美国人几乎不需要担心他们的安全。安全在美国人的生活环境中，简直是一个自然的内生变量，而非被创造出来的外生变量。当美国人认真考虑军事政策时，他们思考的是诸如军队的预算规模或海军的战舰数量这样的直接操作问题。而在另一方面，他们对于军政关系的思考被限制在国内经济、政治价值观与制度对军事制度的影响上。在我们的时代，一个更为基础和明显的事实是，技术变迁与国际政治结合在一起，将安全变成了政策的最终目标，而不像过去那样是政策的基本假定。功能的必要性不能再被忽略。从前，基本问题是：什么样的军政关系模式最能够与美国的自由民主价值兼容？而现在，这个问题被一个更重要的问题所取代：什么样的军政关系模式最有利于保卫美国的国家安全？

军政关系的一个基本要点就是军官集团同国家之间的关系。在这一点上，功能必要性与社会必要性的冲突应运而生。军官集团是军事体制中实际操作的组成部分，并且对社会的军事安全负责。军事与社会当中其他组织之间的社会与经济联系，都能反映出军官集团同国家之间的政治联系。因此，在分析军政关系时，首先就必须界定军官集团的性质。军官集团是一个怎样的群体？军人又是怎样一种人？

第一编

军事制度与国家：
理论与历史的视角

第一章

军人作为职业

职业化与军队

现代军官集团是一个职业化团体，现代军人也是职业化人员。这或 许是本书最基本的主题。职业是一个特定类型的功能化集团，集团内部成员都具有高度专业化特征。雕塑家、速记员以及广告撰稿人都有各自的功能，但是其中没有任何一种功能是天然职业化的。但是，对现代军人而言，职业主义却是其特征之一，就如同医生或律师一样。职业主义使得今天的军人同古代的战士相区分。军官集团作为一个职业化团体的存在，塑造了独一无二的现代社会中的军政关系问题。

其他职业的性质与历史都曾经被深入地加以讨论。但是，现代军官集团的职业化特征却一直被忽略。在我们的社会中，商人能够获得更多收入，政治家能够获得更多权力，但职业化人士却能够赢得更多尊重。不过，公众以及学者都几乎不会把军人想象成同律师或医生一样的职业化人士，而且显然也没有给予军人和民事领域的职业化人士同样的尊重。甚至军队自己有时候也被他们在公众中的形象所影响，因而不接受关于其职业化地位的含义。当"职业化"这个词被用来同军队联系在一起使用时，其通常只是作为一种同"业余"相对的"职业化"而使用，而非作为与"行业（trade）"和"行当（craft）"相对的"职业" 意义而使用。"职业化军队"与"职业化军人"这两个词混淆了两种职业概念的差异：一种是应募入伍并以此养家糊口意义上的职业，而另一种则是有着完全不同的服务社会的"更高天职"（higher calling）意义上的职业。

职业的概念

分析现代军官集团的职业化特征，第一步是要定义职业主义。一个职业能够成为一种特定类型的使命（vocation）的最显著特征，是其专业能力（expertise）、责任（responsibility）与内部团结（corporateness）。[1]

专业能力。职业人员是在人类所从事的某个重要领域拥有专门知识与技能的专家。他的专业知识只有通过长期的教育或实践经验才可能获得。专业知识作为界定职业能力的客观标准的基础，能够将这个职业同外行加以区分，并且对职业内部成员的相对能力进行衡量。这样的标准是通用的。这些标准内在于知识与技能之中，并且能够不考虑时间与地点而普遍适用。那些普通的技能与手艺只存在于现实之中，不用参考历史而只要学习现行的技术就能掌握。但是，职业化的知识是一种更为根本的知识，并且可以通过书写得到保存。职业化的知识有其自身的历史，而关于历史的知识也是职业能力中不可或缺的组成部分。为了扩展和传承职业化的知识与技能，需要专门的研究与教育机构。通过期刊、学术会议与学术界、实务界的人际圈，某一职业的学术领域和实践领域的关联得以维持。

职业化的专业能力还有一个横向的维度在普通行业中是缺失的。这是社会中整体文化传统的一个组成部分。只有当他意识到自己是宏大传统中的一个部分时，职业人员才能够成功实践自己的技能。那些博学的职业之所以是"有学问的"，仅仅因为他们是社会中整个得到学习的群体的组成部分。因此，职业教育包括两个阶段：第一阶段是塑造全面的通识教育基础，第二阶段才是职业知识与技能。职业人士的通识教育通常由社会中面向这一目标的一般化教育机构实施；而职业教育的第二阶段，或者说技能教育阶段，则交给那些由附属于职业群体自身或由其控制的专门教育机构。

责任。职业人员是实践中的专家，他们在社会语境中工作，提供诸如医疗、教育或司法方面的服务，这些都对我们的社会有着不可或缺的功能。对每个职业而言，他们的客户都是社会，既有其中的个体，也包括社会整体。例如，一位化学研究者就不算是职业人士，因为他所提供的服务，虽然也对社会有益，但这种有益却不是直接对其存在与发挥功能具有不可或缺的作用：只有杜邦公司和美国标准局（Bureau of standards）从其服务中直接受益。所提供服务的基本与一般特征及其对于专业技能的垄断，促使职业人士承担起服务于社会需求的责任。正是社会责任，使得职业人士同其他仅有专业知识技能的专家相区分。例如，一位化学研究者如果运用其专业知识危害社会，那么他还是化学研究者。但是对职业人士而言，如果他拒绝承担社会责任，那就不再算是职业实践：如果一位医生将其技能用于反社会的目的，那就不再是医生。服务社会的责任感与投身于专业技能的情感共同构成了职业动机。当职业人士以其职业身份出现时，经济报酬并不是他的基本目标。因此，职业酬金通常只是部分取决于开放市场上的讨价还价，并且还要受到职业行规与法律的约束。

必需的服务的表现，不受到关于经济回报的一般预期规制，因而要求一定的规则来规制职业群体同社会中其他部分之间的关系。职业人士同其客户之间存在着冲突，职业内部的成员之间也同样有冲突，这种冲突通常直接导致这些规则的形成。职业因此也成了一个持有特定价值观念的道德组织，以此指引其成员如何同外行打交道。这种指引可能是通过职业教育体系内部所传承的不成文规范，也可能表现为关于职业道德的成文规则。

内部团结。职业内部的成员拥有一种有机体的共同意识，并且分享将自己作为一个群体同外行人相区分的自觉。这种集体意识形成于为了

10

职业能力的需要而进行的长期规训、工作中的相互联系，以及对于独一无二的社会责任的共同担当。宣布自我构成一个职业有机体的集体意识，形成了职业能力与职业责任的标准，并且运用着这种标准。职业组织的成员资格，同专业知识的掌握和专门责任的承担一道，成为确定职业地位的标准，将职业人士同外行相区分。职业利益要求其限制成员将职业能力运用到无关的领域，从而可以与那些因为在其他领域取得成就或贡献而声称拥有职业能力的人相区分。职业组织通常既有民间社团也有官僚机构。在诸如医生和律师这样的社团化职业中，参与者的典型状态是独立发挥作用并直接与客户建立起个人关系。而官僚化的职业，例如外交人员，则有更高水平的分工专业化与职业责任，并且作为一个整体为同样作为整体的社会提供服务。这两种分类并不是截然对立的：在许多社团化职业中也存在官僚化因素，而社团也常常作为官僚化职业正式制度之外的补充。社团化职业通常有成文的职业道德规则，因为其中的成员要以个人身份面对是否合理地对待客户与同行的问题。而官僚化职业则更倾向于培养关于职业责任和整个职业在社会中合理角色的一般性集体意识。

军事职业

11　　军官作为一种使命，符合职业主义的基本标准。实际上，没有任何使命具备职业理想类型的全部特征，即使是医生与律师。同其他职业相比，军官可能更为缺乏理想型职业的特征。但是，仍然不能否认其具有作为职业的基本特征。事实上，当军官最大限度地接近于职业的理想类型时，是最为强力而有效率的；反之，当失去理想型特征时则是最软弱而低效的。

军官的专业能力。什么是军官的专业能力？是否存在所有军官都共有而又不同于其他文职团体所分享的技能？乍看上去并非如此。军官集团中包括了许多种类的专业人员，其中大部分都能够在民间生活中找到自己的相同对应者。工程师、医生、飞行员、军械专家、情报专家、通讯专家——所有这些既能够在现代军官集团内部找到，也能在其外发现。即使不考虑这些全身心投入自身知识领域的技术专家，只把军队宏观划分为陆、海、空军，也会显示出他们履行的职能与所需要的技能有着巨大的差别。巡洋舰舰长与步兵师师长所面临的问题截然不同，因而对于能力的需求也有着同样的巨大差别。

不过，很明显还是存在一定范围的军事能力，对于所有或几乎所有军官来说是共同的，并且也能够将他们同所有或几乎所有的民间人员区分开。这种能力的核心，或许最准确的概括就是哈罗德·拉斯韦尔（Harold Lasswell）提出的"对暴力的管理"（the management of violence）这一概念。军事力量的功能在于成功处理武装冲突。军官的职责包括：其一，组织、装备并训练军事力量；其二，对军事力量的行动进行计划；其三，在冲突时和冲突之外对军事力量进行控制。使用暴力的人群组织实施引导、监督与控制的最基本功能，是军官最为独特的技能。这种技能对陆海空三军的军官而言都是共同的。也正是这种技能，将军官同现代军队中所存在的其他专业人员相区分，突出其作为军官的意义。其他专业人员的技能对于达成军事力量的目标而言都是必需的。但他们的职责基本上还是辅助而已，这些专业人员同军官之间的关系，就如同护士、化验师、实验室技师、营养师、药剂师、X光技师同医生之间的关系一样。没有任何在军队中或是为军队提供服务的辅助性专业人员有能力实施"对暴力的管理"，正如没有任何医疗行业的辅助性专业人员能够诊断并治疗一样。毕业于安纳波利斯的海军军人们的传统箴言就是"与舰队作战"（fight the fleet），这显示了军官身份的本质。那些像医生一样作为个体而在军队中提供专业服务的专业人员，没有能力对暴力进行管理，虽然也是军官集团当中的成员，但却会以某些军衔和标志被区分出来，排除在下达军事命令的职位之外。他们属于军官集团，但从能力上看是国家的管理组织，而不是职业组织。

在军事职业内部，专业人员在陆地、海洋与天空对暴力进行管理，就像在医疗职业内部专业人员对心脏、胃和眼睛进行诊治一样。军事专业人员是特殊的专家，需要在特定的情况下使用暴力。使用暴力的多种情形与各种形式，构成了次级专业人员（subprofessional specialization）的基础。这也同样构成了对于相对的技术能力进行评价的基础。如果一名军官能够指挥更大规模也更复杂的暴力集团，并且对更多类型的情况和环境进行处理，那么他的职业能力就更强。只能直接指挥单个步兵班的人，所拥有的职业能力也就只够在边境线上巡逻；而能够管理一个空降师或一支航母特混舰队的人则自然有着强得多的职业能力。那些能够对大规模的陆海空合成军队的复杂行动进行指挥的人，则是这个职业内部的最高级精英。

很显然，军事功能需要高水平的专业能力。对个人而言，无论他自13 身拥有多么出色的智力、性格与领导力，都不可能不经历充分的训练与实践就能发挥出军人的功能。在紧急情况下，一个未经训练的平民或许能够在短时间内像一个低级军官一样行动，就好像一个聪明的外行或许也可以在医生赶到之前进行紧急的救治一样。这在过去是可能的，那时候管理暴力还不像现代社会中一样是最为复杂的任务。但是到了现在，就只有那些将其全部工作时间投入这项任务当中的人能够培养出可靠的职业能力。军官的技能既不是手艺（这是基础的机械性操作），也不是艺术（这要求独一无二且无法传承的天赋）。这是一种异常复杂的知识技能，要求极其全面的学习与训练。还必须注意，军官的独特技能是管理暴力，而非直接使用暴力。例如，用来复枪射击不过是机械性的手艺，而指挥一个来复枪连队就需要截然不同的能力，这种能力一部分来自于书本学习，另一部分来自于实践中积累的经验。军事职业中的知识性内容要求军官投入大约三分之一的职业生涯到正规的军校学习之中，这样一个教育时间与实践时间的比例，或许比别的职业更高一些。这在一定程度上反映了军官只有有限的机会去获取那些对其使命而言最为重要的方面的实践经验。不过，更主要的还是反映了军事专业知识的极端复杂性。

军官的独特技能从本质上而言不会随着时间和地点的改变而改变，从这个意义上说，它是普适的。就好像好的外科医生的标准在苏黎世或纽约都相同，无论在俄罗斯还是美国，无论是 19 世纪还是 20 世纪，职业军人能力的衡量标准也都是一样的。对共同的职业技能的掌握，是将有着许多其他差异的军官联系在一起的纽带。此外，军官职业还有自己的历史。对暴力的管理并不是一种简单的学习了现存的技术就能掌握的技能。这种技能有着自己持续发展的历史，军官们必须理解其发展历程、趋势与动态。只有当他理解了组织和指挥军事力量的历史发展时，才有可能成为这个职业当中的顶尖精英。关于战争与军事事务的历史的重要性，在军事著作与教育中始终得到了强调。

要精通军事技能，还要求开阔的历史文化背景。在任何时代，暴力的管理与使用都同整个社会的文化模式有着密切的联系。就像法学与历史学、政治学、经济学、社会学以及心理学相互交融一样，军事技能也是如此。甚至更为夸张地，军事技能还同物理学、化学与生物学这样的自然科学结合在一起。为了适当理解自己的行当，军官必须有关于其他学科的相应知识，并且知道以什么样的方式运用多学科的知识来服务于自身目标。此外，如果仅仅接受关于本行业职责的训练，还无法真正发展出分析能力、洞察力、想象力与判断力。这些在职业中所需要的能力与思维习惯，需要通过职业以外的更丰富途径才能够学到。事实上，就像律师和医生一样，军官职业一直要面对的也是人的问题，因此要求他们更深入地理解人类的态度、动机与行为，而这通常是由通识教育来推动的。正如通识教育已经成为进入律师或医生职业的先决条件一样，对职业军官而言也是一个必要的标准，这一点几乎也已经成为普遍的共识。

军官的责任。军官的专业知识促使其承担特定的社会责任。仅仅为了个人利益而漫无目的地使用这种专业知识会对社会结构造成破坏。就像医疗职业一样，对暴力的管理也强调要在实现得到社会支持的目的时

14

才能够使用。社会在使用军官的这种技能时，直接、持续并且普遍的利益就是增强军事安全。所有的职业都在一定程度上被国家规制，而军事职业则是必须由国家垄断。医生的技能是诊断与治疗，其责任是客户的健康。军官的技能是对暴力的管理，责任则是社会这个客户的军事安全。精通技能才能履行责任，而技能的熟练又强化了对责任的接受。责任和技能共同构成了区分军官和其他社会职业的标准。社会中的每个成员都从安全中获利，全社会对此同其他社会价值一样有着直接的关切，但只有军人仅仅为军事安全负责，排除了所有其他目的。

　　军官是否存在职业性的激励？很明显，经济激励并不是主要的。在西方社会中，军官职业的货币收入并不可观。其职业行为既缺乏胡萝卜，也缺乏大棒。军官并非将自己的服务售给出价最高者的雇佣军，也并非通过临时性的强烈爱国热情与使命感组织起来但并没有稳定而长期的欲望来管理暴力的民兵。对军官而言，激励来自于对其独有技艺的热爱，以及通过运用这种技艺服务于社会利益所带来的社会使命感。这两方面的结合，共同构成了职业性激励。不过，也只有在为军官服役期间和退役之后都提供了稳定且充足的报酬时，社会才能确保这种激励。

　　军官有许多知识性的技能，要掌握这些必须通过刻苦学习。但是，像律师和医生一样不能躲进书斋之中，军官也必须一直与人打交道。在人际交往的语境中运用其技术知识，才是对军官职业能力的检验。虽然这并不通过经济手段加以规制，但军官也需要积极的指引，向他的同僚、下属、上级以及所服务的国家清楚展示其职责。他在军事体制中的行为，受到大量复杂的规章、习惯与传统的控制。而他与社会相关的行为，则必须受到这样一种意识的引导，那就是认可当军事技能的运用有助于社会时才能够使用，而只有通过政治机构也即国家才能做出这种认可。医生首先是为他的病人负责，律师首先是为他的客户负责，而军官则是首先对国家负责。他对国家的责任是一种作为专业顾问的责任。就像律师和医生一样，他只需要考虑自己客户行为的某一个方面。因此，他不能在职业能力范围之外为客户做出决定。他只能向客户解释在这个领域之内的需求，建议客户如何去应对这些需求，等到客户做出决定时，协助客户加以实施。在某些情况下，军官对国家所做的行动，会受到明确的法规的指示，这类似于医生和律师受到明确的职业道德规范之要求而行动。但在更多的情况下，军官的行为规范是表现于不成文的习惯、传统与长期传承的职业精神当中的。

军官的团结品质。 军官是一个公共的科层制职业。从事这一职业的法定权利被限制在严格界定的组织当中。军官的任命书就如同医生的行医执照。但是，军官集团的组织化程度要复杂得多，而不简单是国家的产物。安全这一功能上的必要性导致了复杂的职业组织结构，将军官集团塑造为一个自治的社会团体。进入这个团体的渠道被限定于接受过必需的教育和训练，并且至少拥有最低要求的职业能力。军官集团的合作结构不仅包括军事官僚集团本身，也包括这个集团与社会中的其他团体、院校、报刊、习惯以及传统。军官的职业世界中，包括了他的绝大部分行为。他的生活与工作通常都和其他职业在很大程度上相隔离；从物理空间和社会空间来说，他与其他职业的人士几乎没有职业之外的联系。军官与外行的民间人员之间所存在的鸿沟，通过制服与军衔的象征公开展现出来。

军官是一个科层制的职业，也是一个科层制的组织。作为职业，等级化序列区分的是不同的职业能力；而作为组织，职务等级区分的则是职责。军衔等级存在于职业中的每个人身上，并且反映出他通过经验、资历、教育和能力等方面所测度的职业成就。通常，军衔的任命由军官集团自身依据国家制定的一般性原则来实施。对职务的任命则更多地受到外界因素的影响。在所有的官僚体系中，权力都来自于职务；而职业化科层体系中某一职务的任职资格，则来自于军衔。军官凭借其军衔被允许履行一定的职责和功能；但他们不会因为被任命到某一职务就能得到某一军衔。虽然在实践中原则总有许多例外，但总的来说，军官集团的职业特征更多依据军衔的科层化而非职务的科层化。

军官集团通常还包括一定数量的非职业化的"预备役军官"（reserv-

17

ists）。这是为了应对军官需求的波动，而国家不可能一直保持着应对紧急状况的大规模军官队伍。预备役军官是对军官集团的临时补充，在教育和训练方面也符合军衔的要求。当作为军队中的成员时，预备役军官通常拥有和同等军衔的职业军官一样的权力与责任。但是，预备役军官与现役军官之间还是有着法定差别，进入常备军也比进入预备役部队有着更为严格的限制。而且，预备役军官很少能够达到职业军官所达到的那种职业技能水平，因此大部分预备役军官也就在职业化科层体系中处于较低的级别，而那些更高的军衔则被职业军官所垄断。职业军官作为军事体制中的稳定组成要素，因为其作为一个群体具有更出色的职业能力，通常负责对预备役军官进行军事技能与职业传统方面的教育。预备役军官只是临时性地承担军官职业的责任。他对于社会的基本功能体现在别的方面。因此，其激励机制、价值观与行为模式都同职业军官有着非常明显的差异。

18 　　服役的士兵服从于军官集团，这是作为组织科层制的一部分，而不是职业科层制的一部分。士兵并不具备军官的那种知识技能和职业责任。他们是使用暴力而非管理暴力的专业人员。他们的职责体现为行业（trade）而不是职业。世界上所有的军事力量中，都在军官和士兵之间划出了一道泾渭分明的边界，这反映出两个群体之间最基本的差异。如果没有这个分界，那么从最低级的士兵到最高级的军官应该就同属于一个单纯的军事科层制之中。但是这两类职责的不同特征，使得组织科层制之间是断裂的。士兵中的军衔并不构成职业化科层。军衔此时反映的只是作为士兵这个行业的态度、能力与岗位，而且其升降都比军官的军衔更不稳定。军官与士兵作为不同职责所存在的差别，阻止了相互之间的流动。个别士兵可以成为军官，但这是特例而非一般规则。军官所需的教育与训练，通常与士兵的持续服役并不兼容。

第二章
西方社会军事职业的兴起

一种新的社会类型

作战是人类古老的技艺。然而，军事职业是现代社会的产物。从历19史来看，职业主义在西方文化中有着鲜明的特征。主要的民间职业起源于中世纪晚期，并在 18 世纪初期获得了长足发展。但是，军官职业基本上是 19 世纪才形成的。事实上，这是 19 世纪最有意义的制度化创造。直到拿破仑时代的战争，军官才获得了专门的技能从而将他们同外行相区分，并围绕这样的技能发展出标准、价值与组织。作为一种社会分工的职业军官，就像工业企业家一样具有独特的现代社会特征。当然，作为自治的职业团体的军官集团的出现，很难确定一个具体的时间。这是一个渐进而曲折的过程。但有两个事实是明显的：1800 年之前没有任何职业军官集团；到了 1900 年，这样的团体已经差不多存在于所有主要西方国家之中。

职业化军官集团的出现在西欧与北美制造出了军政关系这一现代性问题。在 1800 年之前，文官对军队的控制、军国主义这样的问题以及军事思想也是存在的，但 19 世纪早期的基础性转型，使得我们要从这20些历史回顾中来理解现代性问题变得几乎没有意义。中世纪的骑士是业余军人，充满贵族气质并且个人主义，他们的行为与观念的知识用在理解构成现代军事思想的职业化价值观与态度方面就没有帮助。古罗马禁卫军（Praetorian Guard）的行动对于理解文官对军队的控制也助益甚微：现代国家中的问题不是军队的反叛，而是专业军人与政治家之间的关系。军政领域的分离以及由此造成的两者之间的张力，是一个很明显在近期才发生的现象。

本章将要讨论的是，作为一个自治的社会组织的军官集团的逐渐出现：其前身、成因以及早期史。普鲁士、法国与英格兰，这三个领导此进程的主要力量，可以用来作为例证表明从 18 世纪的前职业主义到 19 世纪的职业主义所经历的变迁。职业化的专业知识、责任与合作的发展可通过对军事职业中这五个关键制度的发展进行考察：①进入军官集团的资格要求；②在军官集团中晋升的方式；③军事教育体系的特征；④军事参谋体系的性质；⑤军官集团的一般精神与能力。上述这些因素的变迁，伴随着职业化精神的发展，而正是这种精神为塑造新的军人与新的军事制度提供了智识上的原则。

雇佣军与贵族军官

在 1800 年以前，就存在由军官所指挥的陆海军。如果这些军官不是职业化的，那他们又是谁呢？一般来说，他们或者是雇佣军，或者是贵族。无论是哪一类，都不把军官作为职业。对雇佣军而言，这只不过是生意；而对业余的贵族来说，这是爱好而已。不同于职业化的专业人员所献身的目标，雇佣军追求的是利润，而贵族追求的则是荣誉和冒险。

从封建制度的崩溃到 17 世纪后半叶，雇佣军是军官的主要类型。这种军官源自滥觞于百年战争（1337—1453）中的那些佣兵团（free companies）。在雇佣军的体系中，军官基本上相当于企业主的角色，要养活佣兵团中的士兵，并将士兵的军事服务作为商品待价而沽。雇佣军的军官在履行自己职责方面的能力上参差不齐。不过，他们成功与否也不是以职业标准进行判断，而是看经济标准。这样的一支军队是由不同指挥官率领的分队构成的，指挥官对自己的分队拥有产权。雇佣军也是个人主义的，相互之间存在一定程度的竞争，不分享共同的标准与合作精神。纪律和责任在其中都是一片空白。战争不过是掠夺性的生意，奉行的就是生意中的掠夺精神。三十年战争（1618—1648）与古斯塔夫二世（Gustavus Adolphus）和克伦威尔（Oliver Cromwell）所率领的有严明纪律的军队的成功终结了雇佣军体系。* 但是，这个体系的残余一直延续到了职业主义的初期。

意识到需要军事力量来保卫并支持其统治的君主对权力的集中，是造成贵族业余军官取代雇佣军的基本原因。在此以前，君主与其他有需求的人都供养陆海军。但君主的需求是持续的，因此常备的陆军与海军也就建立起来。这些军队中的普通士兵通常由长期志愿兵组成，通过威逼或利诱从社会最底层召集而来，保证8—12年的服役期。而在军官方面，君主依赖的是那些仍然并非志愿的封建贵族。这些贵族为君主提供服务，要么是被强迫的（例如在普鲁士），要么是被收买的（例如在法国）。而征募兵员的职能则从军官那里拿走，成为专属于君主的事务。22 军事力量成了皇室财产而非其代理人的财产。军官也因此成为永久效忠于君主的仆从，而不再是依据合同为其效力的企业家。总之，军事功能被社会化：国家的控制取代了私人的控制。到了1789年，除了炮兵和工兵，贵族事实上垄断了欧洲军队中的军官职位。[1]贵族军官是最后一种在西方社会的前职业主义时代取得绝对优势地位的军官形式。

---

* 17世纪的新教军队同19世纪的职业化军队有许多相似之处。例如，在新形式的军队中，纪律非常严格；晋升部分取决于资历，部分取决于上级军官的评价；禁止卖官鬻爵；政治的影响很有限。但是，明显的职业主义起源于这一时代强烈的意识形态——宗教热忱，而不是技术扩展与功能分化。参见 Felix Pribatsch, *Geschichte des Prussischen Offzierkorps* (Breslau, 1919), pp. 5—6; Theodore A. Dodge, *Gustavus Adolphus* (Boston, 2 vols., 1895), ch. 5; John W. Fortescue, *A History of the British Army* (London, 13 vols., 1890—1930), I, 279—284; C. Cooper King, *The Story of British Army* (London, 1897), pp. 39ff.

18 世纪的贵族制军事

准入：出身与财富。17 世纪有许多平民作为军官在普鲁士和法国军队中服役。但在接下来的那个世纪，这些人却被贵族制逐渐排除出去，除了炮兵和工兵这样的技术兵种，其他兵种的准入都以出身作为要求。最终在法国，甚至"中产阶级"军队也对非贵族出身的人封闭了。在普鲁士，腓特烈一世（Frederick William I, 1713-1740）强迫贵族进入军队服役，而腓特烈大帝（Frederick the Great, 1740-1786）则相信只有贵族才拥有军人所必需的荣誉感、忠诚与勇气，因此将军队中的中产阶级也都全面清了出去。

18 世纪中期在法国和普鲁士建立起来的初级军事教育，入学的条件被限定于贵族。结果是，在 1789 年法国军队的全部 9578 名军官中，有 6333 名贵族，1845 名平民，还有 1100 名雇佣军。1806 年的普鲁士军队中有 7100 名军官，其中非贵族军官只有 700 名，而且他们几乎全都服务于技术兵种。在法国，贵族阶级的需求决定了军官队伍的规模。任命为军职甚至成了给那些家境败落的贵族发放退休金的一种办法。因此，在 1775 年，军官人数曾经达到了 60 000 人，而军队总员额也不过是 180 000。无论是战争还是和平年代，这个世纪中的军队一直是人浮于事，直到革命爆发前都是如此。

重商主义与资本家统治的后复辟时代的英格兰也是如此，贵族数量要大大超过职业军人。不过，英格兰的贵族是基于财富而非基于血统的。在军队中，除了技术兵种之外的其他部门，都以购买职位作为进入和升迁的手段。这样一种军职交易体系建立起军衔的财产衡量标准，以这种有意识的设计来确保政府与军队利益的一致性，从而使得在不列颠群岛不再可能建立起军事独裁。军官职位的高价和低薪使得几乎不可能依靠军官薪金来维持生活，而且还缺乏退休或退役后的补贴，这使得和平年代的军职任命被那些拥有私人收入的乡绅贵族的年轻后代所包揽。而在战争年代，军队需要不断扩编新的团队，这些多出来的委任状就几乎是所有出得起钱的人都可以购买的了。

在 18 世纪后半叶，英国海军也开始有了常备军官团体。但在 1794 年之前，对大部分军官候选人而言没有正规化的准入机制。绝大多数军官都是从作为舰长的随员起步的，舰长个人把他们挑选出来作为后备军官。1729 年，政府建立了"海军学院"来培养 13 岁到 16 岁的绅士子弟作为海军军官。但这所学院一直不太成功。大部分有雄心壮志的年轻人还是愿意选择走"舰长随员"这条道路进入海军。因此，海军的准入也就受到更多的个人影响，上级的影响与照顾，比起对于出身和财富这样的贵族制要求更重要。[2]

晋升：交易、出身与政治。 在 19 世纪之前的军队中，和准入机制一样，晋升机制也是由财富、出身与政治影响决定的。上面已经讨论了英国军队中的军职交易机制。在法国军队中，直到 18 世纪的最后四分之一，晋升也通常是通过交易获得的。那些最高级别的军职都被宫廷贵族垄断，而财富较少的乡绅贵族则停留在较低的军衔。但是，财富的标准同出身的标准存在着冲突，到了 1776 年，乡绅贵族占据优势并开始废除军职交易。但是，这样一种晋升标准从财产到出身的转变并未改变那些高级贵族垄断高级军职的状况。很常见的是，12 到 15 岁的男孩就被任命为团长。直到 1788 年，这种"乳臭未干"（à la bavette）的团长的现象才得到控制，并开始有了军官晋升的半职业化方式。但此时，要改造老的军团体制为时已晚。在普鲁士，高级贵族同样垄断了高级军职，虽然人们还一直存有爵以酬功的幻想。事实上，君主的个人思考与异想天开是决定性的因素。军官的低薪被腓特烈大帝进一步削减，而且也不存在正规的退休保障，这都促成了对于财产的要求。[3]

政治影响一般在那些最高级别的军职任命中成为决定因素。在法国，军队主要将领的选择是宫廷密谋的结果；在七年战争中，蓬巴杜夫人（Madame de Pompadour）的喜怒无常至少导致了这些年中 6 名统帅的任

24

命。而在英国，国王、国会或双方的合力也影响着高级将领的任免。通常大部分高级军官都在国会拥有议席，运用自己的法律权力来提升自己的军职。不过，他们的这种双重角色也使得他们更容易受到来自皇室的压力，至少，乔治三世就会毫不犹豫地使用这种压力。高级军官常常会因为违背君主的意志而被解除指挥职务。有时，军事等级制会因为要乞求军官的投票而变得腐败堕落。海军就到了这种地步，向更高级别的晋升所涉及的："有时是功绩，但更常见的是家庭、亲属与朋友的恩荫与影响，一个词概括就是'利益'。"[4]

教育：贵族与技术人员。早期国家中的军事科学与认为只需要与生俱来的血气和荣誉感就能够成为指挥军官的贵族信念，作为军官教育的两个方面并不协调。前者导致军事教育不切实际，后者则使得军事教育并不必要了。当时所存在的军校非常初级，可以被分成两个基本类型。

第一种类型的军校，为贵族或绅士家庭出身的人提供初级军官训练。在这一类型中，有路易十五于 1751 年建立的巴黎军官学校（Ecole Militaire）、腓特烈大帝于 1765 年建立的骑士学校（Ritter Akademie），以及 1729 年建立的英国海军学校。这些军校所提供的培训与学生的素质都很糟糕。巴黎军官学校就主要是被用来作为资助乡绅的手段，而非致力于提升军队水平。在其课程中，军事课程只占很小一部分。正如图埃特（Tuetey）所说的那样："这是在博爱的兴趣基础上加一点儿军事的兴趣。"[5] 而腓特烈大帝的学校则不仅培养贵族从事军事职业，还包括培养从事外交职业的能力，提供的是很不全面、很不完善的教育。12 到 14 岁就进入普鲁士军队的贵族子弟，在出任指挥官之前接受到的只有非常有限的教育。英国海军学校也是同样的糟糕水准，而英国陆军甚至根本就没有任何初级教育机构。

19 世纪之前的第二类军校用于培养炮兵和工兵的技术军官。由于尚不存在对全体军官都适用的一般化军事科学，炮兵和工兵就成为军队中仅有的对知识训练有实际内容的部分。这些部队中大部分都是中产阶级军官，因此，以技术知识为主的军校教育就不会同那种认为贵族军官只需要天赋的德性观念产生冲突。普鲁士在 1706 年建立了一所工兵学校。为炮兵和工兵军官提供教育的伍尔维奇皇家军事学院成立于 1741 年。法国 1679 年就在杜埃开始了炮兵培训，1749 年又在梅齐埃尔建立了一所工兵学校。这些学校的风格与教育水平也是非常参差不齐。例如，伍尔维奇皇家军事学院既提供军事教育也提供普通教育，但直到 1774 年才有了对学生的入学考试，在此之前学生不需要任何前提条件就能被录取，甚至还有人不具备读写能力。技术人员军校与贵族军校基本上构成了 18 世纪的军事教育，而对高级指挥官和参谋提供进一步教育的学校还完全不存在。

参谋：受到阻碍的发展。在职业化军事制度中，参谋是不可或缺的，他们整合各方面信息并使之有效实践于对暴力的管理。现代参谋的前身出现于古斯塔夫二世和克伦威尔的军队中。但是，从 17 世纪中期直到 18 世纪末，参谋体系都没什么发展，这同军事科学的停滞不前联系在一起。1790 年时，当时的参谋体系仍然和 150 年前没什么区别，不像 50 年后的状况。

参谋体系，就其雏形而言，起源于国家常备军所需的后勤行动。早期参谋中的关键人物是军需总监（Quartermaster General）。正如炮兵和工兵是仅有的需要技术训练的兵种，后勤行动也是唯一需要由专业人员来筹划并控制的。因此，参谋在指挥方面无所作为。战略与战术都是由军事将领在少数侍从副官的协助下加以掌握。如果部队主官水平低下，那就看不到有组织的参谋工作的必要性。而如果他是一位才能卓著的将领——如腓特烈大帝或萨克森伯爵（Saxe）*——那也用不着参谋做什么了。只有当战争本身变得像后勤一样复杂的时候，参谋工作才变得不可或缺。

在 18 世纪，法国的参谋体系发展得最好。但是也仅仅在 1766 到

---

* 萨克森伯爵莫里斯（Maurice comte de Saxe），1745 年擢升法国元帅，并任驻荷兰法军总司令，1747 年晋升大元帅，是法国历史上仅有的 4 位"法国大元帅"之一，其军事理论对拿破仑影响极大，是整个欧洲历史上最具影响力的军事家兼军事理论家之一。——译者注

1771 年这五年间，以及在 1783 年之后，法国才有一个现代职业化意义上真正的总参谋部（general staff）。由布尔赛（Bourcet）所建立的法国总参谋部在任命前要求考核与见习。但是，这样一个专业化机构还是在贵族控制的法国军队中被孤立地放在了不合适的位置。在普鲁士，总参谋部的雏形来自于后勤部长及其助手。但他们的职能被限定于后勤供应与建立防御工事，而且直到 18 世纪末期，影响和重要性都非常有限。至于英国，在参谋职能方面，从克伦威尔军队以后就几乎没有任何长期的发展。[6]

能力与精神。18 世纪的军官集团将专业知识、纪律与责任感这些价值置于享乐、勇气与个人主义这些贵族价值之下。贵族作为军官是业余的，对他来说这并不是一个有自身目的与标准的使命，而不过是自己的社会地位所造成的一个副产品而已。战斗在其心目中只是于休闲、打猎、奢侈生活之外的一个部分而已——提供运动与冒险的消遣机会。有一部分业余军官成为称职的军人，但他们是这个体制中的异类，而不是体制的产物。在法国军队中，只有雇佣军才在职业领域接受实践训练，但他们只是军队中的很小一部分，并且被限制在最低的等级。法国军官的一般能力水平足以让他们的指挥官伤心绝望。普鲁士和英国军队也好不到哪去。随着高级将领日益老朽，而低级军官又充斥着那些能力低下的贵族后代，普鲁士军队的衰老、腐败与无能在 18 世纪与日俱增。军官集团作为整个腓特烈大帝所选择和建立起来的体制中的一个产品，其堕落最终以耶拿战役的惨败与普鲁士的诸多要塞向拿破仑投降而达到顶点。

在法国，社会观念侵入军队之中，导致要维持基于等级制的军事纪律几乎不可能。除了在实际操练的时候，军队中那些职务更高但出身更低微的军官必须服从于出身更显赫的下属。无论在野战部队还是宫廷，军官都期待拥有符合其社会地位的家产。来自宫廷的影响，使得军官在表现出倾向性时放弃其军事责任。在普鲁士，乡村的贫困阻碍了过度奢侈这种法国军队风格的传入。但是，普鲁士军官同他们的法国同行相比，在责任感与正直方面也没有任何改善，也是经常在追求损公肥私的发财机会。军官所持有的贵族准则损害了军事纪律：例如初级军官和高级军官之间的决斗，就是一个普遍的现象。在英国，国会与君主对军事事务持续性的干预也使得纪律无法建立起来。国会议员会为了那些与自己有亲友关系的违抗军令或擅离职守的军官运用权力加以干预，而当军官被指派去那些令他们不满意的驻地时，他们甚至可以随意地就离开自己的部队。[7]

总结。18世纪的军官集团所要实现的目的，更多的是贵族的需要，而非更有效地履行其军事职能。财富与出身、个人的与政治的影响决定着军官的任命与晋升。稚童与庸才常常能在军队中身居高位。也不存在职业化的知识。因此，除了少数技术人员学校，没有任何机构能够传播军事知识，并且也没有任何机制能将这些知识付诸实践之中。军官的行为与观念都更接近于贵族而不是职业军人。军事职业的这种落后状况，与同时代的法律、医学和宗教职业状况形成了鲜明反差。……总而言之，军事职业基本上不存在。

28

职业化的理想：军事技艺与天赋

18世纪诞生了大量的军事著作，这些著作标志着军事思想达到了一个时代的顶点，并且开始朦胧展现出新时代的曙光。一些作者在某些特定的主题领域撰写了值得注意的著作，两位18世纪的作者——吉贝特（Guibert）与劳埃德（Lloyd）——预言了19世纪的发展并且接近一种更全面的科学的战争观。[8] 但这只是些例外。大部分著作都还是固守传统，从古希腊和古罗马的战争实践中得出自己的认识。缺乏关于其主题的实质与界限的真正深入思考。在军事组织方面，他们仍然赞颂天赋而非职业化军官的观念。18世纪的军事思想表现出典型的前职业化特征：缺乏统一、焦点、理论与体系。这很准确地反映出军事技术的不成熟状态和职业化组织的缺乏。

　　1800 年之前的军事思想最令人震惊的缺陷就是没有将军事科学作为一个独立知识分支的观念，认识到其统一与完善，可以对构成要素进行逻辑分析，而且能够清晰界定与其他知识分支的相互关系。事实上，这些军事著作的作者通常都否认发展出军事科学或关于战争的基本原理的可能性。萨克森伯爵元帅曾经说过："战争是一种充满了阴影的科学，没有办法用确定的步骤移开这些阴影……所有的科学都有公理和定理，但战争没有。"[9]吉贝特和劳埃德对战争科学的空白深表遗憾，但对他们之外的绝大多数军事思想家而言，这却是理所当然的。他们无法认识到能够对战争进行逻辑分析，分解成更小的要素。关于战略、战术与军事科学的其他分支，只有极少的理论区分。因此，很多关于战争的著作，将各方面只有很微弱逻辑联系甚至完全没有联系的主题乱七八糟地凑成了大杂烩。甚至到了这样的程度，这些著作根本就没有逻辑结构，就像字母表的排列一样，按照编年顺序自然地加以罗列。这种写作的方式几乎和维盖提乌斯（Vegetius）* 在 4 世纪的写作完全一样，而他的著作到了 17 世纪仍然在很多方面还和他写作时一样可以适用。当然，这种编年体写作方式仅仅是那种逻辑的理论分析的反面，后者会从战争与战斗的性质开始，进而从军队所要追求的目标开始推理演绎关于军队的装备、训练、组织以及退伍的适当方式。不过，典型的 18 世纪军事著作，都更像日志而不是论著。

　　处于明显对立面的著作的作者是亨利·劳埃德。劳埃德努力去把握战争的本质——"战争就是一种行动状态"——并且尝试由此推论军队的本质。他将军队定义为"执行一切种类军事行动的工具"。随后，他将军队像机器一样做了分析，思考其不同组成部分及其相互之间的关系。不同于萨克森伯爵，劳埃德认为战争的艺术"就像其他技艺一样，能够找到特有的并且确定的原理，这由其不变的天性所决定，对这些原

----

　　* 古罗马军事理论家，著有军事理论著作《论军事》，在中世纪后期的欧洲有重要影响。——译者注

理的运用手段是多样的，但原理本身不会改变"。作为边沁的同时代
人，劳埃德坚持名声恶劣的军事功利主义。他的著作颠覆了编年体式的
写作进路，指出总是将要进行的战役类型与行动计划决定了部队的规模 30
与种类，也决定了军火的质量与数量。[10] 但除这位英国历史学家之外，
就少有人努力去对战争做出深刻的理解与界定了。

在 18 世纪被普遍接受的关于将才的理论，关注的是天赋观念。军
事指挥被视为一种类似于音乐或雕塑的艺术，需要的是与生俱来的天
赋。因此，军事能力无法传承或习得：这是一种纯粹主观的存在于个人
身上的产物，而不是通过外部环境所获取的产物。这种观念基本上是浪
漫主义的，并且反职业化的。事实上，这只是贵族范的个人主义理论的
适用而已，这将某些人视为生来的指挥者，而另一些人则生来就是服从
者。贵族坚持认为，只有生来具有这种能力的人才能成为军官。启蒙时
代的军事著作家则认为，只有生来具有杰出个人天赋的人才能成为成功
的指挥官。这样的理论否认通过客观的社会制度能够造就军官或是将
领。即使是这个时代中那些更优秀的军事思想家，也同样接受这种理
论。萨克森伯爵就指出过战争同其他艺术之间基本的相似点。吉贝特称
颂那些"天生将才"。劳埃德将战争分为两部分：可以通过规则和训诫
学习的低级的机械操作部分，以及只能通过天赋的直觉来掌握的高级部
分。后者"没有可供学习或使用的规则，无论多么勤奋也无法获得；
没有能学到的经验，无论有多久的军事生涯也无法积累；只有天赋能够
在这部分发挥作用"。[11]

职业主义的起源

普鲁士的先行。如果需要对军事职业的起源给出一个准确日期的话，
1808 年 8 月 6 日或许是一个选项。在这一天，普鲁士政府发布了关于军
官任命的法令，其中对职业主义的基本准则做出了坚定的宣示：

在和平时期，只有教育和职业知识可以成为被任命为军官的资格；在战争时期，只有出众的勇武与睿智才能够作为被任命为军官的资格。因而在全国范围内，所有拥有这些能力的个人都有资格获得最高级军职。此前存在于军队中的阶级差别待遇一律废止，所有人无论其出身，都有平等的职责与权利。[12]

沙恩霍斯特（Scharnhorst）、格奈森瑙（Gneisenau）、格洛尔曼（Grolmann）与普鲁士军事委员会（Prussian Military Commission）所实施的改革，真正形成了军事职业在西方的开端。这些领导者的工作反映了18世纪最后十年在普鲁士军队中所出现的那些思考、讨论与写作的潜流，而在耶拿惨败之后，这股潜流已经成为水面的汹涌浪潮。这场改革运动同18世纪做了斩钉截铁的决裂。沙恩霍斯特与格奈森瑙才是现代德国军队的真正奠基者，而不是腓特烈大帝与他的父亲。他们所建立的制度与理想在这个世纪后来的年代中一直主导着普鲁士军队，并且成为提供给几乎所有军队复制的模板。每个国家都为西方文化做出了独一无二的贡献。普鲁士的贡献就是首创了职业化军官团。

军事职业化集中于19世纪当中的两个时期。在拿破仑战争以及战后初期，大部分国家都建立了初级军事教育机构，并放松了军官准入限制。而在1850年到1875年，军官的选拔与晋升制度做出了全面的修改，总参谋部被建立起来，并且高级军事教育机构也被建立了起来。虽然到了1875年所有欧洲国家都具备了军事职业主义的基本要素，但只有在普鲁士，这些要素已经发展成为一个全面而完善的体系。关于普通教育与专业教育的准入要求、考试制度、高级军事教育机构、根据战功和绩效决定的晋升、精密而高效的参谋体系、团队合作意识与责任感、对职业能力范围的认识，所有这些方面普鲁士都发展到了非常突出的程度。此外，作为普鲁士人，克劳塞维茨对这个新的职业做出了理论上的阐述。为什么是这个特别的国家以这种方式引领了新浪潮？从一些在欧洲引起职业主义兴起的一般原因，和一些只存在于普鲁士的特殊情况中，可以找到答案。这些因素包括技术的专业化、好胜的民族主义、民主与独裁的冲突，以及稳定的合法性权威的存在。

职业主义的条件。 18 世纪和 19 世纪的人口增长、技术进步、工业主义与城市化的兴起，这些因素都促成了专业化与社会分工的更加精细。战争，同其他分工一样，不再是简单的没有技术含量的事务。军队变得规模更大、更重要，由越来越多样化的部分组成。曾几何时，所有军队中的人只要履行同一个职能就够了：在必要的时候举起矛与剑迎击敌人。而现在的陆军与海军成了复杂的组织，包括上百种不同的专业分工，从而产生了对一种更新的专业人员的需求：能够将不同专业的人员组合起来并引导其为实现不同目标而各司其职的专业人员。而这种技能不再可能同其他领域的专业技能一起同时得到掌握。最特别的是，对那些在对外防务方面精通对暴力的管理的专家而言，不可能同时还在政治与治理术方面或用武力来维护国内秩序方面同样精通。军官的职能从而与政治家和警察区分开了。技术的专业化在整个西方世界或多或少地普遍出现了。职业主义也就必然兴起。普鲁士独特表现的解释中，可以找到社会与政治的条件。

第二个促使职业主义兴起的基础性因素是民族国家的崛起。军官集团同其他社会组织相分离成为一个自治的组织，需要两方面的条件：一方面是有这样的需求，另一方面则是有充足的资源能够支持。民族国家体系的兴起提供了这两方面条件。国家间的竞争产生了需求，即需要全力贡献于军事安全的固定任职的专业人员。对每个国家来说，在战争中丧失安全或可能丧失安全，特别是战争失败的危险，都直接刺激他们去实施军事职业化。普鲁士就是在 1806 年的惨败之后开始建立职业化的军官集团，在 1848 年被丹麦又一次羞辱之后则启动了职业化的第二波改革。职业主义在法国取得最大进展是在 1815 年和 1870 年之后，而在英国则是 1856 年、1870 年和 1902 年之后的事情。民族国家的规模也为职业化的军官集团提供了充足的资源作为保障。此外，作为国家官僚体系的组成部分，也只有那些拥有发达政府组织的社会才有能力维持职业化军官集团。

好胜的民族主义这一因素尤其适用于普鲁士。由于缺乏自然边界，并且其领土散布于整个德意志，普鲁士特别依赖于强大的军事力量来保证独立和统一。普鲁士统治者从17世纪中期就意识到了这一点，并在整个18世纪倾注了大量的人力物力来维持一支有效的常备军。如果说普鲁士像米拉波伯爵（Mirabeau）所指出的那样，不是一个有军队的国家而是一支有国家的军队，那就是因为军队的存在对国家的生存有着不可或缺的特殊意义。拿破仑的大军给普鲁士制造的失败与屈辱，让普鲁士统治者意识到18世纪模式的军队不再能够保卫国家安全。为了抵御法国大革命带来的民族主义，普鲁士人被征召入伍。为了对抗拿破仑这个军事天才，以及他麾下那些能力出众从而以随意且有效的方式崭露头角的元帅们的才华，普鲁士人建立起作为整体来体现能力的军官团队，通过更出色的训练、更高的组织程度和更忠于职守来获取胜利。从长远来看，没有天然的领袖反而成了让普鲁士在失败之后得以重整河山的一个优点。因为这一不足使得普鲁士致力于对普通人进行系统的训练。作为军事上最不安全的欧洲强国，普鲁士成为组建职业军官集团的先锋，就毫不令人惊讶了。

民主思想与党派的兴起是影响职业主义发展的第三个因素。对于组织化的政治体制而言，民主的意识形态是基础。但是，民主的支持者也想以此模式来塑造军事体制。他们试图以代表制理念取代贵族制理念：军官集团内部应当民主，并且军官不应依据出身而应依据同类市民的投票而被选任。在美国革命时代，军官选举是民兵中最主要的任命方式。而在更早前的法国大革命中，这种机制被一再使用，但都不大成功。当然，这种代表制理念和贵族制理念一样，同军事职业化不兼容。但是，这种理念在打破贵族对军官职位的垄断方面起到了关键作用。在19世纪上半叶，两种理念之间的冲突造成的胶着局面，有利于职业主义的发展。当两派都希望使军事力量为自己的原则与利益服务时，所能够达成的唯一共识就是独立的军官集团不应效忠于党派或阶级，而应以自己的原则和利益组织起来。

这种平衡有利于职业主义尤其在普鲁士得到体现，而在法国则不那么明显。在普鲁士，耶拿战役之后的这个世纪中，贵族制与贵族价值观仍然保持得很强大。而与此同时，自由主义理念也广为传播，中产阶级的力量持续增强。要解决两个对立阶级及其意识形态在军官集团中争夺主导权的问题，最好的办法就是建立与政治相隔离的组织。1806 到 1812 年的普鲁士军事改革，就集中反映了这一状况。军队的保守主义者希望能够保持贵族作为军官集团的基础。而在另一方面，更激进的改革者则希望以军官选举制度取而代之。沙恩霍斯特则设法维持双方之间的平衡，在职业标准基础上建立起双方都不太满意但又都可以接受的体制。而在下一个十年的法国，古维翁·圣西尔（Gouvion St. Cyr）也使用了同样的策略。拿破仑的军队充满了自由主义，而波旁王朝复辟后的保守派则希望彻底清除这些并回到 1789 年之前的状态。圣西尔推动的 1818 年军事改革，受到政治光谱两端的激进势力的反对，但赢得了双方温和力量的稳定支持。[13] 此外，像英格兰这样的国家，贵族制与民主制的冲突虽然也存在，却从未这么激烈并且无处不在，那也就缺乏将职业主义作为一种社会团结机制的动力。最后要说到的是美国，在这里根本就没有贵族制，而民主思想毫无挑战，因此对职业主义的这方面激励也就不存在了。

在欧美大陆，民主制与贵族制的不同力量一定程度上可以解释大西洋两岸的观察者为何未能认识军事职业主义之兴起的特殊历史背景。在欧洲，职业主义挑战了占统治地位的贵族制，因此被定义为民主制。而在美国，职业主义挑战的是占统治地位的民主制，因此被定义为贵族制。这一诡异现象的结果，可以在托克维尔关于职业化军官集团的关键特征的敏锐总结中发现。他仍然是以欧洲人的视角来看待这个世界，因此将职业化军队的要素作为"民主军队"的特征加以描述。[14] 但充满悖论的是，与此同时的杰克逊主义者（Jacksonians）却将托克维尔贴上民主制标签的同样制度指责为贵族制。当然，这些制度既非民主制也非贵族制，这就是军事。然而无论是民主制还是贵族制，都无法把他们同社会—政治敌人相区分。

　　促进职业主义兴起的最后一个因素是对超越军事力量的合法性权威的认识。职业军人被灌输了为国家服务的理念。而在实践中，他所忠于的是被普遍接受作为国家载体的制度。当存在竞争性的权威或关于什么可以构成权威的竞争性理念时，职业主义就不可能实现，至少难以实现。宪政层面的意识形态与政治忠诚的冲突会导致军官集团的分裂，并且将关于政治的思考与价值观叠加到关于军事的思考和价值观之上。军官的政治忠诚这一性质比起职业能力对政府而言更为重要。

36　　建立在军队之上的单一权威基础来限制阶级冲突的需求，激励了职业主义的兴起。如果对立的阶级同竞争性的政府机构结合在一起，各自主张对军队的权威，或两个阶级对于国家的宪政结构有着根本相反的观点，都会对职业主义造成阻碍而不是推动。只有当两个派别都接受有超越军事力量的特定政府机构的合法性时，阶级冲突才有助于体现职业主义的合法性。因此，职业主义要求逐渐将党派分歧与政治冲突从军队中分离出去，只有通过正式的政府机构才能对军队施加政治影响。因此，最低程度的宪政共识对军事职业主义而言也是不可或缺的。

　　从以上这些方面来看，基于普鲁士、法国和英国的显著事实，只有普鲁士具备有利于军事职业主义发展的宪政结构。普鲁士的职业主义的基础是将国王作为最高军事统帅和军事事务的唯一权威的共识。虽然普鲁士的中产阶级力量在不断增强，但除了 1848 年到 1850 年和 1860 年到 1863 年这些简短的期间外，他们从未能够挑战王权并维护议会权威。因此，要把军队同宪法政治相隔离就变得相对容易了。*

　　在英国，1688 年建立起来的宪政结构导致的双重控制体制阻碍了职业化的发展。国会有权建立并维持军队；国王则控制着指挥与任免。这样一种行政权与立法权之间的制度化对抗将英国军队卷入国内政治当中，直到 19 世纪最终确立了议会主权才解决了这一问题。这一主权的

---

　　* 一个比较特殊的例外是普鲁士陆军大臣在某些方面对国会负责，而在另一些方面则对国王负责。因此这个大臣的职位有时很不稳定，这种双重责任导致了职权的衰落。参见 Gordon A. Craig, *The Politics of the Prussian Army*, *1640—1945* (Oxford, 1955), pp. 124—125, 223—225.

确立在军事领域开始于 1790 年陆军大臣（Secretary of State for War）职位的设立，终止于一百年后陆军总司令（Command in Chief）职位的废除。不过，18 世纪的英国制度被同步移植到其北美殖民地，随后又被法国人从美国宪法中照搬了过去。这样所造成的结果是，美国随后面对的军事职业主义与文官控制方面的问题，都类似于乔治王朝时代的英国。

在法国，宪政冲突更为深入，持续时间更长，对于职业主义也就有更多不利的影响。在一些孤立的事例当中，这种冲突可能也有利于军队的职业化，例如在 1818 年就是如此。但就一般情况而言，这种冲突的激烈程度与所涉及的意识形态针锋相对的反差，使得通过隔离军队与政治来达成妥协都不可能。国家政治的分裂同样反映在军队当中。共和派、保皇派与波拿巴派（Bonapartist）都直接试图控制军队。法国的政治家处于一种精神分裂的矛盾境地，既看到一支完全去政治化的职业化军队可以保持审慎的中立，又害怕如果不去力图施加政治影响确保高级将领对自己意识形态的忠诚的话，就会出现军队的不可靠，甚至某些情况下会爆发革命。在王政复辟之后，尽管圣西尔努力通过军官集团的职业化来实现其中立化，贵族出身的政府领袖还是坚持用是否和自己的政治立场保持一致来对军官进行区别对待，清洗掉那些他们认为不可靠的军官，并使用秘密警察来监视军队。[15] 麦克马洪（Macmahon）、布朗热（Boulanger）、德雷福斯（Dreyfus）、萨拉伊（Sarrail）、德·拉·罗克（De la Rocque）、贝当（Petain）、戴高乐（De Gaulle）这些名字，都证明了此后的法国军官是如何持续性地介入宪法政治当中的。

普遍兵役制与职业主义。民族主义与民主的兴起，形成了一个同职业主义密切相关的产物。那就是"全民皆兵"的概念以及由此形成的国民军队这一结果，普通士兵从承担普遍兵役的全体公民中征召并短期服役。军官从业余到职业的转型几乎总是同士兵从募兵向义务兵的转型结合在一起。普鲁士是第一个建立起职业化军官团的国家，也是第一个引入固定的普遍兵役制的国家。1814 年 9 月 3 日颁布的法律要求所有普鲁士人在常备军中服役五年（三年现役与两年预备役），并在民兵或后备军（Landwehr）中服役十四年。虽然关于服役期的要求在不同的时期常常变化，但直到第一次世界大战之前，这部法律所建立起来的基本制度都还在生效。法国的征兵制度曾经在革命与帝国之间的时期建立于一个临时而模糊的基础之上，但被路易十八废止了。不过，圣西尔在对军官集团进行改革时，还是尝试引入了普遍兵役制。来自贵族势力的反对迫使他做出妥协，在法律中规定军队由志愿服役的和抽签征召的两类士兵共同组成。但是，由于可以代为服役，加之军官集团职业化进程在19世纪中期的停滞不前，法国军队又倒退回大革命之前的志愿服役的募兵制度。只有在普法战争之后军队职业化的第二波推进中，法国才开始建立起国民军队（the mass army）。英国和美国一样，在20世纪以前都没有和平时期的征兵制度。不过，1870年普鲁士的获胜，刺激英国不仅废除了军官职位的交易制度，并且也开始向国民军队发展——将服役期从十年缩减到六年，并且积极努力增加短期义务兵。[16]

征兵制度与职业主义的同步出现，一定程度上是军事安全需要的并列反映。普鲁士在蒙受了对拿破仑战争的失败之后，对军官进行了职业化改造，对士兵则进行征兵制改造。其他欧洲国家将这种一体两面的制度作为普鲁士的优点加以采纳，这种借鉴或来自于对普鲁士的观察，或源于直接而不幸的经验。像英国和美国这样的国家，从地理位置来看就更为安全一些，在这两方面的进展也就更为缓慢。不过，除此之外，还有一种征兵制与职业主义之间更为直接的联系。贵族出身的业余军官只能依赖那些长期服役的应募士兵。当士兵业余化之后，军队规模变得更大，就需要更有能力和经验的指挥官才能统率。军官的职能因此就包括了构成军队的骨干、推动军事技术的提高，以及训练那些被征召入伍的铁打营盘中流水的兵。军官与士兵两方面性质的改变也影响到他们同社会中其他群体之间的关系。18世纪军队中的士兵只是一群社会边缘人，他们得不到社会中其他人群的信任，处于孤立境地，是同社会没有联系的无源之水、无本之木。而与此同时，军官则源于其贵族身份的品质获得了显著的社会地位。在19世纪，两者的角色颠倒过来，征召入伍的义务兵包括了国民中的各个群体，他们本质上就是公民，反而军官则成为生活在自己世界中的独立群体，与外部世界只有很少的联系。18世纪军队中"军事"方面最重要的部分是那些应募士兵，而现代军队中"军事"方面最重要的部分则是军官。

有些作者倾向于过分强调建立普遍兵役制的意义，从而忽视军官集团变迁的重要性。[17]普鲁士在1870年战胜法国，归功于普鲁士军队的"大众化"特征，这被提升到了同普鲁士军官更出色的并且尤其体现于总参谋部当中的职业能力一样的高度。在强调旧式的"职业军队"向"国民"军队或说"大众"军队的转型时，这些评论者忽略了军官集团职业主义的出现。对这一因素的忽略导致他们得出结论，大众化的军队不可避免地导致总体战，以及残酷程度不受限制的国家间的血腥战争。征兵制度确实有向这一方向发展的趋势，但职业化军官集团会提供温和、理性并且会斟酌得失的军队统帅，从而从另一方面保持平衡。

职业化制度的出现（1800—1875）

准入与初级教育。职业化的准入机制通过三个阶段逐渐发展起来：①贵族作为准入先决条件的终止；②提出职业训练与能力的基本水平的要求；③起码的普通教育水平，并且此类教育不再由军队的管理机构来提供。

在普鲁士，1808年8月6日的法令废除了入伍的阶级限制。精心设计的教育与考试的要求确保了军官的基本职业能力。* 虽然军官职位 40

---

　* 19世纪中期，对年龄在17到22岁半的普鲁士文理高中（gymnasium）学生而言，要成为军官的通常步骤如下：①由一位团长提名；②通过普通教育文理课程考试；③作为士兵服役6个月；④被任命为"佩剑士官生"（*Portepeefähnrich*）；⑤在师属学校培训9个月；⑥通过专门的军事科目考试；⑦获得团内军官的认可；⑧被任命为中尉。大批学生在18或19岁进入预备军官学校接受普通教育，此后也按照文理高中学生的相同程序进行。加入德国海军的程序在19世纪末也模仿了陆军。参见 Archibald Hurd and Henry Castle, *German Sea Power* (London, 1913), pp.160—164.

从正式制度层面对所有适格的候选人都同等开放，但实际上，贵族制的考虑仍然很重要。那些精锐的近卫团仍然专属于贵族，技术兵种则大部分是中产阶级，普通的部队则或多或少地在两者之间平均分配。担任军官需要由上校团长提名，或是被录取为预备军官学校（cadet school）的学生，这样的要求都可以排除掉那些没有与之相适应的家庭背景的候选人。但是，非贵族出身的军官总是很大的一部分。他们在军官中的比例从1815年的一半下降到1860年的大约三分之一。此后，这个比例又稳步上升，在一战前夕达到了三分之二。教育与考试的要求在1865年建立起来，确保所有军官都有基本的能力，无论贵族还是中产阶级，在这方面比起欧洲其他国家的军队都要强得多。

早期的普鲁士改革家强调，普通教育与专门教育对军官而言同等必要。不过，这两类教育最初是被混乱的多样化学校与考试委员会杂糅起来。但在1844年，一个大规模的重组提高了普通教育方面的要求，并对普通教育和技术教育做出了明确的区分。关于这一变革的理论依据是，军官的补充应该同其他受良好教育的职业的补充拥有一样的基础。*

41　　正如一位普鲁士将军所言：

> 军官考试首先的也是最重要的目标是保证一个有良好教育的军官团队（*eingebildetes Offizier-corps*），但不是过度教育的（*über*

---

* Henry Barnard, *Military Schools and Courses of Instruction in the Science and Art of War*（Philadelphia, 1862），p. 261-262. 对改革理论的总结如下：

1. 军事职业同其他职业一样，需要普通的学校教育来培养心智，这同随后专门的职业教育是有区别的，并且是必需的。

前一阶段教育通过士官生考试来加以检验，后者则通过军官考试检验。

2. 为士官生考试的候选人提供所需要的预科教育，是国家普通学校的功能之一。

3. 所要求的前期培训不仅为候选人提供此后军事教育的基础，也为他从事各类职业提供基础，使其能够在将来选择任何职业时都有能力学习该职业必需的专门知识。

4. 师属学校无需开设大量的学术知识课程，这种任务超越了它们的能力；因此其中的大部分学者在普通教育方面取得的成就很小，在职业知识方面也同样并不深入，他们投入太多精力在考试而非教学方面。

5. 如果师属学校由能干的参谋担任军事教师，那么就能够提供非常出色的军事教育……

6. 由于士官生考试对通识教育提出的高要求，那些计划投身于军界的学生总是被告诫要接受同其他职业一样的教育……

gebildetes）；第二个目标才是保证一个完成职业化教育的军官团队（*ein beruf gebildetes Offizier-corps*）。[18]

未来的军官需要从文理高中毕业，并且取得大学入学许可，如果没有达到这一条的话，那就需要通过一项非常严格的为期六天的普通教育考试，这项考试与其说是检验学生已经掌握的知识，不如说是考察他的智商与分析能力。大约三分之二的军官来自于文理高中或其他那些为各行各业培养预备人才的学校，剩下的部分则来自于预备军官学校，这是国家为军官子弟所建立的。学生在 10 岁到 11 岁或 15 岁到 16 岁的年龄进入预备军官学校。虽然这些预备军官学校以军事纪律进行管理，但教学的内容却还是文理学科的通识教育。当然，由陆军部对这些普通预备学校进行管理违背了专门化职业能力的原则；预备军官学校在提供普通教育方面也要弱于文理高中；而且，普鲁士军队的领导人在是否要继续保持预备军官学校这方面分裂成了两派阵营。对所有新加入者的严格要求，确保了普鲁士军官的技术熟练程度，除了少数预备军官学校的优秀学生之外，都要作为义务兵服役六个月，再进入师属学校接受九个月的军事技能培训，最后通过以军事技能科目为内容的军官考试。

在法国，大革命清除了关于军官准入的贵族制限制。出身不再是成为军官的正式前置条件。王政复辟之后，有很强的压力使其退回革命前的状态，但圣西尔还是成功地确立了一个原则，即只能通过军事学校或士兵中的竞争才能成为军官。海军也建立了相似的标准。虽然军官来源多样化了，但在整个 19 世纪中，贵族军官在陆海军都还占有很大比例。不过，事实所反映出的更多是贵族家庭从军事生涯中获得更多利益，而不是为了他们的利益所设立的准入标准。

圣西尔所制定的法规以及随后的立法规定三分之一到三分之二的军官应当来自于军事学校，其余部分则来自于士兵中至少服役四年的士官。士官作为"有军衔的士兵"（private with stripes）被提拔出来，常常缺乏对于军官与士官的责任与职权的差异的认识，而且对军官集团的智识水平贡献很小。而那些来自于军事学校的军官则接受过更好的普通教育与专业技术教育。法国有三所军事职业教育机构。巴黎综合理工学院（Ecole Polytechnique，建立于 1794 年）为陆军培养炮兵和工兵军官，也为海军输送舰炮军官、舰船设计师和其他专业技术人员。培养骑兵与步兵军官的帝国军事专科学校（The Special Military School）1803 年建立于枫丹白露，1808 年迁至圣西尔。分别于 1810 年和 1816 年在布勒斯特和土伦建立的海军学校于 1827 年在布勒斯特合并成为一所学校。进入这些军校都需要通过竞争激烈的考试，报考巴黎综合理工学院和圣西尔军校的候选人通常在 16 岁到 20 岁之间，而报考海军学校的年龄则是 14 岁到 16 岁。在大部分情况下，考生都被假定为已经完成公立中学（lycée）的常规课程。法国和普鲁士相比，军官更多的是在国民教育序列中接受中等教育。唯一的例外就是陆军子弟学校（Prytanée Militaire），法国唯一真正的军事预备学校，每年向军事学校输送数量有限的军官子弟。圣西尔军校与巴黎综合理工学院的学制都是两年。圣西尔的课程第一年主要是学术科目，第二年主要是军事科目。而在巴黎综合理工学院，课程几乎全部是科学与技术，唯一的军事课程是军事艺术与地形学。海军学校的学生在布勒斯特完成为期两年的普通教育和职业教育科目后，要在训练舰上进行一年的实习。[19]

在英国陆军中，军官准入的贵族制限制比起法国和普鲁士军队都保持得更久一些。军职交易体制（当然，也是炮兵和工兵之外）的首次打破是 1802 年桑赫斯特皇家军事学院（Royal Military Academy at Sandhurst）的建立。入学需要有总司令的提名，但毕业生不必花钱去购买他们的任命。19 世纪中期，又开辟了一些不需要交易的军官入职渠道。直到 1871 年这整个体制才被废除，从此，英国军官准入要求中才不再正式提出贵族制的条件。* 英国海军的"舰长随员"（Captain's servant）制度于

---

    * 在 1860 到 1867 年被任命的 4003 名新任军官中，有 3167 人是购买的职位，另外 836 人没有购买。剑桥公爵在 19 世纪 50 年代强调了对于军官教育要求的反对意见，他批评普鲁士的军事体制，并坚持"英国军官首先应当是绅士，其次才是军官"。引自 Roy Lewis and Angus Maude, *Professional People*（London，1952），p. 31.

1794 年被废除。随后设立了"初级士官"（First Class Volunteers），不过这仍然是由舰长任命的。到 1833 年，这类任命开始需要得到海军部的批准，而在 1838 年到 1839 年，考试制度也被建立起来。1848 年，舰长的权力被进一步削弱，到 1870 年形成了"有限竞争"制度，每一任命都有两个初步提名人选参与竞争。同军职交易在陆军中的废除一样，海军当中的个人荫庇也以同样的步骤被废除了。[20]

44

随着 1802 年桑赫斯特皇家军事学院的建立、1806 年伍尔维奇军事学院的重组和扩建，以及同年海军学校被改为皇家海军学院（Royal Naval College），英国也有了充足的初级军事职业教育机构。但还不是所有军官都必须就读这些学校。此外，也没有充分有效的普通教育。进入伍尔维奇与桑赫斯特的学员来自公学，但英国的公学却提供不了德国的文理高中或法国的公立中学那样的普通教育。此外，海军部还固守"从小抓起"（catch 'em young）的政策，征召年龄在 12 岁到 14 岁的学员作为预备海军军官。因此，如果海军军官要得到普通教育的话，就只有通过海军部了。从 1806 年到 1837 年，朴次茅斯的皇家海军学院曾经尝试提供这种教育。但是 1837 年这所学院被关闭，普通教育也被放在海上进行，理论上说，海军的预备军官可以在海上接受舰上教师的教育。但实际情形是，海上只有完全实用和技术化的训练。到 1857 年，这一体制终结了，在达特茅斯建造了一艘训练舰，12 岁到 14 岁的预备军官出海之前在那里接受为期两年的培训。1886 年，一个专门委员会呼吁海军部通过完善海军内部的普通教育或将征召预备军官的年龄推迟到完成中学教育之后以确保"更高的智识水平和更完善的普通教育"。1903 年，奥斯本的海军学校被重组，用于尝试第一条改革方案，而十年后第二方案也被采纳，公学毕业生被允许通过专门渠道进入海军。[21] 从而，在普鲁士陆军提出对军官的普通教育与专业教育双方面要求的一百多年之后，这也终于成为英国海军中的强制性要求。

晋升。军官准入的职业化标准建立起来后，随之而来的就是关于军官晋升的职业化标准。总而言之，新的晋升体制所采取的形式，是以选

45

任加以调节的论资历晋升。

在普鲁士，沙恩霍斯特引入了将考试作为晋升前提条件的观念，并且提高了军官的薪金，从而减少了他们对"外快"的依赖。有能力的军官在总参谋部得到迅速的晋升。虽然缺乏正式的规则，个人影响与偏袒在军官晋升中所起的作用都很有限。晋升到上尉只需要依靠资历就够了，而那些能力超常的军官则更快得到晋升，尤其是有能力在总参谋部或副官长办公室（Adjutant General's Office）任职的军官，则晋升更为迅速。上尉以上的级别晋升在兵种和军团内部产生，更严格地依据资历。如果一个军官错过了依据资历获得晋升的机会，那他可能就会辞职。绝大部分军官可以获得晋升到少校的预期，而淘汰则最主要地发生在向上校晋升之前。考试也被用来作为从工兵和步炮兵中淘汰军官的依据。

法国 1818 年的法律，是要在晋升体制中排除非职业化因素的大胆尝试。其中，要求三分之二晋升到中校以下的军官都必须依据资历，而剩下三分之一的中下级军官的晋升和全部上校与将军的晋升则通过选任。不过，由于该法律太看重资历，要求过长的服役期，因此也就不能完全阻止贵族的偏私。1832 年，七月王朝颠覆了整个制度。此时，对于晋升之前的每一级别要求都明显减少，依据资历晋升到少校的比例从三分之二减少到一半。更值得注意的是，该法律被誉为"军队宪章"，因为保证军官的军衔不会降低，除非因为不法行为被军事法庭处罚。一个关于推荐晋升的精密制度被建立起来，根据这一制度，各兵种和军团每年列出符合晋升要求的军官列表，军事监察长或高级军官组成的委员会据此选择。在 1851 年，一个更为精密和正规化的退役保障方案被采纳。到 19 世纪中期，正规的职业化晋升制度在法国陆军中已经建立起来。不过，事实上，这个制度还是存在特定的缺陷和滥用。

法国海军的情况也有某种相似之处。在下一等级任职 2 年至 4 年，并且具备一定的指挥经验，是向上一级晋升的必需条件。从最低一级直到中校，晋升都包括资历和选任两种依据；而在中校以上，则全部为选任。在 19 世纪下半叶的后期，由于高级军官退休的迟缓导致晋升机会

46

大大减少，这造成了在有限的晋升任命中裙带关系与徇私舞弊的盛行。功绩在帝制时代曾经处于非常重要的位置，而在第三共和国的初期更是具有基本性的影响。后来情况发展得很极端，报纸对海军将领与内阁部长们的子弟表现出的异乎寻常的能力进行了强烈的批评，这使得整个制度在 1890 年被修改。从 1824 年开始建立并且成为海军当中徇私现象焦点的海军将官会议（Admiralty Council）被废止，并建立了一个新的军事监察制度来决定哪些军官符合晋升要求。[22]

只有在 19 世纪的英国陆军中，政治影响和金钱交易对晋升的干预清除缓慢。英国于 1794 年采取了限制政治影响的第一个步骤，设立了陆军总司令职位。这个新职位使军队有了一名职业化的最高统帅，独立于党派政治。逐渐地，军队的统帅从更多被政治干预的政府部长们那里接管了任命权与军纪督察权。1861 年，总司令全权负责陆军的指挥、军纪督察与军官任命，他只服从于君主对军事力量的一般性控制，并在君主特权的使用方面对陆军大臣负责。为了协助总司令进行任命，所有将官每半年出具关于其下属的报告。差不多与此同时，考试对于下级军官的晋升也成为强制性要求，要任职于陆军总司令部（general headquarters）则必须完成参谋学院的课程。

只要还存在金钱交易，一个真正的职业化晋升体制就不可能在英国陆军当中建立起来。到 1856 年，一个上尉职位需要大约 2400 英镑，而 中校大概要花费 7000 英镑。而低得可怜的薪水自从威廉三世时代以来就没有任何增长，因此薪水之外的收入对军事生涯而言显然不可或缺。对这种状况的批评一直以来并不缺乏。格雷勋爵在 1846 年猛烈抨击了现状并设计了一个富有远见的改革方案。一个王室委员会也在 1850 年做出了相似的批评。但是，改革的反对势力仍然强大。他们宣称军职交易保证了军队对国家的忠诚，因为军官被他们共同的经济利益所约束，而国家则控制着他们的财产。这种直接的社会—政治约束看起来比依赖于职业化的责任感的约束更可靠。诸如威灵顿公爵这样的保守派，强烈谴责改革方案是要用"雇佣军"来取代现有的军队，而率领当下军队

47

的是"有足够财富与品德的男人——他们不仅获得来自王权的委任，更是同国家的利益与财富有着密切的联系"。在复辟后的两百年间，新型陆军的幽灵一直萦绕于英国军人和政治家心头。只有普鲁士的战争机器在普法战争中表现出来的强大优势这个例子，才使卡德维尔勋爵能够安全地废除军职交易制度。尽管如此，对于"职业化"军队理念的许多批评仍然固执存在，卡德维尔不得不强调：

> ……如果我们能够从最近的这场战事中学到一课的话，那就是普鲁士胜利的秘诀要更多地归功于其军官的职业化教育，而不是其他任何因素。没有职业化训练的个人英雄主义毫无作用……[23]

国会不情愿地承认了毛奇（Moltke）将会是比克伦威尔更大的威胁，并授权政府完全收回军官任命权，建立基于资历和功绩选拔基础的军官晋升制度。

职业化晋升制度在英国海军的建立比陆军要更容易一些。19 世纪初，政治影响就更多地被排除了。而且，海军过去也没有军职交易的制度。到 19 世纪下半叶，有效的退休方案也已经被引入，而在 1860 年之后，所有任命都以"军衔"（rank）而非"职位"（post）作为基础。海军准尉（Midshipman）和海军中尉（sublieutenant）依据考试得到晋升，海军上尉（lieutenant）和少校（commander）根据选任晋升，其他更高级军衔则依据资历。*

教育。随着军事科学在深度和广度方面的增加，提供更高层次教育的机构就变得越来越必要了。普鲁士比起其他强国更早意识到了这一点，沙恩霍斯特在 1810 年建立了著名的柏林军事学院（Kriegsak ademie）。这所学校的定位是进行军事科学高级研究的大学。军官在任职五年之后，由其上级指挥官证明履行职务出色，并通过为期十天的专门考试，

---

* 英国陆海军的军衔体系存在差异，海军无少尉，准尉是最低级的军官，陆军少尉和海军中尉、陆军中尉和海军上尉的名称是一样的，而校官只有 commander 和 captain 两级。——译者注

可以进入这所学院学习。通常在每年的 60—70 名候选人中，会有 40 人被录取。必修的科目包括战术、军事史、兵器科学、野外与永久工事修筑、军政管理与经济、数学、炮兵、特殊的地理学与地质学、参谋职责，以及军事法。还有大约一半的科目是选修，包括世界史、世界地理、逻辑学、物理学、化学、文学、高级测地学、法语和俄语等，军官可在其中自行选择。在学院中学习的参谋可以得到军方和文职导师的共同指导，学校也拥有非常优秀的图书馆。

军事学院是普鲁士军事职业主义的核心制度。要想晋升到高级军衔或进入令人艳羡的总参谋部就职，都必须以完成军事学院的课程作为前提条件。在很长一段时间中，这所军事学院在欧洲是独一无二的。衡量其影响的一个例子是，在 1859 年，欧洲 50% 的军事学术著作都完成于德国。[24] 同那些低级别的学校一样，军事学院也更强调学生应当培养开阔的视野和综合分析能力，而不是死记硬背零散的知识。让外国观察家感到惊讶的是，学院强调鼓励"自力更生"（self-reliance），并且致力于"教育的更高级目标，塑造并规训人的心智，且鼓励反思的习惯"。[25] 以现代教育理论作为标准来评判，普鲁士军事教育体系在 19 世纪的欧洲独领风骚，无论军事方面还是民事方面。

法国像普鲁士一样，在 19 世纪初期建立了一系列专业学校。但是，没有能够与柏林军事学院相提并论的学校。唯一可能勉强接近的是圣西尔 1818 年建立的参谋学院（Ecoled 'Applicationd' Etat Major）。参谋学院的入学要求被限定在圣西尔军校和巴黎综合理工学院的少数优秀学生和现役少尉之中。所有候选人都必须通过严格的军事科目考试。课程学习为期两年，集中在军事方面，因此自然也就比柏林军事学院显得更为初级。此外，进入总参谋部也不必须要就读于参谋学院。就像法国的其他职业化制度一样，参谋学院在 19 世纪也没有什么进展。正如驻柏林的法国武官在 1860 年所评论的那样，所有的法国军事教育机构和柏林军事学院相比"只能算是农业学校"。[26]

经历了 1871 年的失败之后，法国军官开始为了自我军事教育非正

49

式地组织了起来，就像普鲁士军官在 1807 年所做的那样。1874 年，政府成立了一个委员会来研究军事学院应该如何发展，1876 年在参谋学院开设了高级军官的特别课程。最终，在 1878 年，一所真正的军事学院——高等军事学院（Ecole Militaire Supérieure）被建立起来。入学要求竞争性的考试，而晋升到更高军阶或到总参谋部任职的校官与尉官都要在这里完成两年的课程。虽然这所学校此后几经起落，但总体而言法国的军事教育水平还是比 1870 年之前达到了更高的水准。[27]

在英国，高等军事教育机构比起法国更为滞后。1799 年，约克公爵建立了一所专门学校培养军官担任参谋。1802 年，学校重组为皇家军事学院，参谋课程被列入学院的高级系。但是，皇家军事学院的高级系在英国军界一直扮演着相对次要的角色，直到 1857 年分离出来成立专门的参谋学院。在此之后，参谋学院也无法达到柏林军事学院那样的水平，而英国也在很多年中没有真正高水平的高等军事教育。英国海军的高等教育始于 1837 年，当年，朴次茅斯的皇家海军学院重组为一所高等军事学校。1873 年，学院搬迁到格林威治，并成为海军高等教育的核心，其目标是培养全体准尉以上的海军军官“所有门类的对他们的职业有影响的理论与学术知识”。[28]

参谋。普鲁士的领先地位在他们的职业参谋制度的发展方面表现得非常明显。普鲁士总参谋部的成立时间可追溯到 1803 年 11 月 25 日，当时国王命令将现行的军需总监部重组为一个真正的总参谋部。而在更早一些的 1800 年，冯·勒柯克（von Lecoq）将军就已经开始了某些初步的改革，但现代化、职业化的参谋制度的基本框架最初成型，还是在 1802—1803 年冯·马森巴赫（von Massenbach）上校起草的备忘录当中，这个备忘录也被作为后来国王命令的基础。根据国王的命令，军官必须通过考试才能被任命为参谋，他们此后需要在参谋岗位和指挥岗位之间轮换。总参谋部的职责被分为两大类：长期职责是促进军事运作的基本原则方面的发展，而短期职责则是处理突发事件并准备未来的战争计划。

在普鲁士败给拿破仑的战争中，总参谋部未能有效地发挥功能。但是在 1808 年，沙恩霍斯特重组了总参谋部，对其职责做出了更精确的界定，并且开创了柏林的总参谋部与前线参谋本部（Field Forces General Staff）这一区分，还要求参谋职务的获得必须经过柏林军事学院的学习，同时开创了双重指挥体制，使参谋长分享部队首长的指挥权。拿破仑倒台后，普鲁士总参谋部在和平年代继续发挥着与战争年代一样的功能。在整个 19 世纪，总参谋部就是普鲁士军事职业化的组织核心。在 19 世纪之初，它还不得不为了地位与承认而同代表着贵族反对势力的陆军部 51 和军事内阁（Military Cabinet）展开斗争。但是，在 1857 年成为总参谋长的老毛奇的领导下，总参谋部迅速变得卓越起来。毛奇那种科学与理性的专业知识成为德国军官的主流理念。从 19 世纪 60 年代开始，总参谋部成为德国军官梦寐以求的职位意向。总参谋部军官军裤上的酒红色裤线成了新的精英象征，他们是军官职业中的精华部分，显示出最高水准的知识、能力与奉献精神。对总参谋部的军官而言，比起任何其他军官都要更严格地贯彻职业化军官的要求。"永远看到更多更远"，就是毛奇对他所领导的参谋们的要求。半个世纪之后，冯·西克特（von Seeckt）精炼地概括了这种传统：

> 形式虽然变化，但传统精神却一如既往。这是一种冷静、忘我投入服务于军队的职责当中的精神。总参谋部的参谋都是无名英雄。[29]

在普鲁士的参谋制度中，最具革命性的方面可能就是将天才视为无用的奢侈品，甚至是危险品，并且要用接受过高等教育的、组织化的、有经验的普通人来加以替代。这意味着个体要服从于集体的智识与意志，但同时也保证个人能够在其适当层级与责任范围内自由行动。这是对 18 世纪崇尚天才的军事力量的否定。普鲁士制度中，没有对那些具有超常才华的天才的盲目和机械化服从，每个人都各司其职而不去相互干扰，这一点给英国的观察家留下了非常深刻的印象。[30]

在法国，保罗·蒂埃博（Paul Thiebault）将军于 1800 年出版了第一
本现代的参谋手册。而实践者则是贝尔蒂埃——拿破仑的总参谋长，他
建立起了总参谋部的雏形，虽然这个总参谋部的结构与功能都被拿破仑
的天纵英才与贝尔蒂埃本人的小气和妒忌所扭曲了。在复辟期间，圣西
尔建立了参谋团队与培训他们的参谋学校，但并没有总参谋部。参谋直
接服务于陆军大臣以及其他的军令长官，所发挥的作用就像其他国家的
副官，或军事院校中的顾问。既没有一个"总参谋部"这样能够在陆
军部中独立存在的机构，也没有总参谋长。因此，参谋军官的教育及其
工作也就缺乏目标和重点。1831 年之后，参谋逐渐变成了提供考察地
形和绘制地图之类有限技术服务的辅助人员。法国参谋制度的发展一直
被 18 世纪的传统观念所阻碍，拿破仑战争与非洲战争更强化了这一点，
高级将领依靠自己的天赋进行指挥，不借助专业人员提供的建议与协
助。总而言之，在 1830—1870 年的四十年间，法国参谋的职业水准和
处理所遇到的业务问题的能力都一直处于下滑状态。到了普法战争的时
候，法国的参谋已经下滑到一个很低的水平，因而不能做出像德国同行
一样的贡献也就丝毫不令人惊讶了。[31]

在大陆战争时期，威灵顿公爵为英国陆军建立了一个行之有效的参
谋体系。但是，到了和平时期，英国参谋体系就或多或少地瓦解了，在
整个 19 世纪，英国陆军就没有一个现代意义上的总参谋部。克里米亚
战争中陆军的糟糕表现推动了参谋体系的重建，但唯一得到坚持的成果
就是 1857 年建立的参谋学院。英国陆军中仅有的参谋都在副官或军需
部门，没有处理军事指挥和情报的真正意义的参谋，真正的参谋主要应
当负责战略和战术，而不是行政与后勤。这样的缺陷一直没有弥补，直
到 20 世纪的最初十年，通过斯宾塞·威尔金森（Spenser Wilkinson）这样
的热衷改革者的工作，以及从布尔战争吸取的教训，才共同促成了陆军
的改组。1904 年，陆军委员会（Army Council）建立，总参谋长职位也出
现了。数年之后，帝国总参谋部（Imperial General Staff）的随之建立进一
步推动了军事协作的发展。[32]

能力与精神。军官所表现出来的职业能力与精神不可避免地反映出职业化制度建设的水平。在三个主要强国当中，英国表现得最为落后。英国军队统帅的专业能力仍然深受贵族制与一般的社会思维影响，这种影响一直持续到 20 世纪。正如一位将军所指出的那样，1890 年的英国陆军还是分裂成两派：一派坚持威灵顿的传统，另一派则希望"建立一支职业化陆军"。[33] 在普法战争前的法国，职业化的知识型军官仍然受到怀疑。个人主义在军队中泛滥成灾：第二帝国的理想型军队是贵族气质的"英武骑士（*beausabreur*），充满无限的勇气与胆识而不会反思的人"。[34] 对智识思考的排斥，对军事教育和参谋制度狭隘和僵化的界定，都是导致法国被德国击败的决定性因素。在 19 世纪 70 年代的改革之后，职业精神开始在法国军队中占据上风，尽管依然受制于相反的国家意识形态。

职业能力与精神在普鲁士达到了发展的顶峰。1866—1870 年的普鲁士陆军表现出的卓尔不群，同 1856 年的英国陆军、南北战争中的美国陆军以及普法战争的手下败将法国和奥地利陆军相比，形成了鲜明的反差。军校的高度重要性和总参谋部的核心地位，使得普鲁士军队在智识上远远超过其他军队。正如一位英国观察家在 1859 年做出的沮丧评论：

> 事实上，教育对普鲁士军官而言简直就是一切，这是一个强大的力量，使他们不断在职业生涯中完善自我；职务晋升有着依据功绩的确定规则，而不是任意做出的，这些因素使得整个普鲁士军官集团比起英国军官强得太多。[35]

尽管有像兰格尔（Wrangel）和曼德菲尔（Manteuffel）这样的保守派的反对，普鲁士军官团体的精神，还是逐渐从贵族精神转化为军人阶层独有的精神。19 世纪中期以后，就逐渐强调军官之间无视家庭出身的团结与志同道合。边界线在军人与平民之间划出，而不是在贵族和中产阶级之间划出。出身形成的贵族被凭借教育和成就所形成的贵族所取代。普鲁士军官成为这样一群人：出身寒微、有充分的专业知识、纪律严明、充满奉献精神，作为一个零件在紧密团结的职业群体中发挥作用。这最终形成了在欧洲独一无二的合作精神。正如英国军事教育委员会所言：

> 全体普鲁士军官将自己视为一支独立的军队——军官团（the Offizer-corps）——由共同纽带与共识团结起来的军队；加入这个团体既意味着被授予独特的特权，也意味着要承担特别的职责。[36]

欧洲职业主义：厄普顿将军的总结（1875）

尽管某些贵族制的因素仍然阴魂不散，但到了 1875 年，基本的职业化制度在主要欧洲国家军队中都还是确保得到了建立。美国将军埃默里·厄普顿（Emory Upton）在这一年对欧洲军队所做的概括描述，就反映了这一事实。厄普顿受谢尔曼（Sherman）将军和陆军部长贝尔纳普（Belknap）的委派，去考察欧洲与亚洲军队的战术、组织、纪律与教育，尤其关注了德国军事体制。在他的报告中，厄普顿强调了职业化制度在欧洲军队中的普遍建立，并呼吁应当立即引入美国军队之中：

1. 成为军官的唯一途径是毕业于军事学院，或是从完成了职业课程并通过考试的士兵中提拔。

2. 军事学院向军官提供高等军事科学教育，以此作为担任参谋或高级指挥官的预备。

3. 总参谋部军官要求有"最高水平职业训练"。军官在参谋和指挥官职务之间交流轮换。

4. "为了让国家能够得益于军队中那些最出色的人才，迅速晋升的机会，无论是调入总参谋部还是选任晋升，都应向全体表现出工作热情与职业能力的军官平等开放。"

5. 为了使政府了解军官的胜任程度，指挥官应当撰写年度或两年一期的报告，表明他们下属的"工作热情、天资、特别能力与个人品行"。

6. "军官就是为了国家利益而存在。如果有军官忽视国家利益或没有能力实现国家利益，政府可以通过个人报告或专门的监察，阻止其获得晋升，甚至终止其在军队的服役……"[37]

职业伦理的塑造：克劳塞维茨《战争论》中战争的独立性与从属性

在 18 世纪的陈腐观念中，战争只是一个难以定义的行当，而将领则依靠自己的天赋在其中发挥作用。精密的军事科学以及与此相关联的教育机构的兴起终结了这种观念。新的情况需要新的理论，1831 年克劳塞维茨逝世后出版的《战争论》，就第一次全面而明晰地表述了新的理论。值得注意的是，克劳塞维茨曾是沙恩霍斯特与格奈森瑙进行军事改革的助手。他从 1815 年之后担任军事学院院长的时间中撰写了这本著作。事实上，这本书对于他所参与过的军事改革做出了理论上的合理性论证。

讨论克劳塞维茨及其这部名著的问题在于，如何解释克劳塞维茨本人的声誉，以及如何解释《战争论》的永恒意义。军事评论家几乎全体一致地称颂这位红鼻子普鲁士人是西方世界最卓越的军事思想家——他是军事作家中的莎士比亚或歌德，并且将他的著作称为军事科学中的圣经。[38]大部分评论家都强调克劳塞维茨在推动战略与战术发展方面的贡献，他理解并形象表达了拿破仑式的方法。但是，克劳塞维茨在战术方面的观点已经过时很久了，而他所提出的战略原则也并不比其他一些军事思想家更为出色。他的突出贡献实际上体现在对于战争的内在本质和战争与其他人类行为之间的关系更为关心，并进行了更深入的分析。当然，克劳塞维茨并不孤立于他那个时代的智识状况。其他一些军事思想家也在探索同一个方向，并且他们中有许多人预见到了《战争论》所讨论的问题。克劳塞维茨只是更好地把握并表现了这样的理论转型。从这个角度来看，他在军事思想史中的地位，或许可以比作社会思想史中的马克思：在他之前绝大多数粗糙并且支离破碎的作品，都被他的著作整合成为一个整体；而在他之后，绝大多数作品都以注释和解释这位大师的著作为目标。

克劳塞维茨理论的基础要素是他关于战争双重本质的概念。战争既是一门有自身方法和目标自治的科学，同时也是附属于外部终极目标的从属科学。这样一个战争概念是非常职业化的，同其他职业对本质的定义一样：既界定有着独立于其他人类行为与思想的学科主题，又承认该主题受到总体上的人类行为与思想这一框架的限制。克劳塞维茨还强调了职业军队精神的其他一些要素，但这些都是次要的。他最重要的贡献就是他所提出的关于战争本质与军人角色的概念。基于这一点，几乎所有职业主义观点都必须以此为基础来展开。

当克劳塞维茨将战争视为一门独立的科学而思考其本质时，战争本身（krieg an sich）是一种暴力。"战争是一种迫使我们的敌人服从我们意志的暴力行为。"在这一意义上，战争不受任何限制。为将之道就是运用暴力麻痹敌人或击垮敌人的学问。在理论上这是必需的。因此，战斗与流血不可避免。"我们从未听说有不战而屈人之兵的将军。"克劳塞维茨对于战争作为不受限制的暴力这一本质的强调，导致一部分评论者以为这就是他思想的唯一方面，将他设想为一个只是歌颂血腥暴力的人：利德尔·哈特（Liddell Hart）就称克劳塞维茨是"人类相互屠杀的末日使者和'总体战'与战斗到底的理论的始作俑者"。[39] 不过，这完全是对克劳塞维茨的误解。只有从理论上将战争抽象出来独立思考时，才是不受限制的暴力。而在实际上，战争从来不是孤立行为。暴力并非自身的目的。只有当为了公共目的而理性地使用时，暴力才是正当的。战争总是附属于外部的政治目的，正是这一点决定了所使用的暴力的性质与程度。战争的结果也不是绝对的。"这样一来，整个战场就不再从属于武力推向极致的单纯法则。"军事行动的成本需要结合其达成的效果来加以衡量。战争的政治目标在整个过程中都起着引导作用。子弹只不过是外交辞令的替代品。就像克劳塞维茨被引用最多的格言所说的那样："战争是政治通过另一种手段的继续。"简而言之，战争"有自己的语法，但没有自己的逻辑"。

将战争既作为目的又作为工具的观念，意味着在关于专业人员在战争中的角色这一问题上，也有相似的理论。战争有自己的语法，这一事实要求军事职业人员致力于发展自己关于战争的语法的专业技术，而不受外部的干预。"军队的军事德性"并不能从为之而战的战争性质中发现，就好像律师的职业技能不能根据他的客户是什么人来加以评判一样。一个军事团体的内在品质，只能以军事本身的独立标准加以衡量。但是，军事团体被使用的目的，却在其能力的评价标准之外："战争的政治目的存在于战争之外……"战争没有自身的逻辑与目的。军人因此总是服从于政治家。引导战争因而是后者的责任，因为这"要求从 58
更深层的联系方面敏锐观察国家政策"。

> 将政治观点从属于军事是不合理的，因为是政治创造了战
> 争；政治是智力活动，军事只是工具，并非相反状态。因此，
> 让军事观点服从于政治，就成为唯一可行的办法。

一位陆军部长无需关于军事事务的细节知识，而军人也常常当不好部长。当然，军事观点总是不可避免地同政治目标相互影响，而政治必须将军事作为一种解决方案加以考虑。克劳塞维茨提醒政治家，必须高度注意自己在制定目标或做出承诺时所面临的军事能力的限制。但最终，政治仍然是高于军事的。政治确实有可能"选错方向，偏向不切实际的目标、统治者的私利或虚荣"，但这不是军人所要考虑的事情。军人必须假定政策"是全社会整体利益的代表"并且像这样去服从。在形成关于军官职业的最初合理化解释的过程中，克劳塞维茨同样提供了文官控制的理论正当性。

第三章

军事思维：军事职业精神中保守的现实主义

军事思维的含义

军事独特的、功能性的方面一直被以"军事思维"的术语加以讨论。本章将尝试对军事思维做出一个准确的定义，使之能够作为有效的分析工具。军事思维可以从三个视角加以切入：①能力或品质；②属性或特征；③态度或实质。[1]

从第一种进路进入的作者常常强调"军事思维"的低水准。在智识、视野、想象力这些方面，职业军人比起律师、商人、政治家这些职业都要差一些。这种被认定的劣势常常被归咎于以下几个方面：成为军官的人天赋相对较差，军事职业的组织形式不鼓励智识方面的创造力，而且也更少向军官提供机会去使用这方面的能力。

第二种进路则突出军事思维立足于构成军人人格的独特属性或特征。无论是来自于军方还是民间的作者都一致认为军事思维坚持纪律性、严肃、逻辑与科学，而不是灵活、宽容、直觉和情绪化。一直履行军事职能更加促进了这种思维。从直觉来看，就会觉得这些描述很接近于真实状况，包括对直觉的描述也是如此。但是，随着对于军人与其他重要政治集团的个人特性被更多地总结，以及对于个性、价值、行为与社会环境之间的关系有更多认识，这一进路在分析军政关系方面不再那么有效。

第三种进路也是最有成果的进路，则是分析军事思维的实质内容——军人的态度、价值与观念。这通常通过两种方式：从内容来界定军事思维，以及从渊源来界定军事思维。前一种方法从军事方面的内容描述了特定价值与态度，并据此断定这些价值与态度在军人中普遍处于主流地位。有两组态度常常被强调为军人的特征：好战与权威主义。军人一直认为和平是种乏味的状态，而冲突与战争则能够开发人最高水平的道德与智识，他们因此热衷于侵略性与好战的国家政策。同时，军人也反对民主，并认为应当依据命令的链条作为组织社会的基础。无论这些结论是否精确，达成这些结论的方法都有些主观与武断。这样一种先验的假定，认为某些特定价值就是与军事和军人联系在一起，因此军人会坚持这种价值，这或许真实也或许虚假，但在过程中要求这一点并无意义。

一种替代性的进路是从渊源来界定军事价值。这一进路假定，一切出于军事渊源的态度或价值的表达都是军事思维的反映。但这样的困难之处在于，并不是所有来自于军事渊源的东西都要从渊源中提炼出其特征。军人同时也是法国人或美国人，卫理公会派教徒或天主教徒，自由派或保守派，犹太人或反犹主义者。军人所做出的表态不一定反映的是他作为军人身份的态度，而可能来自与其军人身份无关的社会、经济、政治、宗教方面的联系。如果有可能排除掉这些偶然因素的话，可以解决这样的困难，这就需要从所有行业、所有国家与所有时代当中总结出一个军人的普遍而具有代表性的交流模板。不过，这样做的工作量如此浩大，使得另一替代性方案更为可欲：通过作为职业伦理的界定来探寻军事思维 (*l'idée militaire*) 的实质。

长期以同一种方式行动的人，容易发展出一种独特而稳定的思维习惯。他们同世界的独特联系方式赋予他们独特的认识世界的视角，并且规范着他们的行为与角色。当这种角色是职业化角色时，就尤其如此了。职业的界定更加狭窄，有更为强烈与排他的追求，比起行业也更加清晰地同其他人类行为区分开。职业功能持续的客观表现，促成了持续

61

性的职业世界观（weltanschauung）或职业"思维"。军事思维，从这个意义上说，就是包括了内在于职业化的军事功能的外部表现，并且可以从功能的本质推导出来的价值、态度与视角。军事功能由公共领域中职业化的科层制专业人员来实现，这些人的专业是对暴力实施管理，并为国家的军事安全负责。如果可以从独特的专业技能、责任感与军事职业的组织方式中找到暗示或推导出来的话，那些价值或态度就成为职业化的军事精神的一部分。这种职业精神要更为广义一些，不同于那种在规章中直接规定职业人员面对非职业人员应当如何行为的狭义职业精神。这种职业精神包括了：从军事行业角色的持续性表现中可推理出来的偏好与预期。

军事思维因此以一种韦伯式的理想类型被抽象定义，以这种方式，那些实践中的个体与群体的信念得以被研究。很明显，没有一个个体或群体会坚持军事伦理的所有构成要素，就好像没有任何个体或群体会仅仅受到军事思考的激励而行动。任何军官集团都只会以职业化的程度坚持军事伦理，也就是说，这个程度是由功能必要性而非社会必要性所塑造的。军官集团很少以低层次的职业主义表达职业伦理，广泛表达的伦理都体现高层次的职业主义。此外，职业化的军事伦理，同那些以智识表现的职业一样，是"非时间性与非地方性"的。只要没有对于军事功能的内在本质的根本性替代，职业伦理的内容就不会改变。军事技能方面的一些小的改变，例如武器技术的改进，或军事事务中经济学重要性的提高，都不会像青霉素的发明改变了医学伦理一样改变军事伦理的性质。因此，军事伦理作为一个稳定的标准，可以在任何时间任何地点对任何军官集团的职业主义水平加以判断。为了明确，这种理想类型被称为"职业化军事伦理"。一个具体的军官集团在历史中的某一时期所实际持有的观点，则会被冠以"19 世纪德国军事伦理"或"一战后美国军事伦理"这样的定义。

在接下来的章节中，将会试图从以下几个方面来详细展开军事伦理：①基本价值与视角；②国家军事政策；③军事与国家的关系。军事伦理的界定的精确性，取决于所得出的观点能否从军事功能的实现中推理得出。这种对军事伦理性质的推理，偶然会以那些军事文献中所提炼出来的类型化表述加以补充说明。虽然美国军事伦理的发展会在下一章中以某些细节得到描述，但对于美国材料的引用仍然被有意地限制了。而且，这些参考文献仅仅是些例子；它们无法证明所表述的观点是职业化军事伦理的一部分，而非想让从根本上否定军事伦理的军人做出完全相反的评论。唯一的评价标准关系到军事功能的表现。

职业化军事伦理

人、社会与历史。军事职业的存在假定了人类的利益冲突以及运用暴力去扩展他们的利益。因此，军事伦理将冲突视为贯穿人类历史的普遍模式，并且认为暴力植根于人类的生物与心理本能。在人类的善与恶之间，军事伦理强调的是恶。人是自私的，会被对权力、财富与安全的追求所驱使。"人类的思维天生就是片面而有限的。"[2] 在人类的长处与弱点之间，军事伦理强调的是弱点。人的自利引发了冲突，而弱点则使得冲突成功地被组织、纪律与领导所控制。正如克劳塞维茨所言："一切战争都以人性的弱点作为前提假设，克服这些就是对战争的指导。"没有人比职业化的军人更能意识到普通人并非英雄。军事职业将人组织起来，去克服天性中的恐惧与失败。[3] 指导战争中充满的不确定性与机遇以及预测对手行动的困难，都使得军人对人类的预测与控制范围采取怀疑态度。在人的理性与非理性之间，军事伦理强调的是理性的限制。理论建构的最佳方案也会被现实中存在的"摩擦"所阻碍。"战争是一个不确定性的领域"，克劳塞维茨说道："四分之三的战争中的行动都隐藏在或浓或淡的不确定性迷雾之中。"此外，人类本性是普遍且不变的。不论何时、不论何地都是人同此心。[4] 因此，人们的军事观念不可避免是悲观的。人确实有善、优点与理性，但也有恶、弱点与非理性。

63

军事伦理中的人，本质上就是霍布斯理论中的人。

军事职业存在的前提，是民族国家之间竞争的存在。这个职业的责任所在，就是增强国家的军事安全。要履行这样的责任，需要的是合作、组织与纪律。既因为军人的职责服务于作为一个整体的社会，也因为军人履行自己职责的方式的本来属性，军人强调团队超过个人的重要性。任何行动要取得成功，都必须让个人意志服从于团队意志。传统、精神、一致性与团体意识，这些在军事价值体系中都处于很高的位置。为了完成其职责，军官放弃了个人利益与欲望。正如 19 世纪的一位德国军官所指出的那样，军人必须"放弃自己的利益、金钱与财富……以自我为中心毫无疑问是军官团必不可少的素质的最危险敌人。"[5] 人最显著的特点还是社会动物。他只有在群体中才能够存在，只有在群体中才能够保护自己，最重要的是，只有在群体中才能够认识自己。"软弱、平庸与易逝的个人"只有参与到持续的有机体的"强大、永恒与辉煌"之中，才能获得情感上的满足与道德上的圆满。[6] 军事伦理在精神上基本是社群的，从根本上反对个人主义。

军事行业之所以能够成为一个职业，在于其所积累的经验可以构成职业化的知识。从军事观点看来，人只能通过经验学习。如果没什么机会从自身经验中学习的话，那就要从别人的经验中学习。因此，军官总是以史为鉴。因为，如利德尔·哈特所言，历史是"普遍性经验"；而军事史，如毛奇所指出的那样，"是在和平时代教授战争的最有效手段"。因此，军事伦理高度重视体系化的、有目的的历史学习。[7] 只有当从历史中发展出适用于未来行动的原则时，历史才对军人有用。军人在学习历史时总是致力于概括一般规律。但军事伦理并不与某种特定的历史理论绑定在一起，虽然其排斥一元论解释，并且也更强调武力而非与之相对的意识形态或经济因素的重要性。人性的永恒使得关于进步的理论不可能实现。"变化不可避免，但进步却并非如此。"[8] 在历史模式的范围内，循环总是自然而然的。文明兴起又衰落，战争与和平相互交替，因此在战争中，攻守之势也同样轮流占据着上风。[9]

国家军事政策。国家政策的军事观点反映了对国家军事安全的职业责任感。这种责任感引领着军事：①将国家视为政治组织的基本形式；②强调对军事安全的威胁的持续特性与战争可能性的持续性；③强调安全威胁的程度与紧迫性；④倾向于维持一支强大、多样化与准备充分的军事力量；⑤除非有胜利的把握，否则反对国家扩展自己所承担的国际义务而卷入战争。

民族国家的至上地位。军事职业存在的一个前提是，既有能力维持军事建制又出于国家面临的安全威胁有意愿去维持这一建制的民族国家的存在。没有什么必不可少的理由解释民族国家为什么成为唯一的社会—政治集团来保持职业化的武力。但除了少量无关紧要的例外，这又是真实的。军人因此倾向于假定民族国家是政治组织的终极形式。维持与使用军事力量的正当性标准是国家的政治目的。战争的原因总是由政治决定的。那些瞄准持续性的政治目标的国家政策引起了战争、引导着战争，并在战后继续发挥作用。战争必定是达成政治目标的工具，而国家的目标不可能是自己的毁灭。因此，"总体战"或"绝对战争"（absolute war）如果引起战争双方共同毁灭的话，就应当努力避免。[10]

永远的不安全状态与不可避免的战争。在由独立的民族国家组成的世界中，军事安全问题从未得到彻底解决。国家间的竞争一直在持续，战争只是那些制造出给国家安全带来压力的危机的竞争的恶化而已。战争总是很可能，且最终无法避免。其直接原因来源于相互冲突的国家政策，但最根本的原因却植根于存在于一切人类冲突渊源之中的人类本性。"要想消灭战争，我们必须消除其根源，而这根源就在人性的缺点之中。"[11]

如果战争的原因植根于人类的本性，那么就不可能完全消灭战争。因此，军事思维对以制度手段来预防战争持有一种怀疑态度。国际条约、国际法、国际仲裁、海牙国际法庭、国联、联合国，在实现和平这方面都收效甚微。决定性的因素始终是国家间存在的力量关系。"从根本上分析，国家行为仅仅受到力量与利益的约束。"[12] 外交其实不过是为力量的存在与运用提供一袭礼服的包装而已。条约与其他国际协定只有在真实反映了国家间的力量对比时才有实际意义。如果没有力量或以力量支持其要求的意志，国家从外交中所能得到的收获就微乎其微。正如纳尔逊所言："一支英国舰队是欧洲最好的谈判家。"

安全威胁的程度与紧迫性。军人的观点通常更倾向于警告国家安全威胁的可能性与紧迫性。正如萨里斯伯里（Salisbury）勋爵曾经指出的那样："如果相信医生，那就没有人是完全健康的；如果相信军人，那就没有国家是完全安全的。"军人认识到那些持续威胁着国家安全的因素，但也会强调当前危险的紧急。职业化的能力要求军人尽可能精确地对威胁做出评估。但与此同时，军人也会因职业利益或责任而过于强调军事安全面对的威胁。因此，国际政治的客观现实只能对安全形势的军事评估起到部分作用。军人的观点反映出一种主观的职业偏见，而这种偏见的强度则取决于他的职业主义程度。这种职业偏见，也可以称为职业责任感，引导军人宁可高估威胁也不可低估威胁。因此，有时在并不存在威胁的情况下，军人也会看到国家安全的威胁。

在评估国家的安全威胁时，军人更看重其他国家的实力而不是意图。意图从性质上说是政治性的，因此内在具有反复无常的多变性，几乎不可能评估与预测。[13] 军人具有职业化的能力来评估其他国家的武力。但对于国家政策进行评估则是政治问题，这超出了军人的能力。人性使然，一个强大的国家即使宣称有着最为友好的意图，也难以取信于人。如果一个国家有力量破坏另一个国家的安全，那就有必要预计它会这样做。安全要求以最险恶的意图和最可怕的能力来估计别的国家。为任何可能性做好准备是军事上的责任。军事"观点从来不能被美好愿望所粉饰……军人所要处理的是军事上的事实、准确的数据、时间、空间和资源的冷峻现实"。[14] 一个国家中制订军事计划的人，会为对另一个国家的战争准备周密的计划，而这并不表明前者有意图对后者发动进攻。

军事力量的等级与源泉。军人对国家安全所面临的危险的担忧，导致他们呼吁扩大和增强军事力量以保障国家安全。这种呼吁最常见的表现就是要求在国家预算中占据更多份额。同样的担忧使得他们想要将更多的军事资源（国家的经济与人力潜能）转化为现实的军事力量。军人通常更愿意支持常备军而非预备役，更支持储存武器而非依靠潜在的武器产能。他想要的是能使用的力量，而不是潜在的力量。他还要求这种力量能够应对几乎一切可能面对的情况。人类预见能力的局限，使得预计威胁到国家安全的危险需要采取特别的方式。因此，军人倾向于保持尽可能多样化的武器，并且保证任何武器系统都能保持其威力，从而能够用来应对所预期的威胁。既然国家通常不可能保证军队强大到能够应对全部或绝大部分的威胁，那么军人通常会要求建立军事事务优先性的等级排序。从理论上说，应该依据军事安全的客观需求来这么做。但实际上，军人当然会倾向于强调自己特别熟悉的军事需求与力量。而在这种情况下，军人就成了一种特定行业或部门利益的说客，而不是从一个整体来提供军事视角。但是，无论他建立起的优先等级是怎样的，军事的本能会促使他推动国家尽可能地在这个等级中走得更远。

军人也倾向于通过保护条约和联盟来保护国家，假定这样的协定更多地增强了国家的力量而不是其义务。软弱、不稳定与充满危险的联盟，对国家而言是负债而非资产。盟友的选择，应当仅仅依据双方共同的国家安全利益这一基础，而不考虑意识形态与政治态度。"国家间的联盟应当完全从实力政策的视角来看。"[15] 这一格言的作者是一位德国保皇党，但他对在 20 世纪 20 年代初与共产主义俄国的军事合作，并不比美国军事领导人在 50 年代与法西斯治下的西班牙合作感到更为后悔。扩展国家疆域和获取外国基地，也会增加国家的力量。但国家疆域的扩展必须是通过力量而实实在在地增加，而不是通过对外承担义务而过度扩张。军人也没有意愿去占据那些孤悬海外从而易攻难守的疆土。

　　*受限制的承诺与避免战争。*军人并不关心可欲或不可欲的政治目标。但是，他会关心这个政治目标与其军事意义之间的关系，因为这直接影响到国家军事安全。政治家必须小心做出超越国家军事能力的过度

68

承诺。过于宏大的政治设计与过于广泛的政治目标都需要避免，这不是因为其不可欲，而是因为不切实际。* 国家的军事安全必须放在第一位。追求道德与意识形态方面的目标都不能以国家安全作为代价。政治目标确实是军事的终极目的，但是克劳塞维茨指出，这"不能像一个专横的立法者那样发挥作用，而只能以一种顺应其手段的性质的方式适用"。政治家为国家政策提供那些理想的、意图明确的成分，而军人提供的则是保守而工具主义的政策。军人的作用，就是在政治家将要实施力不从心的政策时对其做出警告。

军人通常反对鲁莽、攻击性与容易挑起战争的行动。如果与某个特别的强国之间的战争不可避免，在更晚的时候开战会降低成功的可能性，那么军人就会选择先发制人的"预防性战争"来保证国家安全。但是，军人通常也会认识到对未来做出确定性预测的不可能性。在任何时候进行战争都增大了对国家安全的威胁，因此战争一般都不会被选择，除非是作为最终方案，或者结果能够在事实上被确定时才采用。[16]而后一种情况是非常罕见的，除非一个强国对孤立无援的、弱小的、落后的国家发动战争。因此，军人往往并不好战。军人总是宣称战争的危险从而要求增加军备；但是，很少宣称增加军备以发动战争是现实或可取的。军人总是在为战争进行准备，但从不会觉得万事俱备。因此，职业军人在国家政策的形成过程中提供的是谨慎、保守与克制的声音。这是现代国家中军人的典型角色，无论是在法西斯德国、共产主义俄国还是民主的美国，都是如此。军人担心战争，积极准备战争，但从不主动发动战争。

这种和平主义态度的根源，在于制度化的保守主义同对国家安全的担心。军事领袖处于一个强大的社会权力结构的金字塔尖。如果这个社

---

* "职业军人的职责要求他成为一名悲观主义者。他必须是那个对一厢情愿的理想主义想法说'不'的人。与别人不同，在和平与繁荣的年代中，他要假定这样的美好时期将是短暂的，而历史的钟摆最终会倒向那样一个时点，国家会面临生存的风险，而能否生存下去则要靠军事力量的最终裁决。" R. A. Hall（Capt., US），"The Peacetime Duties of the Armed Services", U. S. Naval Institute *Proceedings*, LXXX（June 1946），781.

会卷入战争, 那么军事领袖就要冒着失去一切的风险。无论结果胜败如何, 战争对军事职业而言都比起社会中的其他人更为令人不安。一位沙皇的军官就曾说他憎恨战争, 因为 "战争毁灭陆军"; 而一位美国海军军官也抱怨美国内战, 因为 "摧毁了海军"。[17] 这种态度反映出在手段成为目的时对手段的取向, 而在这种时候, 就像默顿 (Merton) 提出的概念, 隐性功能替代了显性功能。军人对力量的考虑使其将力量的集中作为目的本身, 无论力量要为什么目的而使用。同时, 也就非常不愿意以任何方式导致力量的涣散。

军人常常把自己视为那些非军方的好战分子的长期受害者。发动战争的不是军人, 而正是人民与政治家、公共舆论与政府。但为那些发动战争的人浴血奋战的, 却是军人。不是军人, 而是那些民间的哲学家、时评人与学者, 一直在美化和赞誉战争。军事力量也不会引起战争。渴望和平的国家必须有强大的武备来实现其愿望, 而弱小的国家则容易遭到侵犯。文官政客往往为了讨好公众, 一方面削减军事预算, 另一方面却又采取冒险的外交政策。军人反对这种倾向。军事伦理对于备战与好战、军事强国与好战国家做出了严格的区分。[18] 前者以军事德性来约束力量: 纪律、等级制、克制与坚定; 而后者则表现出野蛮、不负责任、激动与狂热的特点, 并且热爱暴力、荣耀与冒险。对职业军人而言, 他们熟知战争, 后者的这些心态对他们没什么影响。在相信战争最终不可避免的同时, 军人还是以最强有力的声音去阻止立即卷入战争。

军队与国家。军事职业是专业而有限度的。其成员在自己的领域中有着专业化的能力, 但在领域之外就缺乏这样的能力了。职业与国家之间的关系建立在自然的劳动分工基础之上。这种关系的实质影响到了军事专业人员与政治专业人员或政治家之间的能力相对范围的比较。在 19 世纪的职业化军事科学形成之前, 一个人有可能在两方面都同时胜任。但是现在, 这就不可能了。拿破仑将古典的军事学与政治学集于一

70

身。此后，作为新的二元结构之象征的俾斯麦与毛奇则分别取代了

他。* 存在于政治家与军人之间的关系的准确特征很难被精确定义。但还是有可能归纳出一些原则来处理这种关系。

军事科学是一个需要专业化的决策与执行能力的领域，这种能力需要通过职业化的训练与经验积累来获得。这个领域涉及以军事力量来实现国家政策，被区分为不变的与可变的要素。这种区分只有在军事职业出现之后才能够被认识到。不变的要素反映的是人性与自然地理的永久稳定。这被称为战略，而且同那些可变的要素——战术与后勤——有显著的差异，或者被归纳为一系列"基础的""稳定的""永恒的""不会也不能改变的"战争原则。军事史学家对于这些原则的数量与内容有着多样化的认识，但他们都不否认这些原则作为军事科学的核心而存在。但是，这些原则的运用总是随着技术与社会组织的变迁而改变。理想化的军人总是在战略上趋于保守，但是对于新型武器与新的战术形式的使用又持有开放态度。他们在军事科学的不变要素与可变要素两方面，都应当是专家。军人所掌握的战争之道的实质，事实上应当被界定为两者之间的关系："为将之道中不变的基础性内容与可变的战术形式之间的关系……"[19] 在这个领域中，政治家应当采纳职业军人做出的判断。

政治处理的是国家政策的目标。这个领域中所需的能力是将对各方面因素与利益的广泛认知吸收到决策过程之中，并且在做出这样的决策时获取合法性权威。政治超越了军事能力的范围，而军人参与政治会损害其职业主义，削弱其职业能力，导致职业内部的分裂，并且用外部的价值替代了职业内部的价值。军官应当坚持政治中立。"军事指挥官永

---

* "军人与政治家之间的互换性质，我估计一直延续到了 19 世纪。德国人将战争这个行当变得职业化，而那些现代化的发明，通过提高战争的技术水平使之更加专业化。而政治与之很相似，民主使之职业化。不再有人能够同时以两者为志业，虽然两者只是对人的治理与人类事务的处置这一能力的不同分支。"Field Marshal Earl Wavell, *The Good Soldier* (London, 1948), pp. 27–28.

远不能让其判断被政治私利所扭曲。"[20]军事科学的领域附属于政治，但也独立于政治。正如战争为政治的目的服务，军事职业也是为国家的目的服务。但是，政治家也需要认识到军事职业自身的完整及其主旨。军人有权利排除来自政治家的政治引导。当存在自治的军事职业与政策目的之间的合理从属关系时，就有了对军事的文官控制。

军人对国家有三重责任。首先，他有一种代表性功能去表达国家机器对军事安全的要求。他必须保证国家权力机构对于国家的最低限度军事安全保持敏锐的嗅觉，对这种需要的判断依据的是其他国家的军事实力。他所陈述的观点能够形成什么程度的影响难以界定，但他必须承认并接受影响存在局限性这一事实。总而言之，他有权利与义务去向公共机构表达意见，无论是向立法机构还是行政机构，这些机构需要对来自于军事方面和其他方面的要求做出平衡处理。其次，还承担着顾问功能，从军事视角对国家行为的多个可选方案的意义给出分析与报告。如果国家领导人在权衡三种可能的政策，军人当然就不能做出决定说何者更为可欲。但是，他可以指出第一种政策以现有的军事能力来看更容易被实施，而第二种将引起更多的风险，除非军事力量得到了显著加强，第三种政策则超越了国家军事能力因而无法得到有效实施。最后，军人也具有执行功能，实施国家做出的军事安全方面的决策，即使这种决策同军事视角所做的判断有着明显的矛盾。政治家设定目标，并且将各种资源分配给军人来实现目标。接下来就轮到军人为此尽其所能。这就是军事战略与政治之间关系的实质意义："现实中采取的手段，形成的基础在于将军为达成观念中的目标所做的计划。"[21]

显而易见，在军事战略与政治政策之间存在着一个显著的重叠领域。在这个领域中，高级军事指挥官可能会做出纯粹基于军事的决策，但却显示出他们并未意识到的政治内涵。当面对这种情况时，对战略的思考就应让位于对政策的思考。军人必须认识到，大量可以想象到的纯粹军事决策，例如战区的选择，都会涉及政治，因此他必须受到政治的指引。正如克劳塞维茨所言："战争艺术思考到极致就是政策，但当然是战争政策而不是文治政策。"国家中那些高层的军事领导者不可避免地要在战略与政策重叠的范围内采取行动，他们必须对自己的军事态度所具有的政治内涵保持注意，并且愿意接受政治家的最终决策。当其做出决策的执行能力涉及军事与政治两方面的因素时，军人从理想状态来说应该首先形成军事上的解决方案，再根据其得到的政治建议而进行调整。

军事职业为了服务国家而存在。为了实现最有效的服务，这一职业及其所控制的武力必须被作为实施国家政策的工具而建构。既然政治的导向只能自上而下，这意味着军事职业就必须以一种服从的等级制被组织起来。为了军事职业发挥其功能，其中的各个层级都要能够对其下级实施迅速的指挥，并且保证下级对其绝对忠诚的服从。没有这样一种关系的话，军事职业主义就不可能实现。因此，忠诚与服从是最高的军事德性："服从纯粹地表达了其他一切军事德性存在的基础……"[22] 当军人从其法定上级收到一项法定的命令时，他不能争辩，不能犹豫，也不能用自己的观点去替代；他只能执行。对其进行评判的标准，并不是他所执行的政策本身，而是执行政策的迅速与有效。军人的目标是尽职做好服从的工具，而这种工具被如何使用则超出其责任范围。他的最高级德性是工具主义而非终极意义的。就像莎士比亚在《亨利五世》中所描写的那种战士。他相信服从命令的理由的正当性，而不是自己"知道"或"今后寻找"的正当性，"国王的理由也许是错的，但我们对国王的服从将会洗去我们的罪名"。

74　　军官集团只有在其忠诚于军事理想的情况下才是职业化的，其他忠诚都是短暂与分裂的。政治上的要求也许会在今后被遗忘。而对某人政治上的要求也许会导致对另一个人的憎恨。只有武装力量对理想的职业化军事能力的忠诚才是稳定与统一的：对个人而言忠诚于优秀士兵的理想，对集体而言忠诚于最佳团队的理想。最有效的武装力量与最有能力的军官集团，就是由这样的理想所激励，而不是被政治与意识形态的理想所驱动。只有在被军事理想所激励时，军事力量才会成为国家的驯服工具，而文官控制也能够得到保证。在现代军队中，军官的职业化激励同那些被强制征召或因经济原因或政治原因被募集起来的临时性公民士兵（citizen-soldier）截然相反。职业化的军官集团作为国家的工具，保证那些被征募的士兵的服从。当然，后者从未能够发展出像西点或圣西尔军校毕业生那样的职业化激励与责任感。但是，如果征募的士兵能够不受到外部激励与影响的话，那么职业化军官与业余的士兵之间的差异就被大大缩小了。职业化的军队作战英勇，因为他们的职责就是如此，这使得他们比起那些政治化的军队更为可靠，后者只有坚持一个崇高目标时才能骁勇善战。美国海军陆战队与法国外籍军团，无论在什么样的战争中都坚持为国家提供始终如一的无私服务。职业化的军事能力，独立于他们为何而战的原因。

最高级的军事德性就是服从。但是服从的限制何在？这个问题从两个相互独立又有联系的方面提出。首先涉及军事上的服从与职业能力之间的关系，也就是军官的道德和智识德性之间的关系。其次，则涉及服从作为军事价值与其他非军事价值之间的冲突。

军事上的服从与职业能力之间的对立。军事上的服从与职业能力之间的冲突通常涉及军事领域的上下级关系。这一问题从两个广泛的方面 75 引起：军事行动与军事学说。前者涉及下级对一项从自己的判断来看将会导致失败的军事命令的执行。假如他已经对上级表达了自己的意见而上级仍然坚持己见，或者说他根本没有机会去表达自己的意见，那么下级是否仍然只能服从？服从的目的是要贯彻上级的意图。如果下级已经完全领会了意图，而上级所不了解的外部形势又使得只能以不服从命令的方式才能使上级意图得到实现，下级就有正当理由不服从上级。但是，只有在很罕见的情形下才会如此。通常，执行命令过程中的不服从会导致军事组织的混乱，这是弊大于利的。应当假定，上级在职业能力与知识方面处于更高水平。在实际行动中，尤其是在战斗中，准备服从并不会与军事能力发生冲突：这本身就是军事能力的实质。*

军事服从与职业能力的冲突，第二点表现在军事行动之外的学说方面。严格与不可变的服从可能会扼杀新颖的创意，从而被循规蹈矩束缚手脚。高级军事指挥官常常将自己的思维停滞在过去，并用于其对军事等级的控制来阻止那些他不喜欢的新战术与技术的使用。在这样一种情况下，低级军官在多大程度上有正当理由拒绝服从其上级以发展职业知识？这个问题不容易找到答案。上级军官的权力被假定反映了更高的职业能力。当情况并非如此时，指挥的等级制就被滥用于非职业化目的。那么，下级军官就应审慎地奉行那些在他看来明显优于作战手册中事先所做规定的准则。下级军官尤其必须考虑，是否要引入新技术，假如能够成功的话，引入新技术带来的效率提高，能否弥补扰乱指挥链条造成的效率下降。归根到底，职业能力应当是最终的评价标准。[23]

军事上的服从与非军事价值的对立。第二组问题涉及军事上的服从与非军事价值的对立。当军人从政治家那里接到在他看来将会导致灾难的命令时，军人的责任感会如何表现？或者，当他被命令去实施明显违反国内法的行为时又会如何？再或者，当他被命令去实施从公认的道德标准来看明显是犯罪的行为时又会如何？看来，要将这些情况分成四方面来分析。

首先，在军事服从与政治智慧方面存在冲突。前文已经提到，军队的下级如果迫使上级接受将会提高军事效率的新发展，这样的行为就是合理的。那么，在高级军事指挥官与政治家之间是否也存在一种同样的关系？如果政治家推行的政策从政治上来看明显是愚蠢的，那么军队领

---

* "一个经典的在军事行动中违抗命令的例子涉及纳尔逊勋爵，他为自己在某一情形中的行为找到的正当理由是："我觉得不假思索而服从命令采取行动是很完美的。但是，我的上级下达命令时，他是否知道我所面对的情况？为我的国王效力并且击败法国，在我看来就是最高的命令，而那些具体的命令都是由此而来的，如果具体的命令与最高的命令相冲突，我会拒绝具体命令而直接选择最高命令。" See A. T. Mahan, *The life of Nelson* (Boston, 2 vols., 2d ed. Rev., 1900), I, 56-63, 189-191, 445-451, II, 89-92, and *Retrospect and Prospect* (Boston, 1902), pp. 255-283.

导人是否可以依据政治智慧的标准来正当地拒绝？下级军官"顶撞"上级，借助的是其职业智慧。但是，在上下级军官与军官和政治家这两种情形中，就存在显著的差异。军事效能的评价标准是有限的、集中的并且相对客观的；而政治智慧的评价标准则是难以确定、内容含糊并且高度主观的。政治是一门艺术，而军事科学是一项职业。不存在一种得到普遍接受的政治价值观相信军官可以做出优于政治家的政治判断。"政治家具有更高的政治智慧"，应当作为事实被接受。如果政治家决心进行战争，而军人认为这场战争只能成为国家的灾难，那么，军人在表达出他的观点之后，仍然要全力以赴投身于这场战争，并尽力在最坏的情形下追求最好的结果。例如，在20世纪30年代晚期，德国军队的将领们普遍认为希特勒的外交政策将导致国家的毁灭。但是，军事职责使得他们仍然执行希特勒的命令：一部分执行了其路线，另一部分则放弃了自己的职业准则来追求政治目标。麦克阿瑟将军反对美国政府在朝鲜战争中的指令，这个例子的性质也很相似。那些参与到反对希特勒行动中的德国军官与麦克阿瑟将军一样，都忘记了军官的功能并不是决断战争与和平。

其次，在另一些极端情况中，当政治上的上级威胁到军事能力时，军事服从与军事能力之间就会存在冲突。如果军官得到政治家的命令，去进行严格限于军事领域而没有政治影响的行动，但这种行动从军事角度的职业判断来看又是荒谬的，此时将何去何从？这种情况，反映出外部意见对职业化领域的干涉。那种关于发布值得怀疑的命令的军事上级具有更高级的职业能力的假设，在政治家参与到军事事务的例子中并不存在。在这种情况下，职业化的标准支持了军事上的不服从。政治家没有理由去决定战斗中的具体部队到底是前进还是撤退，就好像希特勒在二战后期所做的那样。

再次，在两种极端情况之间，存在着军事服从与守法之间的冲突。如果军官接到其文职上级的命令，但没有法定权力的依据，这时又该怎样做？就假定来说，军人服务于国家，但只服务于国家的合宪性权力。

如果发布行动命令的政治家意识到其行为不合法，那么军人就有正当理由拒绝服从。如果政治家宣称自己的行为合法，但从军人的角度来看不合法，那么这里的问题就是军人与政治家判断合法与非法的相对能力了。绝大多数现代国家当中，既有职业化的军队，也有另一个专家群体，他们的功能就是专门裁决这样的问题，即司法。如果可以得到司法做出的裁决，军人就应该受到该裁决的约束。如果无法获得裁决，比如因为情况紧急，或因为司法自身的合法性受到质疑，军人就只能研究适用于这种情况下的法律，并且做出自己的决断。法律的标准通常比其他政治标准更为精细，但不像军事科学中的标准那样得到精确定义。在任何情况下，军人都应受到约束，将政治家观点的有效性作为一个应当重视的假定。如果一个国家中存在两个政府，各自都宣称拥有充分的合宪性并且应当受到军方的服从，那么军人也无法逃避二选一的政治抉择。

最后，在军事服从与基本道德之间也存在着冲突。如果政治家向军人发布种族灭绝的命令，在占领的疆域内斩草除根，那么军人又何以自处？在运用所涉及的伦理标准做出判断这一方面，军人与政治家是平等的。他们都是对其行为在道德上承担责任的自由个体。军人不能将其做出最终道德决断的权利放弃给政治家。他不能否认自己是一个道德上的个体。但问题并不这么简单。因为，政治与基本道德也纠缠在一起。为了实现国家的政治利益，政治家可能被迫违背普遍认同的道德。这种现象常常出现，并且无法拒绝。如果政治家为了"国家理由"（*raison d'état*）而拒绝个人的道德诉求，那么他能否让那些服从他而采取行动的军人和他一样完成良心的正当性论证？对军人而言，他面临着这样的抉择，天平一端是自己的道德良知，另一端则是国家利益，以及"服从"这一职业德性，凌驾于一切之上。作为军人，他应当服从；作为人，他应当不服从。除了在最极端的情形中，还是可以合理地预测军人会遵循职业伦理而服从。只有极少数军人会有正当理由依据自己的良知独断，来对抗军事服从与国家利益。

总结：保守的现实主义。军事伦理强调人性中的那些固执、非理性、软弱与邪恶。同时也强调了社会中的主权凌驾于个人之上，以及秩序、等级和功能分工的重要性。此外，还强调了历史的延续与价值。军事伦理将民族国家作为政治组织的最高形式，并认识到民族国家之间持续的战争可能性。另外也强调在国际关系中力量的重要性，并警告国家安全面临的危险。国家安全取决于建立并维持强大的军事力量，这一点也在军事伦理中得到了坚持。此外，还指出国家行动在实现直接国家利益方面的局限性，劝诫对外做出过多承诺应当克制，不应采取好战与冒险的政策。军事伦理坚持战争只是实现政治目的的手段，军人为政治家服务，政治家控制对军事职业主义而言必不可少。并且，服从被提升为军人最高级的德性。因此，从军事伦理的视角来看军事职业，是悲观主义、集体主义、历史倾向、力量导向、民族主义、军国主义、和平主义与工具主义的。简而言之，是现实主义与保守主义的。

第四章

权力、职业主义与意识形态：理论中的军政关系

多样化的文官控制

80　　军事在社会中的角色一直以来常常会和"文官控制"这个概念的讨论结合在一起。[1]但是，这个概念还从未得到令人满意的界定。大概说来，文官控制涉及文官集团与军事集团的相对权力。此外，文官控制的实现还涉及军事集团的权力被削弱到什么程度。因此，要定义文官政治，基本问题就是：军事权力如何被削弱？总而言之，有两个范围宽泛的答案。

　　主观文官控制：最大化文官权力。要将军事权力压缩到最小，看上去最简单的办法就是将与军事相关的文官集团权力扩展到最大。但是，文官集团的庞大规模、多样化特征与彼此冲突的利益，使其不可能作为一个与军事相对的整体将其权力最大化。因此，最大化文官权力通常意味着最大化某个或某些特定的文官集团的权力。这就是主观文官控制。文官控制的一般概念界定，涉及一个或多个文官集团的特定利益。因此，主观文官控制还牵涉到文官集团内部的权力关系。某个文官集团权力的扩大，意味着另一个文官集团要为此承受代价。因此这就成了像

81 "国家利益"一样的工具化口号，而不是目的。就好像那些经济集团之间的斗争总是打着国家利益的大旗，文官控制的口号也常常被那些更缺乏约束军方权力的集团用于与那些已经获取这种权力的文官集团进行斗

争。就像国家利益一样，文官控制也可以覆盖多样的罪恶。经常有必要质疑的一个问题是，究竟哪一类文官可以控制？除了在非常晚近的西方社会中，文官控制只以主观的方式存在。确实，在没有职业化军官集团的情况下，主观文官控制是唯一实现文官控制的方式。在其多样化的历史表现中，主观文官控制被定义为特定的政府机构、特定的社会阶层与特定的宪政结构的权力最大化。

通过政府机构实施的文官控制。在 17 世纪与 18 世纪的英国，军事力量一般从属于君主的控制，而"文官控制"的口号常常被议会集团作为增加他们与君主对抗权力的手段。但是，虽然君主本身就是文治的一部分，这些"文官控制"口号的呼吁者其实并不是想要增强一般性的以文制武，而是要最大化议会对军事力量的控制。议会控制并不是削弱军事力量的手段，而是用来遏制国王的权力。在与此同时，美国的国会与总统之间也表现出类似于国会与国王一样的斗争。总统作为首席执政将文官控制界定为总统控制——国会规模太大而又缺乏有效组织来控制军事力量。而在其对立面，国会将文官控制界定为国会控制——国会比起总统更接近人民，而总统很容易被其军事顾问所控制。但不论国会还是总统，他们基本的关注点都是立法权与行政权之间的分配，而不是军事与政治之间的权力分配。

通过社会阶层的文官控制。在 18 世纪和 19 世纪的欧洲，贵族与中产阶级争夺着对军事力量的控制权。每个阶级都试图按照自己的利益来定义文官控制。虽然贵族一般控制着军事力量，但那些自由派的中产阶级却最大限度地利用了文官控制这一口号，而将贵族控制定义为军事专制。军事机构成为这两个于社会各领域都在斗争的阶层斗争的战场之一：内容很简单，即贵族还是自由派在军队中的利益占据上风。

通过宪政结构的文官控制。当宣称只有特定的宪政结构——通常是民主制——才能够确保文官控制时，特定文官集团的利益与文官控制之间的同一性就得到普遍的体现。文官控制同民主制度被定义在一起，而军事控制则与专制或极权政府相联系。据称，在民主国家，政策决定依据的是说服与妥协；而在专制国家中，形成决定的是暴力与强迫（至少是暴力与强迫的威胁暗示）。因此，掌握着最强有力的暴力工具的军队，在极权国家比在民主国家中要强大得多。但在事实上，这也未必是真实的。在民主国家中，军事力量也有可能隐蔽地动摇文官控制，并且通过合法程序与民主的行政与政治机构来获取强大的政治力量（如二战中的美国）。此外，在极权国家中，通过建立党军或其他特殊的军事组织（如德国党卫军与苏联内务部内卫部队），将独立的指挥体系渗透到军事科层制之中（如政治委员制度），以及其他类似的策略，军官集团可能被分裂为相互竞争的集团而造成军事力量的削弱。恐怖、阴谋、监视与暴力是极权国家政府的权术；同样，在文官控制这个国家中的军事力量时，也会使用同样的权术。如果充分的冷酷，则这种权术的运用几乎会摧毁军事力量（如二战中的德国）。因此，主观文官控制并不被某种特定的宪政体系所垄断。

83　　军事职业的兴起导致了军政关系这一问题的转型，使文官集团强化自己的力量凌驾于军事集团之上的努力变得更复杂了。这些团体现在所要面对的不仅是有着相同目标的其他文官团体，还包括新的、独立的、功能化的军事职责。如果持续坚持特定形式的主观文官控制，就要求拒绝或改变这些职责。如果做不到这些，主观意义的文官控制就无法实现。需要形成新的原则，来规制功能性的军事职责与社会中的其他部分之间的关系。只要文官控制还只是特定的文官集团的工具性价值，当然就不可能达成其意义的普遍共识。每个集团都会将其界定成为有利于自身利益的分权形式。这解释了部分怪异的历史事实，那就是文官控制虽然在 18 世纪和 19 世纪的政治中被频繁提起，但从未形成满意的定义。不过，军事职业的兴起，在使得主观文官控制的那些方式变得过时的同时，也创造出了一种新型并且更有意义的文官控制形式。

　　客观文官控制：军事职业主义的最大化。客观意义的文官控制是最大化军事职业主义。更精确的表达是，在军事与文官集团之间进行政治权力配置时，以一种更有利于在军官团体成员中培养职业主义的态度与行为的方式进行。客观文官控制与主观文官控制针锋相对。主观文官控制通过将军事力量文职化来达成其目标，使之成为国家的镜像；而客观文官控制则仍然将军事力量军事化，使之成为国家的武器。主观文官控制有着多样化的形式，而客观文官控制的形式则是独一无二的。客观文官控制的反面，是军事力量参与政治：随着军事力量更积极地介入制度、阶层与宪法政治之中，文官控制被削弱了。与此同时，主观文官控制则以这种介入作为前提。客观文官控制的实质是承认军事职业主义的自治；而主观文官控制的实质则是否认存在一个独立的军事领域。从历史来看，客观文官控制的需求来自于军事职业，而主观文官控制的需求则来自于多种多样的渴望在军事事务中最大化其权力的文官集团。

84

对任何文官控制体系而言，主要的基础就是最小化军方权力。客观文官控制通过将军事力量职业化来实现这种限制，使之与政治绝缘并且中立。这导致军方涉及所有文官集团时都只有最低限度的政治权力。同时，也保持着使军事职业确定存在的权力的基本内容。高度职业化的军官集团，时刻准备着去执行任何一个合法的、掌握着国家权力的文官集团所发布的命令。实际上，这为军事力量设置了明确的限制，而不受到政治权力在多元的文官集团中分配的影响。在超越了职业主义最大化这个界限之后所做的任何限制，都只会使军事力量成为服务于某些特定文官集团的工具并且卷入其与其他文官集团的斗争中去。最有利于军事职业主义的政治权力分配，也就是将军方的政治权力压缩到无需取悦任何文官集团的最低水平。因此，文官控制的客观定义为文官控制提供了一个简单而具体的标准，这一标准在政治上中立，并且可以得到所有社会集团的认可。这就将文官控制从一个掩盖集团利益的政治口号提升为独立于各集团视角的分析性概念。

文官控制的主观定义假定在军事安全需求与文官控制之间存在着冲突。那些特定文官集团的支持者普遍认同这种假定，如果军事上的不安全感持续的话，文官控制将无法实现。通过这样的假定，他们指出持续的安全威胁将导致对军事力量的需求更为迫切，而这将导致要确定文官

权力变得更为困难。那些达成军事安全的必需程序，因而也就被视为会

削弱文官控制。与此同时，试图增强主观文官控制的努力也常常损害了
军事安全。因为在事实上，文官集团常常并未认识到独立的军事职业的
存在及其对于国家政策的独立视角，而是常常认为要维护和平就只有削
减军事力量。事与愿违的是，削减军事力量反而常常导致更多好战的文
官集团扩张了他们的权力。结果是，那些试图通过裁减军力以最小化战
争风险的文官集团，事实上总是并非如他们所预期的那样免于战争，而
是刺激了战争。绝非巧合的是，二战即将爆发之前的几年中，除日本以
外，那些后来的交战国都在系统性地削减军事集团的政治权力，而冷战
的潮起潮落也同苏军将帅们在国内政治中的权力起伏表现出反向的关
联。但是，如果文官控制在客观上得以界定，这种控制就不会存在与其
军事安全目标之间的冲突。客观文官控制并不只是将军事集团的权力削
减到相对于所有文官集团的最低水平，同时也最大化地实现军事安全的
可能性。

当然，客观文官控制的实现，只有在职业化军事集团出现之后才成
为可能。对任何一个社会而言，如果社会分工程度已经发展到形成了暴
力管理的专业人员所构成的阶层，那么主观文官控制就不合时宜了。然
而，客观文官控制的实现也会受到阻碍，因为诸多文官集团仍然倾向于
以主观词汇去理解文官控制。例如19世纪西方国家的贵族与中产阶级，
或20世纪法国宪政结构中的不同派系，他们都并不情愿接受一个政治
上中立的职业军官集团。因此，即使在现代西方社会中，高水平的客观
文官控制仍然是罕见的现象。

军政关系的两个层次

实现军事职业主义与客观文官控制的最大化需要哪些条件？在军政
关系的两个层次中可以找到答案。在权力这一层次而言，关键在于军官

集团相对于社会中文官集团的权力。而在意识形态这一层次，关键则在 86
于职业主义军事伦理同社会中其他主流政治意识形态的兼容性。一方
面，需要标准来衡量军事集团与文官集团的权力；另一方面，则需要相
应的概念，来界定职业主义军事伦理在政治观念光谱中所处的位置。

军官集团与政治权力。权力就是控制他人行为的能力。[2] 权力关系
至少包括两个维度：第一个维度是权力的程度或量级，这意味着某个人
的特定行为在何种程度上受到他人的控制；第二个维度是权力的范围或
定位，这意味着何种类型的行为会受到其他个体或集体的干预。任意个
体与集体之间的关系通常会涉及双向的权力实施，虽然这种实施在其重
合点上会存在某些差异。权力包括两种存在形式，正式的权威以及非正
式的影响，两者都可以从其程度与范围方面加以衡量。正式的权威是，
某人依据其在社会结构中所处的明确职位对他人行为实施控制。这种权
威并不依附于个人，而是源于地位和职务。因此，权威是一种有序且结
构化的法定权力。作为一种持续性的关系模式，通过关系中具体个人的
有序更替来保证关系的相对稳定。权威的实施，受到来自宪法、法规、
规章、命令以及长期认可的习惯的制约。而正式的权威仅仅是权力的一
个方面，这在政治中是不证自明的。在任何个人与群体之间，非正式关
系都会存在，并且控制着其他人的行为，这种控制并不因为在正式的组
织结构中占有特殊位置，而是因为其能够以其他方式进行奖惩。影响来
自于个人、财富、知识、威望、友谊以及血缘，或是其他更多来源。但
是，这种影响最突出的特点就在于其总是与特定的个人或集体联系在一
起，而并不取决于这些个人或集体所占据的角色或地位。

权威。在分析军政关系的权威模式时，关键的标准在于分析军官集
团与文官集团之间相对的层级、统一性与权威范围。某个集团权威层级 87
越高，结构的统一性越强，权威的范围越大，权力也就越强。

权威的层级涉及某个集团在政治权威的科层制结构中所占据的位
置。只有将军方降低到附属性层级，才能对其进行有效的垂直控制。如
果军官集团被置于科层制的顶峰，而使得其他政府机构从属于它，或者

说，军事领袖掌握了最高军事权力的话，那么军官集团的权威层级也就是最大化的。如果军事集团并未拥有凌驾于其他机构的权威，同样其他机构也并没有反过来对其加以控制的权威，那么这就是一种较低的权威层次。这种情况下，两种平行的权威结构并行不悖：军方的与文官的。这样的情况可称之为军事独立。而第三种情况则是，军官集团仅仅从属于掌握着有效的最高权威的唯一机构。也就是说，军官集团直接接受主权者的命令。在这种情况下，军官集团进一步还是会附属于政府结构。但是，这样一种附属结构通常并不会走得太远，在军官集团与主权者之间只有一个权威层级作为中间过渡。由于这种中间层次常常表现为文职的国防部长，这种层级的军事权威也就可称之为部长控制。

权威的统一性涉及某个特定集团在同其他集团相对比时所具有的结构上一致性。在市场交易中，垄断公司对与其交易的另一方大量公司相比具有优势。与此相似，结构上统一的集团在与那些结构上松散的集团打交道时，也总是占有优势。如果原来被划分为陆海空三军的军官集团，转而统一服从于三军联合的统帅与参谋长单一且全面的领导，那么这就有助于他们相对于其他政府机构获得更强的权威。军方将以一种声音表态而不再是三种声音。其他集团也不能在他们内部制造对立来加以干预。

88　　第三个方面是权威的范围，这涉及某个集团被正式授权行使权力的种类与形式。例如，军官集团的授权被限定于军事领域的事务。假如参谋长联席会议的成员还被授权可对政府提出关于诸如农业补贴这样的事务的意见，那么军方的权威范围就显著扩张了。只有当军官集团受到与其层级平行的政府机构或文官集团对其权威范围的限定时，才能实现有效的水平控制。

影响。较之于正式的权威，政治集团及其领导人的影响常常难以判断。但我们也可以总结出四个较为简略的尺度，来评估军官集团的影响。

1. 军官集团及其领导人之间的集体联系。测试某个团体所具有的影响的一个尺度就是，看它与其他强有力团体或个人之间的联系的程度与性质。对军官集团而言，这种联系通常有三种形式。首先，军官们在入伍之前的活动中形成的服役前联系。如果许多军官来自于特定的阶层或地区，那么就会强化这个阶层或地区对于军官集团所发挥的影响。其次，军官们在执行其军事职责的过程中也会发展出服役中联系。例如，同国会涉及军事方面的某些专门委员会或同生产军需产品的企业之间的联系。最后，军官们退出现役之后所形成的退役后联系。例如，退役军官更多进入某些特定的行业或去某些特定的地区生活，而这也会增强他们对于这些行业或地区的影响。

2. 军官集团及其领导人所掌握的经济与人力资源。国家将产能投入军事方面的比重越大，以及为军方服务的军职与文职人员越多，则军官集团及其领导人的影响越强。不过，军事权威所掌控的资源增加或减少，并不一定导致这种权威本身的变化。在其掌控的资源发生变化的过程中，权威的层级、统一性与范围仍然保持稳定。

3. 军官集团同其他集团之间科层制的相互渗透。如果军官集团的成员能够在非军事领域的权力结构中也占据重要职务的话，那么当然会增强军方的影响。反之，如果那些来自军方之外的人也能够在军官集团的正规序列中占据一席之地，军方的影响也就削弱了。

4. 军官集团及其领导人的威望与名声。军官集团及其领导人的社会地位，以及社会中其他群体对其的明显态度，也是确定军方影响的关键因素。

以上四方面因素都可以作为评估军方政治影响的尺度。这些关系在程度上所表现出来的多少，显示了军事力量发挥政治影响的程度。而这些关系的特定内涵与性质，则是对军方政治影响的定位。例如，在政府文职部门分支中担任职务的军人人数的增加，就预示着军方政治影响的增强。而这些军人在什么样的特定部门任职，就可以用来定位这种军方影响在什么领域会强化：例如，可能是在外交部门，也可能是在政府的各个机构。

89

军事职业伦理与政治意识形态。就好像有许多不同类型的文官集团在争夺权力那样，也有着多样化的文官职业伦理与意识形态。因此，不能假定说军事职业伦理就是文官职业伦理的另一极端对立，他们共同构成了一个连续统一体。军事伦理是具体、稳定且普遍的。而在对立面所说的"文官"这一概念，则仅仅是指非军事领域。不存在"军事思维"与"文官思维"这种二分法，因为没有一种单一的"文官思维"。有许多不同的"文官思维"，因此，文官职业伦理相互之间的差异甚至可能比起其中某一种较军事职业伦理的差异更大。所以，军事职业伦理同文官职业伦理之间的比较需要有具体对象才能进行。进行这种分析时，比较的对象是政治意识形态这一文官职业伦理的四种表现形式。所谓政治意识形态，是对于国家事务的一系列价值观与态度的组合。用来同军事伦理进行比较的意识形态，是在西方社会中最为突出的四种：自由主义、法西斯主义、马克思主义与保守主义。[3] 对于某一种意识形态的思考都是简略而抽象的，从各自复杂的历史面相中抽离出来。问题的关键在于，每一种意识形态作为一个观念体系，在什么样的程度上同军事伦理相容或者相斥。

自由主义。自由主义的核心是个人主义。其强调个人的理性与道德尊严，反对针对个人自由施加政治、经济与社会限制。与之相冲突的是，军事伦理认为个人是邪恶、软弱与非理性的，因此个人必须从属于群体。在军人看来，人与人之间关系的自然状态就是冲突；自由主义者则相信和平才是自然状态。自由主义认为，人们运用理性可以达成利益上的和谐。而且，自由主义将任何事业的成功都建立在个人能量最大程度发挥的基础上；军人则认为，只有依靠服从与专业化才能取得成功。自由主义崇尚张扬自我，军人则强调服从。此外，自由主义也拒绝社会有机体的理论。同军人相反，自由主义相信人性可以通过教育和适当的社会制度来加以改进。而且，自由主义还相信进步，同时忽视历史的重要性。当人们需要寻求解决政治问题的对策时，应当更多依靠其理性的思考，而非从其经验中寻找。

军人强调权力在人际关系中的重要性；而自由主义通常否认权力的存在以无视其重要性，或者严厉批评权力自身的邪恶。当军人认为国家安全正在持续性地受到威胁时，自由主义却总会认为安如泰山。自由主义思维将经济与经济福利放在更重要的位置上，而反对强大的军事力量、权力平衡的外交权术以及军事同盟。自由主义相信，实现和平的道路在于诸如国家法、国际法庭和国际组织这样的制度建设上。虽然自由主义有着强烈的和平主义倾向，但也常常会为了自由主义理念的进一步实现而支持战争。作为实现国家政策工具的战争是不道德的，但作为实现普世性的正义与自由理念的工具而进行的战争则相反。因此，自由主义常常是在一般意义上反对抽象的战争，但又常常支持具体的战争；相反，支持抽象意义的战争的军人，却又常常反对具体的战争行动。 91

一般而言，自由主义反对军备建设与常备军。这些在他们看来都是对和平与宪政的威胁。即使军事组织仍然是必要的，也应当是反映自由主义原则的军事组织。自由主义意义的文官控制意味着，要在军事制度中反映出自由主义原则。军事职业则被视为落后而且无能的，忽视经济、道德与意识形态的重要性。国防是全民的责任，而非少数人的。如果战争是不可避免的，那么整个国家就应当"全民皆兵"（nation in arms）投入战斗，包括志愿民兵与义务制的公民军队。

法西斯主义。在某些方面，军事伦理同法西斯主义是相似的，但也有一些方面存在根本差异。某些在军人看来应当是尽可能加以有效克服的事实，在法西斯主义看来却是应当被歌颂的存在的最高价值。军人将斗争视为人际关系中固有的产物，而法西斯主义则将斗争歌颂为人类最崇高的行动。军事伦理将国家看作一个独立组织，法西斯主义则将国家或政党推崇为道德的载体，并且是道德的最终来源。虽然军事思维会接受战争，但法西斯主义的思维却美化战争和暴力。军人认识到运用权力的必要性；法西斯主义则崇拜权力，将其作为最终目的。军事伦理承认领袖与纪律在人类社会中不可或缺；法西斯主义则崇尚拥有至高无上权能的领袖，以及绝对服从领袖意志的责任。

在人性与历史的理解方面，法西斯主义与军事思维也有着巨大差异。不同于军事思维强调人类多样化特点的普遍存在，法西斯主义则相信有天命所归的人群或种族，以及天纵英明而德性崇高的领袖。此外，军事思维对单独个体都持怀疑主义态度。军人从历史经验中学习，自由主义者依赖于理性，而法西斯主义者强调直觉。法西斯主义者几乎不使用也不需要系统的知识，以及实践性、经验性的现实主义。他们欢呼意志的胜利战胜一切外部障碍。从这个方面来说，法西斯主义比起自由主义更加强调个人主义，因而也就与强调个性限制的军事伦理愈行愈远。

与自由主义不同，法西斯主义愿意支持强大军事力量的长期存在。自由主义者为其理想而战，军人为国家安全而战，法西斯主义者却是为战而战。战争就是目的本身，而非实现政治目标的工具。同军人谨慎、不好战的外交政策相反，法西斯主义者将冲突与国家权力扩展到其最大边界作为公开宣称的目标，因而鼓吹积极的、进攻性的与革命性的外交政策。法西斯主义者确信一切社会组织都从属于国家或政党。因此，军事职业也必须具有符合要求的意识形态色彩。虽然法西斯主义并不像自由主义一样走得那么远，将外来的形式强加于军事组织之上，但更加反对任何可能游离于国家之外的潜在权力来源。同自由主义一样，法西斯主义也相信总体战、军队以及全体公民的义务兵役制。

马克思主义。马克思主义的人性观从根本上不同于军事思维。对马克思主义者而言，人的本性是善良而且理性的，只是在恶的制度中才变得堕落。人的天性是与同类保持和平相处。这就是史前人类的自然状态。同时，也是经历辩证发展之后所到达的永恒终止状态。虽然马克思主义者的思想中否认人与人之间的根本差异，但在当前的历史阶段，他们认为无产阶级比其他阶级更为先进。同军人一样，马克思主义者虚心地向历史学习。虽然正题（thesis）、反题（antithesis）与合题（synthesis）的辩证过程以周期律的形式重复出现，但历史发展的基本轨迹是线性前进的。同军人一样，马克思主义者对斗争有着深入了解，但与军人不同的是，他们更看重阶级斗争。军人对于机遇与自由在历史中扮演的角色有着更深的认识，而马克思主义者则强调经济力量是所有重要事件的决定性因素。马克思主义者的历史观是一元论（monistic），军人的历史观则是多元论（pluralistic）。马克思主义者和军人有着显著差异的一个信念就是，他们相信历史会走向其终点，并实现一个具有或多或少理想色彩的社会。 93

马克思主义与军事伦理都承认权力与集体在人类事务中的重要性。不过，马克思主义者更强调经济力量的重要性，而军人则师承马基雅维利，更重视军事力量。对马克思主义而言，基本的集体是阶级——人类因此被水平划分；而对军人来说，基本的集体是国家——人类因此被垂直划分。事实上，马克思主义否认国家是集体统一的反映这一事实，而认为国家仅仅是阶级战争的工具。虽然军事伦理承认国家会由于许多原因而参与战争，但他们最为关注的仍然是权力与安全。对马克思主义者而言，国家间战争源自经济上的帝国主义。他们唯一支持的战争是阶级间的战争，唯一支持的武力是作为阶级工具的武装力量。马克思主义者也不认同存在着普世的军事价值与形式，而是认为每一支军队的特点取决于他们所为之而战的阶级。他们因而支持建立一支贯彻无产阶级路线的武装力量来反对资产阶级的利益。因此，如同自由主义一样，马克思主义坚持基于非军事理念来塑造军事制度的形态。

保守主义。不同于自由主义、马克思主义和法西斯主义，保守主义基本上类似于军事伦理。* 事实上，我们发现将军事伦理称为保守主义理念中的一种是很合适的。在其关于人类、社会和历史的理论中，对权力在人际关系中重要角色的承认，对现行体制的接受，对追求目标的限度，对宏伟蓝图的不信任，这些都是保守主义与军事伦理基本一致的方面。更重要的是，保守主义不同于另外三种意识形态，并非一元论也非普世的。其并不试图将一种单一的意识形态适用于所有问题以及所有人

---

* 在此处与下文中所使用的保守主义，意味着一种柏克式的哲学，而非在美国社会的流行政治文化中包含自由放任、自由主义意义上财产权等观念的保守主义概念，如赫伯特·胡佛所持有的那种保守主义。

类制度。它容许目标与价值的多元。因此，在四种意识形态中，保守主义是唯一一种不会基于自己的理论逻辑而同基于军事功能需要而形成的
94 军事价值出现不可避免的冲突的意识形态。也只有保守主义不会将政治意识形态的模式强加于军事制度。军事伦理与自由主义、法西斯主义和马克思主义之间内在的矛盾与冲突始终存在，而与此同时，军事伦理与自由主义之间的内在相似与兼容也始终存在。

客观文官控制的平衡

　　能够最大化军事职业主义与客观文官控制的文官与军事集团之间的权力分配，伴随着社会主流意识形态与职业主义军事伦理之间的相容性而表现出差别。如果意识形态内在地抵制军事（如自由主义、法西斯主义），则军事集团想要获取实质性的政治权力就只有牺牲自己的职业主义，从而依附社会中处于主流的价值和态度。在这样一种反军事的社会中，军事职业主义与文官控制的最大化的实现，要依靠军人放弃其权威与影响，并且成为一种脱离社会一般性生活的弱势与孤立的存在。而与此同时，在主流意识形态有利于军事思维的社会中，军事力量的更大规模扩张也不会与高水平的职业主义存在冲突。因此，客观文官控制的实现，依赖于军事集团力量与社会意识形态之间的合理平衡。

　　在一个对其缺乏同情的社会中，军方为了获得权力而被迫做出让步，这正是权力的软化和稀释这一普遍现象所表现出的例子之一。不言而喻的是，权力会将原则加以调和，那些坚持明确教义与严格价值体系的人在一个多元化社会中将被排除在权力之外。只有那些灵活、愿意调整并准备做出妥协的人，才能赢得全面的支持：这意味着权力的获取总是要付出代价。军人为了获得权力所付出的代价有多大，取决于在军事伦理与社会主流意识形态之间存在的鸿沟究竟有多宽。在一个非保守主义的社会中，军人获取权力所产生的效果，类似于在一个激进的社会中

稳健派获取权力的效果。在一个反军事的社会中，军人的处境也是一样
的。将领们有时能够获得胜利，但职业主义的军事伦理却仍然失败。政
治权力的驯化效应，将军人改造为好的自由主义者、法西斯主义者，然
而却是糟糕的职业军人。那种来自于专业表现以及信守职业准则的满足
感，被来自于权力、官职、财富、声誉以及非军事集团的欣赏的满足感
所取代。

　　在多数社会中，权力、职业主义与意识形态之间的关系是一个动态
的变量，反映出不同集团之间的相对权力转换、流行的意见与观点的变
迁，以及国家安全所受到的不同威胁。能够建立起客观文官控制的权力
与意识形态之间的平衡，即使从最好的情况来看，其维系也显然是非常
困难的。任何职业都会经历其内在的专业精神与其所卷入的外部政治之
间的紧张关系。军事职业因为其对于社会的极端重要性，以及在国家遇
到安全威胁时所必须运用的强大力量，相比较其他职业而言，所表现出
来的紧张关系程度更高。在这种关系中，悲剧性因素不可避免地存在。
在卷入政治的刺激中，军事职业的成功也就孕育着自己的失败。追求职
业能力与服从职业准则的职业人士，同追求政治权力作为最终目标的政
治人是两种完全不同的类型。尽管如此，这两种不同类型的成分却常常
并存于绝大多数人身上以及所有集体之中。因此，两者之间的紧张关系
无法解除，仅仅能够被控制，从而或多或少地能够容忍。

　　反军事的意识形态在西方社会中流行，但出于军事安全的需要，或
者仅仅是简单地追求权力的欲望，又使得军方的许多个人或集体在政府
中得以扮演主导角色。但是，他们也只有在放弃自己专业态度的情况下
才能做到这些。但是，由于这些军人或集体是参与到政治之中的著名人
物，他们这种放弃了专业思维的态度却又会被军方之外的人视为典型的
军人思维。因此，这些离经叛道的非军事思维的军人，例如戴高乐、鲁

登道夫（Ludendorff）、* 麦克阿瑟，经常会被误以为是"军人思维"的典型代表。事实上，这些人在扮演着自己的政治角色时，所表达的价值观念是源自于军事之外的。

<h2 style="text-align:center">军政关系的模式</h2>

权力、职业主义与意识形态之间的一般关系，可以构成军政关系的五种基本模式。当然，在这之中有着各种不同的理念与极端，在现实各种社会的军政关系实践中，都会是其中两种甚至更多因素的集合。在五种模式中，有三种同高度的职业主义与客观文官控制相兼容，另两种则以低度的专业主义与主观文官控制作为前提。

1. 反军事的意识形态，高度的军事政治权力，低度的军事职业主义。这种军政关系模式，一般存在于那些较为传统的国家，这些国家的军事职业主义停滞不前；或者是，那些由于安全威胁突然上升而导致军方迅速增强政治权力的发达国家。从西欧向其他国家输出军事职业主义的制度与伦理，其困难程度与输出宪政民主制度并无二致。因此，在近东、亚洲与拉美，这种模式的军政关系非常盛行。只有像土耳其这样的国家，非常艰难地将军人排除在政治之外，并且培养出职业主义的行为与观念。在主要的强国之中，日本是唯一长期维持这种模式的国家。不过，一战中的德国与二战中的美国，也都具有这种特点。

2. 反军事的意识形态，低度的军事政治权力，低度的军事职业主义。这些要素的组合，只有在一个强烈追求意识形态以致无论军方如何

---

* 埃里希·冯·鲁登道夫（1865—1937），著名军事家，德军将领。一战前协助参谋总长小毛奇制定施里芬计划，一战中作为参谋长协助兴登堡取得东线战场的巨大胜利，战后进入政坛，同纳粹党合作反对魏玛共和国。著有《总体战》一书，反对克劳塞维茨关于战争是政治之继续的理论，而是将政治视为战争的从属，和平只是两次战争的间隙，因此国家生活的各个方面在平时就应服从战争准备的需要，采取一切手段甚至是极端残暴的手段进行战争。——译者注

削弱其政治权力都无法逃避政治干预的国家中才会出现。现代极权国家　97
中的军政关系倾向于这种模式，二战中的德国就最为接近这种模式。

3. 反军事的意识形态，低度的军事政治权力，高度的军事职业主义。在一个安全几乎不受威胁的社会中，很容易发展出这样一种军政关系模式。从历史上来看，美国南北战争之后军事职业主义兴起，一直到二战之前，这种模式都处于主流。

4. 支持军事的意识形态，高度的军事政治权力，高度的军事职业主义。受到持续性安全威胁并且意识形态又倾向军事思维的社会，可以发展出高度的军事政治权力，但同时又保持军事职业主义与客观文官控制。在这方面最杰出的成就，可能就表现于俾斯麦到毛奇时代（1860—1890）的普鲁士与德国。

5. 支持军事的意识形态，低度的军事政治权力，高度的军事职业主义。这种类型可能存在于一个安全威胁相对较弱，并且以保守主义或其他类似支持军事的意识形态作为主流的社会中。20 世纪英国的军政关系，从某种程度上来说最为接近这种模式。

第五章

德国与日本：军政关系的实践

德国与日本的模式

现代化的日本以 1868 年作为起点，而现代德国则始于 1870 年。在此后的七十五年间，一直到其二战失败为止，德国与日本的军政关系的历史，成为上一章所提出的理论框架得以适用的最佳实践素材。美国人常常将德国和日本归类为最主要的"军国主义"国家。但实际上，两国的军政关系模式却有着截然不同的差异。可能再也没有一个国家，能像现代德国一样在军政关系方面有着差异丰富的如此之多的经验。也没有任何一个军官集团能够达到如此高度的职业主义，同样，也没有任何一个强国的军官集团最终被这样毁掉。德国历史的每一篇章都充满了经验与教训。德意志帝国的经验显示出文官控制的优点，而共和国时代的历史则表明在政治的混乱中实现这样一种控制谈何容易。一战展示了当军人承担文官角色时的悲惨后果。纳粹的统治则表明，当来自军方的警告被忽视时，政治领袖粗暴地凌驾于军人之上，结局同样是悲剧性的灾难。德国军政关系表现出的丰富多样性，使其历史在不堪回首的同时，又成为可以之为鉴的课程。与之相反，日本的军政关系在 1868 年到 1945 年这段时期内，始终维持着单一且相对稳定的模式。从一开始，日本军方就在国内政治中持续扮演着活跃的角色。德国高水平的职业主义制造出了军事伦理与大众伦理之间的紧张关系，而日本军官集团的普遍思维则反映出军人与公众之间的整体和谐。德国军政关系的关键是偶尔分裂，而日本军政关系的关键则是始终无序。但是，德国的平衡状态崩溃，与日本始终未能建立平衡，其最终的因果关系是一致的。两国军政关系平衡的失序，都反映出更多宪政上的混乱。而在两国中，这种混乱也都危及国家安全：扭曲了军人与政治家的视角，混淆了他们的职务与责任，助长了他们的空想与自负，这些导致了他们在和平年代的狂妄好战，而到了战争时期却又外强中干，最终造成了全面的失败。

德国：军事职业主义的悲剧

帝国时代的平衡（1871—1914）。1871 到 1914 年间帝国时代的军政关系反映出程度非同寻常的客观文官控制，也表明军事职业主义建立需要的基础，包括高水平而又严格限定范围的军事权威，广泛且逐渐变迁的军事政治影响力，以及对军事具有同情性理解的保守主义国家意识形态。但是，在这一时代的最后十年中，国家环境的变化开始动摇这种平衡，并最终在一战中完全摧毁了平衡。

军事职业主义。现代德国从普鲁士继承了欧洲最为职业化的军官集团。其最为核心的要素是总参谋部，以科学而理性的手段来操控军事，还有军事学院（Kriegsak ademie），军官在这里接受关于战争的科学的训练，从而被培养为参谋与高级指挥员。而支持这些体系的基础，则是在此之前要求的专业与通识教育的准入机制与进入前培训。没有任何一个地方会像德国的军校与参谋部一样最慎重地对待和最细致地研究战争了。杰出的技术能力、高超的智识水平、坚定不移地忠于职守，这些都是德国总参谋部军官的突出优点，并且也或多或少成为整个德国军官集团的优点。卓越的德国军事职业主义受到其他强国的推崇，无论大国还是小国、现代还是传统，都渴望以德国模式来建立自己的军事制度。100

职业伦理在德国军事思维中的主导地位，同制度上的职业主义发挥了同样重要的作用。《战争论》就是军官集团的圣经。两位帝国杰出的军事领袖——1857—1888 年担任总参谋长的老毛奇，与 1891—1905 年担任同一职位的施里芬，都是克劳塞维茨的门徒。他们的思想、著述与行为都为军官集团塑造了智识与道德上的基调。在他们的影响下，德国军官集团比起历史上任何其他军官集团，都要在价值观与态度方面更为接近理想类型的军事伦理。这些专业价值的强化反映在军官集团关于两个基本问题的观点中，即对军事的文官控制和战争在国家政策中所扮演的角色。

军官集团将战争是实现政治目标的工具作为真理信奉，因此军人也就成了政治家的下级工作搭档。即使像冯·伯恩哈蒂（von Bernhardi）*这样比绝大多数军官都更为政治化的军人，也信奉这一点。老毛奇与施里芬都承认，政治与战争本身分离但又关系非常密切。老毛奇比起施里芬在政治上更为敏锐，但并无政治野心，仅仅将自己限定为军事观点的积极代言人。指引着他的理想，就是成为一名不卷入政治的纯粹军人。

> ［毛奇指出］指挥官就是要将军事上的胜利作为他眼中的全部目标。但是，他的胜利或失败应当如何在政治上加以处理则无需考虑。那是政治家的事情。[1]

同毛奇相比，施里芬更加与政治无涉，并且将自己与总参谋部都全神贯注地沉浸在纯粹的军事事务当中。他是一位超群绝伦的军事技术人士。德国军事思想的理性主义也不认可将战争的荣耀本身作为目的。战争是不可避免的——这一点没有争议——但同时也是不可欲的。人们仅仅只能忍受战争，就像毛奇所说的那样："匮乏与痛苦，疾病、悲伤与战争都是人类命运与本性当中的永恒要素。"[2] 同他的大多数军方同事一样，毛奇相信战争对于德国来说将会是"国家的不幸"。虽然如此，从 1875 到 1887 年，他支持普鲁士对法国与俄国的战争，将之作为保障德国军

---

* 弗里德里希·冯·伯恩哈蒂（1849—1930），德国将领与军事历史学家，曾任德军第七集团军司令，但最主要的成就在于理论方面，代表著作有《德国与下一场战争》。——译者注

事安全的必需手段。他总是从让国家处于有利地位的角度来看待这类问题，从理性的悲观主义视角进行思考，而非乌托邦式的浪漫主义。海军的军官集团是一支年轻的军事力量，带着帝国梦想建立起来，其组成部分同社会基础尚未充分隔离，因而有时仍然会更趋向好战与帝国主义。但是，陆军的领导者则几乎一致反对这两种倾向。正如瓦格茨（Vagts）所言："陆军在1914年之前只有战略上的侵略性。"这种侵略性的战略是用来应对两线作战这样一种军事思维来看的绝境的，这种局面只有在某一战线上取得迅速而决定性的胜利才能打破。正如1902年总参谋部的一份机密文件中所指出的那样：

> 我们不想征服什么，只想保护我们已经占有的东西。我们
> 可能永远不是攻击者，却总是被攻击者。我们所需要的速战速
> 决，毫无疑问只有通过进攻才能实现。[3]

德国军人确实对于国家安全有着近乎病态的关注。军事领袖很少鼓吹战争，而通常将其视为政策的最后手段，并带着不祥的预感加以悲观预计，从而进行充满激情的准备。

政府的权威。德国政府权威的结构是三种要素的独特结合，这有助于维持德国式的职业主义。第一种因素是，军事权威的范围被严格限定于军事事务。军人在决定国内经济政策方面不能发挥任何影响。外交政策也是首相与外交大臣的专属权力范围。总参谋部专注于军事事务。当然，总参谋长与陆军大臣为外交政策提供军方视角的观点，也是自然并且适当的。但最终做出决定的是文官，而非将领。例如，俾斯麦就拒绝了毛奇关于同奥地利和法国签订和平条约的建议，也否定了19世纪80年代他所提出的对俄政策。唯一能够长期跨越专业角色界限而介入外交领域的军人，是海军上将冯·提尔皮茨（von Tirpitz），而在其他海军将领看来他实际上就是一个政治家。但就整体来说，军事力量被限定在其自己的专业领域之内，虽然他们试图扩展自己的权威范围，但仍然受到已经获取了这些权威的其他强有力政府部门与官员所实施的水平控制的

102

限制。

限制军事权力的第二种因素是文官与军事权威的相对统一。文官权力被集中在皇帝与首相手中，而军事权威则分散在许多不同职位。德国国会从未对军事事务进行过于激进的干预，而其虽然试图增强对军事政策所进行的控制，但也从未破坏由文官政府所实施的控制。此外，军人对德国皇帝的无条件效忠也构成了对其的限制，宣誓效忠使其不能通过在行政与立法权力之间的挑拨离间来渔翁得利，扩大自己的权力。与此同时，军事权威首先在陆军与海军之间划分，进一步又在两大军种内部进行细分。每个军种都有一个三分的总部机构，由下列机构组成：①军令部（ministry），通常由一位职业军人领导，负责军种的行政、政工与后勤事务；②军政部（cabinet），同样由一位职业军人领导，负责军种人事安排；③参谋部（staff），负责筹划与准备军事行动。这些总部首长中，没有任何一位可以直接指挥舰队或集团军。因此，两个军种的六位总部首长，同陆海军指挥官一样可以直接上奏德皇，皇帝从中挑选军事建议。此外，在军令部、军政部与参谋部之间存在显著的竞争关系。军令部是最初的主导机构，但到了19世纪，先是军政部，随后是总参谋部取得了优势地位。不过，直到第一次世界大战，在这三个机构之间还是存在着勉强达成的平衡。

军事权威被限定范围并且多元划分所造成的影响，被这种权威的高103 水平所抵消。所有的军队高级将领都有权直接面奏（immediatstellung）作为最高军事统帅的德皇，而这就削弱了其直接上级所实施的控制。既然德皇依赖他们的建议，这些高级将领就能够拥有完全的自主权，不受外界干预来行使职权，除非他们之间的意见并不一致。虽然军事权威的范围有限，文官权力又相对统一，从而使得军事力量远离政治，但军方所拥有的直接面对德皇的渠道，也使得他们可以让政治家远离军事。总而言之，在这一时代的意识形态气氛中，权威的整个德国模式都是唯一适合于增强文官控制与军事职业主义的模式。

政治上的影响。理解帝国时代军官集团的政治影响有三个重要方面：①军官集团与容克贵族的联系逐渐减弱；②从 1888 年到 1897 年，军事统帅短暂地闯入政治领域；③军事统帅个人及其戎马生涯的经历在德国民间具有普遍的声誉。

在德国统一战争的十年间，超过三分之二的军官来自于贵族。而随着中产阶级成功地争取了他们投身于军事的权利，帝国就经历了军官中贵族比例的持续下降。1905 年，在总参谋部服役的 102 名军官中，有44 位来自中产阶级，其中还包括像鲁登道夫和格勒纳（Gröner）* 这样的明日之星。到了 1913 年，整个军官集团中出身于这种背景的比例已经达到了 70%。[4]1890 年后，海军的蓬勃发展也大大增加了海军军官集团的规模与影响，而他们与中产阶级的联系比起同贵族集团的联系也更为密切。军官集团与贵族之间联系的削弱增强了军事职业主义，这也使得军事利益从属于阶级利益的可能性下降。此外，普鲁士容克贵族的观念是保守主义的，并且对于军事观点容易理解，而当军人同这个集团的联系削弱之后，就变得需要更多依赖一般性的公众观念，而这些观念不像贵族那样保守，也更容易受到影响而改变。

在帝国时代，只有极少数人能够在军事职业与政治之间双向切换。重要的例外出现在 1888 年到 1897 年间，这一时期文官政治领导人出现了真空，军事统帅因此乘虚而入。造成这种情况的原因是一系列巧合，1888 年德皇驾崩，同年老毛奇退休，1890 年俾斯麦也告老还乡。年轻的新任皇帝有着对人治的强烈偏好，对宪政体制所规定的顾问的职责与作用缺乏尊重，而对军人与华而不实的军装有强烈的个人爱好。取代老毛奇的是瓦德西（Waldersee），一位有着政治权术与政治野心的军人，他作为新君主的宠臣，所做的事情就是迫切将自己的影响力扩展到各个领域。他促使了俾斯麦在 1890 年的下台，并由另一位将军列奥·冯·卡

---

　　* 威廉·格勒纳（1867—1939），德军中将，1918 年继任鲁登道夫为副总参谋长，1919年在德皇退位后短暂代理总参谋长，退役后转而从政，曾任国防部长。——译者注

普里维（Leo von Caprivi）* 取而代之。值得注意的是，瓦德西虽然是军人从政，却拒绝军事伦理的两项基本原则。他是先发制人的进攻性战争的率先鼓吹者，并且持有军事政变（coup d'état）的理念。但是，他没过多久就失宠于德皇；1891 年初被解职，带着东山再起重新成为军界强人的梦想而退出政坛。瓦德西作为总参谋长的三十个月任期，同此前任职长达三十二年的老毛奇，和在他之后任职十四年的施里芬形成了鲜明对比。他基本上脱离了帝国军官集团的正轨，却成为此后军人政治家的先行者，例如 20 世纪 20 至 30 年代的施莱谢尔（Schleicher）**、赖歇瑙（Reichenau）、*** 布隆贝格（Blomberg）**** 等人都步入瓦德西的后尘。积极对抗瓦德西的野心的卡普里维在 1894 年被免去首相之职，而到了 1897 年，首相职位才重回文官之手。由于继任瓦德西出任总参谋长的施里芬只专注于技术事务，军方的影响力也就重新退回到专业化领域之中。

军人与贵族之间联系的淡化，于 1871 年战争之后因为军人在整个社会中所受到的高度欢迎而得到弥补。这源于 1866 年与 1870 年的两次辉煌胜利，这两场胜利将老毛奇塑造为国家英雄，并促使军费预算得以稳定增长直到一战爆发。没有任何一个西方社会像威廉二世时期的德国那样，在一个漫长的和平时期内给予军人与军事生涯以如此之高的公众声誉。军人"没有任何竞争对手，就是国家中的第一流人物"，而总参谋部更是让全国公众怀有强烈的尊崇敬畏之心，被视作军事智慧的先知与国家安全的保护神。"军人现在被视若神明——中尉军官是行走于人间的年轻神灵，而那些预备役中尉则是半神半人。"[5]

---

* 列奥·冯·卡普里维（1831—1899），德军将领，1883—1888 年任海军大臣，1890 年接替俾斯麦为第二任帝国首相，1894 年卸任。——译者注

** 库尔特·冯·施莱谢尔（1882—1934），德军将领、政治家，魏玛共和国最后一任总理，在纳粹发动的"长刀之夜"被暗杀。——译者注

*** 瓦尔特·冯·赖歇瑙（1884—1942），德国陆军元帅，最为积极支持并参与纳粹党政治活动的德军军官之一，为纳粹党控制军队发挥了重要作用。——译者注

**** 维尔纳·冯·布隆贝格（1878—1946），德国陆军元帅，1933 年任希特勒内阁的首任国防部长，命令国防军向希特勒个人宣誓效忠，1936 年成为纳粹党执政后晋升的第一位陆军元帅。——译者注

　　公众的态度。在公众的思维一直理解军事伦理的情况下，军事职业普遍的公众声望就始终为其职业主义提供了坚实的基础。1914 年军方所受到的欢迎，同 1880 年所受到的欢迎并无差异。但是，1914 年的知识界氛围较之于 1880 年就已经有了巨大的变化。各种细微的力量结合起来，大规模地改造了德国的价值体系。所造成的结果是，对军事的尊崇不再是军事职业主义的助力，反而成了威胁。有限度且保守的意识形态让位于民族主义且充满侵略性的意识形态。迷恋于物质享受、穷兵黩武、对暴力与战争的歌颂、对赤裸裸的强权（Macht）的崇拜，这些思想取代了德国民族精神当中那些更为理性、理想主义和人道主义的内容。蒙森（Mommsen）、德罗伊森（Droysen）、西贝尔（Sybel）和特赖奇克（Treitschke）* 取代了歌德、席勒、康德——以及克劳塞维茨。战争与权力本身就成为目的，因此掌握着权力的人也不再是国家的公仆，反而成了国家的化身。国家就是权力，并且仅仅是权力；而战争，正如特赖奇克所言，是"最伟大的政治科学"，是成就进步与国家的源泉。保尔森指出："德国曾经被誉为诗人与哲人的国家，但今天却成了傲慢武夫的国度，就像其最早期的蛮族历史一样。"[6]

　　这种好战的意识形态在大学中孕育而生，并随后受到德国公众的普遍欢迎。在社会中，每一个领域都可以感受到其影响。只有那些严谨恪守军事伦理的军官们使得军官集团相对而言较少受到影响，直到一战爆

　　---

　　*　特奥多尔·蒙森（1817—1903），德国历史学家、法学家，1902 年诺贝尔文学奖获得者，代表作为五卷本《罗马史》，对韦伯的学术思想有重要影响，也曾作为普鲁士与德意志帝国国会议员参与政治活动；约翰·古斯塔夫·德罗伊森（1808—1884），德国历史学家，历史学普鲁士学派创始人，代表作有《希腊化时代史》《普鲁士政治史》《历史知识理论》，认为历史学家的目的在于根据当时的需要和问题去理解历史和解释历史，在其著作中表露出强烈的实际政治关怀，宣扬德国的统一只有在普鲁士的领导下才能实现；海因里希·冯·西贝尔（1817—1895），德国历史学家，代表作有《法国大革命时期的历史》《威廉一世创建德意志帝国史》，普鲁士学派代表人物，推崇民族主义，注重以对中古德意志历史研究发现现实意义，寻求德国强大的历史经验；海因里希·冯·特赖奇克（1834—1896），德国历史学家，代表作为《19 世纪德意志史》，普鲁士学派代表人物，以德意志民族统一作为历史研究的现实关怀，研究目的便是"为德意志帝国提供一个坚实的历史基础"，被认为"领导了德国史学从自由主义向民族主义的转向"。——译者注

发。但是，新的意识形态确实也让他们感觉军事职业在整个社会中越发边缘。海军作为新时代的产物，更容易受到民族主义与扩张的意识形态影响。诸如戈尔茨（von der Goltz）*和伯恩哈蒂（Bernhardi）这样迎合公众好战情感的军官成了受欢迎的作家。他们从公众那里得到了在总参谋部得不到的支持，总参谋部拒绝了他们，也拒绝了他们的观点。不过，虽然有这些变化，整个陆军的军官集团还是坚守军事伦理，而拒绝强权伦理。面对整个德国的智识与道德堕落，陆军军官们坚守着传统理念，正如洛辛斯基（Rosinski）所形容的那样，他们是"变革景象中岿然不动的磐石"。[7] 从许多方面来说，他们是整个社会中最后一个放弃保守主义的组织。然而，新的大众意识形态还是逐渐动摇了权力的平衡，以及曾作为其存在本质的职业主义。

第一次世界大战：军事独裁（1914—1918）。第一次世界大战完全摧毁了帝国时代平衡的军政关系。到了战争后期，总参谋部控制着德国政府。同时，军事统帅们也放弃了他们对于军事理念的信守。德国所经历的这段历史，说明了在一个非保守主义国家中要进行一场大规模战争的困难程度。战争把将军们变成了英雄；英雄又把自己变成了政治家；最终，这些军人政治家失去了职业军人所应有的节制与谨慎。

总参谋部介入政治始于 1914 年秋至 1916 年 8 月法尔肯海因（Falkenhayn）担任总参谋长的任期。在这段时期，军方的权威与影响以一种缓慢但持续的方式得到了扩张。不过，这还仅仅是序曲而已，到战争的最后两年，兴登堡（Hindenburg）与鲁登道夫（Ludendorff）完全掌握了权力，前者接替了法尔肯海因的总参谋长一职，后者则出任了首席军需总监（First Quartermaster General）。** 军事力量对政治的控制，得以如此大规

---

　　* 科尔玛·冯·德·戈尔茨（1843—1916），德国陆军元帅和军事作家，在柏林军事学院任军事史教官时出版的著作《全民皆兵》（*Das Volk in Waffen*），因其全民战争的理论而受到德国社会的普遍欢迎。——译者注

　　** 这一职务实际上的职权是分管作战的副总参谋长。——译者注

模的形式扩张，最基本的原因是坦能堡（Tannenberg）战役 * 的胜利者在德国人民心目中所赢得的前所未有的声望。兴登堡成为国家偶像，德国人毫无保留地相信他会率领国家走向辉煌。兴登堡得到的个人崇拜，超过了德国历史上任何一位军事与政治领袖的程度，甚至老毛奇与俾斯麦也无法相提并论。因此，兴登堡就成了一个理想支点，鲁登道夫与总参谋部其他军官们借助这个支点撬动杠杆，在政府中扩展自己的权力。单是辞职的威胁，就足以用来控制德皇。通过这件武器，鲁登道夫能够在大部分总参谋部与政府文官的冲突中迫使皇帝接受军方的观点。1917年夏天，他迫使首相贝特曼·霍尔维格（Beghmann Hollweg）下台，以军方认可的人选米凯利斯（Michaelis）取而代之。几个月之后，米凯利斯也表明他无法让作为幕后控制者的军队满意。于是他也被放弃，在最高统帅部（High Command）的推荐下，赫特林伯爵（Count von Hertling）成为继任者。随后，到了 1918 年 1 月，兴登堡与鲁登道夫又成功地将帝国文官内阁的首席大臣免职。其他的军事职位，也一样唯总参谋部之命是从。

　　军事统帅将他们的权力扩展到外交与内政领域。尽管德皇在 1918年 1 月拒绝了军方获取全权处理外交事务与和平谈判的权限的要求，但军方还是通过海夫滕伯爵（Count von Haeften）作为他们的代表或多或少地操控着外交部。[8]1918 年 7 月，当外交大臣对布列斯特—立托夫斯克和约（Brest-Litovsk peace treaty）表示了同军方相悖的观点时，军方就成功解除了他的职务。在此之前，军方已经多次发挥了他们对外交政策的影响力，驳回了文官政府在许多重大问题上的意见。由于希望让波兰军队加入同盟国（Central Powers）军队，德国军方在 1916 年秋天坚持建立了独立的波兰王国，而这就导致了德国无法与俄罗斯立即达成和约。1917

---

　　* 1914 年，兴登堡与鲁登道夫率领东线德军全歼两倍于己的俄军，本次战役是二战时期基辅战役之前人类历史上最大规模的歼灭战。1410 年，由于条顿骑士团曾在坦能堡惨败于俄罗斯、波兰、立陶宛联军，因此 1914 年德军在坦能堡的胜利激发了强烈的民族主义情感。——译者注

年冬天，军方置贝特曼·霍尔维格的反对意见于不顾，发动了无限制潜艇战。*这两次军方对政策的干预，导致最高统帅部始终处于腹背受敌的境地，在前一个敌人尚未解决之时又增加了新的敌人。整个 1917 年，军方坚持以吞并作为战争目标，因而干扰通过谈判达成和平的努力。军事力量同时也在国内经济方面施展其权力。战争的性质，决定了一开始总参谋部就要将其经济方面的职权扩展到食品、物资、劳动力和军需品等领域。此后，任何领域的政策最终都按照军方的利益决定。通过所谓的"兴登堡计划"（Hindenburg Program），军方控制了工业生产，并且提升了产量。当军事将领将自己最大程度地渗透到德国人生活的方方面面时，过去那些行之有效的对军事权力的水平控制也就解除了。

108　　很难说最高统帅部的权力对于整个军官集团的思维有什么样的影响。但是，军事统帅们自己的观点，在处于权力高峰时确实有了很大程度的改变。文官控制这种传统的原则被抛弃了。据说鲁登道夫曾经讲过，谁当首相无足轻重，但"只有一件事是确定的：权力一定要掌握在我手里"。总参谋部所奉行的扩张主义目标，同战前所持的反帝国主义态度形成了鲜明的反差。在 1917 年，军方的战争目标包括夺取波兰、俄国波罗的海沿岸省份、法国东部与整个比利时。甚至，这些只不过被看作是大日耳曼帝国的核心领土，最终要扩张到整个阿尔卑斯山以北的欧洲。

　　比起这些当前的政策目标，更重要的是他们所反映出来的价值观之根本性变迁。这些变迁最典型的表现并不在战争期间，而是在战后那些将军们回忆其失败所撰写的文献当中。他们无视军事统治对于德国悲剧造成的影响，而是声称军事权力在战时的德国从未扩张到合适的范围。为了将失败的责任推卸给文官，这种说法就和暗箭伤人的不经之谈紧密联系在一起。关于新的原则，最权威的表述见之于鲁登道夫自己的著

---

　　* 无限制潜艇战，即德国潜艇可以事先不发警告而任意击沉任何开往英国水域的商船，其目的是要对英国进行封锁。这在战术上取得了极大的成功，但促使美国对德宣战，造成德国在战略上的被动。——译者注

作——1935 年出版的《总体战》（*Der Totale Krieg*）。鲁登道夫完全否认了
职业主义军事传统，认为"克劳塞维茨的理论已经完全过时了"。自 18
世纪以来战争性质的改变，使得政治成为战争的附庸，而不再是战争服
从政治。对德国来说，普法战争与一战中的麻烦都是德皇、首相与总参
谋长之间的权威划分。但作为替代的是，在战争爆发时，举国上下都服
从于最高统帅。最高统帅取代了一切政治领袖，拥有"无所不包"的
权威。这样的人物不是通过训练与经验可以造就的。他的特点是出色的
创造力、坚强的意志、勇于承担责任以及百折不挠的毅力。他同时也是
艺术家："要么生来就是为其职位，要么毫无可能。"[9]鲁登道夫就是这
样复活了 18 世纪的与生俱来的军事天才概念。鲁登道夫的理论，充满
着对全能的幻想、对暴力的赞美、对权力的谄媚，并且否认专业能力的
重要性，从而意味着对 19 世纪德国军事思想中所坚持的全部内容的全
盘否定。这实际上就是将特赖奇克、尼采、斯宾格勒等人思想中那些阴
暗的成分用来对军事权力进行合理化论证。但讽刺的是，这种理论发源
于一战中所实施的军事统治，但其最终的完全实现却是在二战当中，军
队完全臣服于一位奥地利下士*。另一位军人对此前军方与文官的冲突
做出了准确的判断，舒纳赫（von Schoenaich）将军在 1924 年总结说：
"我们的失败应归咎于军事权威凌驾于文官权威之上；而这就是军国主
义的本质。事实上，德国的军国主义就是自我毁灭之道。"[10]

魏玛共和国：国中之国（1918—1926）。魏玛共和国的开端，军队
的角色从完全统治国家转变为作为国家的必备支持。共和国的智识与政
治氛围并未有助于维持职业主义。魏玛政府的根基孱弱，缺乏大部分强
有力的社会群体的广泛接受与支持。因此，其不得不求助于军队这一稳
定且有严格纪律的组织，这个组织在经历了战败与革命之后仍然得以保
存下来，并且在政治大变局中继续作为坚固的权力中心。政府因此完全
依赖军队的支持。但这一事实却又使军队面对一个宪法难题，从而意味

---

* 希特勒。——译者注

着政府不可能获得完全确定的支持。1918 年，共和国总理艾伯特（Ebert）事实上与军方达成了协议，以镇压极左派来换取军队的支持。在 1920 年的卡普政变（Kapp Putsch）中，军队则保持了作壁上观的中立态度。三年后，当政府同时面临极右与极左势力崛起的威胁时，军队捍卫了政府权威，并代表其行使了紧急状态下的权力。魏玛共和国的存在完全依靠军队的支持。但是，这种支持不是由政府的命令而提供，从某种意义上说倒是军队给予政府的恩惠。

魏玛共和国在政治上一贯性的软弱无力，由于建立文官控制这一新的宪政难题而进一步变得严重起来。首先，在帝国时代，所有军官都向皇帝宣誓效忠，他们对自己在何时应当服从谁毫无疑问。但是到了共和国时代，他们宣誓效忠的对象变成了宪法，这是一份冗长而且含义模糊的文件。而军人可能常常被要求做出决断以忠于某个特定个人来从形式上忠于宪法。因为第二个因素，这一问题更加恶化了：在军方之上的权威分散在许多不同的文官机构中。共和国总统是军队的最高统帅，任免所有的高级军官。但是，总理是政府的首脑，总统对军队采取的任何措施都需要得到总理或国防部长的支持。总理与国防部长向国会负责，而国会则对一般性的军事政策以及特定的军事预算拥有全权。其次，同分散的文官政府相反，军队成为一个新的整体。不仅过去德意志帝国各邦的军队整合成了单一的国防军，而且所有总部机构现在都共同接受单一的军事指挥。最后，军方单一的发言人的设立，也削弱了那些试图降低军事权威层次的努力。理论上，新生的总参谋部（"部队局"）* 隶属于国防部长之下的国防军总司令。这样说来，军方也就不再具有像过去对德皇的面奏权那样的权力，无法直接面对最高统帅。但实际上，军队统帅的权力扩张使他们能够完全掌握战争机器，从而事实上独立于国防部长。共和国时代的前两位国防部长——诺斯克（Noske）和格斯勒

---

    * 由于过去的总参谋部被视为德国军国主义的源泉，《凡尔赛和约》规定德军不得保留总参谋部，魏玛共和国时代的德军以部队局（Truppenamt）的名称应对和约规定，实际行使总参谋部的职权。——译者注

（Gessler）——都是军方利益的代言人；而最后两任国防部长——格勒纳和施莱谢尔——直接就是军方将领。

111

　　魏玛共和国的军官集团从军事独裁的意识形态向着帝国时代的传统军事伦理回归。从 1919 年到 1926 年，统帅国防军（Reichswehr）的是西克特将军，他是一位模范的职业军人，全身心投入一支去政治化军队当中。西克特在军队人事方面坚持依据能力来选拔军官，并对军官进行细致的训练，以达到最高水平的职业能力。西克特声称他对于战争有着职业上的反感："有过战争经验的军人，对战争的恐惧要远远超过那些不懂战争却又空谈和平的空头理论家。"[11] 在他对共和国政府提出的政策建议中，基本以国家军事安全的必要关切为指导。对于军队，他坚定不移地强调军事美德，排除冒险家与机会主义者，坚持正确且去政治化的行为。他指出："作为士兵，并不需要比他的指挥官知道得更多或做得更好：他的职责始终是服从……卷入政治上的冲突意见之中的国防军将受到致命伤害，在危急时刻遭遇毁灭。"[12]

　　西克特所持的军事伦理原则存在着一个不足之处，那就是军队最根本的效忠对象模糊不清。而这所反映的正是魏玛宪法的含糊与共和政府的政治软弱。西克特对军队定位的描述表达为如下公式之中："军队忠于国家，超越党派。"因此：

　　　　军队就应该成为国中之国，但也应该通过对国家的奉献而融为一体，事实上，军队本身就应该是国家最纯粹的形象。[13]

这样的定位很正确。但是，军队与政府的关系方面仍然定义不明。军队是国中之国，而不是服务于政府的职业行会（guild）。如果政府是国家的代表乃至化身，军队当然应服从于政府，一切都顺理成章。但是，如果政府的现状及其宪法性质存在着党派化的争论，那么理论上军队就应该远离政治争论。魏玛共和国政府事实上就符合这些情形，因此军队对待政府的态度如果从西克特的定义来看，就是奇怪的双重标准。这在实践中得到了生动的表现，在 1923 年的危机中，艾伯特总理询问西克特

112

国防军将会站在哪一方，西克特的回答是："总理先生，国防军将会站在我这一方。"[14] 没有任何原则可以明确西克特一方的立场又是什么。有时，他会认真考虑亲自去掌握政权。由于拒绝认可魏玛共和国政府是德国这个国家的永久化身，德国国防军的统帅们在那些关键的危机时刻就必须亲自去做出政治决断。

魏玛共和国：派系中的派系（1926—1933）。在西克特退休之后，他的继任者海耶一级上将（Colonel General Heye），以及像格勒纳这样的其他将领，仍然试图延续他的政策。但是，情况变得越来越困难，在魏玛共和国的最后几年中，军政关系相较之前形成了不同的模式。在西克特时代，军队只有在关键的宪政危机时刻才需要做出政治决断；而在西克特之后，军队越来越多地卷入日常事务以及政党政治的权谋当中。这种状态的形成并不是因为权威结构有了任何改变，而只是因为军事领导人希望通过借助于军队的政治力量，来达成直接的政治目标。

在这个改变过程中，两位关键人物是兴登堡与施莱谢尔将军。兴登堡在1925年当选为共和国总统。此时，军队将对国家的忠诚等同于对陆军元帅和国民英雄的效忠。如果总统像西克特此前一样超然于政党政治之外，那么也就不会导致严重的后果。但情况并非如此。相反，作为总统的兴登堡为施莱谢尔这样的军方政治家提供了介入政治的支点，就像他当年在总参谋长任上为鲁登道夫所提供的支持一样。施莱谢尔在1926年被任命为国防部政治处*处长，利用兴登堡提升自己的影响力，在各个不同政治党派之间折冲樽俎，从而成为政府中的关键人物，以一种为所欲为的方式成为内阁的幕后操纵者。1927年，施莱谢尔用格勒纳替代了任命他为政治处处长的国防部长格斯勒。此后，在1930年，他又造成了穆勒（Müller）总理的内阁垮台，以海因里希·布吕宁（Heinrich Brüning）取而代之。两年后，他又偷袭打垮了布吕宁与格勒纳，以帕彭（Papen）出任首相，自己亲自担任国防部长。最后，到了1932年

---

　*又称"国防军处"，负责处理全军所有的政治问题和与内阁、议会相关的政治事务，1926年新设，1934年被分拆成国内处与国防处。——译者注

的秋天，帕彭也被抛弃了；这年的 12 月，施莱谢尔自己成为总理。到这时，军队将领占据了政府的两个最高职位。但是，施莱谢尔的对手们很快就联合起来与他对抗，在 1933 年 1 月底，希特勒接替施莱谢尔，成为由纳粹党与民族主义政党联合组成的内阁的总理。在施莱谢尔的任内，国防军不再是国中之国，而是派系中的派系。将领们卷入了政治斗争之中，并且最终失败了。一年半之后的 1934 年 6 月 30 日，施莱谢尔在纳粹的清洗活动中被暗杀，为他在极权政治中的失败付出了惨重的代价。

第三帝国时代：文官主义的胜利 （1933—1945）。纳粹权力的强化，依赖于他们与军队之间达成的非正式协议。军队退出政治领域，将空间留给纳粹，而作为回报，纳粹推行扩张性的重整军备计划，并确保军队垄断军事功能的实施，在自己的领域内拥有完全自主权。这一协议在 1934 年春天得到了明确的认可，军方支持希特勒出任总统；希特勒则默许了军方对罗姆（Röhm）及其领导的冲锋队（S. A.）的镇压。罗姆曾经希望以冲锋队这种大众化且意识形态色彩强烈的武装力量来取代正规的国防军。在纳粹统治的最初几年，军政关系同魏玛共和国的最初几年有一些相似之处。军队免于大部分纳粹法律的管辖，民事法院对军人的管辖权也被废除，政党科层体系与盖世太保（Gestapo）的影响力也被严格排除在军队之外。当德国社会中的主要组织一个接一个地臣服于纳粹的一体化（*Gleichschaltung*）政策时，军队还能够作为一个相对独立的中心保持正常状态，免受国家社会主义的危害。那些希望逃离席卷全国的极权主义国家狂潮的德国人，能够以坚持纪律、专业性、责任感与正直诚实的军队专业模式作为庇护。因此也就毫不奇怪为什么会有许多已经退役的军官重返行伍，这被称为"贵族式的流亡"（aristocratic way of [114] emigration）。

军事职业主义。军官集团在这些年中受到职业主义的军事思维主导。在经历过让军官集团中的大部分都很郁闷的施莱谢尔时代之后，他们重新在纯粹的专业角色中找到了安慰。军官们很高兴有机会逃避政治，专心致志地训练与教导这支正在以稳健速度强大起来的武装力量。军队对文官控制的坚持再次得到了确认。例如，在他的著作《现代战争艺术》（*The Art of Modern Warfare*）一书中，弗奇（Foertsch）上校重述了战争从属于政治与军人从属于政治家这样的经典原则，并批评了鲁登道夫对克劳塞维茨理论的挑战。鲁登道夫的著作被总参谋部"彻底地"（root and branch）加以否定。[15] 虽然，1930 年代初期纳粹与军方的观点在重整军备和文官控制方面有短暂的共识，但根本性冲突仍然深深植入双方的价值观之中。这种冲突最终不可避免地表现出来。德国军事理念中的服从、忠诚、荣誉感、智识上的诚实、现实主义与理性，同纳粹的不择手段、不分是非与不顾理性相去千里。* 后者对被希特勒称之为"不过是一群知识分子的俱乐部"的总参谋部所恪守的"面目可憎的客观性"而言可谓一钱不值。[16]

军队与纳粹的思维方式差异，最激烈的冲突体现在外交政策方面。德国军队将领们的态度，几乎完美地表现了军事伦理。他们希望重建德国的军事力量，但应当以一种缓慢的速度进行，而且重建不是为了发动战争，只是为了保卫德国的安全。在德国完成战争准备之前，有必要扩大军事工业、建立训练有素的预备役部队、以现代化武器装备部队、建设防御工事，以及完成许多其他工作。在他们的筹划中，做好战争准备的时刻越来越遥遥无期。他们中的许多人认为战争对德国很难有利，因为德国所处的易攻难守的地理条件。所以，他们指出如果德国发动战争的话，最终会因为其他强国的联合反击而遭遇全面失败。同军方这样一种审慎的态度相反，纳粹倾向于通过迅速动员、无视或绕过障碍的闪电战来实施冒险，以及侵略性的外交政策。战后，一位将军对于两种观点的根本对立有着精到的总结：

　　希特勒将理性与知识看得一文不值，相信追求胜利的不屈

---

* 1935 年 10 月，总参谋长贝克（Ludwig Beck）将军在军事学院开学仪式上的演讲，对军事伦理做了出色的重申。他的演讲主题就是毛奇的格言"天才在于勤奋"，并且强烈批评了"灵机一动"与"主观想象"。这次演讲使他受到纳粹党的普遍敌视。

不挠的意志与不择手段的对目标的追求才是一切。玄虚的预测取代了对时空的慎重思考和对敌我相对实力的细致计算。[17]

在整个20世纪30年代，军队一步步地抵制希特勒的侵略行动，但他们却一步步看到自己发出的警告被拒绝，而希特勒则一步步取得成功。他们反对退出国联，因为这样会孤立德国。他们在1935年反对撕毁《凡尔赛和约》（Versailles Treaty）和重启义务兵役制，警告说这样将会导致协约国阵营的报复措施。在1936年，由于担心法国的干涉，他们反对莱茵地区的重新军事化。此后同一年，他们又抵制德国出兵西班牙。1937年11月，当希特勒向将领们透露他对奥地利和捷克斯洛伐克的扩张计划时，将领们再一次声称德国的军事实力不足以完成这样冒险的行动。但是，第二年春天，德国成功地实施了同奥地利的合并（Anschluss），国内颠覆、外交权谋与军事威胁的巧妙结合实现了这一点。希特勒对捷克斯洛伐克的吞并计划引起了军事上更大的恐慌，因为这很容易将德国卷入同法国、英国或者苏联的战争。1938年夏天，总参谋长贝克将军领导着军方的反对力量。但希特勒强迫贝克辞职，并以哈尔德（Halder）取而代之。当希特勒对捷克斯洛伐克的军事行动蓄势待发之际，一个军事集团同哈尔德合作，谋划军事政变（coup d'état），试图在德国卷入毁灭性战争之前夺取政府控制权。但是，这些军官优柔寡断、犹豫不决，直到协约国在慕尼黑会议做出妥协之后才有了决断，取消了政变计划。希特勒再一次击败了他的将领们。[18]这件事也打击了军队。此后，在二战当中，军方也反对希特勒更为大胆的计划——例如1939年秋天在西线发动的突袭、对苏联的入侵，以及1943年由党卫军建议的进攻瑞士的计划。但是希特勒面对军方持续的反对却持续地取得了胜利，这削弱了军方的自信以及他们在政府中的影响。纳粹党人因此轻蔑地看待这些谨小慎微又胆怯的将领们。希特勒发现军事思维同他以前的预期相去甚远，于是利用一次机会发表了如下评论：

在我成为德国元首之前，我认为总参谋部就像是屠夫的狗——必须始终勒紧项圈，因为它随时准备在一切情形下攻击一切目标。但自从我成为元首之后，我发现总参谋部根本不是这样。他们一直在阻挠我认为必要的行动……而我则在不停地驱使这只"屠夫的狗"。[19]

纳粹价值观与军事价值观的冲突，使得两者的调和无法实现。这时的形势类似于1900—1918年间的状态，差别只不过是军方意识形态与公众意识形态之间的紧张状态变得前所未有的强化。一支"去政治化的军队"在一个政治极权社会之中是无法容忍的异类。同样，理性的、军事上的谨慎在革命思维看来也很另类。在一战中，军队放弃了自己的观点，投入了大众的狂热。少数人想再一次走上这条路，但受到大多数人的反对。因此，军政关系之平衡的重建，就只有摧毁军队的政治权力，并强行推动其转向纳粹的观点。

政府的权威。对军队的打击用到了一切可以想到的手段。军事组织117的权威被削弱、分割与限制。被视为职业主义军队核心的总参谋部，其等级被持续降低。1935年，希特勒成为最高统帅，直接隶属于希特勒的是同纳粹保持密切合作的布隆贝格，他出任国防部长兼德意志国防军（Wehrmacht）总司令。在布隆贝格之下，是三军司令部，各司令部之下是军种参谋部。此外，从国防部长办公厅（Ministeramt）（也即先前施莱谢尔任主任的机构）扩充出了新的国防军局（Wehrmachtamt），随后以纳粹的合作者凯特尔（Keitel）出任局长，直接在布隆贝格领导下工作。*这样一来，所有部长层级的职位要么掌握在纳粹党人手中，要么掌握在乐于同纳粹合作的将领们手里。过去曾经小心翼翼捍卫着他们的"直接面奏权"的总参谋部，现在下降成了军事科层体制中的第四层级。

1938年2月，在布隆贝格与陆军总司令弗里奇（von Fritsch）被解职之后，国防部变得名存实亡。希特勒亲自取代了布隆贝格的位置成为国

---

* 原文表述如此，但实际上部长办公厅扩充为国防军局是在1934年2月，首任局长是赖歇瑙，1935年10月凯特尔出任局长。——译者注

防军最高统帅，并将国防军局改编成国防军最高统帅部（OKW），由凯特尔领导。国防军最高统帅部的最主要机构是指挥参谋部（operation staff），由另一位纳粹的支持者约德尔（Jodl）将军领导，这个机构取代了过去由总参谋部负责的许多军事计划功能。在此之后，司令官与参谋长共同负责决策的原则被废除，总参谋部的重要性进一步下降。这样的体制持续到1941年12月，陆军总司令布劳希奇（von Brauchisch）被解职，希特勒亲自兼任陆军总司令。因此，希特勒就将国家元首、纳粹党魁、国防部长等政治职务与国防军最高统帅和陆军总司令这些军事职务结合于自己一个人身上。事实上，这也就意味着后面这些军事职务的军事功能已经不再得到发挥了。

　　军事权威层次降低的同时，还被分裂处理。1934年对冲锋队领导人的清洗，对试图保证其作为帝国唯一武装力量的陆军而言，可谓一场杀敌一千自损八百的胜利（Pyrrhic victory）。真正胜利的是希姆莱，他在6月30日的大清洗之后立即着手扩张党卫军。最终，党卫军事实上成为第二支陆军，到1944年拥有了25—30个师的兵力，而且几乎全部是装甲部队、机械化步兵和空降兵。戈林领导之下的纳粹德国空军（Luftwaffe）也独立于普通的指挥体系之外。1935年，空军接管了防空部队，这样可以确保当两个军种发生冲突时，陆军不可能击落戈林的飞机。到了1942年，空军陆战部队最终达到了20个师的规模，这支部队被用于地面作战，由空军多余的人员组成。这样一来，第三帝国就有了三支陆军：正规的国防军陆军、希姆莱的党卫军和戈林的各种空军地面部队。希特勒也保持着一个复杂而巧妙的指挥体系。陆军总参谋部在策划战争方面的职权削弱始于1938年，是年，希特勒将起草对捷克斯洛伐克的全盘占领计划的职权赋予国防军最高统帅部。1941年，在入侵苏联之后，国防军最高统帅部与陆军总司令部（OKH）分别负责了完全不同的职权范围。陆军总司令部负责指挥苏联前线战事，而国防军最高统帅部则负责苏德战场之外其他战线的军事事务。两个指挥体系的唯一联系就是希特勒个人与他的私人参谋。即使要从前线调动一个团，也必须经过

118

希特勒的批准。独立的指挥体系延伸到战场之中。许多特殊的机构被建立起来执行特殊任务。所谓的"托特组织"（Organization Todt）就与纳粹党关系密切，独立于陆军之外，负责军事工程建设。1943 年，政治督导军官制度（*National sozialistisch Führungs offiziere*-NSFO）在陆军当中建立起来。这些军官以苏军的政治委员为蓝本，在军事指挥体系之外建立了一套独立的指挥体系。情报单位之间也被鼓励各自为营进行竞争，这导致的后果是损害了德国获取的情报的可靠性与效率。[20]

军事职权的范围也受到了削减。有关退出国际联盟、重建军队以及重新占领莱茵非军事区等行动，希特勒根本没有告知军方高级指挥官，或是直到最后一刻才公布自己的计划。弗里奇与贝克争取军方行使咨询权的努力没有取得任何实效。此后，军方不仅被排除在外交决策之外，还无权进行纯粹的军事决策。希特勒最早介入军事计划的准备工作始于1938 年秋天。但是，战端开启之后，尤其是战局不利于德国之后，希特勒就将其决断的范围一直扩展到最为细节的战术层面。将帅们所提出的建议，希特勒一再置之不理或直接驳回。他坚持着僵化而非灵活的防御体系，部队不经过他本人允许不得撤退。他亲自监督到营级单位的行动，同时却又忽略长远的战略计划。"所有的行动自由都被剥夺了。即便最高级别的指挥官也处于无法容忍的监管之下。"[21]

政治上的影响。纳粹并不满足于仅仅削减了军官集团的权威范围。他们更需要改造军官集团的基本性质，摧毁其作为一个拥有自主价值观与目标的自治集团的地位。这主要通过三方面的策略得以实施。首先，通过宣传、威胁以及权力与财富的收买，赢得高级将领对纳粹的认同。布隆贝格、凯特尔与约德尔，毫无疑问就是被显赫的职位与荣耀所吸引，从而与纳粹合作。只要忠于政权，个人的轻率行为也可以得到元首的宽恕。那些为纳粹党做出了特别的贡献或忠诚还在摇摆不定的军官，都可以得到丰厚的回报。对那些中层军官而言，说服和晋升是常用的手段。当然，纳粹不会按照军队的传统规矩来行动，而是破格提拔一些军队中离经叛道、特立独行的人，如古德里安与隆美尔这样的将领，其性格与观点都完全不同于传统的总参谋部军官。

从长期来看，更重要的是在基层大规模渗透具有纳粹思想的年轻军官。正如贝克等人所发现的那样，纳粹扩张军队的速度太快，使得消化新晋军官并加以传统军官集团的教育变得非常困难。这些新军官大部分来自于纳粹的青年组织。虽然，在纳粹统治建立之初军队曾经试图阻止来自于这些组织的年轻军官的涌入，但来自于领导人的需要使得这种努力最终被放弃。因此，在高级军官与低级军官之间形成了观念上的显著差异。到了二战时期，高级军官们也不知道如果他们命令军队违抗希特勒的话，是否还能得到他们那些意识形态色彩鲜明的下级的服从。[22] 在海军与空军，其军官集团的建立是从空白开始的，因此这两个军种的观念就更多地被纳粹所控制。

纳粹用于改变军官集团性质的最后手段，就是直接把那些坚守职业主义观念与价值的人逐出军队。第一次大规模清洗是 1938 年 2 月的布隆贝格—弗里奇危机。在 1937 年 11 月 5 日的统帅部会议上，两位高级将领联手反对希特勒所透露的侵略计划。布隆贝格也放弃了其军人角色，参与到政治之中，这引起了戈林与希姆莱的敌意与妒恨。1938 年 1 月，在希特勒的许可之下，布隆贝格与一位出身阶层比自己低得多的女性结婚。两周之后，戈林就向希特勒提交了警方档案，证明布隆贝格夫人曾是妓女。这迫使布隆贝格必须从国防军总司令的任上离职。但是，最合乎规则的接班人是时任陆军总司令弗里奇，他同样是一名纯粹的职业军人。为了抢在这一任命之前先发制人，戈林与希姆莱提出证据指控弗里奇是同性恋。这一指控子虚乌有，但足以让弗里奇离职接受调查，也给了元首以机会来改造军官集团。另外还有六位将级军官被迫退休，团一级的指挥官也开始了大规模换血。

军官集团默许弗里奇因莫须有的指控而被解职，这就标志着其作为一个自治组织历史的终结。在应对纳粹的阴谋方面，军官实质上是毫无反抗之力的。弗里奇不仅没有对这些极权政治的阴谋与无耻进行反击，反而配合盖世太保的调查，并且以为这样可以和希姆莱公平决斗。最

121 后，特别法庭判决弗里奇无罪。但到这时他已经失去了自己的职务，而秘密警察的爪牙也已经深入军队内部。弗里奇被任命为他曾经任职过的团的荣誉团长。但是，他过去所坚持的理想已经破灭。就在战前，他在东普鲁士加入这个团时写道："对我而言，无论和平还是战争，在希特勒统治下的德国都已经没有了立足之地。我只能作为一个标靶始终同我的团在一起，因为我已经无法安居家中。"[23]1939 年 9 月 22 日，弗里奇阵亡于华沙城外波兰军队的机关枪之下。弗里奇不懂得如何做一名极权国家的政治家，但他却深知如何作为一名战士为国捐躯。随着他的阵亡，德国军官集团的正直与专业精神也逝去了。

慕尼黑事件之后，又有三名将领被解职。贝克与亚当（Adam）* 两人是因为坦率表达了他们对希特勒的反对意见，而第三位是守旧派的普鲁士式职业军人龙德施泰德（von Rundstet）。从这时开始，在整个战争期间，持续不断地有军官被解职或被迫退休，因为希特勒不喜欢他们军人式的谨慎，或是质疑他们的忠诚。1941 年，当德军在苏联的攻势停顿之后，布劳希奇、龙德施泰德（此前已经被召回）、柏克（Bock）和莱布（Leeb）都被迫离开现役。最终，在 1944 年 7 月 20 日推翻纳粹政权的尝试失败之后，在高级指挥官当中又进行了一场大清洗，20 位陆军将领与 1 位海军将领被处决，还有 5 位将领被迫自杀，大约 700 位军官被处决或解职。[24]

军界诸神的黄昏（*Military Götterdämmerung*）。对纳粹渗透的不同反应将军队分裂为三个群体。一伙人屈服于纳粹的诱惑，放弃了职业主义立场，投身于纳粹的观点，因而从政府获取了等价的报酬。另一部分人，

---

* 威廉·亚当（1877—1949），德国陆军一级上将，1930 年任魏玛共和国部队局局长，纳粹上台后离职。1938 年，时任德军西线总司令、第二集团军司令的亚当因为当面顶撞希特勒，被迫退出现役，成为荣誉陆军一级上将。——译者注

包括哈默施泰因-埃克沃德（Hammerstein-Equord）、* 卡纳里斯（Canaris）、** 贝克、亚当和维茨勒本（Witzleben），*** 还有大部分 7 月 20 日行动的密谋者，都积极扮演了反对希特勒及其政策的政治角色。这两派军人都放弃了军事职业主义而参与政治，因而要适当地评价他们，所依据的就不再是职业标准而是政治标准。前者是国家社会主义罪行的同伙；后者则受到了崇高的人文精神与基督教理想的推动。

军官集团中的大部分人没有政治企图，只想遵循适当的职业规矩行事。在纳粹政权的初期，这种想法还可能实现。将领们只负责做好军人的工作，提出军人的忠告，如果警告被置之不理，他们也会尽到军人的职责。但是，在弗里奇被迫离职之后，这种单纯的军人角色就变得不可能了。对军官集团权威的侵犯与对其自主权的破坏，导致了难以解决的冲突。军人的准则无法包容绝对的服从或绝对的抗拒。服从于国家领袖的职业主义职责，同维护国家安全的职业主义准则发生了严重的冲突。布劳希奇指出："我是一名军人，我的职责就是服从。"但是，其他同样具有杰出军事思维的军人则反对这一点，施派德尔（Speidel）指出："战争时期的最高指挥官们，很难在对上帝和良心的服从和对个人的服从之间做出区分。"[25] 因此，将领们只能面对内心的挣扎：对完全责无旁贷的任务表示服从；对那些不可能实现的任务则设法消极怠工；有时拖延，有时默许；当形势难以忍受时就以辞职抗拒；但如果变得更糟又会重新接受职责的召唤。

这样的表现得不到政治上的荣耀。但他们也从未试图扮演政治人物

---

* 库尔特·冯·哈默施泰因-埃克沃德（1878—1943），德国陆军一级上将，1929 年任魏玛共和国部队局局长，由于与德国共产党的联系被称为"红色将军"，1934 年从陆军总司令任上被迫辞职，后多次参与密谋推翻希特勒。——译者注

** 威廉·弗兰茨·卡纳里斯（1878—1945），德国海军上将，1935 年任军事情报局局长，1944 年参与策划暗杀希特勒的行动，失败后在 1945 年被处以绞刑。——译者注

*** 埃尔温·冯·维茨勒本（1881—1944），德国陆军元帅，1938 年即参与到贝克组织的推翻希特勒的计划当中，此后一直积极谋划推翻希特勒，1940 年因对法战争突破马其诺防线的战功而晋升为元帅，1941 年任西线总司令，1944 年因暗杀希特勒行动失败而被处以绞刑。——译者注

的角色；他们一直在逃避政治，因而也不适合运用政治标准来对他们做出评判。他们一直在努力像职业军人那样行动，因而也应当以职业军人的标准来加以评判。从这样的标准来看，他们的表现是出色的。罪恶不应当归咎于他们。所处的环境迫使他们无法按照军人的信条来行动。处在当时那种环境下，如果他们不违背军人的信条并且破坏本身的美德，就无法消除罪恶。他们的光荣与悲剧，都源于他们坚守信念，直到纳粹的大屠杀将这些信念完全抹去。

德国军政关系的未来。沙恩霍斯特与格奈森瑙所建立的军官集团，在毛奇、西克特与施里芬的率领下达到巅峰，在二战之时未能坚持下去。它是纳粹主义的牺牲品，其毁灭也是战争所造成的灾难之一。它曾经包含了西方文明当中许多高贵且美好的品质。它源自启蒙运动时代的改革，受到正直、奉献、能力、责任与忠诚这些理念的激励。无论其在何种情况下被使用，都是一支理性、现实主义与和平的力量。无论对德国还是全世界而言，失去这样一支力量都不是好事。

德意志联邦共和国的军政关系会以什么样的形式存在仍然有待观察。对西德军队的早期计划，曾经寻求回归某些古老传统。但是，看起来主流的倾向则是另一个方向。联邦议会（Bundestag）坚持掌握对武装力量的控制权。新的军队的性质被强调基本上是文官主义的。军事法庭的判决也要经过独立的文官委员会复议。军官阶级的差别被最小化，军官的权力被压缩，就连军礼都受到限制。更重要的是，德国政府中的国防顾问表示要组成文官委员会来监督军队的"内部秩序"，而且所有军人都需要通过专门的"公民教育课程"。赫尔·布兰克（Herr Blank）指出："只有民主主义者才能保卫民主，只有亲身体验过自由的人才能捍卫自由。"[26]

这些理念如果能够有效实现，将会开创德国军政关系的第三个阶段。腓特烈大帝的贵族军队被拿破仑摧毁。沙恩霍斯特与格奈森瑙创建的职业军队则被希特勒所摧毁。现在的计划则是建立一支民主的军队，一支意识形态驱动的力量，更多主观文官控制而非客观文官控制。一定程度上说，这样的计划是对于过去的职业主义以及希特勒对职业主义的错误界定所造成的结果的反作用。但讽刺的是，一定程度上也是美国征服者对希特勒的效仿。但是，波恩政府的改变也不会变得更好。这只不过是开倒车回到更早期的军政关系形态。这些改变不可避免会使得德国军队长期地卷入政治，并且降低这支新军队的作战效力。不管赫尔·布兰克怎么说，要捍卫一个民主国家，仍然是职业化的武装力量比民主化的武装力量更有作用。德意志联邦共和国所拥有的公民信心与强有力的中央机构，是魏玛共和国不可比拟的。那些曾经在 20 年代阻碍文官控制的因素都已经排除了。如果新的德国政府不能抓住这样的良机来重建有效的文官控制体制和职业化的军官集团，那么结局将会是悲剧。可能比起倒退回沙恩霍斯特、格奈森瑙与克劳塞维茨的传统还要糟糕得多。

124

日本：军国主义政治的持续

国家意识形态：神道与武士道。影响日本军政关系的关键因素就是延续七百余年直至 1868 年才终结的封建制度。在封建制时代，日本社会的统治阶层包括了作为傀儡领袖的天皇、作为实际统治者的幕府将军、地方藩主和大名，以及隶属于将军和大名的武士或战士。民众中的大部分，包括农民与小商人，都被排除在政治事务之外。1867—1868年的明治维新终结了封建制。幕府就此被废除，天皇则告别隐居状态，开始在指导国家事务方面扮演积极角色，地方贵族的权力也被集中到中央政府。武士阶层成为重塑天皇权威和建构新的政府组织的领导者。

1945 年以前塑造日本人基本思想框架的国家意识形态，主要是由两种密切关联的思想体系组合而成，分别反映出天皇权威与武士统治。这具体表现于国家神道与武士道。国家神道表达出日本人生活的政教合一。它有三项基本原则。[27]"神圣不可侵犯的天皇主权"的信仰反映于1889 年宪法的第一条和第三条，分别规定："日本帝国由万世一系之天皇统治"以及"天皇神圣不可侵犯"。天皇是人间的神，他的意志是绝对的，臣民的最高职责不仅仅是服从天皇的意志，还要发自内心地认同，为天皇牺牲自己也在所不辞。神道的第二条基本原则是信仰日本民族的神圣起源。日本人被视为独一无二的神择民族，拥有神所制定的制度："天照大神赋予日本一块神圣的土地、神圣的民族性格，以及建立的如神一般完美的国家结构。"最后，还有对于日本的神圣使命的信仰。世界上每一个民族都在等级制中有自己合适的位置，而日本的使命就像一位海军上将所说的那样，是"耀皇威于八纮，布道义于四海"。世界应当在日本的仁德领导之下八纮一宇，但在必要的时候也需运用武力来实现使命。

日本国家意识形态的另一项基本要素，是武士阶层的传统伦理，这是封建制日本的军人道德准则。封建时代结束之后，这些准则被浪漫化，并冠以"武士道"之名，也就是军事贵族之道。武士道和欧洲的骑士精神有许多相似之处。武士道的价值观就是战士的价值观，发自内心地热爱暴力。武士刀是"武士的灵魂"，也是"神的象征"。1867 年之后，这种好战的道德准则从为人数相对有限的阶层所分享变成全民的意识形态；日本也就成了"毫无争议的好战国家"。[28] 结合了国家神道与武士道的国家意识形态，也就成为帝国主义化的民族主义与封建化的军国主义的结合体。这其中包括威权主义、种族中心主义、民族主义、帝国崇拜（既崇尚所有的皇室帝国，也特别颂扬日本帝国）扩张主义，以及高度推崇战士与战士价值观的好战精神。

日本军事思维。日本军人执着坚守他们的国家意识形态。这么做的理由很简单。正是同一种力量，推动了 1868 年明治维新，也刺激了民族意识形态的崛起，同时也创建了现代的日本军事力量。此外，日本军事力量在意识形态中占据着特殊地位。军队与天皇紧密地联系在一起；对大和民族完成其世界使命而言，军队即使并非主导因素，也仍然是不可或缺的因素；军队同时还是武士传统的传承者。国家意识形态服务于军事，军事也服务于国家意识形态。因此，与德国军队相反，日本军队达到了施莱谢尔的理想，总是与时代主流精神相一致。在军事价值与政治价值之间，并不存在紧张关系。因此，日本拥有全世界"最政治化的军队"。[29] 由于日本国家意识形态的性质及其与封建传统的紧密联系，日本军官集团也就成为世界上主要军官集团中最缺乏职业精神的群体。

职业伦理在日本军队当中的匮乏令人吃惊，因为自从 1868 年之后的几十年当中，日本政府的新领导者自觉地致力于以西方模式来建立自己的军事制度。法国与德国的军事顾问协助了日本陆军的建立。军事学院也被建立起来。1872 年建立了江田岛海军兵学校，1876 年成立海军工程学校，1888 年建立了日本海军大学。日本的军官招募体系同德国非常相似。晋升要求也与欧洲各国基本一致。但是，要把同这些制度一道发展起来的西方职业思维也移植过来就不大可能了。日本拥有军事职业主义的形式与外壳，但没有其内在实质。日本的军事思维仍然在大众意识形态的控制之下。仅仅在 20 世纪，类似于军事职业伦理的某些思想才在军官集团中获得了一席之地，尽管如此，仍然被限制在一个相对软弱并且毫无疑问是少数派的群体当中。日本军队中的主流观念，仍然从根本上与军事职业伦理相悖。

对军事职业伦理的反对最基本的表现就在于理想军官的概念。军事职业伦理划分了军人价值观与战士价值观之间的差别。但是，对日本人而言，理想的军官就是战士——亲自运用暴力的斗士，而不是指挥其他人运用暴力的管理者。这是一种封建式的而非职业主义的理想。就像一位观察家所描述的日本军官那样，他们可能在技术上弱于自己的西方同行，但这可以用他们"超凡的'勇气'与战斗狂热"来弥补。

127

　　日本军官……是高超的领导者。但他们的不足导致了他们不能像欧洲军官那样持续作为战斗的控制者。他们亲自冲锋陷阵而非运筹帷幄。他们的勇气与荣誉感更多被好勇斗狠的激情所激励，而不是对战斗之道现实主义的真实理解……日本人是战士而非军人，这就是他们的不足之处。这种差别或许微乎其微，但却真实存在：战士的必备素质是勇气；但对军人而言，则是纪律。[30]

在日本军队中，军官奉行的教义强调的是冒着炮火前进的勇气，而不是科学地完成任务。这一点同日本军队中密切的官兵关系有关。所有人都是同样的战士。军官并未构成一个通过和义务兵根本上不同的技术与能力而组织起来的集团。

职业军人更倾向于关注对战国家之间物质力量上的平衡。但是，日本军方却非常忽视物质因素的重要性。日本人认为只有精神力量是战争的决定性因素：这就是武士道的基本观念。先进的军备被认为与日本的胜利无关：

> 不！我们在鸭绿江、朝鲜和满洲的胜利，是因为先祖的英灵在牵着我们的手，激荡着我们的心。那些英灵，那些我们热爱战争的祖先的精神，永世不灭。[31]

或者像某位军官指出的那样："日本皇军更强调精神上锤炼的重要性，而不是战争的策略。精神力量远大于物质力量。"[32]20世纪30年代的陆军大臣荒木贞夫宣称日本的任务是：

> ……弘扬皇道于四海。力量悬殊不足忧，吾等何惧于物质？[33]

因此，战争就成了信念的考验。拥有强烈信念的国家比起拥有先进
128 军备的国家更能登上世界巅峰。因为他们神圣的使命，这样的国家就是日本。对西方军事思想家而言，上帝不可避免地会站在更强大的一方；但对日本人而言，上帝总会站在大和民族一方。对美国开战时，军方几乎没有反对意见，因为在日本人看来，虽然美国拥有丰富得多的资源，但精神却比他们孱弱。因此，日本军事思维的主观要多于客观，投入其中多于冷静旁观。由于深受国家意识形态的感染，他们很

难甚至几乎不可能以一种冷静的现实主义与科学思维来分析军事形势。* 日本军队的训练强调"精神训练"，这是军队投入战争之前所要准备的最重要方面。事实上，这是对日本国家意识形态精神与原则的教育：个人对国家的认同，以及对天皇意志的服从。这种教化是一个持续的过程，早在学校中就已经开始。日本实施征兵制的一个原因就是为军队提供机会训练几乎全部的男性国民，灌输武士道与皇道。

对知识的轻视与对精神的狂热，导致日本非常缺乏专业的军事著作。虽然从 1905 年到 1945 年，日本是一个主要的海上强国，却没有任何日本学者能够对海权的性质及其运用提出一套重要的理论解释。事实上，在二战之前他们关于这一主题的有限著作，要么是跟着感觉走，要么是非常初级，都看不到学术分析。同样，陆军方面也是如此。日本"从未在军事科学方面创作出具有基本水平的著作"。[34] 与之类似，西方作为军事职业主义研究核心的军事史，在日本军事教育体系中除了参谋学院之外的其他地方都是空白。仅仅在一战之后，具有一定数量和质量的军事期刊才在日本出现，但在海军事务方面这些期刊都还是非常初级的水平。

日本军队的纪律是封建制的遗产。军官与士兵都时刻准备着为天皇而牺牲生命。对日本军人而言，再也没有比高呼"天皇陛下万岁"而战死沙场更高的成就。所有战死的士兵都被视为成神，并将名字载入靖国神社。此外，战士的准则不允许撤退。不像现实主义的西方职业军事思维，将撤退认为是战争中所必需的，因而可以为撤退进行准备，日本军事教条则拒绝将撤退作为可以采纳的备选项。除此之外，还有"宁

---

* 从军事视角来看，日本的军事思维更多应该描述为主观而非客观思维。在和平年代，一位美国作者轻描淡写地讨论太平洋战事，就像一位英国学生撰写关于地中海的作战指挥的论文一样，两者都能详细讨论发生在法国与意大利之间或德国与俄罗斯之间的虚构战争。但日本人却与此相反，他们对于那些对他们没有直接影响的海洋缺乏兴趣。西方学生会遵循纯粹的学术进路，将思考集中于海军因素，而日本人却很难避免国家—政治的进路。他们在讨论关岛时，通常都会明确或含蓄地表示这是对日本的威胁，必须加以消灭。Alexander Kiralfy, "Japanese Naval Strategy", in Edward Mead Earle (ed.), *Makers of Modern Strategy* (Princeton, 1952), p. 459.

死不屈"的传统，拒绝像现实主义军事观点那样将投降视为合理的行动。正如荒木大将所言：

> 撤退与投降在我们陆军中都是不允许的……在竭尽全力作战之后投降成为敌军的俘虏，这在外国军人看来是可以接受的行为。但是根据我们传统的武士道，撤退与投降都是莫大的耻辱，这些行为不属于日本军人。[35]

同职业主义军事思维将战争一般视为不可欲的国家政策的最后手段相反，日本的封建战士赞美暴力，并将战争本身作为目的加以歌颂。日本陆军部宣称："战争是创造之父与文化之母。为国家主权而战就像个人对抗逆境的斗争。不仅令人激动，而且促进发展了生活与文化上的创造。"[36] 有这样的一般战争哲学，日本军方在特定情形下热衷于以战争作为达成国家目标的手段，也就不足为奇了。陆军的领导人尤其好战，而倾向于更为保守与职业的观点的海军将领，则在政治中处于较为边缘的角色。日本军队迫切地发动 1894—1895 年与中国的甲午战争，并且在战争结束时积极推动占领辽东半岛。在一战中，则主张对中国采取强硬政策。通过在一战之后的对苏干涉，试图将日本的影响力扩展到西伯利亚。1928 年对中国的干涉与 1931 年对中国东北的入侵，也都有军方的责任。最终，他们于 1937 年在中国挑起了七七事变。而 1941 年 12 月对美英属地的袭击，陆军至少也是拥护者（海军的态度更加消极一些）。那些政治导向的日本军事领导人持续不断地支持侵略的历史，同职业态度的德军将领对其政府冒险主义的持续警告，形成了鲜明对比。当德国军方反对退出国际联盟和违反《凡尔赛和约》实施再度军事化时，日本军方则在支持退出国联和废除《伦敦海军条约》（London Naval Treaty）。日本军官集团中的极端群体，提出了一套非常详细的哲学体系来对日本主宰东亚进行合理化论证。

军事权威：双重政府。在日本国内，军政关系的法律结构事实上就是军队的单方面独立。政府被分成两部分：军事与民事。其理论基础就是"双重政府"。但是，虽然文官政府对于军事领域无从置喙，但军人却可以凭借他们的政治影响，很容易地将权力扩展到文官政府的民事领域当中。

双重政府的法律权威来自于宪法与日本传统。1889 年日本宪法规定天皇是军队的最高统帅，赋予天皇决定军队组成与保持和平时期常备的权力，也赋予他宣战、媾和与签订条约的权力。宪法的这些条款也使得军队高级将领与天皇之间的直接联系获得了宪法上的正当化理由。不同于内阁中的文官，陆军大臣与海军大臣可以不经过首相而直接上奏天皇。参谋长与陆海军的高级指挥官也是一样。天皇直接指挥军队，军队就是他的私人工具。武装力量与皇室之间的高度认同，为军队以实现天皇荣耀而坚守国家神道提供了客观基础。这也为日本军队获得了独特的法律地位。正如一位将军所说："外国军队存在于法律基础之上，但皇军存在的基础要比法律高贵得多。"[37] 军队执行其职责时不受文官政府的干预，这一点得到了 1889 年天皇诏谕的保证，其中规定："除去已经直接面奏天皇的战略与军事指挥方面的问题，其他军事事务应当提交内阁进行审议，陆军大臣与海军大臣应当向首相报告。"[38] 首相与内阁——国家中的文官政府——在向天皇提供关于陆海军的作战指挥、战略、内部组织、军事教育与军事纪律的建议方面则受到限制。

军队不受文官干预，这还进一步得到了制度保障，那就是禁止文官担任陆军大臣与海军大臣的职务。1900 年，必须高级将领才能出任这两个职务从此前的惯例变为成文法规定。只有现役陆军大将与陆军中将才能出任陆军大臣；也只有现役海军大将或海军中将才能担任海军大臣。1912 年，限制被放松到允许同等级别的预备役军官任职。但是，这一宽松限制只延续到 1936 年，又重新回到了 1900 年的规定。通常，现役军官在内阁更替时并不一起辞职，而是历任多届内阁，这样的事实强化了他们相对于文官的独特地位。

在军方与文官政府之间所做的严格区分，当然也就造成了双方持续不断的摩擦。由于并不容易界定各自的责任区域，政府的运作就需要得

131

132

到双方的支持。但是，文官政治中的反复无常与起伏不定，使得军方获得了优势地位。正如荒木大将曾经所说："陆军大臣能够迫使大本营所欢迎的任何政策得到接受，也能阻止所有其不欢迎的政策通过。"[39] 只要以辞职作为威胁，这样的结果就可以实现。因为内阁中必须有陆军大臣和海军大臣，而这两个职位又必须由军事将领才能出任，因此两个军种都可以要求其在内阁中的代表辞职而造成内阁垮台，或者在其要求未被满足之前拒绝派出新的大臣而导致新内阁无法组成。这种形式的军方压力，在日本历史上一再重演。* 双重政府格局还被财政模式进一步强化。皇室——作为实际上的军队统帅——有权决定和平时期的军力规模。预算需经国会批准，但如果国会拒绝批准预算资金，上一年度的预算就会自动生效。文官部门的预算评估由大藏大臣提交国会，而陆军大臣与海军大臣则直接向立法机关提交其预算要求。通常，这些大臣都反感并极力阻止国会对军事政策进行实质性讨论。

133 　　存在于军事权威结构中的一个可能弱点，是职责在大量军事机关之间的零星分割。在这方面，日本的组织结构类似于一战之前的德国。陆军由"三巨头"领导：陆军大臣、陆军参谋总长与陆军训练总监（Inspector General of Military Training）。海军组织机构的最高职位是海军大臣和海军军令部总长（Chief of Naval Staff）。此外，还有创建于 1898 年的陆海军元帅府（Board of Field Marshals and Fleet Admirals），不过这只是一个荣誉机

---

　　* 1912 年，当西园寺公望亲王（Prince Saionji）拒绝了增加兵力的要求，陆军大臣辞职导致内阁垮台。1914 年，清浦奎吾子爵（Viscount Kiyoura）试图组织内阁，但是没有海军大将愿意出任海军大臣，这导致组阁计划被迫放弃。1936 年，当广田弘毅（Hirota）组阁时，陆军否决了他在外务省、拓务省和司法省所提名的人选，迫使依据他们的意见确定人选。一年之后，陆军与广田分裂，陆军大臣辞职导致了内阁垮台。此后，自由派军人宇垣一成（Ugaki）大将受命出任首相。但是，陆军中的主流势力与宇垣一成早有宿怨，通过拒绝派任何军人入阁导致其组阁失败。宇垣一成失败之后，林铣十郎（Hayashi）大将因陆军对其态度更为友善而组阁成功，但陆军大臣的人选及其内阁政策则由陆军专断。1940 年，陆军代表的辞职导致了米内光政（Yonai）内阁的倒台，几乎完全接受陆军计划的近卫文麿（Konoye）取代米内光政出任首相。参见 Chitoshi Yanaga, "The Military and the Government in Japan", *Amer. Pol. Sci. Rev.*, XXXV（June 1941），535—539；Hills Lory, *Japan's Military Masters*（New York，1943），ch. 5；Hugh Borton, *Japan Since 1931*（New York，1940），pp. 45—55.

构。更重要的是由所有陆海军领导共同组成的大本营会议（Supreme Military Council），负责全面的军事政策。在战争期间，帝国大本营（Imperial Headquarters）转入实际运行，吸收来自陆海军的参谋军官。这些多样的机构之间潜在的冲突能够得到约束，因为大家共同认为相互合作能使他们的权力都得到增强。例如，当1931年政党的重要性得到加强时，陆军三巨头达成共识，所有的重要人事任免都必须经过三人的共同认可。此后，陆军大臣变得更有权力，在1935年声称其权威凌驾于军事训练总监之上。1931年的共识后来被废除，陆军大臣掌握了完全的人事任免权。因此，陆军大臣就逐渐在同级中成为首领。无论是这些军人相互之间的合作还是从属关系，都阻止了文官从复杂的军事机构设置中得利。[40]

虽然在理论上，日本的双重政府分别在截然不同的领域发挥各自功能，但实际上却是文官被排除于军事事务之外，而军方在民事领域发挥着重要影响。军方的正式权威与非正式影响都扩展到外交与内政政策之中。一位陆军大臣曾有言："虽然普通人都认为大本营会议所审议的范围被限制在与国防有关的领域，但实际上，对于审议的范围并没有任何限制条件。"[41] 双重政府不可避免地导致了双重外交政策。军事指挥官所采取的行动，考虑的是保护其兵力并且适应战场形势，不受内阁的控制。例如1931年入侵中国东北的事件，前线战场的陆军指挥官得到了东京军事领导人的支持，独断专行阻止了外相控制九一八事变影响的努力生效。无视外务省与内阁的反对，军方指挥驻朝鲜的日军越境进入东北。几周之后，外相向美国保证日本将不会越过实际控制线进攻锦州，但陆军却毫不在意地将其占领。某位将军表达了关于九一八事变的军方观点，他写道："将我们的国家外交政策托付于外务省是非常危险的，他们无法想象我们的国运……只有陆军能够领导国家政策。"[42]

军方不仅试图在外交政策领域施加其压力，而且也毫不犹豫地推动其所提出的国内经济政策得到实现。荒木大将曾经说过："军队不应仅仅准备用于军事行动，而是必须准备用来解决经济、社会和文化问题，在坚定、明智与恰当的前提下独立推行外交政策。"[43] 在20世纪30年

134

代，陆军部发展出一套称之为"帝国社会主义"（Imperial Socialism）的完整经济哲学，这或多或少是相对于建立军事化的福利国家的。军方介入内政最主要的反对力量来自于上层资产阶级，因为军方经济计划的精神是反资本主义的。其反对自由企业，倾向于严格的国家对经济的控制，扩大社会保障范围与失业保险计划，并且修改税制避免财富的过度集中。1938 年通过了《国家动员法》，诸多军方的经济理念在其中得到表达。

军方的政治影响。日本社会中军方的政治影响，在这一时期内始终强大。仅仅在 1922 年到 1931 年间稍有衰退，因为这时战争的可能性看起来不大，并且日本也经历了其仅有的责任政党内阁。军方影响的这个低谷，也反映出军事力量基础的转变，从藩国派系转为更为广泛的大众支持。日本军方的政治影响，有五个方面的关键因素。

第一，日本军方同长州和萨摩这样的西部强藩有着密切联系。在1868 年的明治维新中，大部分领导者都来自这些藩国。在明治维新之后许多年中，长州藩控制着日本陆军，萨摩藩则主导海军。一直到1922 年，两个军种的几乎所有高级军官都来自于两藩。由于两大派系之间的摩擦于政府之中无处不在，这就导致军队卷入政治斗争之中，但同时也为两大军种提供了获得政治支持与领导的稳固基础。例如在1909 年，长州派就包括了山县有朋*元帅这位政府中最具影响力的老政治家，还有首相、陆军大臣、陆军参谋总长。而与此同时，几乎所有的海军大将（除了海军大臣）和大批将领都出自萨摩派。军种与这些武士集团之间的关联在一战前后开始削弱。1922 年，山县有朋去世对长州派的影响力是一个巨大的打击。这两个派系实际上不再可能在军官集团中获得垄断地位。来自于弱藩和资产阶级的代表，也开始有机会进入军方领导阶层。到了 1920 年代末期，军官集团吸收的新成员主要来自

---

* 山县有朋时任枢密院议长，此前曾两次担任过首相、内大臣、司法大臣等职，并且是日本近代陆军制度的建立者和参谋本部的创立者以及首任部长，有"日本陆军之父"的称号。——译者注

于中下层阶级：小地主、小店主、小工厂主，以及与之类似的群体。军官集团基础的扩张，在许多方面类似于德国军方同容克贵族之间的逐渐疏离。这就逐渐将军方的主要支持力量从特定的地区性社会集团转为社会整体。

日本军方政治影响的第二个因素在德国经验中几乎看不到。这就是军人在政府中担任重要的非军事职务这一现象。在德国，像卡普里维与施莱谢尔这样的政治化军人是例外；而在日本，军人政治家则是常规，军事与非军事职权集中在同一个人身上是封建传统的延续。在明治维新初期，军事统帅在编纂法典、建立教育制度、组织国家官僚体系和执行其他改革等方面起到了重要作用。在此之后，军人在政府中身居高位也就得到接受。他们的重要影响，在内阁、枢密院与御前会议中都得到了充分体现。

从 1885 年 12 月内阁成立到 1945 年 8 月投降，日本一共有 30 位首相领导了四十二届内阁。15 位来自陆海军的将领领导了其中十九届内阁。3 位长州藩大将山县有朋、桂太郎、寺内正毅，在 1889 年到 1918 年的三十年间占据了一半以上的首相任期。在 20 世纪 20 年代政党主导的时期，军方势力在文官政府中的参与逐渐衰退。尽管如此，海军大将加藤友三郎和山本权兵卫仍然在 1923 年到 1924 年间担任首相，*陆军大将田中义一也在 1927 年到 1929 年出任此职。在东北事变之后，军方的影响再一次高涨。1932 年 5 月到 1936 年 2 月，海军大将斋藤实与冈田启介担任首相，从那以后直至 1945 年 8 月日本投降，历任的九位首相中有四位陆军大将和两位海军大将。其中任职时间最久的是东条英机大将，他从 1941 年 10 月任职直至 1944 年 7 月。无论内阁是否由军人领导，军人都经常占据着非军事职务。1898 年到 1900 年间的山县内阁，十位阁员中有五名军人。当田中义一于 1927 年至 1929 年出任首相时，他还同时兼任了外相。在 20 世纪 30 年代的大部分时期中，军人担

136

---

* 原文如此，事实上，加藤友三郎出任首相的时间为 1922 年 6 月，1923 年山本权兵卫接任首相至 1924 年 1 月。——译者注

任着内务大臣、外相与文部大臣的职务。

在政府的其他分支也可以感受到军方的影响。山县元帅在 1902 年至 1922 年间一直担任枢密院议长，他也是元老*这一直接向皇室提供建议的资深政治家群体中最具影响力的人之一。他被认为"无论在军事还是政务领域，都是天皇幕后的实权者、内阁的翻云覆雨者，以及以言立法者"。[44] 枢密院通常都是军事优先的导向，例如在 1930 年，其拖延《伦敦海军条约》的批准达到五个月之久。在御前会议向天皇提供建议的顾问中，军方通常也有强大的势力。但是，在 20 世纪 30 年代，由于一大批自由主义思想政治家被任命，军方的影响力有所削弱。

军队政治权力的第三个重要因素是，他们从激进爱国主义、法西斯主义与军国主义的社会组织中所得到的支持。这些组织包括一些小型秘密社团，诸如玄洋社（Black Ocean）与黑龙会（Black Dragon），还有一些大规模的公众组织，例如退伍军人协会（Ex-Serviceman's Association）、爱国妇女会（Patriotic Women's Society）、国防妇女会（Women's Society of National Defense）。这些组织的活动形式，既有恐怖主义袭击，也有宣传鼓动。军官在这些社团的组织、领导与经费筹集方面都发挥着重要作用，而这些社团也就始终支持着军方对外扩张的外交政策，以及对内改革并加强控制的内政政策。

随着藩国派系影响力的削弱，军方得到的最重要的支持就来自于全体公众。陆军尤其在获取普通人的认同方面做出了很大努力。在明治维新之后的最初几年，所有身体健全的男性都必须服兵役，而军官集团各级别也向所有人开放，完全论功行赏。陆军形成了对其中各级别人员家长式的温和专制传统，并为改善公众福利提出了许多方案。二战之前的两个主要政党都同大资本家有着密切的利益关联。而陆军则屡屡抨击政

---

　　* 元老是对特定资深政治家的称谓，而非一般性的尊称。能够被称为元老的，有伊藤博文、黑田清隆、山县有朋、松方正义、井上馨、西乡从道、大山严、桂太郎、西园寺公望共九人。虽然没有法律明确规定的职权，但他们即使不担任实职，也仍然对皇室和内阁发挥着极大的影响。——译者注

客、企业家、银行家的"腐败"联盟，并努力将自己塑造为从国家整体利益考虑公正无私且高效忠诚的国家事务管理者。尽管陆军的公众支持在 20 世纪 20 年代有所衰落，但军方从未失去对普通日本民众的影响力。

军方政治影响的第五个也是最后一个因素，是日本政府在 1931 年向暴力手段的倒退。事实上，这涉及无法无天的暴力凌驾于正式的宪政体制之上。那些未能满足军方要求的政治领导人面临着暗杀的风险。首相滨口雄幸（Hamaguchi）因批准了《伦敦海军条约》而在 1930 年 11 月遇刺，此后伤重不治。他的继任者犬养毅在 1932 年 5 月 15 日的军队暴动中被刺杀。1936 年的二二六兵变是策划最为周密的阴谋，在此次事件中，内大臣、陆军教育总监和大藏大臣被刺杀，而绝大多数政府高官也仅仅是侥幸逃脱。这些刺客都是年轻军官与军校生，他们认为政府在推进军方的内政与外交政策方面不够强力。虽然这些激进的年轻军官与高级将领之间的关系并不清晰，但每一次暴力袭击都清楚地显示后者从中受益。每次重要的袭击发生之后，随之而来的就是军方影响的上升和政府对军方要求做出的让步。在二二六事件之后，军方实际上成为组织新内阁的专断者，并且废除了 1912 年做出的允许预备役军官担任陆海军大臣的规定。对德国军人而言，即使暗杀行动成功，从心理上也难以接受；而日本军官却百无禁忌，不择手段。

日本军政关系的未来。军方持续介入政治这种形态，随着 1945 年日本军官集团的毁灭而终结。所有的历史被一笔勾销，在日本战败后的八年中，仅有的军政关系就是美国占领军与日本文官政府之间的关系。在日本重新获得主权之后的短期内，其仍然没有值得一提的武装力量，因此也没有真正的军政关系。这种情况不可能无限期地持续下去。从一张白纸开始，从某种意义上说，让日本有了非同寻常的自由来创建新的军事制度。意识到旧军官集团的政治特性及其所造成的灾难性后果，日本领导人坚持其新建的武装力量绝对不能介入政治。同时，当前日本的意识形态也是强烈的和平主义。这种意识形态虽然与战前穷兵黩武的民

138

139

族主义有很大差异，但是对于军事职业主义也同样敌视。此外，职业化军事传统的缺乏，以及美国理念与实践的影响，也都增加了达成客观文官控制的复杂性。这些可能性的结合，看上去似乎会导致日本未来发展出这样一种军政关系体制，虽然在形式上同 1945 年前的主流模式有诸多不同，但实质上却仍然一致。

第二编

美国的军事权力：
1789—1940年的历史经验

第六章

意识形态的常态：自由主义社会对抗军事职业主义

美国军政关系的历史常态

自由主义始终是美国的主流意识形态。但与此同时，美国宪法从根 143本上而言是保守主义的，制宪者害怕政治集权，并将权力在大量不同的政府部门当中分散配置。但是，美国军政关系那些最突出的历史事实，从某种程度上表明美国的自由主义意识形态与保守主义宪法结合了起来，在政治权力与军事职业主义之间塑造了一种逆向关系。自合众国诞生以来，一直到第二次世界大战，自由主义与宪法始终是美国军政关系相对稳定的外部环境。这两者的结合，导致了美国军官集团的职业化进程被延误到欧洲各国都已完成之后。同样因为这两者的结合，导致客观文官控制实质上完全建立在将军队彻底与政治隔离的基础之上。

自由主义在美国的盛行

1784 年 6 月 1 日，美国陆军仅仅有七百人，在亨利·诺克斯（Henry Knox）少将的指挥之下。六个月前，独立战争刚刚结束，盖伊·卡尔顿（Guy Carleton）爵士*已经从纽约撤离，华盛顿也已经与他的战友们在弗

---

* 北美英军总司令，撤走英军与效忠英王的居民后任英属北美总督。——译者注

144 朗西斯酒店（Fraunces' Tavern）设宴告别。这七百人此时是美国仅有的常备军事力量，大陆军最后剩下的一支小部队。1784 年 6 月 2 日，大陆会议同意埃尔布里奇·格里（Elbridge Gerry）的意见，认为"和平时期的常备军同共和政府的原则不一致，对自由人民的自由构成了威胁，并且通常会转为建立专制的毁灭性机器"，从而对这支仅剩的部队下达了遣散命令：

> 兹决定，指挥军官及其部属解散美军现役部队，除 25 名负责防卫皮特堡（Fort Pitt）仓库、55 名负责防卫西点仓库以及其他军械库的士兵及与之相适应比例的军官之外，其余连以上的军官不再保留现役……

将正规军削减为 80 人的警卫之后，国会要求各州提供 700 名民兵用于西部边界防御。

时间迅速到了 131 年之后，1915 年秋天，代理陆军部长亨利·布雷肯里奇（Henry Breckinridge）被伍德罗·威尔逊总统召见。他发现总统"愤怒地颤抖且脸色苍白"，手里拿着一份《巴尔的摩太阳报》。总统指着报纸上一篇关于总参谋部正在准备对德作战可能性的计划，质问布雷肯里奇是否属实，他只能回答说不知道。总统随即要求他进行调查，如果调查属实的话，总参谋部所有军官以及他本人都必须被解职。[1]

这些事件共同说明了美国政治思维中的两个基本特点。其一，自由主义在从独立战争到 20 世纪上半叶的时段内主导着美国。其二，自由主义不理解军事制度和军事职能，并且对其带有敌意。

自由主义在美国的盛行，及其本质上的稳定，同欧洲意识形态的多样化与变动不居形成了鲜明对比。法国人对于贵族保守主义（aristocratic conservatism）、革命民主主义（revolutionary democracy）、军事独裁主义（Bonapartism）、教权主义（clericalism）、君主主义、自由主义、社会主义乃至
145 共产主义都有直接的感受。而美国人只知道自由主义。今天英国人的政治观点，无论是社会主义者还是托利党（Tory），都从根本上不同于 18

世纪末的普通英国人。但伍德罗·威尔逊的政治意识形态从根本上讲与埃尔布里奇·格里是一致的。自由主义在美国始终不变，千篇一律并且风行全国。

美洲殖民者从英国的洛克传统中继承了他们的自由主义理念。但是，自由主义在美国的统治地位并非来自继承，而是来自经济扩张与国际上的孤立。稳定的经济增长淡化了阶级冲突。因为蛋糕一直越做越大，也就很少有为了争夺蛋糕而引发的冲突。没有新兴的群体曾发展出一套激进的意识形态来挑战现行秩序：因为很快就会被现行秩序所同化。同样，也没有任何既有的群体（除了两个例外）曾经发展出保守主义意识形态来保护其利益免于激进派攻击。那些新兴的浪潮，总是还没有造成威胁就已经消失。激进主义与保守主义都成为多余。无论是新兴的还是既有的群体，都坚持自由主义。由于缺乏欧洲式的封建制度、阶级结构与无产阶级，美国的政治斗争局限在一个较小的范围，即分享基本价值观的利益集团之间因有限的目标而进行口舌之争。[2] 除了很少数的例外，美国历史上的重大政治争论都是两种或多种自由主义内部的争论。19 世纪的美国孤立于世界政治之外，也强化了自由主义在美国的主导地位。国家安全是一个简单的给定事实——这是政治分析的起点——有意识地采取政策才能达成的目标。要形成一种哲学来解释美国与世界其他国家的关系，并且建议美国在国际事务中所应采取的适当行动，有什么必要呢？不仅美国社会中的每一个群体正常情况下都能感觉到自己在经济上的安全，美国社会作为一个整体正常情况下也能感觉到自己政治上的安全。由于缺乏阶级冲突，美国人对于权力在国内政治中的角色认识迟钝。同样，美国人对于力量在国际政治中的角色也认识不足，因为缺乏外部威胁。

美国无处不在的自由主义教条，一直被从托克维尔到缪达尔（Myrdal）的外国观察家所批评。自由主义在美国社会弥漫，并且在美国人当中创造出一种统一的信念，这种信念的统一性让那些极权主义的独裁者羡慕。即使是那些本身看起来最为反自由主义的机构，都深受这种影 146

响。组织化的宗教通常是保守的力量。但是在美国，新教徒竟然被自由主义的形象重新塑造，甚至连天主教徒也深受自由主义环境的影响。乔纳森·爱德华兹（Jonathan Edwards）与亨利·沃德·比彻（Henry Ward Beecher）之间的分化，距离有一个多世纪。*虽然对宗教的征服可能是自由主义在意识形态方面最重大的胜利，但在政治领域最重要胜利则是商业界对自由主义的完全接受。美国商业界的意识形态——启蒙运动理性主义、自由主义化的基督教、社会达尔文主义与传统的经济个人主义的奇怪混合体——的核心是自由主义。同美国社会中的其他群体一样，商业界也从来没感受到发展出保守主义意识形态的激励。他们与教会、大学、其他职业以及工人运动一样，坚持个人主义、理性主义与进步主义这些自由主义信条。

在美国历史上，只有两个重要的群体没有被自由主义意识形态所左右。两者都是真正的保守派，并且都出现于南北战争之前。在大约 1789 年到 1812 年间，联邦党人在新英格兰与大西洋沿岸的商业与制造业中形成了其利益根基。来自国内外的挑战形成了他们的保守主义。在国内，他们相信自己属于"富有并且出身良好"的一方，而更激进的联邦党人则对由城市中的无产阶级与边疆穷乡僻壤的农夫所发动的法国模式的社会革命心怀恐惧。在美利坚合众国成立的最初 12 年，当欧洲的利益扩张威胁着这个新生的国度时，也是联邦党人在承担引导美国外交政策的责任。美国被法国、英国与西班牙的领土所包围，而英国的舰队更是可以封锁美国。联邦党人因此理所当然对国家安全忧心忡忡。联邦党人的保守主义意识形态反映在汉密尔顿与约翰·亚当斯的著作中，也体现在华盛顿的大将风范中，还体现在约翰·马歇尔的司法政治家才华中。但是，当 1800 年杰斐逊革命（Jeffersonian Revolution）虚惊一场之后，联邦党人保守主义的国内渊源就逐渐消失了。保守主义在持续淡

147

＊ 乔纳森·爱德华兹（1703—1758），美国圣公会牧师，宗教"大觉醒运动"领导者，被认为是美国出色的神学家；亨利·沃德·比彻（1813—1887），美国长老会与公理会牧师，其时代最著名的演说家之一。——译者注

化：街头没有暴民，没有对私人财产的征收，也没有断头台出现。阶级差距不仅没有强化，反而逐渐模糊起来，最终在"幸福时代"（the Era of Good Feeling）消融。约翰·昆西·亚当斯作为联邦党人完美无缺的传承者，被杰斐逊派选为总统，从而实现了国父们的就职宣言："我们都是联邦主义者；我们都是共和主义者。"在对外关系方面，《根特条约》（Treaty of Ghent）标志着欧洲势力撤离美国，从而开启了美国为期 80 年的光荣孤立时代。既然国内与国外的威胁都已消除，保守的联邦主义也就随之消逝了。

自由主义统治之下的第二个例外是在南北战争之前的南方（ante-bellum South）。南方保守主义的起源主要在于国内因素。在自由主义社会中，南方的社会制度可谓反自由主义的孤岛。就像之前的联邦党人一样，南方人为了自保，以其具有创造性与原生性的政治思考发展出了保守主义。吊诡的是，美国这块自由主义的大陆，却从未诞生一位杰出的自由主义政治理论家。在国内与国外都缺乏挑战，这也就使得美国自由主义处于缺乏竞争的境地；自由主义作者们满足于重复那些 18 世纪的教条。而保守主义则被迫要在一个充满敌意的社会中论证自己的正当性，这就发展出其政治理论——于老南方时代（Old South）形成的著名保守主义论述体现在乔治·菲茨休（George Fitzhugh）和约翰·C.卡尔霍恩（John C. Calhoun）的著作当中。不过，不同于联邦党人，南方的保守主义者对国内威胁的恐惧是有充足依据的。在美国历史上，奴隶主是唯一一个被迫放弃了自己财产的重要社会群体。南北战争最终决定了南方保守主义者的命运。1865 年之后，自由主义在美国的统治毫无任何挑战。*

面向军事事务的美国自由主义进路是敌对的、稳定的并且占据支配地位的；联邦党人与南方的保守主义进路则是同情、建设性而遭受挫折

---

* 世纪之交的新汉密尔顿主义者，如西奥多·罗斯福、亨利·卡伯特·洛奇（Henry Cabot Lodge）、伊莱休·鲁特（Elihu Root）、赫伯特·克罗利（Herbert Croly），都是半保守主义者，参见后文第十章。

148 的。并非巧合的是，两位对于军事政策有着最深刻洞察力、对军事职能有最深入理解的政治家都属于保守派：亚历山大·汉密尔顿与约翰·C. 卡尔霍恩。他们不仅在关于军事政策的观点上，也在关于军事事务的兴趣上，都站在与自由派政治家针锋相对的立场上。一百五十多年以来，美国自由派从未产生一位在军事事务的能力与兴趣上都能够相提并论的政府领袖。但是，汉密尔顿与卡尔霍恩都被美国智识与政治发展的主流所孤立。他们的军事政策，就像他们的政治哲学一样，从未在美国人民中流行起来。自由主义的浩荡大潮将他们冲进了历史声名狼藉的角落中。

面对军事事务的自由主义进路

> 我突然有一种被弃如敝屣的感觉，突然发现过去那种我依赖其能够坚持下来的哲学已经不再有用……如果必须要保存民主的价值观，那么自由主义者言行之间的冲突该如何解决？以及什么是真正压制着他们的力量？这样的问题让我的智识深受挑战。[3]

伦道夫·博恩（Randolph Bourne）这段话发表于美国参与一战之后六个月，沉痛地表达了一位敏锐的观察家在试图将自由主义哲学应用到对于战争问题的思考时的束手无策。博恩所面对的棘手事实很简单，那就是他的哲学无法作为思考战争、和平与国际事务的有效手段。这些问题可以用德宾（E. F. M. Durbin）的一句话来描述，那就是这些问题是对自由主义而言"重大而被排除"的问题。当局限于国内问题讨论时，自由主义显示出其无比出色的多样性与创造力，但当运用于外交政策与国防时，就显得软弱无力了。这种失败是自由主义的特点，在欧洲与美国都不例外，但在欧洲并未表现得如此明显。每个欧洲国家都有其他哲学同自由主义竞争，从而提供处理国家安全问题更为有效的方法。但是，自由主义在美国思想中的统治地位则有如下意味：首先，保守主义或其他在外交事务中有效的哲学的缺席，可以从美国的外交与国防政策导向中明显感觉得到；其次，美国自由主义既然不能回避其在这一领域的责任，就以比欧洲自由主义更为广泛的尝试去创造一种自由主义的国际关系模式。与此同时，美国经验却又致力于强化并放大那些导致自由主义在国际关系方面无能为力的因素。这些因素在美国自由主义思想中表现为：①对国际事务的冷淡；②将国内事务的解决方案运用于国际事务；③在国际事务中寻找客观性。

自由主义发源于面对国家去争取个人的权利的理念。自由主义思想关注的重点是个人与国家的关系，以及社会中个人之间的关系。国家的生存并未被纳入自由主义的思考领域，而是总预设国家能够自给自足并且实现外部安全。例如，在其关于欧洲自由主义的经典著作中，拉吉罗（Ruggiero）指出了自由主义国家的三种功能：调节与整合社会中的利益的政治功能；保障个人权利的法律功能；扩展个人自我发展机会的经济与社会功能。他并未赋予自由主义国家安全功能。因为安全被假定为已经自然存在（exist in vacuo）。在关注如何保护个人与国家对抗的同时，自由主义未能有力地解释国家面对其他国家进行防卫的正当性。无论是在欧洲还是美国，自由主义政党都忽视外交与国防问题。很少有自由派人士试图去培养外交与军事方面的技能。想象国家在一个不受外界影响的真空中存在，这种思维在美国自由主义中尤其突出，因为美国在几乎一个世纪的历史中所表现出来的现实状况就接近于这种自由主义的理想图景。这种自由主义的假定运用于美国，使得自由主义理念更坚定地植根于美国人民的心中，而这也使得当这个理想中的真空状态被破坏之后，要解决问题变得更加困难。

自由主义在涉及安全问题方面的第二个表现，就是将国内政策适用于国际事务。外交政策涉及国家间的力量配置。由于无法直接解决问题，自由主义试图将外交与国防问题简化为可以处理得更有效率的内政

150 问题。这之所以成为美国自由主义的突出特点，原因是自由主义解决方案应用于美国社会中所取得的巨大成功。从自由主义视角来看，美国得以避免严重的社会冲突得益于其与众不同的法律制度与经济体系。在其他国家，法律制度不能像美国那样避免争议，经济体系也无法取得美国那么显赫的成功，因此也就不会像美国这样强烈倾向于自由主义的道路。但是，美国持续地推动将一揽子内政改革作为解决国际问题的方案。在全球范围内，推动建立共和政府、自由的国际贸易、落后地区的工业化、消除贫困、国家间的仲裁协议、国际法院、禁止战争、公开条约、加强国家间文化交流，这些改革要求在美国外交政策中都一直不可或缺。在鼓吹这些改革措施时，美国自由主义试图将其在国内的成功移植到国际关系领域。

美国自由主义在外交事务方面所遇到的困难，第三个表现就在于其热衷于追求客观标准与理想主义目标。自由主义倾向于用一个绝对的标准来对国家进行评判：这就好像他们在对个人进行评价时将自由这一标准推到极致一样。将这样的标准适用于外交政策，会导致一种奇异的超然与客观感觉。对自由主义者而言，为了保持自己观点的一致，就必须对本国和其他国家一样进行评判。因此，他就很自然地超脱于国家间的权力斗争。自由主义并非一种主张干预的哲学，它一直保持着亚里士多德式的风格。这源于一种中产阶级的哲学，将自身视为贵族统治与平民统治两个极端之间的理性均衡。到了20世纪，自由主义将自己看作处于共产主义与法西斯主义之间的不可或缺的中间派。美国与欧洲的国家运作机制逐渐分化的趋势一直延续至今，从而导致自由主义这一方面在美国进一步得到了强化。寻求中庸之道的自由主义哲学更准确地描述了

151 美国在世界政治中的地位。美国的首位总统对于欧洲战争做出的直接反应就是宣布中立。只有当中立权受到侵犯，或是外交的平衡倾斜时，才会加入欧洲战争，就像在1812年、1917年和1941年那样。自由主义的姿态超脱于社会，用理想主义的标准进行评判，而美国在国际事务中的姿态正是如此。正如自由主义者热衷于为他们的理想而非他们的制度

而奋斗，奉行力量平衡的不干涉姿态的美国，也是以实现所谓普世理想而非国家利益作为推行其外交政策的目标。

美国面对战争的矛盾心理。美国对战争的态度一直有着大范围的波动，不过也保持了潜在的一致性。美国对战争这一主题常常倾向于极端态度：要么是全身心的投入，要么就是彻底的排斥。这种极端主义正是依据自由主义意识形态的要求。既然自由主义否认国家安全利益的道德合理性，那么战争要么就因为不符合自由主义目标而受到谴责，要么就作为推进这些目标的意识形态运动而被正当化。在美国思想中，从未像保守主义军事思想那样将战争作为推行国家政策的工具。克劳塞维茨的格言指出战争是实现国家政策的另一种手段，当这句话被美国军界之外的作者广泛引用时，都是被作为批判对象，指责其冷血且无视道德。美国人在国家意识形态上将华盛顿的告别演说奉若神明，但从未接受他与克劳塞维茨相似的观点，认为国家应该能够"在正义的引导下选择战争或和平更符合国家利益"。在这样的建议中所包含的相对超脱、现实主义与非情绪化态度，对于美国人的思想来说乃是另类。

和平主义的潮流在美国思想中一直强劲。他们从自由主义立场出发，完全排除战争，认为人类是理性的，因而完全可以通过和平手段解决分歧。实现这一切所需要的就是两方面：其一是适当的教育，以此消除民族主义与好战宣传；其二是适当的制度，包括国际组织与仲裁协议，从而提供和平的争端解决机制。在西方文明中，组织化的和平主义 152 通常都是中产阶级的运动，而在美国这样一个由优秀中产阶级建立起来的国家，当然也就充分分享了这样的理念。[4]

以十字军运动的态度对待战争与和平主义并非不能兼容。人们普遍认为美国式的民族主义是一种理想的民族主义，其并不以美利坚民族较之于其他民族更为优秀而作为正当性依据，而是认为美国式的理想较之于其他民族的理想更为崇高。卡尔·J. 弗雷德里希（Carl J. Friedrich）提醒我们："作为一名美国人是种理想，而作为一名法国人则是事实。"[5]美国的理想主义将所有战争都视为十字军式的神圣战争，不是为具体的国家安全目标而战，而是为诸如民主、海洋自由、民族自决之类的普世理想而战。事实上，对美国人而言，如果不是神圣的战争，那就不算是战争。在美国普通的战争史中，总是忽略19世纪与印第安人之间的冲突，尽管其中有些比起广为人知的七次战争中的某几次更为漫长与残酷。与印第安人的冲突没有意识形态目标，也没有十字军式的公众狂热；这场战争主要由常备军进行，而不是为了此次战争而专门征召的义勇军。与此相反，英国人则毫不犹豫地将边界冲突界定为战争，只要其激烈程度达到战争的标准，例如第一次与第二次阿富汗战争。然而，除了与印第安人的冲突外，直到1950年6月，美国公民才第一次不是神圣战争的义勇军，而是被征召投身于普通的战争。

对待战争的两个极端之间摇摆不定的倾向，能够自我维持永久存在。作为战争目的的那些意识形态措辞很难取得全盘成功。因此，战后往往随之而来的就是一个理想幻灭的时期，不再将运用暴力视为捍卫自由主义目标的手段。在美西战争之后，就兴起了一波反帝国主义的浪潮。而在一战之后，孤立主义与修正主义又卷土重来。这些思潮强调消除战争或寻找战争的替代机制。海牙国际法院（Hague Court）与仲裁条约在美西战争之后形成；而《凯洛格公约》、* 裁军会议与中立法案则在一战之后应运而生。最终，当这些手段都不足以捍卫国家利益时，自由主义的和平理想也就破灭了，国家利益被新的意识形态目标正当化，再次唤起参与神圣战争的狂热。

对军事职业的敌意印象。自由主义虽然在对于战争的态度上有分歧，但对于军事职业的敌意却是一致的。军事职业的功能在于保证国家军事安全，但这一方面的合法性无论是意识形态斗士还是和平主义者都不认同。双方都将军事职业视为实现自己目标的障碍。和平主义者将军事职业视为总是暗中谋划制造冲突以提升自身地位与权力的好战分子。

---

* 即《非战公约》，亦称《巴黎非战公约》（Pact of Paris）或《凯洛格—白里安公约》（Kellogg-Briand Pact），1928年在巴黎签署，规定放弃以战争作为国家政策的手段，只能以和平方法解决国际争端或冲突。——译者注

意识形态斗士则将职业军人视为阴冷的战争控制者，对战争所要实现的意识形态目标不感兴趣、无动于衷。和平主义者认为军人玷污了他们的和平，意识形态斗士则认为军人玷污了他们的神圣战争。

　　和平主义者认为军人好战，这种观念在西方社会非常普遍。而美国人尤其反对战争中的职业军人。例如，在大不列颠，军人在和平年代通常受到冷遇，但在战争时期则深受信赖：英国人这种态度变化在吉卜林的诗歌《汤米·阿特金斯》（*Tommy Atkins*）中体现得淋漓尽致。但在美国，正规军无论在和平还是战争时期都不受欢迎。为意识形态而战的神圣战争依靠的是人民群众，而不是职业军人。那些对战争的意识形态最有兴趣的人，也是最激烈反对职业军人保守而克制的政策的人。纳撒尼尔·霍桑（Nathaniel Hawthorne）在为富兰克林·皮尔斯（Franklin Pierce）撰写的竞选传记中涉及墨西哥战争的内容就显示出了这种态度：

　　　　我们赢得战争的勇气不是像老兵那样训练培养的，而是与生俱来、情不自禁的火热情感；当义勇军献身于国家的目标时，的的确确有一种骑士般的壮美，那些将扛枪打仗作为职业并仅仅完成基本职责的人，根本无法与之相提并论。[6]

南北战争期间，激进的共和党人迫切地要对南方推行强有力的侵略性政策，对麦克里兰（McClellan）和其他将军的谨慎策略予以激烈的抨击。154
而在一战期间，伍德罗·威尔逊总统也表现出了与此相似的态度，基于这样的理由贬低军事职业的重要性：

　　　　这是一场史无前例的战争，因此，这也是一场业余公众的战争……那些经验丰富的战士虽然从此前的战争中积累了经验，但他们的这些经验在今天已经大大过时了……

　　　　美国一直在夸耀能够找到处理所遇到的一切问题的人。他是这个世界业余化国家中的冠军。德国则是职业化国家的世界冠军。现在，当面临新的问题并且需要解决好的时候，我始终站在业余的一方来对抗职业的一方。[7]

军事观念实质性的保守主义导致了美国自由主义将其内外敌人都设定为军事职业主义。革命战争被描述为民兵战士反抗乔治三世的常备军与雇佣军的战争。南北战争则是反对西点军校所指挥的南方军队的战争。从上文引用的威尔逊总统那段话中，反映出美国人将德国军国主义视为第一次世界大战中最主要的敌人。二战期间，美国人将德国陆军与纳粹政权看作一个整体，从而未能把握住机会利用前者去消灭后者。可以说，美国人总是把职业军人放在自己的对立面。

在国内政治中，每个自由派群体都试图将军队视为他们的特定敌人。缺乏受到认同的功能，并且又独立于美国意识形态共识之外，这导致军队一直是个受到普遍反对的群体。将军队视为政治敌人最初是有效的，因为 18 世纪的军事组织基本上是贵族制的，站在自由主义的对立面。但是，当军队脱离贵族制转向职业化时，这种思维模式却仍然僵化地持续。此后出现的各个自由派团体，都还把军队当作是旧秩序的既得利益者。杰斐逊主义的民主党人将军队视为独裁者的盟友与对自由的威胁。杰克逊主义者则将军队看作是贵族制的基石与对民主的威胁。商界将军队看作是古老的农业时代所遗留的陈旧遗迹，作为那些不适应现代社会充满激情的竞争的寄生虫的庇护所，从而威胁到社会的产出。而在劳工与改革派看来，军队总是和资方形成阴险的同盟关系。显然，所有的这些理论都并不真实，事实上，除了在内战中与南方的联合，军队在美国社会中并未同任何群体结成特殊的盟友。但恰恰是这种中立的姿态，导致军队成为各个派别的公敌。将军队认定为国内政治中的敌人，这产生了双重影响。这使得各个自由派群体能够夸大与其政治对手之间的分歧，将自己认定为代表自由主义共识对军事职业实行文官控制的派别，而将那些同样分享自由主义共识的对手打入与军队一致的另册。这种对军队的利用，正是美国社会中各个群体政治竞争的一种表现，即通过将其对手同外国的或"非美国化"的群体联系起来以夸大彼此之间的差异。然而，与此同时，这种做法也强化了美国人思维中的反军事态度。

自由主义的军事政策：驯服或消弭。这种对于军队的敌意印象，构成了美国自由主义军事政策的基础。这种政策的本质就是，持续地反对军方的价值观与要求。自由主义对军队的命令实际上很简单：要么驯服，要么被消灭。一方面，美国自由主义一直支持对所有的暴力机构实质上加以消除，并以此来一劳永逸地解决军政关系问题。这就是消弭政策。而另一方面，当有必要维持军事力量时，美国自由主义坚持严格的主观文官控制，依据自由主义路线来重塑军事组织，使之失去军队的独特个性。这就是驯服政策。这两方面的路径代表了美国对军政关系的处理方案。虽然所采用的手段不同，但目标却一致，就是使军事功能与职业主义的军事思维都处于从属地位。

在国家安全不需要维持强大军事力量来加以保卫的和平时期，消弭政策处于优势。最明显的表现就是致力于实现"小规模常备军"的理想。从大部分美国人处理与军事相关的事务时所表现出的一贯特征中，也可以体现这一点。 156

1. 强大的军事力量是对自由的威胁。这种观念在合众国建立的最初几年尤其流行，尤其表现为针对陆军。到了 19 世纪末，这种认为军事力量将会侵害公民自由权利的观念又卷土重来。这种威胁被认为主要不是针对理论上的一般自由权，而是对特定的自由特别危险，例如罢工、拒绝服兵役以及进行反战宣传等。

2. 强大的军事力量是对民主的威胁。这种观念在杰克逊主义中表现出来。它将军官集团视为一个"贵族阶级"，企图密谋推翻民选政府。虽然其最典型的表现是对"西点系"（West Point Clique）的憎恶，但敌对态度同时指向了陆军与海军。

3. 强大的军事力量是对经济繁荣的威胁。既然很难将海军视为对自由的威胁，杰斐逊主义者就攻击海军是对经济的威胁。南北战争之后，军官集团的职业化使得将陆军作为"对自由的威胁"这种攻击难以成立，"军备负担"就成了对所有军种的一致批评。这种批评在商界与激进群体中都很盛行，他们都攻击军队在经济方面毫无产出。

4. 强大的军事力量是对和平的威胁。这种观念是杰斐逊主义者反对海军的主要原因之一，当然也是和平主义者一以贯之的立场，认为军备竞赛导致战争，而军方则是战争的主要支持者。但是，到了20世纪初，这种观念才变得更为流行，就像"军备负担"的责难一样，一直延续到今天。

驯服政策在战争年代更为盛行，因为强大的军事力量在那种情况下不可或缺。不过，在和平年代也会体现出这种政策的部分因素。这种政策的最佳象征可能就是这样的口号："民兵才是最可信的人"，以及约瑟夫斯·丹尼尔斯（Josephus Daniels）* 在1915年发表的有关海军的宣言："不允许在美国有一个非美国化的组织。"有三种主要的论断支持这样的政策。

第一，国防就像投票一样是每个公民的责任。因此，不能委托给一个排他性的群体来承担。这种观点起源于军事职业主义尚未兴起的殖民地时期，在20世纪的"民兵"与"全民皆兵"概念中得到延续。

第二，民主国家必须有民主的军事力量。这也同样源于殖民地时期，最极端的表现就是选举军官的实践。这种观点的温和形式强调要废除官兵差别，将民主自由的意识形态灌输到军队中，使战斗力更多依赖个人的创造而非纪律与团结。

第三，如果必须要维持一支常备军的话，那么必须能够用于实现军事之外的其他社会目标。这种观点在整个美国历史中得到延续，自工兵部队承担公共工程建设开始一直到今天。与此相反，卡尔霍恩与鲁特（Root）** 的观点认为，军队存在的唯一目的就是战争。

---

  * 1913—1921年任威尔逊内阁的海军部长。——译者注
 ** 1899—1904年任西奥多·罗斯福内阁陆军部长，1905—1909年任国务卿。——译者注

自由主义政治中的军事英雄

美国的反军事气氛如此强大，不可避免地引出了一个疑问：为什么军事英雄在美国如此大受欢迎？为什么在我们的 33 位总统中有 10 位曾经是将军，并且军事成就帮助他们赢得了更大的声誉与成功，就像西奥多·罗斯福那样？为什么细致分析会显示军事英雄比起一个没有经历军旅生涯的政治候选人更容易赢得选举？在一个通常不关心军事的社会中，这难道不是一种独特的异常现象？与此相反的是，1789 年之后的英国只有威灵顿公爵一位首相曾经是战功赫赫的将军。[8]

这个问题的答案当然就是，军事英雄在美国所受到的欢迎实际上是自由主义驯服的最佳范例。那些功勋卓著的军事英雄要么就是非职业军 158 人，要么就是作为一名职业军人脱下了自己的戎装而换上自由主义礼服。军事英雄在美国社会中的角色，实际上强有力地证明了政治权力与军事职业主义在美国的社会氛围中无法兼容。美国公众一直毫不犹豫地将那些告别了戎马生涯的人树立为英雄。但当他们以现役军人的形象出现时，则并不受欢迎。正如狄克逊·韦克特（Dixon Wecter）所指出的，美国历史上那些伟大的民族英雄，可能除了华盛顿之外都是自由主义者，而职业军人因此很少能长期树立英雄形象。相反，业余出身或解甲归田的职业军人，甚至是军队中的离经叛道者，都能从美国人民那里获得更多同情。

有 15 位主要政党提名的总统候选人可被视为军事英雄。其中有 9 位不是职业军人，因为军旅生涯并非他们唯一的职业经历，甚至也并非主要经历。这 9 位当中包括了华盛顿、杰克逊、威廉·哈里逊（William Henry Harrison）、皮尔斯（Pierce）、福瑞蒙特（Fremont）、海斯（Hayes）、加菲尔德（Garfield）、本杰明·哈里逊（Benjamin Harrison）和老罗斯福。而另外 6 位职业军人则是泰勒（Taylor）、斯科特（Scott）、麦克里兰（Mc-

Clellan）、格兰特、汉考克（Hancock）和艾森豪威尔。* 这 15 位政治家杰
159 出的政治生涯显示，非职业军人比起职业军人更容易走好运。9 位非职
业军人中只有福瑞蒙特一人未能成功入主白宫；而 6 位职业军人中就有
3 位遭遇了失败。就竞选而言，比分则显得更加势均力敌：非职业军人
在 15 次竞选中赢得了 10 次胜利，而职业军人则在 6 次竞选中 3 次胜
出。在职业军人的三次失利中，有两次都是败给了退役的军事英雄：皮
尔斯在 1852 年击败斯科特，加菲尔德在 1880 年战胜汉考克。在这两次
竞选中，业余民兵与职业军人之间的辩论议题都有着重要影响。斯科特
因其现役军人的身份而受到攻击，他的战史、使用雇佣军意向的传闻使
之比起皮尔斯受欢迎程度大为降低，后者响应公民义务召唤志愿担任民
兵，表现出单纯的理想主义、爱国主义以及勇气。28 年之后，与斯科
特同名的汉考克（Winfield Scott Hancock）也遭遇了同样的攻击。他单纯的
军职经历被认为并不适合担任总统，而在内战后的重建时期，他坚持将
军队置于文官控制之下又被看作是倾向于南方势力。而加菲尔德的支持
者则强调他经历的多样性，担任过律师、教师、学者、政治家、将军与
参议员。虽然美国人民希望他们的候选人是名军事英雄，但同时他们更
希望这些人的军事生涯只是平民生活中的插曲或副业。除了那些刚刚从

---

* 除了杰克逊、哈里逊和福瑞蒙特之外的非职业军人，都遇到过公民—军人的主要考验：
他们的军事服役经历局限于战争年代或存在着战争威胁的时期。杰克逊在 1812 年战争期间从
田纳西州民兵中加入正规军，并在战争结束之后的七年继续服役。但是，在加入军队之前，他
已经是著名的律师、法官、种植园主和政治家了。W. H. 哈里逊从 1791 到 1798 年担任正规军
军官，但他作为军事英雄获取声望，却是因为他此后担任印第安纳州州长和在 1812 年战争中
担任少将的表现。福瑞蒙特于 1834 年到 1848 年这战争与和平并存的十四年中在军队服役，但
他在和平时期的军旅生涯几乎都投身于探险活动。泰勒与斯科特都不是西点毕业生，但两人几
乎都在陆军中度过了全部成年生活。格兰特离开现役军七年时间，但他从未精通其他行业。麦克
里兰在内战前曾经有四年时间担任铁路公司的经理，艾森豪威尔则在一段更短时期出任大学校
长。汉考克从未离开过军队。除麦克里兰之外的职业军人，在参与总统竞选时都处于现役中。
1848 年与泰勒竞争的民主党提名人刘易斯·凯斯（Lewis Cass），曾在 1812 年战争中担任将
领，但军事功绩在他的竞选中并无任何作用，因而没有将他归类为"军事英雄候选人"。在某
种意义上，西奥多·罗斯福是副总统候选人中唯一的军事英雄；1904 年，他在总统竞选中主
要依靠的是其历史记录与个人品质。但是，美西战争中的功绩在其政治升迁道路上至关重要，
这使得将他归类为非职业的军事英雄看起来也很合理。

战场凯旋的军事英雄之外，美国人更喜欢多才多艺的候选人，能够在法律、政治、商业或其他民事领域取得成功，而不是天赋仅限于军事领域。自由主义的英雄就是全才英雄。正如狄克逊·韦克特所言："美国人有一种特殊的情感，热爱那些只在必要时短暂投身军旅、胜利后又回归和平的人——就像世界大战中的约克军士长（York Sergeant）。"[9]

军事职业受欢迎的程度取决于他们能够在多大程度上融入民众而非总是军人。三位能够当选为总统的职业军人，其成功大部分应归结于军事胜利与个人魅力的结合。他们的军旅生涯使他们表现为服务于全体公民而非政党或派系，再加上诸如"急性子大老粗"（Rough And Ready）"山姆大叔"（Uncle Sam）"艾克"（Ike）这样的绰号中体现出来的平易近人的个性，从而赢得了选民的支持。这些因素也能使他们避免对当时的大部分议题做出承诺。他们能够吸引公众并不是因为有着清晰的计划，无论军事还是其他方面，反而是因为没有计划。那些失败的职业军人——斯科特、麦克里兰、汉考克，要么因为太鲜明的军人个性，表现得太过威严难以亲近，要么就是太清楚也太迅速地证明了自己和平民的世界无法相容。没有任何海军军官曾经赢得总统候选人的提名，甚至除了杜威（Deway）*之外，都没有海军军官被作为认真考虑的提名对象，这一失败反映了海军军官集团局限性更强的专业化以及孤立个性。和陆军的同僚相比，海军军官更愿意生活在远离民间社会的孤立世界当中，因此也难以发展出广泛的政治吸引力。** 如果一位军人竞选时辩解自己在服役期间受到了敌意的对待，这也难以成为有力的理由。美国人喜欢胜绩显赫的将军，而不是充满复仇心的将军。福瑞蒙特 1856 年的上诉

160

---

　　* 乔治·杜威（1837—1917），美西战争中任亚洲舰队司令，不损一兵一卒全歼西班牙舰队，战后晋升为美国历史上唯一的海军特级上将（Admiral of the Navy），与合众国特级上将华盛顿、陆军特级上将潘兴并列为仅有的最高荣誉军衔获得者。1900 年曾宣布参与总统竞选，但仅一个半月便退出。——译者注

　　** 海军军官政治能力的不足也扩展到国会选举领域。在 150 年中，只有 6 名海军中的前正规军军官曾被选为国会议员。U. S. Naval Institute Proceedings, LXXVII（December 1951），1339-1340.

与 1864 年未能获得提名反映出的是，他在 1848 年和 1862 年两次草率退出陆军所造成的负面影响。斯科特在美墨战争后期擅离职守，他试图对自己的行为进行正当性辩护以对抗民主党人，而麦克里兰也以同样的敌意对抗林肯。在 20 世纪中，伦纳德·伍德（Leonard Wood）宣称他在一战中被不公正地拒绝了战场指挥未能赢得更多支持，而麦克阿瑟将军戏剧性的被解职也没有兴起一波声援他的政治浪潮。

　　能够当选总统的职业军人不仅在竞选时而且在当选后都表现为文官形象。除了一个可能的例外，他们的政策整体上比起那些没有军事经历的总统并无显著差别。也许他们比许多文官政治家更为被动，从而一直作为他们所处时代的主流政治势力的精确表现与驯服工具。尤其突出的是，他们对于政府运作并无清晰观点，而是广开言路并且对于国会的意愿更为尊重。"当总统实在太简单"，据报道，杜威海军特级上将曾经这样宣称："你要做的全部事情……就是听取国会的要求。"[10] 仅仅在军事力量的规模这一方面，职业军人背景的总统所采取的政策才显示出与文人总统的显著差异。在泰勒、格兰特与艾森豪威尔的执政期间，都对军事机构进行了大规模的裁减。这一方面是因为战后的复员，另一方面则是为了服从于文官价值观而采取的矫枉过正，而且也没有别人比这些将军更容易去实行大裁军。

　　南北战争之后，军事职业主义的兴起逐渐使得军事与政治之间的边界更为清晰。此前的时期中，大部分政治家都拥有民兵职务，并且多次进出于正规陆军。在 9 位非职业军人出身的总统候选人中，有 5 人于南北战争前入住白宫，还有 3 人通过南北战争赢得其军事声誉。除了此后西奥多·罗斯福参与了美西战争之外，其他民兵军官要想建功立业，最后一次机会就是这场州与州之间的内战了。20 世纪中，美国所参与的战争都由职业军人领导。因此，那些非职业的军事英雄也就成为历史的回忆。今后，民兵只可能依靠个人勇气而成就孤胆英雄——就像约克军士长那样，而不再可能成为胜利之师的统帅。

　　但是，我们应该如何讨论职业化的军事英雄？未来的趋势是更加重要抑或相反？两位职业军人泰勒和斯科特在南北战争之前成为总统候选人，在当时，即使对正规军而言，军政之间的界限也并不明显。还有三位职业军人候选人在南北战争中成就其声望。从 1880 到 1952 年之间，没有任何职业军人被提名参选总统。海军特级上将杜威与伍德少将是在这期间表现出最强烈的出任总统愿望的职业军人，但都是半途而止。而且，伍德实际上只能算是"半职业军人"，他以军医身份加入军队，在美西战争中志愿出任指挥官而赢得声誉。* 从汉考克到艾森豪威尔之间的 72 年断层，反映出南北战争之后军队职业化的大大加强。非职业军人（除了老罗斯福）无法成为军事英雄候选人，因为他们无法成为军事英雄。职业军人无法成为军事英雄候选人，因为他们仅仅是职业军人：他们对于是否从政感到怀疑，而政治家对于是否支持他们同样怀疑。此外，艾森豪威尔在 1952 年参与竞选，则象征着从 20 世纪 40 年代之后军事职业参与政治的主流方式的戏剧性转变。

162

---

* 伍德于 1884 年在哈佛医学院获得医学博士学位后，1886 年加入陆军，此后一直工作于医疗领域，直到 1898 年才因为与老罗斯福的友谊而出任第一义勇骑兵团团长。——译者注

第七章

结构的常态：保守主义宪法对文官控制

客观文官控制在宪法中的缺席

163　　　美国宪法实际上并没有规定文官控制，尽管人们普遍相信它有这一内容。也就是说，宪法并未保证客观文官控制与高度的军事职业主义得以兼容。就宪法意义而言，文官控制的本质在于明确区分政治与军事的职责，并且从制度上使后者从属于前者。但还存在一些宪法上不清楚的问题，这些模糊之处将政治和军事功能混合了起来，将政治问题输入军事事务之中，反过来又向政治事务输入军事问题。当制宪者在起草美国宪法时，他们的思维中实际上想到的是主观文官控制作为处理军政关系的路径。文官控制确实曾经存在于美国，但其出现并非由于宪法条款的规定。

　　　宪法中那些经常被引用来说明建立文官控制的内容，其实恰恰导致了实现文官控制的困难。如果军队的规模被限制，并且在一个金字塔式的权威层级中处于从属于单一文官元首的最高领导之下，那么文官控制将是最大化的。但是，宪法中的军事条款所做的规定几乎正好与之相反。这些条款分割了文官对军事事务所拥有的职责，而且使得军事负责人能够直接同政府最高层进行沟通：

164　　　1. 在联邦政府的整个体系中，民兵条款分割了州与联邦政府对民兵的控制权。

2. 在联邦政府当中，分权条款分割了国会与总统对军队的控制权。

3. 在联邦政府的行政分支中，统帅条款分割了总统与内阁部长对军队的控制权。

上述后两项条款反映出军事权力在 18 世纪的英国政府体制内所做的分配。但是，经历了一个半世纪之后，这种相似性已经从根本上大不一样了。英国政府的演进，将军事权力集中于内阁，而当下的英国宪法规定了极为高效的文官控制。但美国宪法仍然墨守 18 世纪的成规。美国分权化的政治以及不易改动的成文宪法结合在一起，阻碍美国发生像英国那样的变革。此外，美国人并不关心军事事务，也使得宪法条文几乎没有产生任何制定法上的改动。在 20 世纪之前，仅有的重大补充就是 1789 年设立陆军部与 1798 年设立海军部。对美国历史上的大部分时期而言，就只有宪法规定着军政关系的法律结构。

制宪者与文官控制

在制宪者的言论与著作中，充斥着军队应当服从于文官权力的论述。如果是这样的话，那么又为什么未能充分实现他们的意图？当然，答案就是：军事职业主义以及文官控制作为将军事职业置于政治权力之下的手段在 18 世纪还并不为人熟知。就规定文官控制这一点而言，宪法并未在正确的时机起草。宪法还是军事前职业化时代的产物。如果起草再晚 25 年的话，涉及军事权力的条款或许就会有重大差异。但是，正如历史事实所表现的那样，制宪者们除了少数例外，都未能以他们的政治智慧和洞察力预见到军事职业主义与客观文官控制将会出现。我们不应因为他们在起草宪法时未能对尚不存在的事物做出规定而吹毛求疵。制宪者们达成文官控制的路径，反映在他们关于军官身份、军事力量与政府组织的观念之中。

军官身份。宪法并未设想由一个独立的阶层来专门承担军事领导。

165

"我对军事职业并不熟悉"，乔治·梅森在弗吉尼亚制宪会议上坦承这一点，而除了汉密尔顿、平克尼（Pinckney）等少数几人之外，他所说的正是所有制宪者的想法。他们既不了解军事职业的整体，也不了解具体的军事技能。从事任何工作的人都可以获得军官身份。有许多联邦制宪会议的成员都曾经在美国革命时期拥有军衔，华盛顿只是这些军人政治家中最著名的一位而已。他们将个人的军事与政治天赋结合在一起，就像那些在一百年后缔造了现代日本的武士所做的一样。他们追随的是布莱克斯通，相信在自由的国家中公民不会在成为军人时中断其公民身份，相反正是因为作为公民才能成为军人。[1]

这样的观点在《宪法》第 1 条第 6 款"当选资格与不得兼任"条款当中得到了清楚的表现：

> 参议员或众议员在当选任期内，不得被任命担任在此期间设置或增加薪俸的合众国管辖下的任何文官职务。凡在合众国政府任职者，继续任职期间不得担任任何一院议员。

制宪会议几乎全体一致支持上一段中的第二项，使立法职位与司法或行政（也就包括了军事）职位不得兼任。这是分权所必需的，其所反映的是将立法权与行政权隔离的必要性，而不是将政治同军事隔离的必要性。制宪会议关注的焦点则是第一项。根据细则委员会（Committee of Detail）的报告，这一条款的目的是限制立法机构成员在其当选期间受任联邦政府公职。而关于允许立法机构成员担任公职的合理性的观点众说纷纭，最终依靠妥协才得以解决。不过，通行的观点认为，参议员和众议员应该被允许受任军职。古文诺·莫里斯（Gouveneur Morris）指出："将陆海军军官排除在外，那么就会形成一个同文官权力存在不同利益并且进行对抗的群体；将会刺激他们蔑视并且指责那些'望敌生畏的空谈家'。"他进一步探讨了可能会发生的情况：

> ……在战争情况下，如果最有能力作战的公民恰好就是立法机构的成员，那么将会怎样？当我们为自由而战的时候，这

样的规定在战争开端或末期又会导致什么样的结果？

诸如埃德蒙·伦道夫（Edmund Randolph）这些倾向于建立起立法人员与行政职务之间的一般性回避制度的人，也承认国会议员中可能有人具有军事天赋，并支持在军职方面应当做出例外规定。因此，在最终的草案中，不得兼任的条款对于文职和军职同样适用，而当选资格条款则仅适用于文职。此后，在弗吉尼亚制宪会议上，麦迪逊为文职官员的当选资格条款进行辩护时，就以军职方面没有做出限制作为理由。从他的论辩中，以及宪法批准的辩论中并未表现出对涉及军职的立法人员当选资格问题的反对意见，都显示出辛辛纳图斯（Cincinnatus）式的军事领袖*理论得到了广泛的接受。[2]

军事力量。制宪者关于非职业化军官身份的观念，在18世纪美国军事组织的两种熟悉形式中都得到表现：常备军与民兵。但是，这些形式本质上是将不同的政治信念扩展到军事领域之中。常备军的上层军官与下层义务兵之间的区隔，使之基本上成为一种贵族化组织。这与英国王室和欧洲专制政权联系在一起。在大部分美国人看来，这也并不必要。美国和欧洲之间的遥远距离意味着并不需要常备的军事力量，只需要小规模的边境守备部队来对付印第安人作为补充即可。因此，美国人一般认同应该主要信赖由非全职的军官与义务兵组成的民兵。民兵被视为唯一适合于新共和国的军事力量形式。民兵体现出民主原则，即保卫国家安全的责任属于每一个公民。军官与义务兵之间的距离基本被抹平，两者之间的界限比起社会结构中的其他分化并不表现得更为明显。

对民兵的偏好几乎完全盛行于各州之中。埃德蒙·伦道夫以不过略有夸张的语气指出："在联邦制宪会议上，没有任何一个人不对设立常备军的预期表示愤怒。"宪法批准会议上，对常备军的反对意见更为强烈。不过，尽管禁止各州建立常备军，却支持宪法授予联邦政府几乎不

---

　　* 古罗马共和国时期的英雄，两次担任过执政官，曾在退隐务农时临危受命统领军队保卫罗马，而在胜利之后又迅速辞职归隐田园。——译者注

受约束的权力来维持常备军，唯一的限制就是为此目的所做的拨款不得超过两年期限。两方面原因造成了这种异常表现：其一，人们普遍同意联邦政府应在边境线上部署某种形式的常备部队。其二，有可能发生紧急状态需要由常备部队来加以处理。但人们的希望与预期却是这种紧急状态永不发生，这种军事力量永不使用。宪法中有少数条款只是勉强得到同意，而且还有部分代表强烈反对常备军条款以致拒绝签署宪法。国会这种不受限制的权力在各州制宪会议上受到了广泛批评。许多州提议要维持这样的常备军必须获得国会压倒多数票，或者提出修正案宣布民兵是"自由国家天然的国防力量"，而常备军则是"自由的威胁"。[3]

168 　　对民兵的偏好对未来的文官控制造成了两方面的重要结果。其一，这样将一支既没有职业化军官统率也不服从文官控制的军事力量放在了美国军事架构的重要位置。当然，在当时职业军官无论在常备军还是民兵中这都是非常罕见的。不过，因为常备军由全职军人组成，最终还是会发展成为有纪律的职业化群体。但这对于非全职的民兵来说则不可能。其二，将民兵作为主要依赖的国防力量这种预期，使得制宪者相对来说并不关心通过制度设计来控制军事力量。某种程度上说，这是因为他们认为这样的制度设计不可能成功。更进一步来说，这就反映出他们认为这种制度设计毫无必要。共和国将依靠他们忠诚的公民战士来保卫。消除了独立的军事力量，自然也就能够确保文官控制。

　　政府组织。制宪者关于文官控制的观念，是指由文官控制军事力量的使用，而不是控制军事力量本身。他们对军事力量受到政治家的控制的担心，要比对政治权力受制于军官的担心更为强烈。既然还不存在一个独立的军事阶级，他们也就不可能担心这个阶级。但是，有必要去担心会有一个单独的政府机构会将控制军队的权力集中起来。作为保守主义者，他们希望分权，这也就包括对军事力量的控制权。如果联邦政府垄断了军事权力，将会威胁到各州；如果总统独占了军事权力，那就会威胁到国会。因此，制宪者认为文官控制就是要将军事权力加以分解。他们更多考虑到国会相对于行政控制的独立性，而不是军事与政治功能性质上的差异，这导致他们做出立法与军事职位不相容的规定。有关民兵相对于常备军何者更为可欲的议题，从属于在联邦和州之间、行政分支与立法之间如何分配军事控制权的议题，而不考虑这些议题自身的特点。希望建立强有力联邦政府的人们毫不犹豫地主张：其一，邦联条例延续下去将意味着各州都建立常备军；其二，将要建立的联邦政府有必要拥有建立常备军的权力；其三，为了避免不得不使用常备军，联邦政府也应组织和训练民兵。而与此同时，州权的支持者则论辩说没有必要由联邦政府保持一支常备军，而且无论如何州政府都应当拥有专属的民兵控制权，用于保卫他们免受联邦政府常备军的威胁。[4]

民兵条款与军事联邦主义：帝国之内的帝国

宪法中的民兵条款以两种方式阻碍了文官控制。其一，这些条款从宪法上认可了一种准军事力量，这种力量从不会完全遵守军事纪律，也不会完全摆脱政治干扰。其二，这些条款从宪法上认可了控制民兵的权力在州与联邦政府之间的分割，从而导致民兵将会卷入联邦体制内部的利益冲突之中。独特的混合性质——军民结合、州与联邦结合——导致了民兵独立于政府的决策机构之外。

制宪者有很好的理由在正规军与民兵之间选择后者。但是对分割这支武装力量的控制权而言，则缺乏合理的正当性解释。正如麦迪逊所言，这种控制"从本质上看并不适合划分给两种独立的权力机构"。但是，政治而非逻辑决定了包括麦迪逊本人在内的制宪者选择支持这种双重控制。还有部分制宪者，如汉密尔顿，希望将这种控制权完全归属联邦。而另一些人则希望，联邦政府完全排除民兵的控制权。这些观点的冲突产生了多样的妥协建议。最终，各方政治力量的平衡形成了如下条款：

国会有权……

169

170

> 规定征召民兵，以执行联邦法律、镇压叛乱和击退入侵；
>
> 规定民兵的组织、装备和训练，规定用来为合众国服役的那些民兵的管理，但民兵军官的任命和按国会规定的条例训练民兵的权力，由各州保留……总统是……应征调为合众国服役的各州民兵的总司令……

当然，除此之外国会还有权根据陆军条款"招募陆军和补给军需"。[5] 这些权力的实施可以分为两个时期：从 1792 年到 1903 年，民兵在和平时期从属于州，而在战争时期接受双重控制。1903 年之后，民兵在和平时期接受双重控制，战时则完全由联邦统率。*

在整个 19 世纪，和平时期一直表现为州权控制，因为国会在《1792 年民兵法》(the Militia Act) 中拒绝行使其依据民兵条款所具有的权力，既没有提供有效的联邦监督，也没有提供有效的联邦支持，而这一法案是直到 1903 年之前民兵领域的最基本立法。因此，民兵在没有被征召为联邦服役时成为完全专属于州的武装力量。然而当民兵服役于联邦时，民兵条款所确定的双重控制导致了持续性的困惑与争吵，不确定民兵究竟为了什么样的目的而使用，军官究竟如何任命。例如在 1812 年，当总统征召民兵时，马萨诸塞与康涅狄格的州长就断言只有他们而非总统才有权决定在什么情况下征召民兵是正当的。此后的战争中，当民兵在尼亚加拉河边境作战时，也以宪法作为理由拒绝越境进入加拿大去支援正在那里浴血奋战的联邦正规军。在美西战争中，民兵部队同样拒绝出境作战。当民兵为联邦服役时，总统是宪法所确定的民兵统帅。但是，他麾下的军官无论战争还是和平时期都由州政府任命的话，他又如何发挥统帅职能呢？在 1812 年战争中，州长挑战了总统的权威，拒绝让民兵部队接受正规军将军的领导。州政府官员在他们认为合适时就把民兵部队撤出联邦现役，或者突然把民兵军官的军衔提升到

---

* 民兵条款所引起的问题在近年并未根本改变，而且关于民兵的讨论也包括在 1940 年之后所发生的事件。不过，本章关于分权与统帅条款的讨论局限于 1940 年之前的时期；1940 年之后的特别问题将在本书第三编中单独讨论。

理论上他们被配属接受指挥的正规军军官级别之上，从而打乱了军队的 171
指挥序列。在南北战争中，虽然总统控制了将领的任命，但民兵与国民
志愿军的团级军官仍然由州任命。1898 年 4 月 22 日制定的法案，规定
参与美西战争的志愿军也应当遵循这种分权体制。[6]

战争时期的双重控制没有延续到 19 世纪之后。20 世纪的战争中参
战的民兵，成为陆军条款规定的那样专属联邦的武装力量。和平时期的
州权控制也终结于 1903 年。当国会在这一年通过迪克法案（Dick Act），
民兵条款之下的双重控制成为了现实。这些改革产生了双重效果。民兵
在战争期间的军事重要性得到了强化，因为其拥有必要的资金来成为一
支高效率的武装力量。民兵在和平时期的政治权力也得到了强化，因为
它被安排在两种竞争性权力之间。对民兵的文官控制，在 19 世纪是战
时更为困难，而到了 20 世纪则是和平时期更困难。因此，民兵条款成
为有力的政治组织——国民警卫队（National Guard）及其代言人国民警卫
队协会（National Guard Association）——的宪法基础。一般而言，宪法被认
为是由政治力量所塑造的。但实际上，宪法自身也能够塑造政治利益，
或是推荐这个塑造过程。民兵条款与国民警卫队之间的关系就是如此。
如果没有宪法上的这些条款，国民警卫队及其协会就不可能像今天这样
具有政治影响力。

国民警卫队协会成立于 1878 年，一群民兵军官建立这个组织的主
要目的是促使国会行使其基于民兵条款的职责。这个协会被设计用于为
联合控制"提供统一战线"。[7]它的创立者希望联邦政府能够为州民兵提
供资金、指导、标准和某种形式的监督。正规军反对这种要求，因为他
们认为民兵不可能成为有效的国家武装力量。但是，双重控制的倡导者
们在 1903 年赢得了首场胜利，在此后强化并保持了他们的立场，尽管 172
正规军持续表示出敌意。国民警卫队在其整个延续期间认识到其独立地
位来自于民兵条款，因而一直坚定地捍卫双重控制状态。国民警卫队的
军官坚持认为只有这些条款才能反映出制宪者们对军事政策的真实态
度。宪法上的"双重控制"既反对中央集权，也排斥州的专权。州专

权是不可能的，因为从经济上说州无法负担国民警卫队的全部成本；中央集权则是违宪的，因为就国民警卫队而言，宪法中的陆军条款赋予国会的权力仅仅是维持常备陆军而非联邦的民兵。对国民警卫队而言，和平时期的双重控制意味着联邦政府应当为其提供经费与技术，而州政府负责指挥与管理。协会一直在要求联邦政府为国民警卫队的运作提供更多资金支持，但是拒绝联邦控制权的任何扩张。例如，在 1949 年就提出了关于训练中心与其他建设项目以及军官制服津贴的联邦资金要求，并且要求为国民警卫队军邮提供免费邮寄的权利。但与此同时，协会又强烈抨击联邦政府对国民警卫队控制的进一步加强，将 1948 年格雷委员会（Gray Board）建立一支单一的联邦预备役军队的建议称为"违宪、非美国化……同我们的生活观念与哲学截然相反……糟糕并且违法的建议"。在宪法民兵条款的基础上，国民警卫队形成了占有强势地位的政治力量。正如国民警卫队协会主席坦率而准确地指出的那样，国民警卫队就是"帝国内的帝国"。[8] 在其利益范围内，可以自己确定规矩，或迅速把这规矩变成法律。这种权力所发挥的范围，以及民兵条款对此产生的影响，可以从以下几个方面来看：①它的法律地位；②它的宪法象征意义；③它在州与联邦政府中的官方代表；④国民警卫队协会的特殊地位；⑤国民警卫队对国会的影响。

法律地位。国民警卫队协会强化国民警卫队双重控制状态的努力，使其获得了独特的法律地位。国民警卫队是具有双重属性的单一组织。作为"各州与属地的国民警卫队"，它根据民兵条款组织起来，并且承担使命在州当局领导之下维护州领土之内的法律与秩序。根据这一点，总统可以在国会根据有限宪法目的做出的适当授权之下"征召"国民警卫队执行合众国法律、镇压叛乱并抵御侵略。如果这就是国民警卫队的单一法律地位，那么国民警卫队根据宪法则不能以组织形式参与国外作战。1917 年，在没有获得海外服役授权的情况下，国民警卫队中的成员以个人组成的群体形式加入美国的正规军，国民警卫队组织也就被打乱了。因此，国民警卫队协会在 1933 年促成通过了一项法案，其中规定国民警卫队是"合众国的国民警卫队"，作为宪法陆军条款之下美国陆军的预备役军队。根据这一点，其任务就包括了提供部队在世界各个角落执行各种类型的军事行动。作为合众国的国民警卫队，其可以在国会宣布国家处于紧急状态之后根据总统"命令"转入现役。这样的双重状态让国民警卫队左右逢源。基于民兵条款的法律地位保证了它在和平时期免于联邦的控制，而基于陆军条款的法律地位又使它能在战争时期发挥重要作用。

　　宪法上的象征。作为受到双重控制的民兵，国民警卫队以两种受到尊崇的宪法上的象征来塑造自我认同：公民军人与州权。警卫队员是"业余军人"，他们延续了独立战争中的"快速民兵"（Minute Man）传统，首先是公民，其次才是军人。国民警卫队协会在1944年宣称："未来会同过去一样，以坚实的历史传统、长期的经验以及国家基本法作为基础的公民军人仍然会是国家处于战争时期最重要的国防力量。"当然，联邦预备役军队也可以宣称他们是公民军人，但只有国民警卫队才可以同时高举州权这面旗帜。其主席沃尔什（Walsh）指出："我们的组织是属于各州的，仅仅在战时被州租借给联邦政府使用。"国民警卫队希望"联邦体制附着于"这样的军事体制，从而可以由警卫队保卫州权免受联邦政府干预。例如，1943年州长会议（Conference of Governors）强调国民警卫队的双重控制状态应在战后得到延续，而该会议的执行委员会也同国民警卫队协会一起在1948年谴责了格雷委员会的报告。各州国民警卫队的联合，强化了国民警卫队所发挥的政治影响力，相对于联邦军队的各类预备役军人协会更为强大。在1954年，预备役军官协会（Reserve Officers Association）有60 000名会员，而国民警卫队协会的会员数是34 000人。而且，预备役军官协会通常比国民警卫队协会拥有更多经费与管理人员。但是，由于缺乏各州的基本盘，预备役军官协会的政治影响力无法与国民警卫队协会相提并论。1946年，预备役军官协会的主席将其组织形容为国民警卫队协会的"小兄弟"，并且坦承"国民警卫队拥有我们预备役军人所没有的影响力"。[9]

174

州与联邦中的代表。国民警卫队在州和联邦政府中都有正式的立足点，这也强化了其地位。各州国民警卫队的首长是州长任命的国民兵司令（adjutants general）。他们在州政府中作为国民警卫队的正式代表，并且通过国民兵司令协会（adjutants general association）这一由国民警卫队协会"必然"产生的组织，于全国范围内联系在一起。国民警卫队在陆军部中的代表是国民警卫局（National Guard Bureau）局长，根据《1920年国防法》，局长必须是国民警卫队员，而且根据该法，参谋长联席会议中的国民警卫队成员必须考虑所有影响到国民警卫队的政策。这些在联邦政府中的代表，使得国民警卫队协会能够清楚了解陆军与陆军部的内幕。当陆军部的政策可能对其造成影响时，国民警卫队通常就会坚持从一开始就加以介入。如果在政策发展过程中国民警卫队被排除在外，那就通常意味着当计划被提交国会时将会遭遇国民警卫队协会的抵制。[10]

国民警卫队协会。就像其他影响力强大的组织一样，国民警卫队协会究竟应当定位为私人社团还是公共团体，很难加以明确。从法律上说，它只是国民警卫队军官的自愿结社而已。但是，其自认为"合众国的国民警卫队的合法代表"。协会同时也与国民警卫队在州和联邦政府中的代表有密切的联系。在1948年，仅有42%的国民警卫队军官加入了协会，协会宣称国民兵司令有责任"要求每一位国民警卫队军官成为协会会员"。为了达成这一目标，其呼吁各州要求每一位新任国民警卫队军官参加官方考试委员会组织的考试之前都需要提交国民警卫队协会会员申请表。通过这样的手段，到了1953年，国民警卫队协会就已经将99%的国民警卫队军官发展为会员。作为一个私人组织，国民警卫队协会从事许多公共领域的活动，例如出版月刊《国民警卫队员》（National Guardsman），并代表国民警卫队参与许多立法活动。例如在《1948年选征兵役法》（Selective Service Act of 1948）的辩论中，当国民警卫队的观点看起来并无优势时，协会组织了来自34个州的会员前往华盛顿游说国会议员。两天之内，他们就极为成功地将国会拉到自己的立场上来。用沃尔什主席的话来说，国民警卫队协会最重要的优点在于它是：

> ……国民警卫队唯一可以信赖用于保护他们利益的机构，
> 因为协会自由并且不受束缚，无须遵循任何特定的模式行动，
> 也不会受到沟通渠道与组织体系的严格限制。[11]

对国会的影响力。对于国民警卫队的影响力的分析，最终要归结到其对于国会的影响力。民兵的命运掌握在国会手里。可以想象，国会只要拒绝执行民兵条款并且回到 1903 年之前的状态，就能够摧毁国民警卫队的双重控制状态并削弱其政治权力。反过来，国会也可以将国民警卫队收归联邦，并将之完全变成陆军条款规定下的联邦武装力量。但是，国民警卫队协会的官员断言："我们必须安排好国民警卫队的未来。"如果国民警卫队协会想要"安排"警卫队的命运，那么就必须对国会涉及警卫队事务的行动进行安排。半个世纪以来，他们已经在这方面取得了辉煌成果。国民警卫队的地方基础，以及诉诸州权和公民军人的宪法论辩，再加上从州政府获得的支持与游说和施压的策略，结合在一起便使得他们在国会山成为强大的力量。正如沃尔什主席所言："国会已经成为我们的庇护者，也是我们的力量来源。"

国民警卫队协会在国会赢得的胜绩始于 1903 年的《迪克法案》。[176] 迪克众议员本人曾是国民警卫队协会的前任主席。1908 年，协会又保证了强化对于国民警卫队的联邦支持力度的《第二迪克法案》得到通过。到了 1916 年，国民警卫队"竭尽全力阻止"总参谋部提出的大陆陆军（Continental Army）计划，他们再次取得成功，当年通过的《国防法》支持了他们的观点。四年后，随着《1920 年国防法》的通过，国民警卫队的地位进一步得到强化，这被协会描述为"伟大的成就与胜利"。在 1933 年通过将国民警卫队在和平时期与战争时期都作为陆军预备役部队的法案时，"国会对于国民警卫队提出的议案表示全体一致同意"。在整个 20 世纪 20—30 年代，国民警卫队协会成功通过他们的努力增加了国民警卫队获得的经费，从 1920 年的 1300 万美元增加到

1941 年的 7200 万美元。在 1940 年，《选征军训与兵役法案》（*Selective Training and Service Bill*）的最初版本并未保障国民警卫队的利益，但协会成功地向其中插入了"国民警卫队保障条款"，其中宣称："国民警卫队的力量与组织作为一个整体，对国防第一线而言是不可或缺的，在任何时候都需要得到维持与确认。" 1946 年，国民警卫队致力于反对陆军部建立一支大规模的有组织的预备役部队，因为这被视为同警卫队"竞争"并且"并列"的组织。陆军部建议向这支部队拨款 4000 万美元，但由于国民警卫队的持续反对，这一建议被国会驳回。但是，国民警卫队却能够毫无困难地为自己获取经费。例如在 1949 财政年度，预算局建议拨款给警卫队 1.95 亿美元，但协会认为这不够，并最终使得精打细算的国会同意了 2.9 亿美元的拨款。在 1948 年，协会也成功地将他们的观点写入《选征兵役法案》当中，并且封杀了格雷委员会提出的立法建议。1954 年，当国防部助理部长建议国民警卫队应该只用于国土防御和民防职能时，沃尔什主席充满信心地应对这一挑战，宣称："如果他们想要开战，那就地开战就好。"[12]

177　　记录显示国会的确给予了国民警卫队支持，用沃尔什的话来说是"慷慨的支持"。在继续回顾第八十届国会时，沃尔什谈道：

> ……（是否）还有任何一个组织像国民警卫队协会一样，能够短时期内在立法领域取得如此的成功。协会实现了其所有主要的立法目标，这的确是一个伟大的成就。

两年后，协会的立法委员会报告指出，协会"在促进涉及其实质性的福利与发展领域的法律制定方面取得了非凡的成功"。[13]只要国民警卫队继续小心翼翼地维护这种双重控制状态，这样的情形就还会持续。作为"帝国内的帝国"藏身于民兵条款之后，这个最主要的军事院外游说集团有效地主导了与其相关的国会议程。这是一个美国宪法所创造出来的"科学怪人"（Frankenstein monster）。宪法为国民警卫队的口号"国民警卫队永世长存"做了背书。

权力的分立：国家武装力量的双重控制

在许多关系中，最重要的分权并不是总统与国会权力的相对划分，而是这种分权对其他群体权力的影响。两个同等级别团体的存在，意味着两者中的任何一个对其他群体所能发挥的权力都要弱于存在一个完整主权的权威的情形。分权的最主要受益者是有组织的利益集团、官僚机构以及各军种。分权对军事领导人参与政治冲突而言，即便不是不可抗拒的力量，也是一种长久的诱惑。因此，这就成为要在美国发展出军事职业主义与文官控制的主要障碍。

制宪者们在宪法中所缔造的军事权力分立，是一种在 18 世纪盛行于英国及其殖民地的观念，仅仅稍做调整就引入美国宪法之中。乔治·梅森说："钱与剑绝不能落入同一双手（无论是立法还是行政部门）。" 178 总统继承了英王的权力，而国会则继承了英国国会的权力。汉密尔顿在《联邦党人文集》中指出，总统的执行权力"将类似于大不列颠国王与纽约州长"。然而，制宪者还是做出了更有利于立法者的一个主要调整。在赋予国会战争权力这方面，他们改造了英国式的实践，并建立代议制政府发展中的一个重要先例。所造成的结果是，国会被赋予以下权力：

宣战，颁发捕获与劫掠敌船的许可状，制定关于陆地和水上捕获的条例；

招募陆军和供给军需，但此项用途的拨款期限不得超过两年；

建立和维持海军；

制定治理和管理陆海军的条例；……以及制定为行使上述各项权力和由本宪法授予合众国政府或其任何部门或官员的一切其他权力所必要和适当的所有法律。

而总统则被规定为"合众国陆海军的总司令"。[14]

分权的一般目的是很清楚的。但是，从宪法授予的总统权力性质来看，却产生了进一步的问题。这一条款在宪法中是独特的，因为授予的形式是**职位**而非**职权**。总统没有获得"统率陆军和海军"的职权；他只是获得陆军和海军"总司令"这个职位。这种形式上的差别是相当重要的。通过将总统权力界定为一个职位，制宪者使得总统的具体权力与职能成为待定事项。这使得宪法更容易在批准会议上得到通过，但也给后人留下了三思与争论的空间。到底哪些权力属于总司令？这个范围既可以扩展到最为广阔的领导战争的权力，也可以压缩到最受限制的军事指挥权。这其中当然排除了已经被明确赋予国会的权力，而可能包括所有未经明确分配的纯粹军事权力。但这个职位是否还可以拥有非军事权力？制宪者自己看上去也在这个问题上持有彼此矛盾的观点。但是，最高法院在1850年宣布总统作为总司令的职责与权力是"纯粹的军事权力"，并且否认了总统职权与君主特权（royal prerogative）之间具有相似性。[15] 只要总司令的权力还被解释为纯粹的军事权力，那么总统职位的权力就并未增加。事实上，直到内战爆发，这个条款都如同科尔文（Corwin）教授所言是宪法中的"被遗忘条款"。但是，在内战与二战中，林肯和罗斯福都使用这个条款来为自己大范围地扩权行动正当化，他们扩张的非军事职权，很多从性质上说更应当是立法权力。不过，对这些依据总司令条款而对行动所做的正当性解释，所具有的说服力仅仅是因为约翰·拉特利奇（John Rutledge）将总司令的权力定义为职位而非职能。也许可以论辩说，总司令职位包括占领罢工的军工厂的权力，但是很难说这种权力被暗含在统率陆海军的职权之中。换言之，这一条款相对而言一直以来很少被直接用于确保对军事的文官控制。事实上，从某种角度来说它已经直接削弱了文官控制。但由于被表述为职位而非职能，所以也就能被总统所利用，扩张自己的权力，同时让国会权力受损。这样一来，也就扩大了两个机构产生冲突的范围，因此，也就进一步间接导致文官控制受到阻碍，因为军事领导人更容易卷入政治冲突当中。[16]

　　总统扩张其在军事方面的权力的手段，包括任命军事人员、发布行政指示与命令，以及将文职部长作为领导军队的工具。而国会方面的武器则包括立法、拨款与调查监督。代表着国会利益运用这些武器的机构，通常是陆海军事务委员会、拨款委员会以及战时特别成立的调查委员会。有时双方都发现，无论是必不可少还是权宜之计，都要寻求军方对他们计划的支持，或者从实现自己的目的出发采纳并推动军方的计划。因此，比起民兵军官集团卷入政治的情形，联邦军官集团卷入政治不那么的整齐一致，而是更加分散地表现出来。职权分立于两个不同层次的政府，这使得民兵需要一个稳定的政治代言人来表达自己的利益。而在同一政府的两个不同分支之间的分权，导致了联邦军官集团以派系或个人方式不时介入到关于军事力量、军事战略、军事组织与军事任命的争议当中。在 1940 年以前，这些议题通常在国家政治当中还没有表现出特别的重要性。因此，分权对军事职业主义的形成首先是一种消极而潜在的阻碍。其所包含的文官控制内涵并不清晰，因为军事政策对国会和总统两方面来说都是相对次要的关心问题。

　　军事力量。国家政治中考虑军事力量的模式，使政治领域中的军方参与的范围显得模糊。在 1940 年以前，行政分支相对国会而言通常更偏好建立大规模的军事力量。国会对于外敌威胁缺乏直接接触，并且也受到在控制支出这方面更大的公众压力。此外，国会要确保自己权威的话，更容易的手段就是在预算制定过程中直接压缩行政分支提出的要求。因此，即使不讨论选民的压力，两个机构之间制度性的相互猜疑就会使国会更倾向于拒绝军事拨款。这样，造成的结果是军方的领导人更容易和总统处于统一战线；他们出席国会委员会来支持总统的计划。参与政治的军人站在国会一边的可说是罕见而戏剧性的，但支持总统的则可谓司空见惯。毋庸置疑，某些总统利用受欢迎的军人来获取国会对其军事计划的支持。但这么做的时候，很难划分一条明确的界限来界定军人向国会提供的建议，究竟是从国防出发所做的职业意见，还是代表行

180

181　政一方所做的游说。这两者之间在理论上泾渭分明，但在实践中却模糊难辨。此外，二战之后，这种模式出现了许多变化，国会开始比总统更能对军方的要求做出同情性理解。

军事战略。要界定行政与立法分支在军事战略方面的一贯立场，比起军事力量方面更为困难。如果说在这一领域存在稳定模式的话，那就是国会通常倾向于更具有侵略性与攻击性的战略，而总统则支持审慎与克制。当这个议题同政治联系在一起，双方就都能找到更倾向于自己立场的军官。那些在最高层级行政官员处无法获得对自己战略观点支持的军官，可以很容易地在国会中找到愿意推动这种战略的议员。同样，想要攻击政府军事战略的国会议员，通常也能找到军官提供其职业声望来支持这种攻击。

政治与战略混为一谈的最极端的例子出现在南北战争期间。根据其某位创建者的界定，国会战争指导委员会（Committee on the Conduct of the War）的目标是："对所有根据人民的指引进行战争的行政机关保持关注和监督……我们不处于国家军队的指挥下，而是代表国会指挥他们。"[17]这个委员会热衷于强烈反对奴隶制的"激进"政策，以及"直捣黄龙"（On to Richmond）的攻击性战略。但是，总统和麦克里兰将军在这两方面都表现得更温和。因此，该委员会毫不犹豫地使用他们的权力打压麦克里兰，迫使他放弃了指挥权。委员会的成员们认定自己在涉及军事战略方面所拥有的能力，至少与将领们不分伯仲。在反对麦克里兰的过程中，他们得到了许多与他们观点一致、积极反对"小麦克"（Little Mac麦克里兰的昵称）的军官的支持。而与此同时，例如胡克（Hooker）和伯恩赛德（Burnside）这样更倾向于委员会立场的将领，* 也受到军中那些更为审慎的部下实施密谋而获得的制约。

182　　军事组织。在军事组织方面，由于观点的不约而同，使得军官会站

---

* 麦克里兰在担任波托马克军团司令期间所实施的保守战略，导致他在1862年11月被解职，由伯恩赛德接任军团司令，而1863年1月，胡克又接替了伯恩赛德的司令职务。——译者注

在国会一方反对总统。国会通常试图通过关于军事组织的详细立法，以此强化他们相对于行政分支的权力。军官通常支持这种做法，以此强化自己相对于总统和文职的陆海军部长的权力。因此，军事组织的相关议题，比军事战略方面的议题能体现出军人参与政治的许多更明显的事例。

在内战期间，国会详细谋划军事组织的细节，并且迫使林肯总统将陆军分散为多个军团，从而减少麦克里兰指挥下的部队数量。战后，《陆军拨款法》（Army Appropriation Act）规定，总统必须通过陆军总司令（General of the Army）* 格兰特将军来下达关于军事的所有命令和指示。此外，该法案还规定陆军总司令不得被调任到华盛顿以外的任何其他职位，除非是出自他本人的请求或得到参议院的同意。这种试图将总统作为全军总司令的职权转移给其军方下属的做法毫无疑问是违宪的，但这在美国历史上却并非空前绝后的例子。

国会通常支持国防部的军官们来反对国防部长或陆军参谋部的集权。工兵部队在民事职能方面的独立地位只是一个极端的例子，显示出军方同立法权合作对抗行政权的倾向。1901 年，四位参谋首长——军需总监、军医总监、审计总监与工兵司令——借助国会来加强自己的地位，对抗陆军部长。此后，在涉及陆军参谋长和国民警卫队司令之间相对权力划分的争论中，陆军部长支持前者，而后者则得到了国会某个委员会的辩护。在《1920 年陆军组织法》中，国会要求陆军部长对陆军参谋部所提交的任何立法提议发表意见，要么赞成要么反对，除非在"违背公共利益"的情况下。这一条款的影响在于使参谋部的将军们 183 "在国会委员会当中与其上级争论"。1914 年到 1915 年，在费斯克（Fiske）海军上将的领导下，海军军官同他们在国会中的支持者合作，不顾总统与海军部长丹尼尔斯（Daniels）的反对，创建了海军作战部长（the Chief of Naval Operations）这一职位。[18]

---

* General of the Army 这一头衔在当时兼具军职和军衔的意义，此后逐渐演变为五星上将这一军衔，而格兰特担任 General of the Army 时所佩戴的军衔标识为四星。——译者注

军事任命。在涉及人员任命这一方面，军方的政治参与并没有单一的流行模式。个人参与的程度以及参与过程中立场的选择，都由其政治观点与政治关系所决定。但是，国会与总统通常都试图通过任命那些与自己军事观点基本一致的军官和封杀那些持有敌意的军官来扩大自己的影响力。在墨西哥战争中，斯科特少将与泰勒少将这两位资深的陆军将领都是辉格党人。波尔克（Polk）总统作为民主党人，担心他不能信任这些军人，因而不希望他们成为受欢迎的军人偶像。因此，他要求国会新设一个高于斯科特和泰勒的中将职位，计划任命民主党参议员托马斯·哈特·本顿（Thomas Hart Benton）出任该职位。但国会否决了这一提议，而泰勒则在 1848 年当选总统。内战期间，国会战争指导委员会积极地尝试提拔那些他们所欣赏的将领，并排斥反对其政策的将领。日常事务如果有特殊的重要性，那么国会影响力的运作就会表现出来，譬如在美西战争爆发之前任命杜威出任亚洲舰队（Asia Squadron）司令就是一个例子。海军部长隆（Long）反对杜威的任命，而助理部长老罗斯福则表示支持。罗斯福召见杜威，询问他是否有认识的参议员，而杜威承认他认识佛蒙特州参议员波克特（Proctor），于是这位议员就成为沟通麦金莱（McKinley）总统的渠道，促成任命得以通过。[19]

因此，国会与总统的不同利益决定了军官支持的派别。在军事力量议题方面，军官通常会支持总统，而在军事组织方面又站到国会一边，184 关于战略问题分裂成两方，至于人事任命则会从自身利益最大化加以考虑。每当重要的军事政策问题出现时，联邦军官们都会选边站队，加入立法与行政的冲突中去。这样的分权，导致美国军官很难通过军事职业主义获得自由。

统帅条款：政治-军事的科层制

统帅条款的一个主要功能，就是使总统在国家紧急状态时行使广泛权力获得正当性。第二个主要的功能，则是干扰行政分支实现文官控制。就像分权对军事领导人而言是一种持续的诱惑，让他们越过总统直接面对国会，统帅条款也是一种持续的诱惑，越过文职部长而直接面对总统。

统帅条款是制宪者将政治与军事职能混为一谈的突出例证。同样的想法使他们认为参议员在战时可以成为将军，而文官总统也就可以成为军队统帅。在许多社会中，从原始的游牧部落到制宪者所处的时代，国家元首同时担任军队统帅是习以为常的。在希腊城邦、罗马共和国、欧洲君主制的民族国家，这都是现实存在，在拿破仑治下的法国更是如此。事实上，当时所有的州宪法都规定州长是州民兵的最高统帅。军事指挥就像任命行政官员和对外谈判一样，是行政首长的重要职能。将这一身份赋予总统，可以说是理所当然的。作为共和国的军人总统，就像欧洲国家的皇室军人一样。

制宪者预期总统行使军事职权的范围，可以从他们并未限制总统个人在战场上直接统领军队这一点看出来。这种限制在新泽西方案中曾被规定，并且得到汉密尔顿的支持。但是，制宪会议直接拒绝了限制总统个人权力的这种尝试。对于这种权力的批评也在某些州制宪会议上表达出来，但进行限制的努力也未能成功。制宪者与人民的意愿和预期就是，总统只要愿意，就能够在战场上亲自指挥军队。建国初期的总统毫不犹豫地这么做了。华盛顿亲自指挥民兵镇压了威士忌叛乱（Whiskey Rebellion）。麦迪逊在 1814 年保卫华盛顿的失败战斗中也是亲自上阵。*在墨西哥战争中，波尔克总统虽然并未指挥战场上的军队，但亲自制定了这次战争的军事战略，并参与到广泛的专业军事事务当中。最后一个总统直接行使军事职能的例子，是林肯在 1862 年春天参与到对联邦军队的指挥当中。总统亲自决定了作战计划，并且根据他所发布的战争命令指挥具体各部队的行动。直到格兰特在弗吉尼亚接管了指挥权，总统

185

---

* 美英之间的 1812 年战争中，英军在 1814 年发起对华盛顿的攻势，美军仅有临时组织的缺乏经验的民兵，麦迪逊亲自率领民兵作战失利后，英军攻陷华盛顿并火烧白宫。——译者注

对军事事务的参与才告一段落。此后，没有总统再试图指挥军队作战，虽然老罗斯福在一战中曾经反驳说，他早前作为统帅的经验足以证明他有能力指挥在法国的一个师。[20]

直到 19 世纪中叶，在政治能力与军事能力之间都没有真正的区分。从事任何事务的人都有能力指挥，总统行使其军事职能并不会遇到困难。一个单一且清晰的政治—军事等级，存在于总统到陆海军部长再到部队指挥官之间。政治与军事方面的职责与能力，都沿着这一线路混合起来。总统通常在上任前都具有军事经验，陆军部长也几乎都是如此。此外，高级将领们也常常介入政治。因此，军种部同总统内阁中的其他部也就没什么区别。

这种统一的等级制，随着军事职能的职业化而逐渐被破坏。总统不再具备行使军事指挥权的能力，即使他过去所受的训练使之具备这种能力，但是也无法在这一方面投入时间却又不影响到其他政治职责的承担。总统的政治职能变得与总司令的军事职能无法兼容。同样，文职官员出任陆军部长或海军部长也无法胜任军事指挥。同时，军事职业的出现使得军官的经验完全集中于军事领域，与那些政治家部长完全不同，只有他们才从技术上拥有指挥的能力。但是，规定总统行使指挥权的宪法条款并未改变，这使得总统、部长和军方首长之间的关系变得更为复杂。根据宪法，军方首长行使军事职权，部长行使政治职权，而总统则包括了军事与政治职权。通常可以预料的是，部长同代表更广泛利益与职责的总统相比，即使在能力上并不具备，在视角上也会更倾向于军方，因为有职责代表其部门利益。但是，宪法却颠覆了这种关系，并使得等级制变得复杂。指挥链是通过作为文官政治家的部长到达总统吗？抑或存在两条从总统发散出的权力通道：一条政治—行政通道通向部长，一条军事指挥通道直接通向最高层的职业军官？这些问题直到今天仍然在美国军事组织方面令人困惑。

行政分支中军政关系的平衡、协调与垂直模式。在行政分支的总统、部长和军事首长之间，可以设计三种不同模式的军政关系。* 平衡模式赋予总统纯粹的政治职能：决定最重大的政治议题，并对军事体制进行总体监督。在其之下的是部长，也是纯粹政治身份，对整个军事组织负责。在部长之下的这个层级，划分成军令与军政部门。最高层的职　187业军官是部长的主要军事顾问，通常也拥有军队指挥权。军事首长服从部长，部长则服从总统，但部长和总统并不行使军事指挥权。军事指挥权到军事首长这一层级为止。部长之下还有军政官员（包括军职和文职），他们负责非军事的补给、后勤和财务事务。

组织的平衡模式倾向于将军事职业主义与文官控制都加以最大化。[21] 文官与军方的职责都得到了清晰的区分，并且后者明确从属于前者。总统与部长处理政治事务，军事首长处理军事事务，参谋与军事行政机构则处理军事行政事务。职业军人的权力范围被局限在军事行政机构所划定的领域内，并且层级也低于部长，不能参与政治决策。在总统授权之下，部长将行政与军事双方的利益加以平衡。从 19 世纪后半叶开始，英国的军政关系就以与此类似的方式建立起来。从 1794 年到 1870 年，陆军部负责掌管陆军的行政事务，而陆军总司令则直接隶属于国王，负责军事指挥与训练。但是，在 1870 年，内阁坚持军事首长应服从于陆军部长。随着 1895 年总司令职位被废除，以及随后帝国总参谋长（Chief of the Imperial General Staff）职务的设立，完全的平衡结构得以形成。相同的体制在海军中也建立起来。只有当国王同意但又勉为其难地将其作为陆海军首席将领的角色转换为白哲浩所谓的宪法中的"神圣"部分时，这种体制才得以建立起来。"实效"控制层级从国会到内阁，再从首相到陆军大臣，最后再到陆军部内的军事首长与行政机构。但是在美国，没有总统会允许他通过宪法所获得的统帅职能被架　188

---

　　* 当然，行政分支中的军政关系还存在其他的可能结构，诸如任命军人出任部长。但是，此处的分析限定在与美国经验相关的三种理想类型。虽然职业军人曾偶尔被任命为陆军部长，但这并非常态，也不容易在现实中被接受。唯一认真提出的由军人担任部长的计划，是 1815 年的一项失败提案，拟议由三位海军军官组成委员会来取代海军部长。

空。这些职能并未神圣化，而是继续发挥实效。因此，这种平衡模式的组织形式也就难以实现，要维持就更加困难。美国军政关系几乎不可避免地被引向其他模式，而这些模式都会削弱军事职业主义与文官控制。

协调模式意味着将军事与政治职能在总统之下直接分立。部长被限于非军事的行政职责，军事首长则直接在总统之下承担军事职能。行政管理的链条从总统到部长再到下属各局局长；军事指挥的链条则从总统到军事首长再到军队。这符合宪法的理论，并将除总统之外的文人排除在军事层级之外。但是，这样会削弱文官控制。军事首长的权力范围虽然被限制在军事事务领域，但他们的权力层级却直接位于总统之下，这使其很容易介入政治事务。总统通常日理万机，无法充分关注军政关系这一问题，因此军事首长就必须做出政治决策。军事首长和总统的直接联系也会促使总统插手军事事务，并干预高度专业化的军事计划与指挥，而他并没有这些专业能力。

垂直模式以另一种方式解决了统帅条款的问题，但这也同文官控制并不一致。在这一模式中，部长与军事首长有着同样的职责。军事行政机构的首长从属于职业军人首长，而后者又从属于向总统负责的部长。既然总统仍然是总司令，在他与军事层级中其他部分之间保持着同样的联系，那么部长就在军事指挥链条中获得了位置，可以被称作总统的副司令或其他与之类似的称呼。但是，军事首长就在部长之下掌控部内的所有活动，那些特定的军事指挥与计划职能就被授权给层级中的次级军事首长，他们和部内设行政机构首长处于同一级别。这样的模式阻止了军事首长直接接触总统，因为他的职责和部长一样。因此，他无法与总统形成特别关系，必须服从于部长。与此同时，他在部长之下监督部内所有活动，所以这也可能会将部长架空为傀儡。将个人的政治与行政职责和军事指挥职能结合在一起，军事首长就会超出其能力范围。他牺牲了自己更高的权力层级，换来更广泛的权力范围，而这也会损害其职业化地位。此外，对宪法的扩张误读，以为在总统之外部长也可以行使军事指挥权，这并不符合现实。

因此，美国宪法体制并未促成平衡模式的行政分支军政关系得以稳定存在。总统作为总司令的权力不可避免地推动行政领域的军政关系结构向着协调模式或垂直模式发展。军事首长的利益促使他寻求和总统的直接联系，以及对其军种部门内部的军事与行政事务的全方位掌控。此外，部长也尝试保持联系总统的垄断渠道，以及有大量下属单位向其报告。无论军事首长还是部长，都未能完全达成他们的两个目标。不可避免的是，部长倾向于将那些兼顾军事与行政方面事务的军事首长从他的部门中排除出去，或者把军事方面的事务交给那些直接接受总统指挥的职业军人。

文官控制与宪政政府

客观文官控制在美国已经存在，但这是地理上的隔绝与国际力量平衡的产物，这样的条件能够实质上取消常备军，并将军方排除在政治权力之外。文官控制从这个角度看上去一直如此有效，以致被称为是美国宪政体制的基本原则。但这么说不过是自欺欺人，美国人把宪法归因于地理上的优点。客观文官控制外在于宪法，这是我们政治传统的一部分，但不是宪政传统的一部分。从这一点来说，这就像是政党体制一样。制宪者并没有预料到大众民主的兴起，因此，他们也没有在宪法中为政党作出规定。同样，他们没有预料到军事职业的兴起，因而没有在宪法中规定文官控制。两者都没有进入宪法的构想中，都是通过宪法之外的力量而形成的。在阻碍美国形成一个像英国那样强大的政党体制方面，宪法做出了贡献；而在阻止像英国那样有效的文官控制方面，宪法也发挥了同样的作用。成文宪法的限制，已经被证明可以有效地阻止某些最为强大的功能主义要求。

问题由此产生：除了修改宪法之外，现行架构下可以在多大程度上实现文官控制？存在的困难是稳定的，而难度并非都一样。统帅条款的

190

实行，对文官控制究竟会造成多大程度的损害，很大程度上取决于谁担任总统。这不仅没有加强反而更削弱了军事职业主义与文官控制。英国首相并非总司令，也没有任何军事职能，却比美国总统更能有效地控制军队。这一条款的主要积极意义，就是将总统对抗国会的权力扩展到非军事领域。如果这一条款被首先从非军事意义上理解，而且总统可以像英国国王一样将其军事指挥权置于神坛，那么文官控制的障碍就会被清除，平衡模式的行政组织也就可以运行起来。

民兵条款只是直接阻碍了某一类军事力量中军事职业主义的发展。191 当然，可以想象国会能够废除对民兵的双重控制。但面对着国民警卫队强大的政治压力，这么做几乎是不可能的。而且考虑到现行的情况，这几乎是完全不可欲的事情。更合适的做法是充分利用军事联邦主义的现状。国民警卫队的存在，必然会阻止建立一支强大且随时待命的联邦预备役部队。宪法已经使国民警卫队成为一支强大的政治势力，不难想象，这种政治力量也会使得国民警卫队成为高效的军事组织。到 1954 年底，陆军和空军国民警卫队已经有差不多四十万人在支领军饷——这个人数是陆军和空军预备役的两倍。在 1956 年初，国民警卫队的地面力量包括了 21 个步兵师、6 个装甲师、9 个团级战斗群、9 个装甲骑兵团、123 个防空营、74 个野战炮兵营以及各种各样的其他部队。空中国民警卫队则由 27 个作战联队组成。国民警卫队的战备水平达到了历史上前所未有的高度。许多防空部队与截击机中队，都时刻准备着以准现役的警戒状态参与国土防空。[22] 由于国民警卫队的性质，其从来就无法完全建立起客观文官控制。但其仍然能够在现行的宪法与政治框架内，形成一支举足轻重的后备军事力量。

真正从宪法层面阻碍客观文官控制的是分权制度。分权是美国政府体制的实质，其所造成的影响波及整个武装力量。除非从根本上修改宪法，否则分权都不会改变。事实上，即使这种修改存在可能，能否得失相当还是高度存疑的。在文官控制与军事职业主义之外，还存在许多其他价值，而那些价值是制宪者在起草宪法时铭记于心的。美国之外也许有更有效的文官控制制度，但没有任何国家拥有如此有效的制度，能够约束专断的政治权力或在行政与立法之间达成独特的平衡。无论是坚持职业主义标准的军官还是坚持文官控制的文职部长，都不可避免地会羡慕英国式的内阁制。但这种制度并不适合美国。在分权体制之内，制度性的调整可以减少其对于文官控制的负面影响。但是，要想根除负面影响则完全不可能。如果美国人民想要享受他们的宪政体制所带来的其他福利的话，那么较少的文官控制手段与较低的军事职业主义就成为一直需要付出的代价。

192

第八章

内战前美国军事传统的根源

美国军事思维的三条脉络

193　　技术主义、平民主义与职业主义是美国军事传统的三条脉络。这三者都源自内战以前。技术主义要素强调，机械方面的技能与专门的科学塑造了军人这一行当；好的军官是诸如工程、造船、制图或水文等民用技术方面的专家。虽然军事技术主义的基础在 19 世纪初期的美国文化中已经普遍存在，但最主要还是来自于杰斐逊主义对美国军事思维的贡献。技术在军事教育与参谋组织方面的影响最强，尤其是在海军当中。美国军事传统当中的平民主义脉络强调所有美国人无论其知识与训练水平如何，都有普遍的能力去运用军事技能；军官应是受到民主与自由理想感召的公民战士。平民主义的要素主要来自于杰克逊主义式的民主。其制度方面的最主要体现，是在军官的准入与晋升机制，以及在杰克逊主义时代得以明确的军队组织体制这些方面。最后，战争的科学和掌握这种科学的职业化军事专家这种观念——主要由南部各州引入军事传统之中——在 19 世纪中期也已经存在。不过，不像技术主义与平民主义的脉络都从美国自由主义这一主流之中发源，军事职业主义同保守主义
194　的少数派联系在一起，在这个世纪中同美国发展的主流愈行愈远。南方的支持使军事职业主义得以作为理念传播，但也注定其作为实践被击败。军事职业主义不像技术主义与平民主义，它缺乏制度方面的表现。

在内战之前，没有重要的职业主义军事制度存在于美国。

联邦主义的失败：汉密尔顿夭折的职业主义

军事职业主义在制度建设上的失败，同联邦主义的失败密切关联。联邦党人几乎都是典型的保守主义者，他们的基本价值观非常接近于军人的价值观。在美国建国初期艰难的那些年中，承担保卫国家安全的职责，这使他们在军事事务上有着保守主义的偏好。"汉密尔顿的爱好就是军队"，亚当斯曾这样写道，而这位美国第二任总统自己也断言，国防"一直深深植根我心"。[1]他们强调国家对军事力量的需要，以及国防在政府职能中的首要地位。联邦党人既不谴责也不回避权力政治，他们带着愉悦与深思熟虑的手段参与其中。华盛顿的告别演说建议国家应当足够强大并明智，从而可以"在正义的指导下选择战争还是和平更符合我们的利益"，这甚至反映出来将战争视为国家政策工具的军事职业主义观念。

如果联邦党人的保守主义能够保持其作为智识潮流与政治力量的蓬勃生气进入 19 世纪，那么它将会成为军事职业主义的丰富源泉。然而，在战争科学与军事职业主义于美国功能上可行之前，联邦党人就已经消失了。因此，当他们强调对军事力量的需要时，他们并不清楚对这种力量的职业主义方向的需求。联邦党人的两位领导者——华盛顿与汉密尔顿——事实上都是这种专业类型的反例，因为他们能够轻松地在军事与政治职务之间转换。他们对客观文官控制也并不太了解。华盛顿不是作为一名军人而是作为一名公民服从于大陆会议。汉密尔顿是联邦党人当中仅有的预料到军事职业主义重要性的人。他看到了作为劳动分工的必然结果，即一小群军事领导人长期并且专业地从战争艺术的本质出发来指挥军队，他还呼吁创建一所精心设计的军事学院，用于教育军官"战争的原则、战争所需的行动以及从战争中发现的科学"。[2]汉密尔顿

195

的观点是联邦主义哲学在军事领域最先进的运用，但是这甚至没有得到大部分联邦党人的赞同。而且，更重要的是，保守主义的联邦党人哲学也没有得到大部分美国人的赞同。联邦党人1800年在政治领域逐渐衰落，导致杰斐逊式的技术主义而不是汉密尔顿式的早期职业主义成为美国军事传统的起点。

技术主义

杰斐逊主义的渊源：专业化原则。 内战之前的美国军官通常接受过高水平的训练与科学的教育，但他们所接受的训练并不是和同僚们所分享并且能够将他们同社会中其他成员相区分的军事技能。相反，军官是多样的技术领域之一的专家，他的专业能力将他和接受不同专业训练的军官区分开来，与此同时又和在军队之外与其从事相同专业的文职人员形成了紧密的联系。换言之，军官集团又被划分为许多小团体，其中某些比另一些更重要，但相互之间都和民间社会中的某些部分而不是军官集团中的其他部分的关系更为紧密。陆军军官的工程师思维通常比军人思维更强，而海军军官的水手思维也要强于海军思维。美国未能从当时多样化的技术专业中发展出独特的军事科学，用于调整、控制和整合这些专业，使之成为一个集中于战争的军事目标的独立学科。技术主义在欧洲被职业主义取代之后，仍然于美国军事传统中保持着强大的影响力。其力量的来源，包括美国文化中的实用主义、经验主义、物质主义和重视实践这些特征，以及对于理论的一般化和目标的目的论界定所持有的敌意。不过，从其发源的特定政治文化潮流这一点来说，军事技术主义主要是对美国军事制度形成巨大影响的杰斐逊主义的产物。

像其他自由派一样，杰斐逊对正规军没有兴趣，也没有帮助，同时没有注意到正在浮现的职业化军官特征。杰斐逊对客观文官控制没有贡献，他谴责"军民之间"的区分，并认为"为了双方的幸福都应该废

196

除这种区分"。但是，不同于后来的许多自由派，杰斐逊对于国防还是有着清晰的计划。杰斐逊并未四处寻觅美国持续的威胁或战争的可能性。他的军事政策像汉密尔顿一样，植根于国际关系的不稳定状态。但两人实质上有很大不同，表现出他致力于发展一种汉密尔顿主义方案的自由派替代品，这是一种极端的转型，以"人民的军事主权"（military sovereignty of the people）作为基础。杰斐逊根本不是要放弃美国的武装，而是要把美国变成全民皆兵的国家。"只有武装起来的国家才能放弃常备军；因此，保持我们的武装与训练，无论何时都是重要的……"[3] 民兵涵盖的范围应当普遍化——"全民皆兵"（every citizen a soldier）是杰斐逊主义的格言——并且有着良好的组织、分类、训练与装备。从结果来看，杰斐逊的军事政策并不比汉密尔顿更加成功。将军事职责泛化，这等于事实上废除了军事职责。相比用一支自由主义的力量替代正规军，国会更愿意将正规军限制在不合理的规模。消弭政策压倒了驯服政策。没有像杰斐逊所建议的那样在和平时期维持民兵来应对突发情况，战时则创建正规军，美国选择了在和平时期维持正规军，而当战争爆发时则征召民兵。汉密尔顿式的方案在一个自由主义社会中不可行，因为其与自由主义原则相违背；杰斐逊式的方案不可行，因为其与社会的原则相违背。

　　杰斐逊主义者关于军事科学与军事领导权的思路，反映出他们关于 [197] 军事力量的理论。正如杰斐逊主义者认识到对某些形式的军事力量的需求，他们也认识到了对某些形式的军事知识与教育的需求。但也正如他们把军事力量同人民大众视为一体一样，其未能在民事与军事之间做出知识的区分。就数量而言，军事力量无法从整个社会中分离出来；就性质而言，军事科学也无法从整体的科学中分离出来。杰斐逊宣称："我们应当训练并且分类组织好全体男性公民，并且将军事方面的指导列为大学教育的常规部分。"将军事内容扩散到正规社会当中，只有在对军事职业的技能要求等同于各种各样的民间职业的技能要求时，才有可能实现。19 世纪 30 年代以前，在美国陆海军军官寥寥无几的著作中，技术主题的出现要比军事主题多得多。杰斐逊主义者尊重启蒙时代的科学家：好的军官就是某一专业科学技术方面的专家。

美国军事思维中的技术主义倾向，还受到了法国影响的强化。这也是由于杰斐逊主义者对法国制度和文化的好感。美国模仿法国强调防御工事、炮兵与工兵。西尔韦纳斯·塞耶（Sylvanus Thayer）的思想在西点军校初期有着巨大的影响，他认真研究法国的教育，并相信法国是"军事科学的宝藏"。他有意识地按照法国模式来塑造这所军校，以巴黎综合理工学院（Ecole Polytechnique）作为最佳榜样，聘任法国教师并使用法国教材。19 世纪上半叶西点的杰出毕业生，例如哈勒克（Halleck）与马汉（Mahan），* 毕业后前往法国而非普鲁士继续学习。约米尼（Jomini）** 被视为大规模军事行动的最高权威，同时，美军的步兵、骑兵与炮兵战术都师从法军。军校与陆军当中的法国影响在很大程度上有助于取得高水平的科学与技术成就，但降低了对陆军军事目的重要性的认识。[4]

198　　　**教育：建在西点的工兵学校。**直到南北战争结束，美国军事教育几乎完全以技术作为目标和内容。在美国军事教育中，没有任何高水平的军事科学与战略内容，也没有任何教育机构可以类比普鲁士的初级军官学校和柏林军事学院。杰斐逊主义对美国军事思维影响的最显著也最持久的例证就是：建立在西点的军事学院。汉密尔顿在 1799 年提议建设五所学校：一所基础学校，学生在此接受为期两年的教育，学习关于"军事艺术中不同分支达成最佳知识体系共同所需的全部科学"；另外四所是高级的工兵与炮兵、骑兵、步兵和海军学校，学员在完成基础课程之后进入这些学校进行专业化的研究。这将是真正的职业化军事学院，包括对军事科学整体上的基本内容与更专业化的分支学科要素的教

---

　　* 此处指的是"老马汉"丹尼斯·马汉，西点军校的教授与校长，而非知名度更高的海权论开创者、其子阿尔弗雷德·马汉。——译者注

　　** 安托万·亨利·约米尼（1779—1869），曾在法军与俄军中担任将领，著有《论大规模作战行动》（*Treatise On Grand Military operations*）与《战争艺术》（*The Art of War*）等极具影响力的军事理论著作，与克劳塞维茨并称西方军事思想的两大权威。——译者注

育。[5] 相反，杰斐逊 1802 年在西点所建立的这个机构，仅仅是汉密尔顿所倡议的那所军事学院的五分之一。这所学校的建立几乎就是工兵部队建立的副产品。其最基本的教育目标是：培养军事或民间行业所需的工程师。它相当于巴黎综合理工学院，而非圣西尔军校：是一所被设计用来服务于全国的实用科学学校，而非仅服务于军事的职业化学院。例如，杰斐逊任命的首任校长乔纳森·威廉（Jonathan Williams）此前就没有任何军事经验，只是参与过防御工事建设，并作为一名实用科学家而赢得声誉。杰斐逊的兴趣总是更多地存在于这所学校的科学活动而非军事活动。

西点的杰斐逊主义渊源极大地影响了美国军事教育，形成了对于科技的强调，其遗产长久流传。这所学校在内战之前的年月中的主要贡献，就像杰斐逊所希望的那样，体现于工程与科学的领域。直到内战结束，这所学校仍然是工兵部队的一部分，校长也必须从工兵之中任命。工程科学在课程中具有统治地位。工兵系在 1812 年就建立起来，但直到 1858 年才由国会建立了战术系。军事学科被作为军事工程学的辅助课程加以讲授，而军事工程学本身又依附于土木工程学。正如一位观察家所做出的评论，在内战期间没有"任何关于战略或大规模战术、军事史以及一切可以称为战争艺术的知识的传授"。[6] 军校的毕业生更多在私营部门就业，而政府也主要是将其用于地形测量、铁路建设以及其他内政发展方面的建设。在内战之前的时代，其校友更多是在民间各行业而非军队当中赢得声誉。西点培养的铁路公司总经理比它培养的将军更多。许多学员直率地表明进入该学院的目的，就是成为科学家或工程师，而不是军官；而该学院为自己对国家贡献所做的论证，依据的也是科学、探索与国内建设。1835 年以前，西点军校在美国技术教育的发展方面产生了决定性的影响。在 1870 年以前建立的 19 所工程学校中的大部分，包括哈佛与耶鲁的工学院，都同西点军校形成了直接的教学联盟关系。因此，内战之前，西点军校在初级职业军事教育的构成要素上，存在着两方面缺陷：它既未能向学员提供人文学科的博雅根基；也

199

未能提供他们军事科学的首要基础内容。

19世纪60年代以前，技术主义在美国海军教育的许多方面比起陆军更为普遍。但是，形成这种现象的原因与杰斐逊主义这一渊源并无多少直接联系。其早期强调的是水手技术，海军军官常常直接从商船船员中任命。此后，随着蒸汽机船的引入，产生了向船舶工程学的转向。在1845年以前，对军官的教育是实用的而且缺乏计划的。对海军军校学员的考试要求仅有航海学与水手技术，而存在于海军中的一个强大传统则是：军官唯一接受教育的地方就是舰船甲板。通过立法在陆地上建立一所像西点军校那样的海军学校，这种要求最终得到普遍的认可。但是，这所学校的性质仍然被局限在技术领域。例如在1814年，海军部长琼斯（Jones）就宣称关于纯粹技术学科的教育，就是他认为"成就海军军官所必需的内容"。在1841年，厄普舍（Upshur）海军部长声称由于蒸汽轮船的引入，要求海军军官更高水平的科学知识。[7]当海军学院在1845年建立起来时，其课程与西点高度相似，只不过用船舶技术替代了土木工程。在此后的几十年中，抵制理论教学的势力在海军当中仍然强大。

参谋组织：杰斐逊式的海军技术主义（1815—1885）。技术主义的优势也反映在陆海军组织中行政参谋的关键职位任命上。无论是陆军部还是海军部，在这一时期都没有一个真正的总参谋部致力于运用专业知识处理军事行动与作战。陆军"总参谋部"于1813年设立，其中包括副官长、军需总监、军械总监（commissary general of ordnance）、主计长（paymaster）、分管地形的总工程师助理（assistant topographical engineer）以及他们的助理。他们对于陆军结构的影响某种程度上被"总司令"这一职位所抵消，总司令在理论上代表陆军利益，但实际上却深深卷入政治冲突。技术兵种更受青睐。工程学被战争条例（Articles of War）定义为"军事科学中最高水平的分支"。[8]直到内战前的整个时期，陆海军的大部分精力都投入那些实质上属于民间领域的探索、科学研究和国内发展之中。

杰斐逊式的技术主义在军事组织中造成的影响，最显著的例证就是海军部，这一机构长期延续的特色，在 1812 年战争之后的麦迪逊政府时期形成。这种当时形成的组织模式一直到 20 世纪都占据主流，军事的专业技能被明确地界定为技术技能，同时也明确否认广泛指导海军战时军事行动的专业知识的必要性。海军机构因此没有从任何形式上代表海军职业军人的利益，因此看上去也和行政上军政关系的三种理想类型都没有相似之处。这个机构事实上就是一个完全前职业化的组织模式。

从 1798 年到 1815 年，海军部的组成人员中仅有一名部长和数名处理所有商事、民事和军事事务的职员。在 1812 年战争之后，产生了对更大规模的参谋班子的需求，国会建立了由三名前任舰长组成的海军委员会（Board of Navy Commissioners）。这个委员会在海军部长的领导之下，其职责与部长范围相同。民事职责——舰船采购与建造——和军事职责——舰船的使用——都同等地配置给委员会和部长。很显然，国会想要建立一个垂直的组织体系。但是，这并非海军部长本杰明·克劳宁希尔德（Benjamin Crowninshield）的观点。海军委员会建立初期所采取的一项行动，就是要求部长告知某支分舰队的目的地。克劳宁希尔德拒绝了这一要求，宣称委员会只能处理民事事务。总统支持了这种对于立法的解释，因此直到 1842 年，这个由三位海军军官组成的海军委员会只能管理海军部内部的民事事务，相反，文职的部长在管理军事事务。

这个体系从表面上看表现出了荒诞的矛盾，事实上自有内在的逻辑。海军的民事事务比军事行动更高度地专业化与技术化。军舰的设计、建造和装备以及海军造船厂的运作，都是专家的工作。与此相比，训练、人事任命以及舰船使用，都是相对来说更简单的事情。从事事务性工作的职员能够直接处理后者，但不可能处理好前者。而且，盛行于 19 世纪 20 年代之前的惯例是任命曾经有海上经验的人担任海军部长，这一惯例进一步强化了海军部长处理海军军事事务的能力。这种海军组织背后的合理性，在 1839 年由海军部长鲍尔丁（Paulding）加以明确阐述。

202 他指出，海军部的职责很自然分成了两个层次。第一个层次"包括那些同更为普遍与全面的国家利益相关联的事务"——海军的规模和部署以及海军军人的指挥、招募和训练；第二个层次包括"所有同海军的建设、装备与维持相关联的事务"。按照部长的说法，第一个层次的职责"不要求专门技能或专业化的知识与经验……"因此，这些职责也就可以直接由部长负责。但是，第二个层次职责的履行"需要长期的专业经验，并且普遍相信在有能力的海军军官的协助才能完全达到目标"。[9] 海军委员会在 1842 年被行政机构体系取代，并未改变这种杰斐逊式的模式。只不过把此前由海军委员会整体承担的职责，移交给五个局来负责，分别管理造船厂和码头、舰船建设装备与维护、供应和被服、军械和水文地理，以及医疗。在这个海军组织结构中没有任何职业化军事观点的代表，而海军部长也仍然无意于行使这一职能。

随着海军的军事活动变得越来越复杂，海军部长也就不可避免地越来越不能胜任对其的管理。这在战争期间令人痛苦地明显表现出来。在内战中，已经有必要任命一位前海军舰长担任助理部长，作为海军的专业军事首长来指挥其战略与战术行动。这一职位直接同林肯联系，因此在战争期间海军组织形态也短暂地类似于协调模式。但是，到了 1869 年，助理部长一职就被废除，海军重新回到其在战前的那种前职业化组织模式上来。在此后 30 年中，每当战争威胁存在时，海军又一再仓促地被迫建立特别的（ad hoc）职业委员会来负责军事计划。美西战争期间，海军战略委员会（Naval Strategy Board）被建立起来指挥军事行动。但

203 是，在和平时期，这些职责就仍然直接属于文职部长，海军的最高军事指挥官只是各局的技术官僚负责人。正如西点军校对技术的强调阻碍了美国陆军军事职业主义的出现一样，美国海军组织机构中弥漫地突出技术的氛围，这也成为 19 世纪末期海军职业化改革者所面临的主要障碍。

平民主义

杰克逊主义的渊源：融合（amalgamation）原则。缺乏独特的军事科学，一方面使得军官投入技术专业中去，另一方面也导致了一种困惑，那就是没有任何一个类别的专业能力对于所有军官都是必需的。进行评价时，职业标准的缺乏导致了大众标准的运用。不可避免地，军职人员就像文职官员一样，被用来服务于政府领导人在言说之外更进一步的目标，无论该目标是否光荣。将军官集团按照不同技术专业来划分，形成了不同派系与其相对应的民间部分之间的个别关联；大众政治介入军官集团中，则使其同美国社会生活的主流形成了普遍关联。这种联系反映出美国文化中大众、业余、民主与理想主义的特色。这主要是杰克逊主义民主的产物。

杰克逊主义民主开创了一个与军事事务无关的自由时代。1815 年之后，除印第安人以外，美国的安全没有任何重要威胁，自由主义的军事防御计划因而也不再需要。外来危险的消失，加上军事职业主义逐渐显现出来的必要性，导致了从积极强调民兵与技术专业知识转为消极反对所有军事组织的转型。杰克逊主义者重复了杰斐逊主义者政策中的陈词滥调，但对于将其付诸实现并无建树。在警告常备军的危险并歌颂民兵是自由之堡垒的同时，他们既不废除正规军，也没有从民兵中发展出一支有效率的军事力量。在内战前的三十年间，民兵连队退化成几乎是纯粹的社会组织，缺乏军事训练与军事技能。[10] 杰斐逊希望能将所有公民教育为战士，杰斐逊主义者则相信所有公民不经训练就能成为战士。杰斐逊主义者认为好的军官应当具有专业能力；而与之相对的杰克逊主义者则强调战斗的勇气。相对于杰斐逊式的技术主义，杰克逊主义风格的军官则是明显反智的。

杰克逊主义者对军事事务的态度，显著的特征在于反对军官集团成

204

为一个贵族式的组织。这种反对的根源来自国家安全与时代精神。杰克逊式的人民概念——统一且同质性——与任何类型的社会区隔都不能兼容。追求平等的动力，正如托克维尔观察到的那样，成为追求一致的动力。但是，一致也就和全能联系在了一起。所有公民都很相似，因为他们都无所不能。杰斐逊对武装起来的人民的期待表达在"全民皆兵"的口号中，而杰克逊主义者则以"融合原则"的口号表达了对统一的人民的期待。正如国会某个委员会指出的那样，美利坚民族建立在"融合所有社会等级的伟大原则之上"。所有的职业主义都会被怀疑。刚刚出现的军事职业主义，实际上被扼杀在摇篮之中。"在一个自由的国度，将军队和社会中的其他等级与习惯、利益与情感方面加以隔离，是最不明智也最不安全的做法。"[11]

人事：国会的任命与旁门制（lateral entrance）。杰克逊主义者对美国军事传统的影响，在准入与晋升体系这一方面表现得最为显著。西点军校是杰克逊主义者充满敌意的首要目标，批评并不集中于学院的课程与方法，而是更多地指向军校生的选拔方式，以及军校毕业生先占（preëmpted）陆军初级军官职务。在杰克逊主义者看来，不仅没有军官所必需的专门技能，而且任何人都有天赋权利去投身于他所做出的选择。杰克逊政府的陆军部长甚至谴责"加入陆军的特权"，并且引用大革命时期的法国的例子来为广泛的晋升进行合理性辩护。杰克逊自己也不掩饰对于军校的反感，因为这象征着与他本人所坚持的那种军官概念相抵触。在他的总统任期中，西点军校深受掣肘而步履维艰，甚至作为校长与训练方式奠基人的西尔韦纳斯·塞耶，也因厌恶政党分肥制的侵入而辞职。杰克逊主义者的攻击在 1837 年达到顶峰，当年被委任对西点军校进行调查的某个国会委员会，建议撤销这所学校。在该委员会的意见中，西点军校违背了国父们的原则，形成了对正规军职位的垄断，而这本应该"像政府其他部门一样向所有公民开放"。军校基本的错误就是，假定"教育与训练就是一切"。西点培养的军校生无法领导生而自由的美国人民。战争的胜利应当依靠那些"天生有能力去做"的人。

猛烈抨击"金玉其外败絮其中的学术"的同时，委员会以热情洋溢的修辞重申了 18 世纪的军事天才概念。委员会还宣称，富人比穷人更容易被选为军校生，尽管没有任何特别的证据证明这一点。虽然国会并未按照该委员会的建议废除西点军校，但这个委员会所反映出来的敌意仍然普遍存在，纽约州立法机构谴责州内的"贵族机构"，称之为"与我们的自由精神与天性完全不能兼容"。[12]

杰克逊主义者的反对，最为持久的遗产就是国会系统对军校生的选定。在 19 世纪的最初十年中，军校生是由军事当局任命的。但是，到了 19 世纪 20 年代和 30 年代，当候选人的数量超过了录取名额，而且对军校的贵族制与财阀制性质的攻击也进一步增强时，就发展出从国会选区中分配录取的惯例。到了 19 世纪 40 年代初期，录取需要有众议员的推荐，国会议员将此也视为他们任命权中的正常部分。这一体系在 1843 年正式定型，当时国会要求军校生按照国会选区平均分配录取，并且必须是被录取的选区中的居民。就在海军学院于 1845 年建立之前，国会也提出了要求，海军军校学员的录取应当在各州与选区之间按众议员与代表名额的比例进行分配。每一位被录取者都必须是所录取州的居民，海军部因此依靠候选人所在选区的国会议员的推荐进行选择。到了 1852 年，国会正式规定国会议员的提名是成为海军学院学员的前提条件。[13] 国会体系在军校录取中发挥的作用，可以说是大众化的主观文官控制的粗浅尝试，但其在美国军事机构中所发挥的影响却长期持续。

从民间社会直通高层军官职务的旁门制，也是内战之前的普遍现象。从某些方面来说，这是一种古代就已存在的实践，但在杰克逊主义者的时代变得更为流行。例如，当 1836 年四个新建的龙骑兵团成立时，30 名军官直接从民间被任命，只有 4 人来自西点毕业生。从 1802 到 1861 年，美国陆军的 37 位将军中，没有一个西点毕业生；有 23 人实际上没有军事经验，还有 11 人直接从上尉甚至更高级别的军衔开始其军事生涯。墨西哥战争期间，陆军的规定也鼓励从民间直接任命军官。正规军军官常常离开现役转入文职行业，到了战时再以民兵或志愿军官的身份重回军队，而军衔还高于那些保留在现役中的军官。军官也经常从民兵或低级别的志愿军官中选拔。直到内战最后几年，都是政治因素而非战功决定着最高陆军职位的任命。在海军与海军陆战队中，这种影响也同等重要，虽然这些军种本质上更加个人化，但裙带关系仍然普遍。波林（Paullin）在 1815 年到 1842 年间写道："海军军校学员的选拔最重要的因素就是政治与个人影响，许多早期的政治家在海军的历史上留下了家族的记忆，他们的兄弟子侄乃至孙辈等各种各样的亲戚都成了海军军校学员。"[14]

很多人反对政治任命，但最能被普遍接受的替代品是论资排辈（seniority system），这无异于饮鸩止渴。在 19 世纪上半叶，国会坚持将资历作为晋升的正式制度。结果是，有能力的军官在下级职务上蹉跎岁月，而只要是有着正常或超常寿命的军官就肯定能晋升到更高级别。资历就像政治一样，受到那些希望官以酬功者的反对。即便像英国那样的购买制，有些人也认为比起美国的论资排辈更好，尤其是既然后者无法实现其表面上所试图尽量减少政治因素干预的目的。一位军官抱怨说："我们的陆军，比起几乎任何一个被我们习惯上当作贵族制的欧洲政府都更能包容任人唯亲与政治偏私，对功绩却完全不在意。"[15] 以一个更加职业化的晋升体制进行替代的努力，无论在陆军还是在海军都未能成功。缺乏评价职业能力的普遍认可标准，也就不可能发展出以功绩来决定晋升的标准。陆海军中退休制度的空白，导致军官都坚守他们的职位，直到死于任上，这就阻碍了下级的晋升。海军到 1855 年形成了有限的退休制度，但陆军要等到内战之后才能跟上。此外，海军几乎没有高度科层化的职业化等级，当时只有上尉（lieutenant）、中校（commander）与上校（captain）三个军官级别。* 既然海军生涯中一共只有两个等级可供晋升，也就没什么激励能表现出出众的努力或职业能力的提升。

---

* 早期的海军军衔与陆军并不对应，因为部队组织方式不如陆军复杂，因而层级也相当简化。Lieutenant 是舰长以下的首席军官，而 commander 是小型军舰舰长，captain 是大型军舰舰长。——译者注

平民主义对军官集团的影响鼓励了军官积极参与政治，这种模式是陆军总司令开创的。雅各布·布朗（Jacob Brown）与斯科特将军都是活跃的政治人物，而且后者还在执掌陆军期间参与总统竞选。多数军官都赞同军人的政治参与。在1836年《陆海军年鉴》（Army and Navy Chronicle）关于这一议题的讨论中，主流观点认为国父们已经建立了正确的范例。论辩指出，革命军中的每一位军官同时也是政治家。"军官不应当参与政治的感觉与意见被冷酷无情的军事贵族灌输到那些最具奴性的心智中，这些贵族的利益就通过完全控制其仆从的心智使之完全臣服于他们作威作福的本性。"[16] 主流观点赞同说，军人以言说和行动参与政治的权利和其他美国公民并无区别。

陆军组织：协调模式（1836—1903）。19世纪的海军组织模式在麦迪逊政府期间，按照杰斐逊主义者的路线得到塑造。而陆军的组织体系从1836年成型一直到20世纪初，其主流模式都反映出杰克逊主义者的影响。在1821年之前，陆军与海军一样，没有单一的职业化领导。陆军部长通过几个战区司令管理陆军，并掌控在华盛顿的参谋机构。只要愿意的话，他可以直接指挥野战部队，就像阿姆斯特朗（Armstrong）部长在1813年所做的那样。他因此也就完全掌控了陆军部，军事与政治职能并无区分。但是，1821年，陆军部长约翰·C.卡尔霍恩（John C. Calhoun）命令唯一在任的少将返回华盛顿，从而使"陆军的军事行政以及财务通过数个下级分支直接接受政府的监督与控制"。[17] 卡尔霍恩意图建立一个平衡的组织体系。一方面，部长通过控制医疗、军粮、军需、薪资、副官和工兵等技术部门来掌控"总参谋部"的军官；另一方面，部长通过司令官直接指挥部队军事行动。但是，卡尔霍恩很快就离任了，这个体系开始运作之后的状态却和他的初衷并不一样。特别是在杰克逊出任总统之后，他此前的军事经验、总统作为总司令的宪法角色、总统和陆军总司令以及部长的个性，再加上政治影响与利益的结合，共同将卡尔霍恩设计的组织扭曲为协调模式。总司令独立于陆军部长，在军事事务方面直接向总统负责。陆军部长的权威则被局限于领导技术官

僚机构的财政与军事行政事务。杰克逊的陆军部长刘易斯·凯斯（Lewis
Cass）支持这种发展，宣称总司令的职能是："监督与指挥军事管理中
那些纯粹属于军事性质的部分，这些部分的正确领导不仅需要军事经
验，还需要同陆军有军事上的联系。"[18] 部长与总司令双重控制的协调模
式正式成型于杰克逊政府结束之际制定的 1836 年《陆军条例》中：

> 陆军常备单位所有涉及训练与军令方面的事务，都隶属于
> 少将司令官（Major-General Commanding-in-Chief）。财政分配归属
> 于部属行政机构，以及陆军部长指导下的财政部。[19]

除了在内战前后的几年，这一条款一直在条例中持续，直到鲁特在
1903 年重组了陆军部。

协调模式的陆军组织的合理性论据在于，总司令代表陆军在军事方
面持续的利益，而部长作为未经军旅历练的文官不能介入总司令与作为
宪法上的总司令的总统之间干预军事事务。对军队单位而言，总司令的
职能是指挥，而部长的职能则是行政管理。后者作为文官不可能去行使
军事指挥。加菲尔德宣称："在所有纯粹的军事事务方面，陆军总司令
仅在总统一人之下。"[20] 总统也不能将指挥陆军的权力委任给部长，因为
后者并非陆军的部分，因而也就不能获得授权指挥陆军。陆军与陆军部
是彼此分离的机构。[21] 陆军总司令向总统负责，推论的结果则是，部属
各局领导人向部长负责。19 世纪 20 年代之后，各局首长直接向部长报
告，历任部长也都坚持直接向各局首长发布命令，不受总司令的干预。
立法所设立的各局，事实上将其置于部长的"指导"或"监督"之下。
协调模式的陆军部组织形式，一定程度上是有意模仿英国在 1795 年到
1870 年间流行的体制。美国军事著作中，赞美英国陆军部长和总司令
之间的权力划分是军事组织中最明智的形式。

虽然在理论上总司令代表着陆军职业化的军事利益，并且与政治相
隔绝，但在实际上，情况往往恰好相反。总司令与总统联系的直接渠
道，以及在他和陆军部长之间模糊的职责分配，使得陆军的最高军事首

长持续卷入政治争议之中。最大的冲突爆发于 1855 年，斯科特将军与戴维斯（Davis）部长展开了引爆美国公共行政的最为尖酸刻薄的对话之一。此后，这种冲突成为军事领域持续的特色：麦克里兰与斯坦顿（Stanton）部长在内战期间的冲突，谢尔曼与贝尔纳普部长在格兰特总统任内的冲突，谢里登（Sheridan）和恩迪克特（Endicott）部长在 19 世纪 80 年代的争吵，还有美西战争期间迈尔斯（Miles）将军与阿尔杰（Alger）部长公开的剑拔弩张。斯科特将自己的司令部从华盛顿搬到纽约，因为他无法与泰勒政府友好相处。而谢尔曼将司令部转到圣路易斯，也是他和文官当局分歧的结果。此外，就如同陆军部长努力将其权力扩展到总司令之上，后者也试图扩展对部属各局的控制权一样，1829 年，副官长向陆军部长抗议说总司令干扰了其职权之外的事务；而两年之后，总司令又抱怨说"参谋部门看起来几乎不属于同一军种"。在 19 世纪此后的年代中，贯穿着部属行政机构与总司令之间、总司令与部长之间的冲突，而这成功地阻碍了总司令实现作为纯粹职业军事领导人的职能。"固定的冲突"成了协调模式不可避免的结果。[22]

　　杰克逊主义者建立的协调模式的组织，是第一次尝试使总统作为全军统帅的宪法条款和致力于军事指挥与计划的专门职业协调一致。其历史表明，通过这种组织形式达成客观文官控制的目标并不可能。陆军部在协调模式方面的长期经验，可能在美国公共行政的历史中独一无二。其他主要的部门和机构，实际上往往是通过单一个人或像个人一样发挥作用的委员会来领导的。但是，陆军部在长达 65 年的时间中都在双重控制的体系之下运作，这是一个特殊的结果，宪法形式与最初的杰克逊主义者拒绝行政上的军政关系采取平衡模式造成了这个结果。

211

职 业 主 义

南方渊源：军事兴趣的传统。在内战之前的年代中，军事职业主义

仅有的重要支持就来自南方各州。"南方军事传统"以一种同新英格
兰、中西部和落基山脉各州军事传统截然不同的方式存在。南方在军事
事务方面，其兴趣的渊源是多样的。首先，南方对于军事力量有地方性
的特殊需要。在西部边境，随着拓荒者西进的线路，印第安人的威胁也
在向西移动。只有当一个地区需要军事保护的感觉长达数十年时，才有
可能发展出持续性支持军方的利益集团的基础。但是，南方的边境线则
是静止的。三代南方居民都深受斯米诺尔人（Seminoles）和克里克人
（Creeks）的劫掠困扰，直到竭尽全力的六年佛罗里达战争于1842年结
束，这种威胁才最终解除。对印第安人活跃的威胁而言，黑奴起义的潜
在危险进一步加以强化，由于逃亡黑奴常常与印第安部落团结起来，所
以这两种威胁并非各自独立。因为这两种威胁，要保证种植园经济体系
的安全，强大的武装力量与普及的军事知识和技能就不可缺少。其次，
南方军事精神的第二个渊源是，战前注入南方文化之中的浪漫崇拜。这
种浪漫崇拜大部分来自南方的农业特性，南方人崇尚英国理想的"绅
士"，并且由斯科特的小说激发出对中世纪骑士风范与惯例的模仿。所
有这些都造成了对暴力、骑士精神与军事典范的颂扬。[23] 最后，该地区
的农业特色，以及工商业机会较国内其他地区相对匮乏的现状，也很自
然地激发了南方人对于军事生涯的兴趣。

　　地区性的自我利益、对封建浪漫主义的隔代忠诚，再加上农业经
济，这些共同孕育了南方的军事精神。但是，这些渊源自身尚不足以发
展出对于军事职业主义的欣赏。事实上，在许多方面反映出的动机都与
职业主义理念并不兼容。但是，超越这些渊源的，是南方社会与南方思
想中的保守主义立场，这是南方作为一个自由社会中的不自由孤岛的防
御性姿态的产物。保守主义为职业主义理想的发展提供了包容的环境，
并且将南方生活中因其他因素引发的对于军事的关切转移到对军事职业
的性质的积极认可，以及将军事职业作为优先的生涯选择。这种保守主
义环境的吸引力在内战爆发时得到了表现。1861年，南方职业军官面
临痛苦的选择，这可以从李将军在阿灵顿苦恼的徘徊得到生动的体现。

此外，南方军官的政治忠诚也将他们吸引向南部联盟；然而，他们的职业职责却是忠于联邦。但是，这种决定并不是要简单地在政治与职业价值之间做出一个简单的分割。因为南方比起北方对军事职业有更多理解。正如一位北方军官在战争期间所宣称的那样："在南方分离之前的许多年中，军事职业在北方陷于名誉低下且备受指责的境地……正规军军人通常被视为游手好闲的人，薪酬优越却无所事事，几乎不值得尊重，当然更不值得尊崇。"一位南方海军陆战队上尉向阿尔弗雷德·马汉呼吁，他的父亲作为弗吉尼亚人与西点军校的教授应当投奔南方："令尊此前所有的经历都献给了军旅，而北方毫无军事精神，他应当加入我们。"[24] 因此，将政治考虑放在一边，南方军官面对着奇怪的吊诡：他的职业责任要求他支持一个排斥其职业的社会，去同一个孕育其职业的社会作战。幸运的是，对南方军官而言，联邦政府在 1860 年与 1861 年的政策允许他们辞去所担任的职务而不致违背他们的职业操守。尽管如此，40%—50% 的南方西点毕业生在 1860 年仍坚守岗位，继续效忠于联邦政府。不过，在冲突的进程中，两个地区的不同态度显现出了更为强烈的反差。职业军官在联邦受到排挤与忽视，许多高级职务被任命给那些征召回来的退役军人甚至直接授予文职人员，许多任命都是"政治"任命，至少在战争第一阶段如此。与此相反，南方则欢迎军事职业并且发挥了他们的天赋。回到南方的正规军军官有 64% 成为将军，而留在北方的则只有不到 30% 能够达到同一级别。[25]

内战之前的半个世纪中，南方优先占据着军事事务的主要领导职位。当 19 世纪前三十年中整个政府的领导职位由南方主导时，军事部门体现出更明显的南方特征。从那之后直到 19 世纪中叶，南方人在政府中的民事部门逐级退场，但在军事部门没有表现出同样的变化。相反，在军事部门南方的影响变得更为集中。尽管国会把持着选拔，但南方还是在西点军校学生中占有悬殊的高比例。军事学院中的理念与氛围一直到 19 世纪中叶都显示出明显的南方化，而海军学院也表现出"南方风情盛行"的特征。在 1837 年的陆军名单中，4 名现役将领中有 3

人来自弗吉尼亚，13 名上校中有 9 人出自南方，其中包括 6 名弗吉尼亚人。陆军 22 位最高级别军官中的 10 人来自 "老自治领"（Old Dominion）弗吉尼亚。许多长期担任高层职务的军官都来自南方。温菲尔德·斯科特在 1841 年到 1861 年担任陆军总司令，罗杰·琼斯（Roger Jones）上校于 1825 年到 1852 年担任副官长，杰赛普（T. S. Jessup）准将从 1818 年到 1850 年任职军需总监，他们都是弗吉尼亚人。海军军官中的地理中心也向南方移动。在建国初期，新英格兰主导着海军。随后，在 19 世纪的前四分之一，大西洋中部港口的 "海军派"（naval clans）成为海军军官的主要来源。但是，到了 1842 年，44% 的海军军校学员录取自马里兰—弗吉尼亚地区。北方对于这种状况的关注，是导致国会按照选区来分配军校学员录取的因素之一。文职的陆军部长——包括其中最积极进取的两人，卡尔霍恩与杰斐逊·戴维斯——与海军部长，以及国会军事事务的领导人，通常也是南方人。[26]

来自南方的支持既推动也阻碍了军事的职业化。军事组织与理念作为美国社会一部分的认同，与美国社会中的主流文化有着显著不同，这更强化了北部和西部地区体现出来的趋势，将军事职业视为同异国与贵族制联系在一起的事物。南部的支持，还不足以使得军事职业主义能够战胜处于优势地位的杰斐逊主义与杰克逊主义。直到南方在内战中失败，美国自由主义才不再压制职业主义的发展，而是转为忽略的态度。但如果南方的支持是短期的政治负担的话，它就同时也是长期的智识资产。虽然军事组织、教育、任用与晋升的体制都沿着杰斐逊主义与杰克逊主义的路线发展，但发源于南方的理念却占据了美国军人的心灵。南方的兴趣促使军事职业主义作为一个概念出现，并为内战后时代的制度改革铺平道路。美国军事职业主义的根源要回溯到 19 世纪中叶的南方保守主义。

约翰·C. 卡尔霍恩：南方军事政治家的挫败。南方军事职业主义与美国社会中其他部分之间关系的内在矛盾，可以从卡尔霍恩在门罗总统任内于 1817 年到 1825 年担任陆军部长的经历得到例证。卡尔霍恩从许多方面来看都是陆军部长的典范，在军事与行政事务方面都积极履行他的职责。他在陆军部的行政与管理方面开启了许多持续下去的机构改革。他对陆军后勤体系进行了合理化改革，并且将采购建立在更负责并有效率的基础之上。他将总监察长（Inspector General）改造为部长监督各部队行动的工具，使之更有活力。他还创建了军医局（Medical Department），说服国会重组并增强总参谋部，留下了其组织形式延续几乎整个19世纪的核心要素。他彻底整顿了陆军的会计体系，在财务职责与监管方面创建了新的集中方法。陆军条例也被他重新制定并法典化。他改进了陆军的补给，同时降低了成本。他还任命了一批德才兼备的军官出任各类参谋与军事行政机构的负责人。[27]当他离职时，陆军管理机构运行流畅，完全不同于1812年战争结束时的混乱局面。在他的领导之下，陆军部成为政府当中最高效的机构。几十年之后，陆军部的职员们还向往着按照"卡尔霍恩先生会怎么做"来处理陆军事务。

在行政和管理领域——陆军中的内务职能——卡尔霍恩取得了巨大的成功。但是，他也关注陆军的军事职能与军事政策议题。他在这些方面的观点反映出基本的保守主义视角。这些观念建立在关于人性和战争不可避免的汉密尔顿式悲观主义基础之上。军事准备不可或缺，而其中最重要的就是保持一个职业化的军官集团。比起同时代的许多美国人，卡尔霍恩更清楚地理解了军事行业特征的变化。他指出，"军事科学的迅速进步"使得军官需要更职业化的能力，而义务兵的职责则没有改变。类似于老毛奇的话语，卡尔霍恩反对18世纪以及杰克逊主义的理念，指出军事天才的不足，强调综合能力训练的必要性。国家的生存取决于"拥有天赋与特性"的公民在何种程度上"将军事作为他们的职业"，也取决于武装力量在和平时期能够在何种程度上永远保持"军事技能和经验"。卡尔霍恩确信，西点军校应当同工兵部队分离，因为该部队的多样化职责都"与现行军事组织没什么关系"。西点军校应当从一所技术学院转型为职业化军事学院，从而赋予其"创建之时没有被充分考虑的特征与重要性"。西点及可能新建的另一所军校应致力于"战争艺术"的基本研究，另行建立高等应用技术学校来服务于测地部队、炮兵与工兵。基本上，卡尔霍恩希望将美国军事教育体系由杰斐逊主义模式改组为汉密尔顿主义模式。卡尔霍恩的军事政策则建议在陆军中组织基础骨干部队，和平时期便足以警诫大西洋港口与印第安聚居地，而在战争时期则可以迅速扩编到能够符合战争需求的规模。"可扩编的常备陆军"这一计划内在的前提在于职业军官，他们在和平时期指挥小型常备陆军，而在战争时期也能胜任扩编后部队的指挥；征募的新兵被分散吸收到常备陆军团队当中；民兵则担任次要的角色。

虽然国会支持并批准了卡尔霍恩对陆军部管理效率方面的改革，但阻止了他关于军事教育与军事政策方面的保守主义提议的实现。在国会中占据统治地位的杰斐逊—杰克逊主义自由派以及美国公众，都将陆军视为经济耗费和对共和政府的威胁。卡尔霍恩予以反击，他警告说："没有任何一种安排是节省的，为了让我们的军事组织在和平时期花钱更少……就会导致在国家面临战争时无法应对突发危险。"他承认，常备军的精神确实不同于自由主义精神。但在美国，真正的危险不是军事精神压倒公民社会，而是恰恰相反："军官与士兵都丧失了军人习性与感觉，逐渐退化为纯粹的民众。"通过他的洞察力，卡尔霍恩描述了美国军政关系一个半世纪以来的基本问题，以及他自己的政策失败的原因。尽管他已竭尽全力，但陆军的规模还是被裁减。可扩编陆军方案也被否决。因为这受阻于美国自由主义的基本教条，认为职业军官只有在指挥小规模军队时才可以被接受，而大规模军队则只能在由非职业军官领导时才被允许存在。卡尔霍恩关于发展美国军事教育体系的建议被忽视了，西点军校在技术方面的强调仍然持续。他所能够建立起来的唯一一所新军校是位于弗吉尼亚门罗堡（Fort Monroe）的炮兵学校，但在1835 年被杰克逊主义者关闭。他在陆军部建立军政关系的平衡模式的努力，也被扭曲为完全不同的体制。甚至，他提交给国会关于海岸防御的建议也被弃之不顾。因此，虽然他的行政改革决定了陆军部在半个世纪中的工作方式，军事政策却仅仅在那些精致的政治报告中存在。比起19 世纪的任何一位陆军部长，卡尔霍恩都更明白军事职业主义的需求。

然而，吊诡的是，他在任时期那种缺乏理解的氛围，决定了他在陆军部得以延续下去的贡献反而是在文职行政领域。美国这种敌意的环境，压倒了他在职业化军事改革方面的努力，并且浪费了他在这方面的才华。

军事启蒙运动与南方（1832—1846）。杰克逊的第一任期结束到墨西哥战争开始的15年中，出现了一股军事思想与著作的潮流，在许多方面都是美国历史中的特例。军事社团广泛出现，军事期刊在短暂出现的时期中相当活跃，军官也出版了一些重要的原创的著作，军事职业主义的理念被详细说明并且得到辩护。这样的蓬勃发展，可以用美国军事启蒙运动（American Military Enlightenment）来加以形容。许多因素促成了其出现，不过智识上的源泉却主要是在南方。特别奇怪的是，这场启蒙运动其兴也勃，其亡也忽。同19世纪20年代一样，19世纪50年代在重要军事思想方面是贫瘠的。此外，这场军事思想的勃兴，仅仅局限于意识与表达，而特别缺乏制度上的改革。不过，这场启蒙运动的理念，还是塑造了内战之后付诸实践的职业主义形态。 218

这场启蒙运动的原因很复杂。军事发展的自然进程促使军官更多认识到"军事科学"同其他专门技术以及民间行业之间存在的差异。那些最初的、萌芽状态的军事职业主义机构，尤其是西点军校，也对此做出了贡献。军事学院到1817年才开始有效发挥其功能；因此，要到二十年后才能培养其下一代接班人。例如，丹尼斯·哈特·马汉（Dennis Hart Mahan）这位启蒙运动中的代表人物，1824年毕业，并于1830年回母校任教，在接下来的40年中为一代代军校学生宣讲职业主义的理念。启蒙运动的思想，也受到19世纪30和40年代风靡欧美的科学探索兴趣的刺激。从这一点来看，不同于内战后的职业主义运动，这场启蒙运动并未完全与技术主义分离，而是与当时的知识潮流联系更为紧密。一个显著的表现是，马汉与马修·方丹·莫雷（Matthew Fontaine Maury）这两位代表性的海军人物，最初都是作为专业技术人员成名的，前者是工程师，后者是海洋科学家。军事期刊发表的文章，通常是科技论文比论述战争艺术的更多。军事社团乐于资助科学与技术研究，例如军官们于

1833 年在布鲁克林海军造船厂建立的美国海军论坛（United States Naval Lyceum）常常表现得在气象学、动物学、植物学、矿物学等主题更为投入，而不是致力于纯粹的海军问题研究。[28] 当时的政治状况也形成了对军事职业活动的刺激。杰克逊主义者对军事机构的攻击，迫使军官"为其生命而辩护"（apologia pro vita sua）。军事思想的向前发展，与军事机构的落后状态之间不无关联。正是由于自由主义社会整体上的敌意，激励了联邦党人与南方人形成政治理论，也激励了军事职业主义的倡议者发展出更缜密的思想和更犀利的表达。

219　　军事启蒙运动最主要的积极推动力来自于南方保守主义。南方人在对军事事务的严肃思考与讨论中占据主流。军事期刊在 19 世纪 30—40 年代流行起来，这一现象是空前的，直到 19 世纪 90 年代之前也是绝后的。《陆海军杂志》（Military and Naval Magazine）在 1833 到 1836 年间出版，《陆海军年鉴》出版于 1835 至 1844 年间，《军事杂志》（Military Magazine）则是在 1839 到 1842 年间发行。在这些关注军事事务的期刊中，最为突出的则是南方的重要期刊《南方文学信使》（Southern Literary Messenger）。《南方文学信使》持续地在陆海军事务方面投入广泛的关注。到了 1844 年，它已经"成为美国陆海军组织机构的一部分"——这个国家之内最接近陆军与海军的期刊。[29] 启蒙运动中，两位杰出的军事作家与思想家马汉和莫雷都是弗吉尼亚人；莫雷在内战中为南方邦联而战，马汉也有强烈的这种愿望。南方对于军事艺术研究的强烈兴趣，还表现于建立地方的军事学院。弗吉尼亚军事学院建立于 1839 年，1842 年在南卡罗来纳建立了要塞学院（Citadel）与军工厂（Arsenal）学院，肯塔基军事学院则建立于 1845 年。到了 1860 年，除佛罗里达和得克萨斯之外的南方各州都有了自己的州立军事学院，以西点军校和弗吉尼亚军事学院作为模板。除弗吉尼亚军事学院和要塞学院这样的著名例外，大部分南方军校都像那些军事期刊一样，未能在内战中继续生存下来。但无论如何，当其存在时，它们给予南方独一无二的地区性军事教育体系，而这在北方与西部都不存在。

在启蒙运动时期，对美国海军尚未职业化的机构做出的最著名批评，来自于马修·方丹·莫雷。他关于海军组织和教育的观点，发表在《南方文学信使》和《里士满辉格党与公共评论》（*Richmond Whig and Public Advertiser*）中，反映出对于军官职能的真正职业主义概念。像卡尔霍恩一样，他认识到军官和船员的训练应当有明显的区别。后者可以一天之内就从商船上征募而来。但是军官"必须经历此前的特别训练，这种训练需要高昂的成本，还需要数年时间才能完成课程"。海军军官应当获得和法律与医学职业相当的尊重与训练。职业标准的出现，也需要在海军等级制当中区分出更多的职业级别。依据功绩任命和晋升的正规制度因而也需要建立起来。海军军官应当获得"职业教育的收益"，这包括"开阔、坚定与综合"的思维，同文学和技术的思考结合在一起。莫雷还对海军专业著作的缺乏深感惋惜。[30]

那些年中，最杰出的军事思想家是丹尼斯·哈特·马汉。他在1832年被任命为西点军校土木工程与军事工程学教授时，坚持把"以及战争艺术"这一说法加到教授头衔之中。直到1871年去世，马汉一直任教于西点，撰写了工程方面的技术著作与战略方面的军事专业著作，教导并且启发内战时期以及战后的军事领导人，使他们将军事职业主义在美国付诸实现，并且他还是海军最杰出的评论家的父亲。在《陆军编组与战略笔记》（*Notes on the Composition of Armies*）和《部队前卫、防区与分遣队》（*Advanced Guard, Our post, and Detachment Service of Troops*）这两本在军事学院从1841年到内战之前使用的教材中，马汉完整地表达了职业主义军事观念。正如其子所正确观察到的那样："在他身上充满了强大的职业主义精神。"他从内心深处是一个带着"纯粹而崇高军事理想"的弗吉尼亚人。[31]

马汉对于美国军事职业主义的最伟大贡献，从哪个方面来看都是他对于从历史中汲取经验的强调。他指出，如果缺乏军事艺术中"兴衰成败的历史知识"，就不可能超越"那些狭隘的技术语言"而获得"足够清楚的基本观念"……"在历史中，我们可以寻找到所有军事科学

220

的源泉"。他对于军事史的强调引导马汉放弃了从作战规模来区分战略和战术的流行观念。他指出战略包括基本的、不变的原则，这些原则是军事科学中那些永久性成分的显现，而战术涉及的则是临时性的。要想精通战略，历史是不可或缺的，但对战术而言历史就不那么相关了。区分这两者之间的边界，就是"区分艺术与科学的边界"。马汉宣称，科学的成分将他所处时代的战争同历史上的战争艺术区分开。只有在封建秩序崩溃之后，才可能"将军事职业提升到适当的地位，军事思维与成就放在首要位置，而粗暴的武力与简单的机械性技能则是次要的"。他指出，只有研究与经验才能成就杰出的将领，反对流行的杰克逊主义观点："不能如此草率的假设，一个人只要穿上将军制服就能履行将军的使命；这就好像一个人不可能穿上法袍就能作出法律裁判一样。"马汉还对军事职业与战争之间的关系和军事精神与好战精神之间的差别做出界定。作为一个国家，美国最大的麻烦是："我们可能在军事精神上最为缺乏，但并不同样缺乏好战热情。"战争的目标总是为了实现"有利的和平"，这只能在决定性时刻运用更强大的武力得以实现。

马汉教导的影响力，可以从他最杰出的学生、绰号"老智囊"（Old Brains）的瓦格尔·哈勒克（H. Wager Halleck）的著作中显示出来，他在1839 年毕业于西点。虽然不是南方人，哈勒克却完全接受了保守主义的军事观。他的《军事艺术与科学的要素》（*Elements of Military Art and Science*）出版于 1846 年，是内战之前美国军人所撰写的最为精深的著作。在这本著作以及他于 1845 年向国会提交的国防报告中，哈勒克从各方面表达了实质上已经完整的职业化军事伦理。面对杰克逊主义者的批评，哈勒克是军事机构最直言不讳的辩护者，雄辩地维护"那些应当全身心投入建立军事科学中去的人"，并论证应当以普鲁士式的军事教育与晋升制度来取代政治任命与论资排辈的糟糕制度。他质问说："如果我们寻求职业化的教育以维护我们的个人财产与健康，那么我们对维护国家的尊严与安全、军队的名誉和公民的生命的需求，难道比这更少吗？"[32] 启蒙运动中的军官们提出了这样的问题，但是他们的同胞却没有回答。

第九章

美国军事职业的创建

商业和平主义的主导：工业主义与军事主义的对峙

南方于 1865 年的战败，使得美国此后几十年中的意识形态同质化 ₂₂₂达到了罕见的程度。在西方历史上，资本家的利益与公众的利益第一次结合了起来。商业自由主义、个人主义以及阿尔杰（Horatio Alger）式*的理念与哲学成为这个国家的理念与哲学，在美国社会中的各个重要群体得到接受与遵循。即使是诸如民粹主义者这样挑战大公司的派别，也要借助自由竞争的商业精神之名。这种伦理与军事事务也表现出令人吃惊的一致和关联。事实上，从某些方面来说，唯一明确的军政关系理论产生于美国自由主义。这种理论的基础框架，被称为"商业和平主义"，得到了那个时代的代表性思想家的认可，并且深深渗透到公众思维之中。

在商业和平主义的阐释者当中，斯宾塞（Herbert Spencer）占据着不可动摇的优势地位。他不仅对理论进行了最为系统的阐述，并且对大众和重要思想家都有着巨大的影响。虽然是英国人，他的理论原则在美国倒比在英国流行得多。两代人之中都持续着对于他智识的迷狂，并且渗透到社会中那些最缺乏知识的阶层当中。另一位在 19 世纪 70—80 年代 ₂₂₃

＊ 霍雷肖·阿尔杰是 19 世纪的畅销书作家，其大量作品都讲述了白手起家最终实现"美国梦"的奋斗故事。——译者注

广为流行的是美国人约翰·费斯克（John Fiske），他的《宇宙哲学大纲》（*Outlines of Cosmic Philosophy*）将斯宾塞主义的军政关系理论发展为更简约的形式。此后，在世纪之交，耶鲁的萨姆纳（William Graham Sumner）成为商业意识形态的权威倡导者。从对当时知识潮流的影响力来看，他仅次于斯宾塞，代表商业和平主义者在20世纪新形势下所做的调整。最后，虽然斯宾塞、费斯克和萨姆纳可能会为了商业和平主义的智识上的最高教父头衔而竞争，但谁都无法撼动卡内基（Andrew Carnegie）作为"头号先知"的地位。卡内基是那个时代财富最为惊人的巨富，也是阿尔杰式白手起家故事的具体表现，这位苏格兰裔的企业家还是当时有组织的和平运动中最执着、最负责、最慷慨的支持者。卡内基将自己描述为斯宾塞的"门徒"，从某种意义上说是美国漫长的商业和平主义传统的巅峰，这一传统的源头可追溯到本杰明·富兰克林。[1]

商业和平主义有三个重要渊源。首先同时也是最重要的渊源，是与基督教伦理中的清教观念结合在一起的宗教道德观。因为战争意味着杀戮，当然是邪恶的。但是，对工作的崇尚以及对经济生产的道德价值的强调，使得这种伦理谴责军事精神更主要的理由是因为其浪费。战争本身就是积极地摧毁经济财富；而和平时期的军事力量则消极地摧毁财富，因为它们是纯粹的消费者、依附于他人劳动果实的寄生虫。其次，经典的经济自由主义与功利主义，促使商业和平主义发展出对人性、理性与进步的乐观信念。通过国家间多样化的联系与互利共赢建立起来的国际自由贸易，最终将使战争远离人们的想象。科布登（Cobden）* 和布莱特（Bright）** 的精神深深铭刻在美国企业家的内心中，但是他们也可能要求将自身产品作为自由贸易的特殊例外。"贸易在我们的时代并不追随国旗"，卡内基指出，"它追随的是最低的价格，在贸易中没有

---

    * 理查德·科布登（Richard Cobden），英国商人与政治家，反谷物法联盟的创始人，积极推动自由贸易，并认为以此可推动世界和平，被称为"自由贸易之使徒"。——译者注

    ** 约翰·布莱特（John Bright），英国企业家与政治家，协助科布登建立反谷物法联盟，共同倡导自由贸易。——译者注

爱国主义可言。"商业和平主义的第三个渊源最惊人也最为直接：在 19
世纪最后三分之一的年代中统治了知识界的社会达尔文主义。表面上， 224
将适者生存的理论运用于人类社会导致的是冲突与战争作为人类进步不
可缺少的动力而被接受与宣扬。在完全不同的智识氛围中，例如德国，
社会达尔文主义的盛行就确实沿着伯恩哈蒂和其他人所指引的这种道路
发展。但是在英美，好战的社会达尔文主义很难找到支持，尽管其有助
于对世纪末的帝国主义的合理化论证。社会达尔文主义在英美的流行方
式是强烈的和平主义。达尔文主义理论中的"冲突"被界定为经济竞
争，而最能生存的"适者"则被定义为最具生产效率者。在此前的时
代，生存竞争意味着为更多力量而斗争，现在则意味着为更好的价格而
竞争。

　　基督教道德、古典经济学与社会达尔文主义的集合，塑造了对待军
事事务的独特视角，将人类社会区分为两种基本类型：一类是好战的或
说军国主义社会，社会组织的首要目的就是战争；另一类是工业或说和
平社会，组织起来的首要目的是生产性的经济活动。杰斐逊主义者对军
事的敌意，主要限于将常备军视为对共和政府的威胁而加以限制。杰克
逊主义者的敌意则进一步扩展到军事组织都是大众民主的敌人。商业和
平主义则比他们扩展得更远，不仅指出不同社会机构或集团之间的冲
突，还进一步指出两种根本不同生活方式之间的基本冲突。在其扩展最
远的表现形式上，工业主义与军事主义的二分法成为经济与政治之间广
泛对立的一个方面——前者意味着对目标的科学与理性决断，以实现财
富最大化；与之相对的是，后者意味着政府只从自身权力与财富出发专
断且非理性地采取行动。

　　军事主义与工业主义之间的二分法在 19 世纪末期的知识界是不可
挑战的教条，商业和平主义者以及布鲁克斯·亚当斯（Brooks Adams）这
样的其他人士都普遍接受。其最精细的描述来自斯宾塞，他指出了两种
社会当中个人角色的本质差异。斯宾塞指出，在好战的社会中，个人 225
"属于国家"，并且从属于保卫社会的目标。但是，工业主义社会"缺

乏敌意"这一特征，意味着个人目标能够优先于社会目标："每个人个性的充分实现与其他每个人的个性实现相互兼容……"军事社会是一个强制实现合作的身份社会，工业社会则是一个自愿达成合作的契约社会。工业社会的特征是分权、责任政府，以及小政府、大社会。工业社会有高度的可塑性，并与相邻的社会发展出紧密的贸易关系和友谊。公民在工业社会中培育了独立精神，对政府更少迷信，对专制权力充满敌意，对个人的创造精神与个性则更多尊重。军事社会本质上不同于这样一个自由、有创造力、和平的乌托邦。战争目标压倒了一切，勇士统治着国家。权威、服从和暴力都成为国家崇尚的口号。这样的国家是专制的，权力高度集中，国家控制着社会中的一切行为。军事社会还是一个自闭的社会，同其他国家只有最低限度的和平交流，竭尽全力达到经济自给自足的目标。在这样的社会中，最主要的性格特征自然就是活力、力量、勇猛、复仇、暴力、无情、爱国与服从。国民对领袖有着盲从的迷信，同时又缺乏原创和冒险的精神与能力。

除了太过现实主义而认为战争不可能完全废除的萨姆纳之外，其他商业和平主义者都认定从军事社会到工业社会的自然进步和战争的逐渐消失结合在一起。对杰斐逊主义者而言，战争是一种要求强大军事力量的存在；对杰克逊主义者而言，战争是需要危急关头全民皆兵的存在；但是对商业和平主义者而言，战争只不过是一种明日黄花般的存在，随着工业主义的发展进程终将成为历史遗迹。斯宾塞与萨姆纳都指出，虽然战争在此前时代中服务于社会发展的目标，但其作用现在已经终结。战争从伦理上是错误的，从经济上是破坏性的，并且与现代文明无法兼容。费斯克宣称："人类利益的逐渐增加的相互依赖，既是工业化发展进程的原因，也是其结果，这将导致战争越来越无法忍受。"对卡内基而言，国际法——"文明的最高力量的象征"——正在限制着战争的凶残，而国际争端的仲裁机制则意味着完全取代战争。最终，国际法院会像国内法院取代了决斗一样取代战争。商业和平主义者认为，美国在这条通向和平的大道上领先于仍然保持大规模军事力量的欧洲国家。他们用工业主义的"美国风范"同主导着欧洲大陆的"战争典范"针锋相对。

既然战争已经基本过时，商业和平主义者也就打算消除所有形式的军事机构与军备。他们将军备视为战争的原因，而军事职业则被视为非理性的旧时代遗留的无用余孽。常备军与正规军军官的性质都是侵略工具。斯宾塞指出，随着社会从军事社会向工业社会进化，军事职业自然也会失去其功能、吸引力与公众声誉。在和平扩大其支配的进程中，军事艺术也会因在全社会范围内缺乏兴趣与支持而逐渐衰落直至消亡。对卡内基而言，军事职业几乎就是罪犯，因为他们拒绝运用良知和"内心评判"对他们为之而战的原因进行是非评价。当商业和平主义者承认战争的可能性时，他们通常认为可以运用杰克逊主义者的方式去应对，卡内基尤其坚持着这样的信念：一旦和平的盎格鲁—撒克逊国家遭受侵略，人民大众就会奋然武装起来。但是，他的基本前提要求商业和平主义者对待所有形式的武装力量都采取消极态度，包括民兵在内。同之前的自由派相比，他带有更多的辉格党和更少的民主党色彩，也正是这个原因使得他并不热衷于人民武装。

孤立年代：黑暗与光明

在 1865 年后的军政关系方面，由于商业和平主义的盛行，最主要的特征表现为几乎整个美国社会对所有军事领域抱有完全的无情敌意。227理解军方的保守主义已经随着南方的失败而消逝。整个美国社会的敌意将武装力量从政治、智识和社会层面孤立起来，甚至在物理层面隔离了其所服务的社群。在选举中，军人的投票被忽略。军人如果想要参与投票，必须忍受许多不便与限制带来的困难，许多州甚至拒绝给予陆海军现役人员以选举权。[2] 没有几个经济团体有直接兴趣去供给军队。陆军在工业品方面只有相对很少的需求，海军在 1881 年之前也是如此。即使在 19 世纪 80 年代建立一支装甲蒸汽战舰组成的海军之后，也只有很少的企业成为常规的供应商。对军官集团的孤立，还被征募的方式进一步强化。国会对西点军校和安纳波利斯海军学院录取的控制，加速了军队同其南方根基的分离。在内战之后那些年中成为军官以及升任至最高军职的那些人，都是美国中产阶级的代表。* 当军官集团成为国家的镜像，也就与之相隔离了。军队代表着每个人，而不是联合着每个人。

现役军队从社会意义与物理意义上都与社会隔绝。直到 1890 年，小规模的陆军仍然在边境沿线同印第安人作战。而在美西战争中短期出演了并不光荣的角色之后，大量部队单位被分散派驻于古巴、夏威夷、巴拿马运河区和菲律宾等海外驻地。这些任务使得他们同这个正在飞速城市化的国家越发隔绝。在一战之前，用某位军官的话来说，士兵"在那些与世隔绝的袖珍营地里像僧侣一样孤独生活，同我们的公民大众很少有联系……"海军军官也是过着如此隔绝的生活，大部分军旅生涯都在海外驻地度过。一位海军军官在 1905 年指出："海军军官彼此之间、与社会其他人之间如此严重与漫长的隔绝，必然导致缺乏共同目标，因此也对公众毫无影响。"还有一些军官意识到他们孤立的社会状态，关注军事领导人缺乏重要的社会职能，而这在美国建国之初是闻所未闻的事情。一位军官抱怨说，美国陆军实际上成了"完全隔绝于作为其形成基础的人民之外的一支外国军队"。军队同当时流行的智识潮流也彼此隔离。例如，西点逐渐与美国教育中的其他部分失去了联系，虽然其过去对美国教育做出了重要贡献，现在却踽踽独行。[3]

国会的军事政策精确地反映了商业和平主义的哲学。陆军的经费从

---

* 1842—1891 年的西点军校申请学生与 1892—1899 年所录取的学生，他们家长的职业包括：1149 名农场主与种植园主、722 名商人、625 名律师与法官、367 名医生、632 名军官、341 名技师、191 名无业人员、151 名工厂主、128 名牧师。其他职业只有不到 100 人。Charles W. Larned, "The Genius of West Point", *Centennial of the United States Military Academy at West Point*, *New York*, *1802—1902* (Washington, 1904), pp. 482—483. Richard C. Brown, "Social Attitudes of American Generals, 1898—1940" (Ph. D. Thesis, Univ. of Wisconsin, 1951), pp. 1—34, 从中可以发现将军们的社会背景分布基本等同于商界与政界精英。

内战这一巅峰时的超过 10 亿美元稳定下降到 1871 年的 3500 万美元。在接下来的 25 年中，这个数字一直徘徊于这一水平，在最高点 1873 年的 4600 万美元到最低点 1880 年的 2900 万美元之间波动。陆军的平均规模大约是 25 000 名官兵。在 1890 年以前，海军经费通常保持在 2000 万美元的水平，而海军与海军陆战队加起来的规模是 11 000 名官兵。经费的短缺使得军队不可能实验并发展新技术与新装备。例如，当外国军队基本上都以线膛炮替代滑膛炮之后，这两个军种都还继续使用滑膛炮。陆军几乎不能同时集结超过一个营的兵力；海军在舰船设计与海战武器方面则远远落后于其他强国。尽管发现了蒸汽动力的优势，但内战后的海军又回到风帆战舰时代，经济方面的要求，使得海军军官简直就像害怕犯罪一样不敢在其舰船上使用蒸汽动力。到 1880 年，美国海军成为过时战舰的混乱编组，根本无法整合起来履行一支舰队的功能。美 229 国陆军则成为在边境线上四处追捕印第安人的警察，精于这项职能，但对其他更为重要的军事行动缺乏准备。商业和平主义已经将军队压缩到了衰败的境地。

内战之后军队受到的孤立、抵制和裁撤导致历史学家将这个时代标记为美国军事史上的低谷。他们称之为"陆军的黑暗时代"和"海军的停滞时期"。但是，只限于军队的社会影响和政治权力这一方面，这些用词才是精确的。这只描述了军政关系等式的一边。正是由于军队被孤立和抵制从而缩小了军队规模并阻碍了军事技术的进步，但同时也使得这些年成为美国军事力量史上最有创造力的塑造时期。权力与影响的丧失，使得军官集团撤回到他们坚硬的保护伞之下，从而能够发展出独特的军事特性。美国军事职业的制度与理念，基本上都是这个年代的产物。没有其他哪个时期，在塑造美国军事职业主义的形态和美国军事思维的性质方面，能够像这一时期那样具有决定性影响。职业化改革的实际推进，在内战前因军队与南方的密切结合而受挫，又随着军队与民间社会关联的断裂而成为可能。普遍的敌意恰恰使过去那些有限的支持所导致的阻碍消失。实现这一进步的基础是国家安全并未遭受严重威胁。

军队的孤立成了职业化的前提，而和平又是孤立的前提。吊诡的是，美国只有当其并不直接使用武力时，才能创造出职业化的军事力量。军方政治影响的黑暗时代，同时恰恰是军事职业主义的黄金时代。

军队在 19 世纪末从民间社会中退出，这造就了优秀的职业表现的更高评价标准，这一点对于 20 世纪的冲突中美国的成功非常关键。如果军官并未被排斥，如果陆军和海军并未在 19 世纪 70 年代和 80 年代被大规模裁减，美国在 1917 年和 1942 年将会遭遇更大的困难。孤立时期结束后，军官在一战和二战时期重新回归民间社会，而这时的他们同 19 世纪 60 年代退出之前的前辈已经有了根本的不同。当其离开时，他是公民战士，是自由主义家庭中可以接受的成员。而当他回归时，已经变成了家庭中的陌生人。他们在国家这个大家庭中的成员身份不再自由、随意并且放松。孤立的年代已经将他们塑造为在价值观和视角方面与同胞大众有着基本差别的人。他们将民间社会所丧失的钢铁意志注入灵魂之中。军人的回归使美国军政关系真正成为一个问题：保守主义的职业军官与自由主义的民间社会之间的张力。虽然军人的职业主义带来了心理与政治适应方面的尖锐问题，但是这也成为这个国家外部的拯救者。在 19 世纪末期受到的排挤，对职业军官的能力以及两次世界大战中领导军事力量和指挥作战行动所取得的卓越成就而言，并非消极因素，反而正是其原因之一。

创新的核心：谢尔曼、厄普顿、鲁斯

美国军队的职业化，主要是内战之后两代人中的一小部分军官努力的结果。这一进程始于谢尔曼与厄普顿将军，以及鲁斯（Luce）海军少将。美国军事职业主义的直接形式，主要由他们创造。谢尔曼在这三人中最为著名，然而他的公众名声基本上全部来自于内战中立下的功勋。他在从 1869 年到 1883 年的大概 15 年间一直担任着陆军总司令，除了斯科特再也没有人能像他一样统帅陆军这么长时间。从内战之后到他去世的 1891 年，在这整整一代军人与平民当中，他都被视为军人领袖。和因为参与政治而玷污其战功而引发争议的格兰特不同，谢尔曼对这种情形预料在先，因此他能够保持自己的军事声望原因就在于避免涉足政治。作为陆军总司令，他推动了职业化改革运动。特别是注意到军事教育的重要性，他积极地为 1868 年重建的门罗堡炮兵学校辩护。作为利文沃思（Leavenworth）步骑兵学校的奠基人，谢尔曼支持完整的军事教育体系，也就是像西点那样，既包括所有职业人员都需要的初级人文教育，也提供军事职业特别需要的军事价值与纪律培训。高级军校则在此后给予军官从事他们职业的特别知识，并为他们晋升到更高职位做好准备。

　　比起制度发展更重要的是，谢尔曼为陆军的风格定调。他的视角与思维都完全是军事的，他所展现的职业精神渗入军官集团的各个级别之中。质朴、直白、思维狭隘，他作为职业军官的象征将优缺点都集于一身。他是一个单纯的老实人，没有太多华丽的概念，他以"战士"这个朴实的头衔为荣，只希望不多不少地做好战士的事情。他放弃了其他利益、目标与激励，坚持的座右铭是"让世界知道我是个战士就够了"。他忠诚于联邦，但又反对废奴，是南方的仰慕者，以一种职业的态度在内战中履行他的职责。他单纯地致力于军事理想，因此在内战之后拒绝将陆军作为警察力量使用，认为"这对军人而言有失身份"，并坚持陆军必须"以真正的军事原则组织和统率"，以保证在和平时期保持"战争的习惯与用途"。文官控制对于实现这一目标不可缺少。民主程序不存在于陆军之中，军队应该是"充满活力的机器，行政部门手中用于执行法律、保持国家荣誉与尊严的工具"。谢尔曼在军队与政治分离这一点上尤为坚定强调。在他之前的 6 位陆军总司令中，有 3 人成为总统候选人。但他开创了政治中立的传统，随后的总司令与参谋长都坚持了这一传统，一直到二战之后，仅有伦纳德·伍德是个例外。他在 1874 年发表了对于总统职位的看法："应当让那些有这方面训练的人担任这个职位，而让陆军和海军尽可能远离政治，以便应对随时可能发生的突发事件。"论及党派政治时，他认为："任何陆军军官都不应原创或附和意见。"军事伦理的两个要素——憎恶战争与避开政治——都简洁地表达在谢尔曼最常被引用的两句名言当中："战争就是地狱"，"我不接受总统提名，即使当选也不会就职。"[4]

在陆军的改革中，最具影响力的年轻军官是埃默里·厄普顿（Emory Upton）。他在 1861 年毕业于西点，在内战中崭露头角，升任志愿军团少将。战后，他在 1870 到 1875 年间担任西点的学员总队长（Commandant of Cadets），期间为陆军设计了新的步兵战术。1876 年到 1877 年，他环球旅行考察外国军事制度，此后出任门罗堡军校的理论教务主任。他的两部杰出著作《欧洲与亚洲的陆军》（*The Armies of Europe and Asia*）和《美国军事政策》（*The Military Policy of the United States*）研究了美国与外国的军事制度，清晰阐述了职业军事伦理的基本要求，并提出具有丰富内容的改革实例。《美国军事政策》强烈呼吁建立一支强大的正规军。虽然该书到他 1881 年自杀时并未完成，而且一直到 1904 年才得以出版，但得到了谢尔曼的支持，并在正规军与民兵的倡导者进行辩论时成为圣经。在整个 18 世纪 70 年代，厄普顿都是改革运动的弄潮儿。与他同时代的鲁斯海军少将，在 1865 年至 1869 年间为安纳波利斯的学员总队长（Commandant of Midshipmen），也是海军学会（Naval Institute）的创始人与会长，并积极促成了海军战争学院（Naval War College）的创建。鲁斯坚持不懈地宣传海军职业主义，清除政治与技术主义的影响，呼吁海军军官专注于他们"真正的事业——战争"。他的观点差不多就是军事职业伦理的精确表达，并且在全体海军军官中发挥着持续的影响力。正如费斯克将军曾经对鲁斯做出的真实评价："他给予美国海军的帮助，要超过任何一个与海军有直接或间接联系的人。"马修·莫雷、本杰明·伊舍伍德（Benjamin Isherwood）、约翰·沃克（John Walker）、小马汉、老罗斯福这些人都对海军做出了贡献，但是没有任何一个可以与鲁斯相提并论。他的成就大道至简："鲁斯教会了海军思考。"[5]

谢尔曼、厄普顿与鲁斯在 19 世纪 70 年代和 80 年代的工作，被下一代改革者延续到世纪之交，他们是：布利斯（Bliss）、瓦格纳（Wagner）、杨（Young）、卡特（Carter）与其他陆军军官，马汉、泰勒、费斯克、西姆斯（Sims）及其海军中的合作者。就像沙恩霍斯特、格奈森瑙、克劳塞维茨与毛奇塑造了德国军事传统的风格与方向一样，这两代改革者决定了美国军事主义的职业化线路的本质。这个具有创造力的核心军事团体在三个方面表现出不同凡响之处：其一，他们大部分排除了当时美国文职人员的影响；其二，他们从美国军事启蒙运动与外国军事制度中获得思想与灵感；其三，他们超越军种界限，在两个军种之间交流思想相互激励，发展出共同适用于陆军和海军的职业化制度。

美国军事职业不同于其他大部分国家的地方，在于其是军官自己建构的。在欧洲，职业主义通常是社会中激荡的社会—政治潮流的产物：例如普鲁士的改革家在军队中所做的工作，也就是施泰因（Stein）及其合作者在整个国家中所做的。但是在美国，军事职业主义是很纯粹的自我发展起来的，来自文职人员的作用几乎为零。职业主义是有着内在的保守主义的群体对自由主义社会的反向运动，而不是社会中整体的保守主义运动的产物。从在美国社会中形成独立状态这一点来说，军事职业在重要的社会组织中可谓仅有的特例。形成这种状态的根源在于，美国人将军事职业视为实质上的异类的那种敌意。即使在自由主义社会中，某些可以被军官所利用的知识与社会运动也已存在，例如萌芽状态的公共管理学与公务员改革运动。但是，这些发展与军事之间的联系很弱。234 军官在完成他们工作的道路上独行，得不到来自民间社会的支持，也基本上没有民间社会的知识资源。在文职人员给予他们的狭小空间之内，他们可以按照自己的意愿去随意行动。职业精神甚至职业制度的创造，并不会太多地受制于资金。只要军队员额控制在 25 000 人，国会就会让西点毕业的军官按照他们的想法去做。例如，谢尔曼就小心地避免了国会的干预，建立利文沃思的应用学院，他不希望这成为"立法决定的事项"。[6] 此后，他重申利文沃思与门罗堡并不需要超过"普通驻地开支"的追加经费；而国会对此也表示认可，随他们自行其是。*

美国军事职业改革者理念的主要渊源是 19 世纪 30 年代和 40 年代的军事启蒙运动。其智识上的鼻祖是老马汉，智识之父则是哈勒克。谢尔曼、哈勒克与厄普顿都是马汉的学生，谢尔曼与哈勒克在校时间还有重叠。所有军事改革的活跃人物都毕业于陆军或海军学院。注入职业化改革中的美国本土因素，就来自于这个渊源。然而，同等重要的是改革者从外国军事制度中所学习的内容。既然他们从美国军事之外的资源获益很少，因此转而求助美国之外的军事资源。1870—1871 年的战争使美国军官放弃了对法国军事制度的崇敬，同时激发了他们对德国与其他国家的兴趣。谢尔曼促成了厄普顿于 1876—1877 年受命游历世界以考察外国军事制度，尤其关注德国。厄普顿的报告第一次全面地向美国军官揭示了他们已经落后于国外发展的程度。厄普顿呼吁建立高级军事学校、创建总参谋部、形成全面的上级发布关于其下属的人事报告制度、建立强制退休制度，并且以考试来作为晋升和任命参谋的前提条件。他对印度的军事制度印象尤其深刻，印度划分了清晰的客观文官控制制度，对美国来说非常值得学习。他指出："没有哪个自由国家，比印度的政治—军事专制，能够更清楚地界定军事从属于政治。"[7] 十年之后，塔斯克·布利斯也游历了英国、法国与德国，学习他们的军校经验。

虽然美国改革者分析了许多国家的经验，他们最关注的还是德国。厄普顿自己表达了对德国军事制度的欣赏：他指出，在 1866 年，每一位普鲁士将军都是柏林军事学院的毕业生，这同美国军事教育的落后状态形成了鲜明的反差。谢尔曼认为，德国军事组织体制"纯粹完美"。瓦格纳也附和了这些评论，颂扬"普鲁士军事制度的优越性"。克劳塞维茨的著作在 1873 年被译成英语，而美国的专业军事期刊也致力于对

---

* 陆军六所主要的高级军校中，有五所建立于 1865—1914 年间，都根据国防部的命令而不是国会授权建立起来的。

普鲁士事务进行大范围的报道。* 美国军官完全意识到他们相对于德国的落后状况，甚至是过度地意识到，不假思索地就接受了德国的方式作为学习典范。到了 19 世纪末，美国军事思想中关于军队组织的部分，受到斯宾塞·威尔金森（Spenser Wilkinson）的著作《陆军的头脑》（*The Brain of an Army*）与美国军官西奥多·施旺（Theodore Schwan）的报告的启发，完全接受德国的联合参谋理论。德国经验常常被错误地理解与运用，但模仿德国制度的渴望对于推进美国军事职业主义的发展则是重要力量。对于德国军事主义的兴趣，海军稍微落后于陆军：关注点仍然更多地放在英国与其他传统海权国家。阿尔弗雷德·马汉毫无疑问受到他父亲那种法国热（Gallomania）的影响，也是约米尼的狂热崇拜者。不过到了 20 世纪，年轻一代海军军官尝试将德国的军事组织思想加以运用，德国式教学法也被引入海军战争学院，马汉本人最终也被克劳塞维茨深深震撼。[8]

在摆脱文职人员影响的同时，职业化的核心穿越了军种界线。军事职业主义的基本制度与理念对海军和陆军都是一样的，因此，也就有很大空间让两个军种的军官进行互动与相互激励。从丹尼斯·马汉那里吸收了职业主义的基本理念之后，谢尔曼接下来激励了鲁斯献身于海军改革，在实践中展示职业主义军事路线的意义。1865 年，时任海军少校的鲁斯在萨凡纳（Savannah）向谢尔曼报告海军与陆军合作向北推进到南卡罗来纳的方案。在听取谢尔曼对方案的描述之后，鲁斯获得了后来被马汉所称的"天启"，这确实是对于军事职业主义之意义的突然领悟。用鲁斯自己的话来说：

> 听完了谢尔曼将军关于军事状况的详细阐述之后，这些景象都突然出现在我眼前。我告诉自己："这里有一位知道自己事业的战士。"这使我突然领悟，在军事行动中有着基本原则，而这就是我们要寻找的，无论在陆地还是在海洋作战，这些一

---

* 例如，1884 年 3 月号的 *Journal of Military Service Institution*，就包括了一篇戈尔茨的文章、与军事学会（Militarische Gesellschaft）的通信，还有对毛奇的讨论；而这期刊物并非特例。

般原则都会适用。[9]

这种洞察力使得鲁斯发现了重组海军部、为海军设立职业军事首长和建立海军战争学院的必要性。此后，厄普顿成为鲁斯的密友，并鼓励他实现这些计划。当厄普顿出任门罗堡炮兵学校的理论教导主任时，他与鲁斯交流了改进美国军事教育的想法。正是在此时，鲁斯以炮兵学校作为典范，首次促使海军开设了讲授"战争艺术"的研究生课程。在1884年确立了海军战争学院的建设之后，鲁斯推荐了老马汉之子与一位陆军中尉——塔斯克·布利斯，后者在世纪之交领导了陆军战争学院的建立。因此，这条传递影响力的路线如此表现出来：从老马汉到谢尔曼、哈勒克与厄普顿，从谢尔曼到厄普顿与鲁斯，鲁斯和厄普顿相互之间，再从鲁斯到小马汉与布利斯，从小马汉到更年轻的海军军官，最后从布利斯回到陆军。[10]

职 业 主 义 的 制 度

事实上，除了军种学院之外，美国军事职业主义的所有制度都起源于从内战到一战的这段时间。这些制度形成的共同主题，就是以军事职业主义取代技术主义与政治干预。这反映出，美国人逐渐意识到战争科学不同于那些在此之外的科学，也不同于那些为战争做出贡献的附属科学。这种认识的进步，可以从教育、人事与组织多个领域看出来。

教育：基本结构的完善。在1865年，仅有的军事教育机构就是西点军校与安纳波利斯海军学院。它们的课程包括了人文、军事和技术教育的成分，其中技术成分占据主流。在接下来的半个世纪中，有三个较大的进展：其一，西点与安纳波利斯降低了技术教育的重要性；其二，陆海军建立研究生教育层次的技术学院；其三，创建进行高等军事教育的战争学院。在1865年，美国还几乎没有职业军事教育。到了1905年，一个包含几乎所有要素的全面教育体系就已经建立起来。

内战结束后不久，安纳波利斯与西点都开始了从技术主义转型到军事色彩更浓、更职业化的发展方向。1866年，军事学院脱离了工兵总监的管辖，校长一职向陆军各个兵种开放。在接下来的年代中，毕业生从事工程工作的比例显著降低。正如一份报告所指出的："军事学院不再为土木工程与机械工程职业服务。"[11] 但是，军方仍然批评学院太强调数学，指出广泛的人文课程对于美国军官就像对于德国军官一样重要。他们持续呼吁技术课程应该转移到研究生学院中去，从而留出更多时间给英文、历史与外国语言，以及战术和军事史等课程。到了1902年，学员有大约31%的时间投入纯粹的技术课程当中，大约30%用于军事教育，还有大约39%则是人文学科或基础科学的时间。技术主义在海军学院的收缩，由于强调蒸汽机这一新技术而受阻，蒸汽机技术取代了此前强调的航海与驾驶技术。从1871年到1890年代，安纳波利斯有两类学员：一类是普通海军学员，他们按照海军指挥的要求进行培养；另一类是工程师学员，他们接受专业的工程教育。许多工程师学员，模仿此前时代西点的那些毕业生，毕业后进入民间社会教导或实践其专业。这种学员之间的区分一定程度上在1890年被消除，而到了1899年随着两类军官的完全合并而彻底消失。20世纪的最初十年中，人文学科在学院课程中得到了进一步强调。

到了1900年，职业化目标在西点与安纳波利斯都获得了首要地位。对军事的强调使得这两所学校显示出较民间高等教育机构的与众不同之处，并且使之独立于当时的美国教育主流。这些军种学院在教学方法、课程、组织与实质内容等方面，都强调个性发展，走在自己特立独行的道路上，既不受艾略特的选修课程理念的影响，也没有跟随杜威的实用进步主义潮流。当美国教育中的其他部分都在探索如何给予大学生自由发展的限度时，军校继续通过规定的课程与每日背诵强调服从、纪律与常规。正如军事职业作为一个整体的发展同商业自由主义背道而驰，军校也仍然对教育中的新理念保持相对隔离。虽然减少了技术内容，但军种学院仍然试图将一般的人文教育和基础的军事教育结合在单一的课程

238

239

中。达成两个目标的努力导致了持续的紧张，课程变得臃肿，双方都不满意，因而持续要求改革。[12] 所以，虽然内战之后的时代以职业取向替代技术取向的改革取得了出色的成就，但还是留下了未解决的问题，初级军事教育中人文教育与职业教育之间的关系仍然有待理顺。

技术主义在军种学院中的收缩，与专门的研究生教育技术学院的建立有着直接联系。对那些配合军事的科学而言，其复杂性与深度的增加使得在军种学院课程中难以找到足够空间，因此要求建立独立的高等技术教育机构。随着1866年西点同工兵部队分离，陆军在纽约的威利点（Willets Point）建立了工兵学校。1868年，门罗堡的卡尔霍恩炮兵学校复校。1881年，谢尔曼建立了利文沃思步骑兵应用学校。国会于1887年授权创建一所骑兵与轻炮兵的应用学校，位于堪萨斯的莱利堡（Fort Riley）。陆军军医学校于1893年在华盛顿建立，为军队培养医生。利文沃思堡的通信学校成立于1904年，加利福尼亚普雷西迪奥（Presidio）的步兵枪械学校成立于1907年，俄克拉荷马希尔堡（Fort Sill）的野战炮兵学校则是在1911年成立。

海军的技术教育也同安纳波利斯的重心转移联系在一起。在19世纪80年代，海军军官仅有的研究生教育学校是位于新港的鱼雷学校。不过，在这一年代，海军已经开始派出军官去国内外的民间院校接受专业教育。1893年，鲁斯将军在麻省理工学院内部建立了海军建筑学院，用于培养海军的建筑师。1899年安纳波利斯废除了工程师学员课程之后，海军在华盛顿建立了自己的高等学校，研究海洋工程、电机工程与军械工程。1909年，这所学校搬到安纳波利斯，并最终成为海军学院的研究生院。不过，海军还继续依靠民间机构来对其教育进行补充。

军事教育的第三个重要发展，就是那些全力投入战争艺术的高级研究的学院的出现。这一发展的第一个重要里程碑是谢尔曼在1881年建立的利文沃思步骑兵学校。在某种意义上，这只是一所兵种学院，但是其意识到了更大的目标，并最终发展得更为重要。在其建立之前，高等军事科学的那些确定要素——军事史、战略、后勤——已经在谢尔曼的培养和厄普顿的参与之下，进入门罗堡炮兵学校的课程之中。利文沃思学校最初两年的课程中，第一年还是一般性教育课程，但随后及时转向纯粹的军事科目。美西战争导致学校活动临时停止，到了 1902 年在伊莱休·鲁特（Elihu Root）的领导下恢复，并且有了内容更全面也更清晰的学校章程。陆军指挥学校（The Army School of the Line）向上尉及以上军衔的军官教授"军事艺术与科学的高级内容"。陆军参谋学院同样位于利文沃思堡，培训指挥学校的毕业生使之适应战争中更高级的参谋职位。在这所学校的早期，最具影响力的人物是阿瑟·瓦格纳（Arthur L. Wagner），他从 1886 年到 1897 年执教于此，坚持很高的教学与考核标准。瓦格纳的著作《克尼格雷茨战役》（*Campaign of Könniggratz*）和《组织与战术》（*Organization and Tactics*）都在这期间撰写，是从厄普顿之后到一战之前美国陆军当中最杰出的军事论著。美西战争之后，瓦格纳出任陆军参谋学院院长，到了 1904 年，利文沃思堡的这所学院已经体现了德国人的基本要求，那就是战争在学校中得以传授，因而可以名正言顺地称为"军事大学"。[13]

在门罗堡以及此后在利文沃思所进行的军事科学教育，都刺激海军采取相似的行动。鲁斯将军及其盟友一再指出，和陆军相比，海军在高等教育方面处于劣势。鲁斯的努力最终促成了新港的海军战争学院于 1884 年得以建立。这是一所真正的战争学院，就像其欧洲的对应学校一样，专注地致力于对战争的高层次研究。但是，其早期的状态还是动荡不安的。许多海军军官仍然忽视其目标，对其重要性也缺乏认识。海军一直试图将其同样位于新港的鱼雷学校合并，或是变成安纳波利斯海军学院的研究生部。正如鲁斯与马汉所指出的，这些行动反映的是对技术与军事两类专业知识的迷惑，不能认识到后者的独立性。＊大卫·波

＊　鲁斯此后关于他的反对者这样写道："在鼓吹设立高等数学、军需科学、航海天文学以及其他学科的高级课程的同时，他们却忽视了自己的科学——战争科学。在倡导培养射击、航海、机械工程与一般机械方面的技艺的同时，他们没有考虑到自己专业的技艺——战争技艺。" U. S. Naval Institute *Proceedings*, XXXVI（1910），560.

特（David D. Porter）将军的支持、鲁斯的宣传以及马汉的声望结合在一起，最终战胜了反对派。美西战争之后，战争学院的地位已经不可动摇。在课程与教学技术的发展方面，这个学院发挥着先锋作用，并且成为欧洲海军相似机构的典范。[14]

在一战之前，高级军事教育发展的最终一步，就是 1901 年陆军战争学院的建立。这是陆军参谋学院和海军战争学院所取得的成功发展而来的合乎逻辑的结果。陆军对于建立一个比参谋学院更高级的教育机构的要求，十年来一直很强烈。但是，其建立过程却被复杂化，因为鲁特对战争学院与联合参谋学院的职责还存在混淆。正如海军战争学院的发展受阻于将其同技术教育机构区分的失败，陆军参谋学院的发展问题，也反映出鲁特未能区分作战计划与军务管理两方面职能对于教育和研究的要求。鲁特希望战争学院由陆军参谋部门的首长组成，他们监督其他陆军学院的运作，指导军事情报活动，准备作战计划，并向总统提出关于军事准备与行动的建议。这么多差异巨大的职责被集中在一起，简直超出想象。当战争学院终于在 1901 年建立起来时，被安排于杨（S. B. M. Young）少将领导的委员会指导之下，其学术职责仍然被清楚地排列于参谋与计划活动之下。当杨将军在 1903 年成为首任陆军参谋长时，塔斯克·布利斯准将接任了他在战争学院的职务，他曾经是海军战争学院的第一位陆军教官，因此完全受到海军战争学院目标的感染。在布利斯及其继任者瓦格纳的领导下，他们推动战争学院从参谋学院的水平向更高层次发展，更加致力于对战争的高水平研究。但是在鲁特的影响下，其首要职责还是协助总参谋部准备国防计划。尽管军方努力将学院推入正轨，但由于其一开始就意图不明，所以即使到了 1914 年，首要的目标还是："将已经获取的知识运用于实践而不是传授学术指导。"[15]

如果说鲁特对于战争学院的功能认识不清的话，那么他对于全面的职业化军事教育体系所包含的必要组成，则确实有着清楚的理解。早前，军官模仿的是德国制度，将这个体系做出三个阶段的界定，包括西点军校、研究生学校、军种的综合学院与战争学院。在 1901 年 11 月 27 日一份才华横溢的备忘录中，鲁特接受了这一框架的实质，并重新定义了陆军现存的军校作为这个整体的一部分应当承担的任务。相似的推动力让海军认识到军官教育中相同的基本阶段划分。1919 年，诺克斯-佩伊-金（Knox-Pye-King）委员会调查了海军教育，指出包括四个阶段：其一，海军学院；其二，安纳波利斯的研究生教育；其三，战争学院初级课程；其四，战争学院高级课程。[16]鲁特的备忘录与海军委员会的报告都表达出这样的信号，那就是职业化军事教育的基本结构在美国已经完成。

协会与期刊。新的军事教育体系，还得到了以空前规模诞生于美国 243 的职业化协会和专业期刊的补充。* 这一领域最早出现的是美国海军学会（United States Naval Institute），它由一批军官于 1873 年在安纳波利斯建立，有意图地模仿了英国皇家联合军种学会（British Royal United Service Institution），宣称其目标是提升"海军的职业与科学知识"。1874 年，学会开始出版《会刊》（Proceedings），这在许多年中可能都是美国最具学术性与影响力的军事期刊，为海军军官的专业讨论提供了稳定的空间。陆军军官在海军的带领之下，于 1879 年组织了军种学会（Military Service Institution），同样也是以英国皇家联合军种学会作为模板。在一战期间，协会与期刊都因为缺乏支持而衰落。但与此同时，陆军中也有许多社团和刊物反映出对军事专业与技术的多样兴趣。骑兵协会（Cavalry Association）于 1885 年成立，三年后开始出版《骑兵期刊》（Cavalry Journal）。《美国炮兵期刊》（Journal of the United States Artillery）于 1892 年在门罗堡炮兵学校创刊，1922 年更名为《岸炮期刊》（Coast Artillery Journal），1948 年又更名为《防空期刊》（Antiaircraft Journal），最终在 1954 年合并到《战

---

　　* 内战之前，最重要的军事社团是 1802—1812 年间的西点军事哲学学会，以及 19 世纪 30 年代的美国海军论坛（United States Naval Lyceum）。但是，这两个组织都在军事兴趣以外有着广泛的科学与技术领域的兴趣。除了《海军杂志》由海军论坛出版之外，军事启蒙期刊更多地由商业出版社而非这些军官社团来出版，并且这些期刊的存在都很短暂。

斗部队期刊》（*Combat Forces Journal*）当中。1893 年，利文沃思堡的一群军官建立了步兵学社（Infantry Society），次年更名为美国步兵协会（United States Infantry Association）。1904 年，这个协会进行了重组，并且出版《步兵期刊》（*Infantry Journal*），该期刊在军种学会的刊物停刊之后，成为陆军机关刊物中的领头羊。在 1950 年，《步兵期刊》扩展为《战斗部队期刊》，并且与莱利堡的野战炮兵协会（Field Artillery Association）于 1911 年创刊的《野战炮兵期刊》（*Field Artillery Journal*）合并。1909 年，工兵部队开始出版双月刊《专业记录》（*Professional Memoirs*）。* 在两个军种中，新的期刊满足了对可以更为普及运用到一般领域专业文献的持续需求。[17]

人事：业余和专业的分离。 在内战之后到一战之前的年代中，职业化的人事体系出现了。军官的任用主要从最低级别开始，并且要接受军种学院的教育，更高级别基本上被军事学院毕业生所垄断。传统论资排辈的晋升体制，早先就一直受到攻击，虽然对政治干预的担忧使之成为基本标准，但是也受到了适用条件的严格限制。此前，实际上并不存在的退休制度也被引入，对军官参与非军事事务的禁令更为严厉与清晰。所有这些发展都趋向于强化军官集团既分离又联合的趋势，联合是在集团内部加强团结，而分离则是扩大其与社会中其他派系的隔膜。

商业和平主义对军事事务的漠不关心及其与杰克逊主义进路之间的反差，反映在国会是否愿意将军官的准入渠道限制在军事学院作为唯一渠道。在内战之后，新任的海军初级指挥军官被安纳波利斯的毕业生垄断。海军的需求很小，而军事学院则供过于求。在世纪之交，海军的扩张增加了对军官的需求，军事学院的录取也随之翻倍。当安纳波利斯的毕业生供不应求时，国会也授权未经学院教育的准尉可以直接晋升少尉，但这种机会被严格限制。从 1890 年起，所有海军的高级职位，除了某些专业参谋部门之外，都被安纳波利斯的毕业生占据。陆军更多的

---

* 官方的专业文献在数量与质量方面都有增长，建立于 1882 年的海军情报办公室，还有陆军部的军事信息处、海军战争档案办公室以及各战争学院，都在其中发挥了重要作用。

军官需求使得西点不可能达到安纳波利斯这样的垄断状况。尽管如此，国会在 1878 年还是坚决确立了军事学院毕业生在获得任命方面的优先权利，并且要求通过其他渠道入职者必须经过严格的专业考试。在 1898 年，西点毕业生占据了陆军军官的 80%，不过在最高层仍属于少数。20 年后，领导一战的就几乎完全是职业军事首长，政治与个人影响被严格排除在任命与委派之外。在 1898—1940 年间任命的 441 位正规军将军（排除了军医）中，几乎全部在 1861—1917 年间参军，其中大约四分之三是西点毕业生。[18]

论资排辈体系的持续，加之内战后海军的裁减，导致海军晋升的停滞。军官长时间滞留在低位，晋升到高级别时已经到了退休年龄。改革的建议是，要么改为选升制度，要么就排除那些不胜任的军官。但是，选升制度的倡导者受阻于国会议员以及其他对军官任命有影响力的人物的阻挠。军官则怀疑一个公正的选升体制是否可能，担心如果论资排辈被废除的话，政治会更加干预晋升与任命。选升制度被选择性淘汰制度所取代，这最终写入了国会制定的《1899 年人事法案》（the Personnel Act of 1899）。然而，在军官集团内部，关于进一步改革的争议与要求仍然持续，海军晋升体制的最终完善要到 1916 年，国会在这年以新方案取代了 1899 年的架构，建立起有限选升体制，使海军形成了更为职业化的晋升制度。

陆军在修正论资排辈体制的运作方面落后于海军。普遍的做法是，上校及以下以资历晋升。将军是选升制，但论资排辈也被作为惯例使用。1890 年，所有少校以下军官的晋升都要经过考试，以保证其达到职业能力的最低要求。关于军官个性与效率的系统人事报告这一制度，在 19 世纪 90 年代中期被建立起来。鲁特与其他人强烈支持引入选升制度。但军官们害怕选升只会导致"社会与政治影响"的入侵，而这是为了维护军官集团的完整性必须不惜一切代价加以避免的。鲁特的改革努力未能成功。[19] 正如在海军当中一样，对政治的职业怀疑导致军官选择建立一个较低水平的职业主义标准，而不是冒险选择一个更容易受到外界力量干预的较高水平的职业标准。军官们的担心主要针对的是国会的影响，他们对选升制度的反对也是一个例子，表现出分权制度是如何阻碍了军事职业主义的发展。

1855 年之前，无论在陆军还是海军都没有退休制度。不过，就在这年，国会被说服有必要清理海军的上层军官，因而建立了一个"预定名单"，列入难以履职的军官。1861 年，国会批准了陆海军不胜任军官强制退休的持续改革方案，并且第一次引入自愿退休制度。此后在 19 世纪 60 年代和 70 年代的立法中，规定 62 岁以上的海军军官强制退休，并以增加退休福利的方式激励自愿退休。1862 年与 1870 年的立法规定陆军军官在服役期满 30 年之后可以退休，或者由总统强制命令退休。职业化思维的军官一直在倡议实施 64 岁强制退休制度，这在 1882 年最终由国会立法。[20] 到了 19 世纪末期，两个军种都形成了合适的职业化退休金制度。

军官参与非军事活动的法律限制，也在这一期间形成。1870 年，国会禁止任何现役军官担任选举或任命的民事职务，这一规定所支持的军政关系理念，基本上与制宪者的宪政理论相冲突。此后的立法细化了限制，并将限制扩展到退役军官的就业方面。两个军种也尝试减少军官参与立法性活动，为此在 1876 年、1896 年和 1900 年增加了新的法规。[21]

247 　　**组织：与技术主义的冲突。**对陆军和海军而言，在 19 世纪末组织上的基本问题都是如何建立一个能够行使职业化军事职能同时也能代表职业化军事利益的组织。解决这一问题不可避免地要求那些在两个军种的现行结构中发挥着重要作用的技术—行政单位能够服从。从人事组织这一层面来说，就是需要消除或限制专业参谋集团。在陆军中，任命到各类参谋部门或多或少都是建立在个人恩惠的基础上；军官一旦被任命，其整个生涯都将一直从事某个固定的参谋专业，成为技术专家而不是军事专家。这一状况在 1894 年得到改变，当时国会要求此后所有参谋部门的任命都必须从陆军指挥军官中选择。在世纪之交，鲁特领导了对参谋固定任职制度的斗争，指出在前线或海外的指挥军官中存在着这样的感觉，即参谋部门是一个封闭团体，"伴随着奢侈、特权与权力"，这些来自于同华盛顿的国会成员之间的密切联系。国会在 1901 年对鲁特的要求做出回应，建立从指挥军官中选择任期四年的参谋军官的制度。这有效地打破了参谋同陆军当中其他群体的隔膜，成为创造一个更为同质化军事职业的重要步骤。

海军军官也分裂为指挥军官与各类参谋。就像在陆军当中那样，海军中也有一种感觉，觉得参谋部门占据着最有利的位置。那些在非军事部门有着更高薪酬与更好晋升机会的岸上执勤，吸引着安纳波利斯的毕业生。最麻烦的问题是，指挥军官与 1842 年形成的工程军官之间的关系。这两个群体代表各自的权利和利益针锋相对。不过，到了 19 世纪 90 年代，这种分歧的基础消失了。由助理海军部长老罗斯福担任主席的人事委员会，在 1898 年做出规定，要求所有工程军官与指挥军官必须合一。委员会指出，海军需要"一个同质化团体，所有成员都接受同样的训练以便有效履行现代指挥军官的职责"。1899 年海军人事法案体现了该委员会的建议，将两类军官完全合并。[22]

同技术主义的斗争，另外一个更重要的方面，涉及部门的行政管理组织：部长、部属各行政机构、职业军官利益代言人之间的关系。海军组织反映了保尔丁部长的理论，那就是只有海军的技术—管理工作需要专门技能，而部长自己可以决定军事事务的方向。这一理论在内战中被证明并不符合实际，海军科学的复杂化发展也导致其在和平年代同样难以实践。需要一些新的机构来处理海军的需求，包括准备战争计划、舰队的组织与派遣。这些需求在 1885 年由惠特尼部长清楚地指出。惠特尼否定了保尔丁的理论，指出行政机构首长分散的执行责任使其不能向部长提供"战争艺术"方面所需要的"智识指引"。同保尔丁在军事事务上的自信相反，惠特尼半个世纪之后的观点代表了部长们认识到海军的军事方面现在已经成为需要专业技能的职业。[23] 虽然惠特尼的意见没有造成立即的改变，但是他的评论引发了关于海军组织模式长达 30 年的辩论，直到 1915 年海军作战部长办公室的建立。辩论的形式包括大量的论文、报告、口头讨论和建议书，这在美国公共管理历史上是一个独特的事件。争论的焦点在于，职业军事首长相对于部内设行政机构与部长所承担的角色。

海军传统主义这一思想流派，由鲁斯和马汉引领，倡导建立平衡的组织体系。他们强调现行海军体制中对军事内容的忽略。海军本应为战争而存在，但如果不是部门组织中有军事需求的代言人，那些本该是配角的行政机构的行政活动，就会把自己变成存在的目的。传统主义者因此要求建立一个代表海军的军事方面的机构来平衡行政机构。既然他们强调纯粹的军事与职业特征，也就并不坚持新的机构应该对海军部的行政方面进行监督。认识到海军的军事与行政事务的内在冲突，他们将协调两者之间的工作交给了海军部长。习惯于部长在军事方面的指导，他们并不担心存在于军事首长、部长与总统之间的指挥关系。部长被视为总统在所有有关海军事务中的代理人，无论是军令还是军政方面。传统主义者将英国海军组织体制视为样板，即在第一海务大臣（First Sea Lord）与其他海军部官员之间划分军令与军政事务，并全部隶属于文职的海军大臣（First Lord of the Admiralty）。

以垂直的改正措施来解决海军部组织方面的弊端，这种理解在海军中长期存在，在 19 世纪 90 年代，垂直体制还得到了年轻一代海军造反派的支持，他们的领导者是泰勒与西姆斯将军。这些海军中的造反派强调与传统主义者不同的重点，并不是以一位军方代表来平衡内设行政机构，而是以一位军方管理者来协调内设行政机构。他们指出，在内设行政机构独立的体制下，他们的职责相互重叠，缺乏整个部内的协调，部长则缺乏知识与经验。因此，他们指出部长应当有一位在所有涉及海军的事务上独立承担全责的顾问，这个顾问要么是个人，要么是一个委员会。他们指出，这个顾问应当作为联合参谋部发挥作用，权力凌驾于各个内设机构之上。这些造反派引用了德国军事组织体制来支持自己的观点。但是，他们在这一点上也犯了和鲁特一样的错误；他们误解了德国体制，以为联合参谋部的权力凌驾于所有其他军事机构之上。[24]

在辩论期间，海军部长与各局局长倾向于站在传统主义者一方来对抗造反派。局长们坚持捍卫他们直属于部长的地位。部长认为问题在于保证他们在军事事务上得到职业化的协助，但同时又不会把对政策的控制权拱手让给军事首长。除了那些屈服于罗斯福影响的人，他们拒绝垂直架构，担心这样一来，部长会成为签字的傀儡，而军事首长则掌控整个海军部。他们几乎一致支持丹尼尔斯部长所说的"有计划的分散政策"。他们对于垂直组织的反对，也同时致使了对平衡控制方案的怀疑态度。这导致陷入一个两难困境。他们认识到，就像惠特尼部长在1885 年的报告中指出的那样，部长需要职业化的军事助手。但是，他们又害怕这样一个军事首长，虽然最初权力被局限于纯军事事务，但逐渐会把权力扩张到各局行政事务之中。惠特尼部长本人指出，海军顾问委员会（Naval Advisory Board）原本被创建用于协助部长，却试图掌握行政职能并干预各内设行政机构的职责。此后在 1904 年，部长也抱怨说建立于 1900 年的负责准备战争计划的综合委员会（General Board）也在蚕食文官的职责：管理造船厂、经营仓库、介入法律问题。军事组织的扩张倾向，本身也就证明了要在美国体制下维持一个平衡组织结构的困难，这就减弱了部长对于任何改革方案的热情。

进入这场关于组织的大辩论当中的那些理念与力量，最终在 1915年建立海军作战部长的法案中得以明确。布拉德利·费斯克将军是这一法案的最直接发起者，他在海军部长幕后积极推动国会议员中的支持者实施海军重组。在一项关于海军拨款的修正案中规定，海军作战部长"负责海军战争准备并负责其一般性指导"。这一拟议中的立法因此规定了垂直体制。丹尼尔斯部长强烈反对，并成功对其进行了大幅度修改。最终通过的时候，法律规定作战部长"应当在海军部长指导之下，负责舰队作战，以及舰队战时的准备方案"。[25] 丹尼尔斯因此达成了平衡组织的两个基本点：作战部长的权力层级在部长之下；作战部长的权力范围限于军事事务，而不介入各局的行政事务。鲁斯—马汉这一派传统主义者占据了上风。

陆军部组织的改革，同海军的改革进程大不相同。这主要是外部的文官所做的工作，而不是军官内部广泛讨论与辩论的产物。事实上，在美西战争之前，陆军军官对于组织方面并没有多少兴趣。显然，他们对现行的协调体制基本上满意。甚至在1900年，当军种协会赞助有奖征文竞赛来讨论最佳的陆军参谋组织时，没有一篇提交的文章被认为值得评奖。改革的最初动议来自于1899年出任陆军部长的鲁特。在其就任之时，鲁特对于军事事务还几乎一无所知，但到任以后就积极努力获取相关信息。他深入吸收了当时流行的对德国总参谋部体制的欣赏，对于斯宾塞·威尔金森在《陆军的头脑》（*The Brain of an Army*）一书中对德国组织结构的分析印象深刻。但是，在改进陆军部的重组方案时，鲁特尝试一石二鸟解决两方面缺陷。陆军部既要求职业化的军事职能能够更好地表现，又要求更高效的中央协调与控制。第一个需求的满足，需要使总司令从属于部长，并为总司令配备参谋班子准备军事计划；而第二个需求的满足，则要强化部长的法定权力，并增强其办公室的能力，使之能够有效地控制总司令与各局局长。这些改革将会为陆军部设立平衡的组织体制，在实质上同时反映出德国模式与威尔金森的理念。但是，鲁特采取了一步到位的办法，设立参谋长作为部长的首要军事助手。完全受到新汉密尔顿主义的影响，鲁特为陆军建立了垂直的组织体制，反映出军事与政治职能的混合。1903年的总参谋部法案，实现了鲁特的理论，在三个方面对旧的协调模式做出了重大改变。

第一，它废除了总统直接指挥军事首长的指挥关系。在新的体制下，"命令应当……由部长或以部长的名义，通过参谋长传达"。虽然法律规定参谋长和部长一样在总统领导之下，但在实践中，新方案要求陆军部长"作为宪法上的总司令——总统的代表"。参谋长的工作是"协助上级官员（陆军部长）的指挥，并且代表他，以其名义和职权执行其政策，并确保命令得到执行"。

第二，假定陆军部长拥有军事指挥权，必然推论的结果会扩展到参谋长对部属各行政机构的控制权。作为对军事首长权力级别降低的补偿，其权力范围得以扩大。最初由卡特将军起草的方案中，将总参谋部与总参谋长限制为与战争计划有关的纯军事职能，这就形成了一个平衡模式的组织。但是，鲁特呼吁有必要赋予军事首长"直接指挥目前独立于陆军军事首长而直属于陆军部长的后勤部门的权力"。这一要求垂直组织的观点，在总参谋部法案中得到体现，其赋予参谋长的权力是"监督"（supervise）而非"指挥"（command）参谋部门。用词的选择是其有意为之的，鲁特的观点是"监督"意味着超然于利益的上级监管，而"指挥"则含有独立且内在的权力的含义。也就是说，选词的推敲是为了确保参谋长从属于部长，同时建立参谋长对部属各局的权威。

第三，总参谋部理论中的第三个关键点，就是参谋长与部长之间相互信任的必要性。在 19 世纪的组织体系下，总司令的独立性导致其与部长之间的冲突不可避免。但是，只有当军事首长的职责被纯粹规定在军事范围内，这种体制才可能普遍推行。而参谋长的权力与部长的权力外延相同，这就必须反映和部长相同的利益与思考。参谋长必须"对其指挥主官有完全信任"。因此，总统被授权从全体将级军官中选出一名任期四年的参谋长。此外，因为在总统、部长与参谋长之间绝对信任的必要性，后者"除非被就地解职，否则在所有情况下任期应与总统任期一致"。另外，如果参谋长发现无法忠诚服务于其文官首长，就有义务请求自行辞职。[26] 在这一体制下，参谋长成为执政政府的一部分。他不仅是军方固定利益的代言人，也是政治家，如果其态度与政府不符，那就需要辞职。实际上，他的职务也就相当于行政部门中的副部长。因此从军事职业主义和文官控制两方面看来，鲁特的重组都仅仅是对协调体制稍作改进而已。参谋部在参谋长的领导之下，确实履行着军事计划的专业职能。但是部属行政机构在行政层级方面的降低，只有在扩大陆军军事首长的职责范围的情况下才能实现。当海军组织此后发展到完全的职业化平衡体制的时候，陆军组织形态仍然僵化在半职业化的新汉密尔顿主义形式之中。

小结。到一战时，美国两个军种已经建立了较充分的职业化制度。只有在三个领域，美国的军事基本模式还同职业主义模式有着显著的偏差。

第一，职业化的初级军官教育体制要求分别将人文教育和基本军事教育安排给不同机构，专职完成各自职责。但是，西点与安纳波利斯都将职业教育这两方面基本要素压缩在单一的四年课程之中。

第二，职业化的晋升体制要求完全以功绩为标准来晋升。但是，由于担心政治干预，美国陆军还固守论资排辈的方法。

第三，职业化的组织体制要求军事机构完全致力于最高水平的专业工作，并且完全代表军方观点。但是，陆军在 1903 年建立起来的垂直体制，没有达到这一标准，事实上将部长和参谋长的政治与军事职责混为一体。

美国军事思维的形成

美国的职业军事伦理，特别要归结为从内战到一战期间的产物。在 1860 年以前，其中的部分基本内容已经被军事启蒙运动的作者们发现并提出。但是，这个时期只有一些超越了其时代的例外个体，直到 1865 年之后，他们的思想才成为军官集团中大部分人所共享的财富。在内战之后的年代中，军官作为一个整体发展出了统一的军事视角，基本上与商业和平主义与其他的民间自由主义思想分道扬镳。到了一战时，这个整合的军事观点被强化为一个稳定的信仰模式以及稳定的世界观。虽然陆军和海军当然在其战略观念上有所差异，但两个军种还是有着相同的基本职业伦理。这种伦理的出现是军队的孤立与军事机构的兴起之必然产物。谢尔曼、厄普顿和鲁斯发展出了职业主义理念；这些理念又引领他们创建职业主义的机构；而这些机构，尤其是那些学校、协会与期刊，又孕育着被更普遍接受和更清晰阐述的职业伦理。这种伦理的发展脉络，可以从那个时代军官的著作与论文中梳理出来。*

战争作为科学与目的。在观察人类知识的进步时，军事作家强调战 255
争作为一个独特研究领域的出现。战争的科学是军人独特的兴趣。一位
陆军上尉在 1883 年宣称："战争已经成为专业，其发展为深奥的科
学。"发展出战争原理的重要性已经得到强调。"对战争的指导"成为
职业兴趣的关注焦点。海军军官被提醒"每一位军官都应该研究海战
的科学，他们的座右铭应当是'为战争而准备'，因为战争就是他们的
职业"。蒸汽战舰替代风帆战舰，将海军从对航海技术的关注中解放出
来，可以去思考更为深奥与抽象的原理，就像约米尼和克劳塞维茨已经
为陆战所设计的原则那样。战争科学被分解为永久性与可变性两类要
素。战略具有"早已存在并将持续存在的根本性原则"，但是新的状况
与技术发展则会影响这些原则如何在战术与后勤方面适用。

战争作为独立科学而存在的观念，与实践这一科学是军事力量唯一
目标的观念，两者之间有着密切联系。陆军与海军的存在就是为了战
斗，而不是其他理由。他们的组织、行动与训练都必须以更有效的战斗 256
这个唯一目标作为指引。军事主义的目的论，是断言指挥高于军事行政
的理论基础。那些代表技术主义的军事行政机构，仅仅是为了服务于代
表着军事职业主义的指挥机构的目标而存在的。武装部队在过去对科

---

* 以下对美国军事伦理的分析基于对下列文献的综合研究：

（1）《军种学会期刊》，1879—1917 年；

（2）《美国海军学会学报》，1874—1917 年；

（3）《步兵期刊》，1904—1917 年；

（4）《联合军种》，1879—1905 年；

（5）有所选择的军官回忆录与教科书，以及大众期刊文章。

就许多理由来说，军事专业期刊是理解军事思维的最佳渊源。这些文章由担任现役的军官
撰写，因此高度融入军事环境之中。很少有军官在现役期间有时间或有兴趣撰写著作，而当他
们在退休后写作时，又可能通过玫瑰色的眼镜美化自己的回忆。大部分发表在专业期刊上的文
章是中低级军官所撰写的，他们更能反映军官集团大多数的观点。大部分著作的作者则是将
领，他们的观点更可能反映出军事职业之外的影响。专业期刊上的文章预期的是军界读者，因
此相对于写给普通大众的文章，作者不太可能隐藏或修正自己的意见。专业期刊上的文章不仅
表达军方观点，也在塑造军方观点。在以下各节对美国军事伦理的分析的末尾，将提供表达代
表性军方观点的参考文献，其中也包括那些在文中引用的观点。

学、探索、贸易与航海等领域的发展都做出了许多贡献，但为了集中精力投入军事效率这个单一目标，这种"乐趣与成就"都必须放弃。[27]

自我概念。美国军官开始第一次普遍认识到自己是一个同法律或医学职业一样的博学职业，也意识到他们已经在知识领域取得了显著进步。他们的自我概念植根于将战争视为科学的新观念。战争的问题——

> ……解决方案要求最高水平的天赋，并且最坚持不懈的运用。战争的学生是为生命而学习的。军事职业成为一个博学的职业。当它只是简单的斗争职业的时候，所有人都可以参与，也没有滥竽充数的人。现在它的性质已经改变，但还没有得到普遍的关注。

陆军和海军军官一样，强调对"军人良知"的需求，强调军官应当将奉献、忠诚与兴趣集中于他的职业。虽然军事职业同其他职业在主要特征上是相似的，但也有着一个重要方面的差别：这个职业同时是一个组织。军事职业的独特目的——有效的战斗——意味着其不同于行政机构，在民间社会中没有任何职业可以与指挥军官进行类比。此外，陆军与海军军官只不过是相同的基本职业中发展出的不同分支而已。

职业化机构的出现导致了一个结论，那就是天赋即使并不威胁，那也是不必要的。拿破仑在 19 世纪初期可以说是法国取胜的关键，但是一百年后没有人会说离开了大山岩（Oyama）的日本就会输给俄国，甚至毛奇也并非德国胜利不可或缺的人物。现在要求的军人是一台完美的机器，而非一个天才的个体。战争变得理性化与常规化。"现在的总参谋部，'陆军的头脑'可以代替指挥官的天赋。"德国体制因为"将中庸之才成功组织起来"而大受赞扬，作为团队合作的化身，"每个部分有效地持续保持其效率，但又始终服从于整体的效率"。那些明星个人是危险的，因为组织结构中分配给他们的职位可能无法容纳他们的才能。1907 年，利文沃思堡的学员被教导："在军队中的任何职位，无论是指挥职位还是参谋职位，在现代都不需要一位才华横溢的战士或一位天才，而是需要一位完全了解职位职责的普通人。"[28]

保守主义价值观。在内战之前，陆军与海军军官中的基本价值观同美国大众并没有太多差别。毋庸置疑，军官会更倾向保守主义一些，不过在南方，在国家政治与思想中仍然保持显赫地位的情况下，民间也会存在明显的保守主义潮流。但在内战之后，国家与军队就转移到价值观的对立方向上。国家变得更加趋向自由主义，而军队变得更加趋向保守主义。同美国主流生活方式脱离之后，军队认识到他们的存在完全依赖于战争发生的概率，或者至少是战争的可能性，而战争的可能性又只有当人性中包含那些邪恶因素时才会存在，因此，军队对于乐观主义与进步主义的那些原则也就缺乏共识。到了世纪交替的时候，当诸如法律和牧师这样的职业已经完全适应了社会中的自由主义氛围，军队还在孤独地奉行他们坚定不移的保守主义。那些更多在思想层面而非实践层面表现自己的军官，体现了保守主义的路线，而在其他主题中更广泛清楚表达的军方观点中，也隐含着保守主义哲学的性质。

在传统风格中，军队强调人性中的恶，天性的骄傲、利欲与贪婪。对美国军官而言，人性中善与恶的双重性导致战争不可避免。正如鲁斯所说，"战争的源泉就在人心之中"，军事著作家对和平主义者发泄他们的讽刺，指出他们的理论建立基础是人的应然状态而非实然状态。弗朗西斯·威兰德（Francis Wayland）、大卫·达德利·菲尔德（David Dudley Field）与古德金（E. L. Godkin）是最主要的批评对象，直到诺曼·安吉尔（Norman Angell）出现，批评目标才转移，不仅因为他的思想一厢情愿，也因为他假设人就是纯粹的经济动物。对军官而言，人性是不变的。现在的人类，与文明发源之际的人类是一致的，没有任何制度措施可能改变人的基本构成。

这种对人性的较低评价，导致了对组织与社会的优点的高度强调。两个军种的军事著作家都激烈抨击个人主义，并且极力歌颂军事价值观：重视隶属关系、忠诚、尽责、重视等级、遵守纪律、讲究服从。集体的位置高于个体。战士的最高荣誉是"服从，不假思索的、本能的、迅速的和愉快的服从"。一位军官指出："军事纪律是无价的，因为其从不理性说服。"无条件的服从与对上级的尊重是两项基本要求："这些不需要理性思考为什么"，这是美国军官的格言。个人主义的各种形式，都受到强烈谴责，并被视为导向无政府状态的道路。军事观点中对人性之中不变特性的强调，也导致了对历史的强调，除了老马汉以外，美国早期军事思想中很少注意到这一点。只有从历史中才有可能发现人类行为的一般原理，也只有通过这些一般原理才能指导未来。历史与进步是对立的。进步仅仅在技术层面发生，而在更基础的层面上，"道德科学……在1800年中没有任何进步"。从这一点来看，军事著作家所支持的历史理论，本质上是循环论。[29]

政治、民主与分权。与19世纪30年代军官集团的意见针锋相对，内战之后的军官一致相信政治与军官职务不能混为一谈。估计在500名军官中，没有一个人参与投票。这部分原因是部队驻地的转移和州的制度限制。但军官集团的缺席更重要的原因是，用一位陆军少校的话来说："源于一种稳定的坚信，这种坚信来自于作为一个组织与共和国之间形成的特殊关系。"军事学院的教育产生了这样的效果。"如果军校生获取了任何信念的话"，一位军官指出，"他们将普遍地怀疑那些渺小的政客以及他们不诚实的行动原则。"在整个服役期间保持中立、无党派、客观，无论哪个政府或哪个党派都忠诚服务，成为军事职业的理念。军人为他们实现了这样的理念而骄傲，并且将自己同那些更为落后、仍然很大程度上受政治支配的政府部门相比较。

维持政治与军队之间的鲜明界限，最直接的挑战来自国会。当老罗斯福促使杜威将军运用他的参议员关系推动杜威就职亚洲分舰队的任命时，杜威表示出对这么做的"自然的厌恶"，只不过在罗斯福助理部长强有力的说服之下才让步加以考虑。杜威的"自然的厌恶"是职业军人对分权制度敌意的表现，这起源于内战之后的年代，此后持续隐含在军方对政府的思维中。新一代美国职业军官对整合的指挥链条有着天生的尊重，这个指挥体系包含从作为最高统帅的总统到最低级别的义务兵。但是，在这个指挥体系中并没有留下国会的位置。立法机关既不在总统之上，也不在总统之下，但其显然需要被安置在某个位置。国会如果置身事外，那就一直是对军事层级的平衡性与秩序的威胁。军官倾向于简化问题，强调他们只效忠于总统。"总统是军队的最高统帅，军队的职责就是绝对服从。职责就是军队的最高法律，凌驾于其他一切法律之上。"军官有时希望形成某种机制，能够向国会表达军方的整体意见，但他们又强烈谴责那些被诱惑控制而借助立法机关的影响并且推动特殊法案通过的军官。他们也同样强烈地谴责国会自己介入军事领域。在试图忽略或拒绝分权制度时，职业化思维的联邦军官集团同那些非职业化的民兵军官集团有着显著的差别，后者在此时期试图使其对于州和联邦的双重责任体制发挥效果。民兵军官注意到了权力的分化是一个机会，可以借此来扩充自己；而联邦军官则将此看作是造成军队混乱的原因。在避免自己利用国会作为投机渠道这一点上，联邦军官就像一战前的德国军官一样坚持自我克制，德国军官们没有利用帝国国会和皇帝之间的对立作为自己的机会，而是坚决忠诚于皇帝。

260

在更深层次上，美国军官担心民主政府对其发展中的职业所造成的影响：大众的规则看起来与职业的自治不能兼容。在军事政策中缺乏一致性或现实主义，军队则成为那些强大利益集团或大众意见的玩物。军官"常常是党派迷信的牺牲品"。维勒（Wheeler）上校批评说："地方利益或党派精神使军队变得小气而过分谨慎，这看上去是建议的所有改进现行组织的方案中最根本的理由。"政治与军事之间的冲突，无法避免。维勒有时对西点的继任者发出警告："为了唤起大众热情并使他们做出必要牺牲，（必须）采取某些措施，这些措施和纯粹的军事考虑可能有也可能没有直接联系。"某些军官总结说，民主制对真正的军事主义有着无法和解的敌意。君主制有不受干扰的指挥链条和单一的权力中心，这一点倒是更适合军事。美国政府的基本特征，导致"它不可能组织和训练一支在军事专家观点看来有效率的陆军"。[30]

文官控制：陆军的被动、海军的职责与国防委员会。客观文官控制

261　理论与实践在美国的起源，来自于军队与社会这些年当中制度上的分离，以及军官将军队与政治保持适当距离的理念，还有他们逐渐深化的职业精神与职业自治观念。客观文官控制在美国得以生效，其开端和维系都依靠军队。陆军和海军军官强调他们从属于政府的政治权力。正如一位海军人士指出，军队不过就是政府的肌肉，"由立法、行政与司法所组成的大脑进行控制与指引"。而陆军的一位军官也回应说："陆军从属于文官权力，将其分离出来成为不同于行政、立法或司法的另一种权力。"两个军种都带有对文官至高地位的基本忠诚，但是，各自不同的经验导致他们以略微不同的形式表达他们的理念。

陆军参与了多样化的任务——南方的重建、与印第安人的战斗、镇压工人运动、美西战争、占领古巴、菲律宾的治安战、巴拿马运河的建设与运营，还有对墨西哥的惩罚性战争。因此，陆军展现出一种作为政府忠实雇员的形象，毫不质疑也毫不犹豫地投入所安排的工作中去："国家的普通公务员，纪律严明、服从上级，能够执行民事职能。"陆军没有特定的职权领域，相反是一个巨大、有机、由人构成的机器，盲目服从上级的命令。将陆军类比为机器，因为其依赖于操作者的启动和指导来行动，也因为其是一个复杂而缓慢建成的整体，通过整体才体现出组成零件的意义，这个比喻常常被使用，强调陆军的被动角色。"当被命令投入行动时，它就是机器，无需负责的机器。"因此，"军事力量只是工具，主动权掌握在上级手中。它被动地执行其他的政府职能"。陆军中的作者们承认军队只服从合法的命令，但是他们认为合法性并不需要自己去判断。"战士就是战士，而不是律师。"通过按照字面意思来服从所有的命令，陆军尝试使自己摆脱政治责任和政治冲突，虽然他们经常被要求执行的任务都具有政治性。

262　海军的情况有些不同。海军的角色被更多限制在外交事务上执行国家意志。显然，它也是国防的第一道防线。因此，在强调海军对政府政治指示服从的同时，海军军官也强调他们对于国家安全的责任。费斯克警告说："我们要记住，国家的海上防御是我们的职业，而不是国会的职业。"职业化的海军必须服从文职上级，但也有责任向上级提供专业意见。如果行动命令违背了"职业确信"并且看来"伴随着危害"，那么向上级文官做出"适当的意见表达"就成了"当然的义务"。海军必须有空间来实现他们自己的"战略、战术与纪律的规则"，但在根本上，这些也当然服从于"文官权力的普遍控制，必须得到绝对服从"。海军对文官控制的观点因此较之陆军更多被赋予军事职业积极和主动的角色。

两个军种在战略与国家政策的全面关系上有着大致相同的观念。军事政策取决于政治家的才能。文职的政策制定者其职能在于决定国家政策的最终目的，并且分配资源，而军队则使用这些资源来达成这些目的。军队的工作就是将资源运用于目标的实现。如果军队的行为发展出自己的目标，而造成与政治家所设定的目标形成冲突，那么军方的目标就应该让路。一位海军军官这样写海军政策："在最高意义上，其取决于政府的外交政策，因此超出了我们海军军官的讨论范围。"军官一致赞同军事战略"服务于国家治理"，决定了国家的目标，才能进一步决定战略。从和平时期到战争时期保持政策的连续性，也得到强调。政策是随着国家发展的，只要国家仍然存在于这样一个主权国家的世界，政策就不会终止其发展。一位海军军官指出，很明显，"政策制造了战争，战争被用于推进政策下一步的实现，当战争在政策的支持下被决定时，和平条约又继续发挥这些政策的效果"。到了1914年，美国军人关于战争与政策的理论，完全是克劳塞维茨主义的。

这些观点，正如费斯克所指出的那样，预先假设政策的目标应该在准备战略之前加以确定。但是，在美国政府体制之下，这并非一个靠谱的假设。军人常常发现自己被迫在一片空白之中工作，只能去猜测国家政策的本质。这种状况要么迫使军人自己去制定政策，由此会损害文官控制；要么就使军人放弃任何深刻的战略规划，从而危害国家安全。因此，军事职业几乎一致地要求某些机构，例如国家安全会议（Council of National Defense），为军队提供清晰的政策并加以执行。在国家安全会议

263

建立之前的五十年中，军队一再提出建立这种机构的需求。没有这样的机构，军队就会失去方向。大部分军方的建议都提出立法与行政分支的领导人应当包括在这种机构之内，这也因此反映出军方对于分权制的敌意。军方的作者承认国家安全会议在和平时期比战争时期更有必要，并且指出这类机构在其他国家也广泛存在，以此强化他们的论证。诸如丹尼尔斯部长以及国务院的成员这些文官，反对军方的建议。1916 年，国会确实建立了国家安全会议，但距离军方曾经的设想却大相径庭。国务卿并不是国家安全会议的成员，也没有规则使职业化军事建议常规化。因此，国家安全会议的工作大部分涉及经济动员。[31]

国家政策：现实主义还是悲观主义？美国军人对于国家政策的态度，与军事伦理的理想类型紧密联系。军官持续不变地警告着战争的不可避免。战争的原因包括国际政治的"不稳定平衡"，以及主权国家对权力、荣誉与贸易的竞争。战争可能被推迟或缩小，但不可能避免。军官们指出，美国和其他国家相比，在发生冲突的敏感性这一点上没有不同。瓦格纳提醒他的同胞，战争是"每个国家都会发生的事情"。在鼓吹战争不可避免的同时，军官也不得不为自己辩护，反驳那种认为他们渴望战争的观念。他们当中的少数人，确实吸收了社会达尔文主义的军事观念来描述冲突的优点。但是，两个军种中的大部分军官，都强调战争的罪恶与恐怖。谢尔曼的格言常常被陆军中的作者们引用，而毛奇的话也发挥了相同的效果。军官们坚持，战争的原因本质上存在于民间，为此而战的军人其实并不希望去挑起战争。相反，军人的保守主义本质使得他们支持维护和平。在美西战争与美国参与一战之前，军官很明显并未出现在战争的倡导者行列之中，相反他们警告美国的卷入将使自己陷入危险。

一战爆发之前的二十年中，正是认为战争可依靠条约或制度设计加以避免这种思想的全盛期。军人一而再再而三地警告说，和平宫（Peace

Palace)* 并不能带来和平，只有当条约反映了国际政治的权力这一根本现实的时候才能被信赖。特别是在美国，其法律上的方向是安德鲁·卡内基的国际仲裁理念。因此，美国军人将他们的大部分批评火力集中在这个概念上，警告说仲裁除了解决那些微小争端以外别无用处，仲裁条约不可能成为军备的替代品。作为海牙和会上的美国代表，马汉与乔治·戴维斯（George B. Davis）将军表达了这些非常纯粹的军方观点。安德鲁·怀特（Andrew D. White）评论马汉的观点说："当他指出太平盛世的幻象褪去、严峻的真实世界浮现出来的时候，这真是非常令人精神振作。"

当然，军人对于战争与和平问题的回答，就是加强军事力量。这可能是在 19 世纪 70 年代之后军事著作中最流行的主题。后来被用在关于威尔逊政府军备问题的争论中的所有论述，都可以在这些早前年代的军事思想中找到渊源。军人尤其批评美国可以依赖"潜在力量"的观念；他们指出，当战争来临之际，现有的军事力量而不是潜在的资源会决定结果。军事准备也被以经济作为理由加以争论。一支常备的高效军队，从根本上说，比起在战争开始之后再全力投入的军队，更加节约也更快地取得胜利。保持强大的军力，能够遏制潜在敌人的侵略意图，从而降低战争的可能性。他们指出，德国在 1871 年之后保持了欧洲最强大也最优秀的军队，比其他欧洲强国更容易避免战争。保持强大的军事力量并不会自然导致挑起战争的倾向。相反，这样会预防战争。美国军事力量所保持的标准应该如此衡量，即可能攻击美国的"最强大假想敌的估算力量"。[32]

关于国家政策的军事思考，其本质是力量与国家间的本能竞争。从这一方面来说，他们的态度要比大部分美国外交政策思考更为接近现实主义。不过，与此同时，军人的职责导向悲观主义，而他们的悲观主义在孤立与和平的年代中实际上又不符合现实主义。他们在 19 世纪 80 年

*　即海牙国际法院和国际常设仲裁法庭的所在地。——译者注

代和90年代这一漫长的和平年代中预言灾难的发生，并一再要求强化军力，这就不合时宜。军官超前于他们的时代。文官的高枕无忧，反而比军官对迫在眉睫的战争和侵略的担忧能更精确反映国际政治的现实。虽然军人开始对国际关系做出了现实主义的假设，但没有延续这种假设而进行逻辑推理，指出美国实际上对军事力量没有太多需求，海洋的保护可以让美国在战争开始的时候再将潜在资源转为实际力量。相反，军事著作家们以力量的必要性代替了他们自己的观点，而这种对力量的要求并非来自于外交政策，而是来自于军事职业自身的需求。另外，在1898年以后，军方的观点则比那些仍然安于现状的文官更准确地适应了国家的需求。随着一战的逐步逼近，国家的需求与军方的态度也越来越靠拢，而国家需求与一直流行的文官观点之间的差距则日益增大。但是，当这种状况来临时，军人还在承担他们18世纪错误警告"狼来了"造成的后果。虽然事件的发展使得现实主义已经脱离了悲观主义，但文官基本上对这种转变的认识还非常迟钝。

美国社会：沙文主义、个人主义与商业主义。当军人离开他们孤独封闭的军营，看到这个时代熙来攘往的美国时，对此并不会感到愉快。美国社会最重要的这些方面，都是非军事化的。军事思维中的美国景象，是一个沙文主义、个人主义，特别是商业主义的图景。

回到军事启蒙运动的年代，老马汉指出美利坚民族好战，但是非军事化。他希望这一点能够改变。但是，小马汉发现有必要如此回应父亲的评论：美国人"有侵略性、好斗，甚至好战"，但他们"反对军事，对军队的特点与感觉缺乏同情"。与小马汉这位海军军官同时期的陆军人士也赞同这种判断。美国人不仅好战，也有着严重的骄傲自负与过于自信带来的危险。军官对美国蔓延的"国家自负"表示了强烈的警告，指出固执的杰克逊主义思维倾向所带来的影响，就是使美国人民反对军事技能与军事职业。军官一再地警示"对于共和国昭昭天命（manifest destiny）的盲目信仰"带来的危险。对他们而言，根本没有什么天命的显示。美国人民把货币上印制的格言——"我们信仰上帝"（In God We

Trust）——也放进了军事政策，却忽略了信仰还得以实际工作来支持。军人还批评美国人鲁莽与冒险的心理，这生动体现于内战中激进派喊出的"直捣黄龙"的口号；军人还呼吁应当将审慎置于勇气之上，并且要接受"需要耐心并且昂贵的国防"。部分军人甚至遗憾美国"从未经历过耶拿与色当"来抑制国民的傲慢与自负。*

美国整个国家的自我中心主义，从军事观点来看是对国家安全的威胁，而个人的自我中心主义则是对军队的威胁。军事著作家从未停止强烈抨击个人主义之恶，而这被他们视为美国社会的主流。民间的个人主义与自以为是，都与职业军人要求的纪律和服从相冲突。美国人民对军事的普遍敌意，是"我们的制度所灌输的骄傲与自我中心主义的结果"。陆军军官对于劝说美国公众支持普遍兵役制感到失望，指出美国人唯一能够接受的强制性公民义务就是参与陪审团和接受义务教育，即便这些也是很不情愿的。这种盛行的个人主义精神看上去也渗透到了军队当中，并削弱了他们的效力。一位海军军官提出："要对个人主义进行适当的控制，现在已经到了迫在眉睫的时候了。"

从军人的角度看，国家不健康的心理状态最严重的方面，显然是盛行的商业主义精神。他们激烈反对工业主义的兴起与商业和平主义的统治地位。军人的批判，源于完全非经济性的保守主义，比起那些分享了基本的功利主义的伦理的劳工组织或其他激进群体所做的批判，要更为彻底。军官对于他们所必须面对的"膨胀的商业主义精神"，以及商界人士在国会中占据的统治地位，深感遗憾与悲痛。费斯克警告说："商业、社交与享乐的持续要求"将会削弱这个国家，使之成为一个富裕而又孱弱的国家，任人侵略。荷马·李（Homer lea）这位才华横溢而又离经叛道的美国传奇军人，总是与保守主义的军官集团不能合拍，但在谴责商业主义这一点上，却又与他们完全一致。一位准将赞同说："我们的麻烦在于卑鄙的商业主义这种现代社会中的魔鬼，这腐化了我们的

---

* 1806 年耶拿战役中，普鲁士惨败于法国；1870 年色当战役中，法国惨败于普鲁士。——译者注

立法机构与行政机构，也让大众的良知变得糊涂，那些平庸的人认为国家与政府都是为了他的个人利益而存在；他们意识不到公民身份中所包含的权利、利益与豁免都有相对的义务与职责。"军队中技术主义的流行与对物质层面的强调，也是国家价值观的产物。马汉指出，要培育适当的军事精神，要求军人脱离其所服务的物质至上的社会，将自己独立于正在堕落的"时代精神"。《步兵期刊》对于"科学的物质主义"的流行深感痛惜。工业纪律与军事纪律是对立的，前者在海军中保持着主导地位。令人悲哀的是，海军中仅有的军事成分只剩下海军学院、训练基地和陆战队。除此之外，海军只不过是一个充斥着物质主义和商业主义的"战斗工业社团"。

军队受到商业社会的排斥，同时也轻视这种社会的价值观，并坚信自身信条的优越。西点军校所坚持的一大优点，就是使其学员独立于"商业主义氛围"。学员在四年中被严格限制于其岗位，不允许接受、持有乃至使用零花钱——这是军校如同修道院一般与世隔绝的细微证明。军人生活的道德优越性，建立在摆脱"金钱交易的肮脏与痛苦"之上。军人生活中的命令、纪律与正规性，导致了"军人的满足感"，然而，民间生活中的忙乱喧嚣、无秩序的自我打算以及不公平，导致了民间社会特有的不满情绪。心灵的平和，来自于摆脱永不满足的物质欲望，而这只能在自律和有节制的军人生活中得以实现。在对美国的商业民主进行批评时，军官追随的是经典的论据，不自觉地回应了柏拉图在2500年前对雅典商业民主的谴责。

美国社会的骄傲自大、个人主义与商业主义，给予军队一种疏远的少数派视角。正如《纽约太阳报》在1906年观察到的那样，"在美国，职业军人有一种孤立无援且徒劳无功的感觉"。这种异类的感觉非常彻底，并且让人不安，在20世纪的最初十年中，军队也开始思考如何能够重新协调。他们讨论到与公众之间令人不满意的关系的次数显著增加了。但是，尽管他们关注到了这一点，但基本的价值观冲突仍然存在。这种冲突深深植根的本质是无意识的，但被一位军官出色而精确地指出了，他在 1905 年对"美国军人的主要恶习"[33] 的评论中指出了这一点。[269] 这些包括军人的个人独立、反叛精神、过度索取、责任感的缺乏、对上级权威的批评、自私自利、好高骛远，以及"对小节和职责的轻视"。被这位少校所批评的林林总总的特征，恰恰也被美国民间的许多人列入另一个名目，视为国民的德性而非恶习。这样的意识形态鸿沟横亘于军人与民间的世界之间，军官为其职责所做的辩护，自然也就被民间社会充耳不闻。

第十章

新汉密尔顿主义妥协的失败（1890—1920）

新汉密尔顿主义的本质

270 　　大概从 1890 年［《海权对历史的影响（1660—1783）》出版］到 1920 年（伦纳德·伍德的总统提名被共和党全国代表大会否决），存在于美国的一批政治家与评论家及其思想流派，被贴上了新汉密尔顿主义的标签。这个群体中的突出人物有老罗斯福、亨利·卡伯特·洛奇（Henry Cabot Lodge）、鲁特、阿尔伯特·贝弗里奇（Albert J. Beveridge）、小马汉、赫伯特·克罗利（Herbert Croly）、亨利·亚当斯（Henry Adams）与布鲁克斯·亚当斯（Brooks Adams）。这些多样的人物的共同点在于，他们的政治视角超越了普通美国大众。新汉密尔顿主义没有落入杰斐逊、杰克逊、斯宾塞与威尔逊等人的自由主义传统窠臼。但也并不是完全的卡尔霍恩那种意义上的保守主义。在经济议题上，他们在改革倾向的克罗利与《新共和》派与坚定的极端保守主义者鲁特之间搭建起沟通的桥梁。更重要的是，新汉密尔顿主义者也将军人思维与文人思维的要素结合在一起。事实上，这是美国重要的社会团体中第一次或多或少地将职业化军事伦理引入自己的政治哲学之中。

　　在一个以商业和平主义为特征的时代中，能够产生新汉密尔顿主义的基本原因，是美国在 19 世纪末期介入世界政治之中遇到的震撼。新271 汉密尔顿主义事实上是对终结孤立政策的正面回应，也是对参与到国际社会中的强权政治的机遇所做出的积极反应。它强调力量与国家利益优先，通过这一点很快引起了美国人民的关注和支持。不过，伍德罗·威尔逊发展出来的一种替代性国际参与哲学，超越国家利益而更深地植根于美国的自由主义传统，给了新汉密尔顿主义致命的打击。新汉密尔顿主义对于美国在世界政治中的角色，持有的是一种准保守主义的解释；而威尔逊主义提供的则是完全自由主义的解释。考虑到美国人民对于自由主义的全心投入，威尔逊主义不可避免地会取代新汉密尔顿主义。而且当威尔逊方案失败之后，美国人民在19世纪20年代的反应也不是回归新汉密尔顿主义式的干预主义，而是将两种国际干预哲学一并放弃，回归到自由主义的孤立主义传统。新汉密尔顿主义从未在任何特定的社会或经济团体持续的利益与观点中找到自己的基础。它在政治上的载体是共和党，而当它最终失去了对这个党的商业元素的控制时，也就不可挽回地丧失了进一步的政治影响力。美国自由主义的主流仍然席卷了1890—1920年这段时间，新汉密尔顿主义只是这一时期不同形态的支流漩涡，偶尔能改变政治潮流中水量的比例，但最终还是被主流所吸收。*

　　新汉密尔顿主义伦理在文官中的表达——老罗斯福的著作与演说、亚当斯家族的哲学论述、鲁特的政策、一战前《新共和》的社论——显示出自由主义与保守主义价值观的某种独特融合。在理解力量于人类事务中所扮演的角色这方面，新汉密尔顿主义不同于自由主义，而是与职业军事观点更为相似。新汉密尔顿主义者将国际政治基本视为独立国家之间为了利益而不时引发的相互冲突，这一点更像军人而非自由派。同商业和平主义的乐观原则相反，新汉密尔顿主义者坚持军事观点，认为战争不可能过时。另一个像军人而非自由派的方面，新汉密尔顿主义者指出国家政策首先反映的不是抽象的理念，而是对国家利益的现实主

272

---

　　* 新汉密尔顿主义很快在1940—1941年重新崛起，克拉克（Grenville Clark）、史汀生（Stimson）、帕特森（Robert p. Patterson）、小鲁特（Elihu Root, Jr.），以及其他在罗斯福—鲁特—伍德传统中的人，此时为激励美国恢复军备并确保1940年志愿服役法案的通过方面发挥了重要作用。

义理解。这是政治家的首要责任。只要国家存在，武力就是最终的仲裁者。因此，国家必须保持足够的军备来作为其国家政策的后盾，国家政策的性质决定了所需要的武力应有的规模和性质。新汉密尔顿主义者同军人分享了克劳塞维茨关于政治和武力的基本观点。他们也支持军人建立国防的努力。比起绝大多数美国人，他们也更愿意接受军事职业。赫伯特·克罗利的《新共和》在1915年对于布莱恩和卡内基的自由派幻想给予了无情的讽刺，卡内基等人认为公民军队可以在一夜之间武装起来，足以满足国防需要。同军人一起，新汉密尔顿主义者抵制财阀政治，并且轻视流行的商业主义、物质主义和那种以经济为导向的生活所内生的价值观。他们和军人共同强调对国家的忠诚、职责、义务和服从。布鲁克斯·亚当斯甚至走得更远，公开倡议美国的进步应该用西点的价值观来取代华尔街的价值观。

尽管与军事伦理有广泛的一致，但新汉密尔顿主义也与之有着显著的差别。新汉密尔顿主义并非完全脱离所处时代的大众意识形态。其倡导者中的许多人，尤其是老罗斯福，努力通过关于正义和公正的普世道德价值来使国家利益理性化。新汉密尔顿主义者对政治的兴趣要比纯粹的军事视角更为广泛。克罗利的国际现实主义，体现于《美国生活的承诺》（*The Promise of American Life*）这本书中，这是提供了国内与国际政治的广泛议题答案的政治哲学当中的一部分。可能更根本的差异是，新汉密尔顿主义者对暴力与武力所做的价值评判。在许多方面，新汉密尔顿主义者基本的道德价值观更接近于贵族式的浪漫主义，而不是军事职业主义。在他们看来，和平正在被侵蚀和糟蹋，而人类生来就要为胜利而战。男子汉气概、冒险、精力充沛的生活、冲突与战斗——这些本身就是善。社会达尔文主义的军事观念，对新汉密尔顿主义者的影响比对军人思想的影响更大。不同于军人，新汉密尔顿主义者支持国家的扩张。世界被分成两类国家：一类是生机勃勃的国家，坚持自我，不断扩张其力量与声望；另一类是正在衰落的国家，弱小并且怯懦。这两类国家之间的分界线，常常是由种族基础形成，拥有自我管理能力、充满生气的盎格鲁—撒克逊国家，对立面则是世界上那些劣等民族组成的国家。正如克罗利所指出的："美国需要认真而又有道德的冒险来振奋精神。"他进一步抱怨说，美国一直都太过安逸也太过安全。可能没有军人同意这样的分析。这就是差异的根源。对军人而言，根本目标就是国家安全；对新汉密尔顿主义者而言，根本目标是国家能够坚持自我并进行冒险。[1]

马汉与伍德：军方评论家的悲剧

　　阿尔弗雷德·马汉与伦纳德·伍德在清晰阐述新汉密尔顿主义观念中的参与，是美国历史中第一次也是唯一一次职业军事领导人如此直接地对政治运动的观念与行为发挥作用。其他的军官，在此前或此后，都有在政治生活中的突出表现。但是在那些例子中，他们通常是因为认同民间的利益或运动而成为公众英雄。他们的角色是被动且工具性的。而与此不同的是，马汉与伍德所发挥的作用则是积极、主动和智识性的。他们将军事伦理中的许多要素输入新汉密尔顿主义当中，但影响并不仅限于这一方面。在支持新汉密尔顿主义时，马汉和伍德都不得不向美国的公众意见让步，因而变得较少军人思维。尽管他们有显赫的声望和影响，这仍然是他们的悲剧：被两个世界的张力所拉扯。一只脚站在军事职业主义的基石上，另一只脚却立足于政治与舆论的流沙，这使得他们无论在哪一侧都无法站稳脚跟。

　　马汉和伍德都试图借助当时公众对军事力量与战争产生兴趣这股潮流，在军人和美国社会之间架起桥梁。马汉作为军官，成为在19世纪90年代新汉密尔顿主义第一阶段鼓吹扩张的先知；而伍德作为军官，则是新汉密尔顿主义在1908—1917年间的第二阶段中宣扬战备的预言家。马汉试图在公众与海军之间建立联系，伍德所做的则是在公众与陆军之间。马汉基于非军事性质的道德以及经济和政治的理由，对扩张进行了正当性解释。伍德同样基于非军事性质的道德以及经济和政治的理由，解释扩军备战的正当性。马汉的哲学是对于美国与世界其他部分关系的准军事性解释，而伍德的理论则是对军队与美国社会其他部分关系的准军事性解释。两人都对职业主义在各自军种的发展中做出了贡献，但都不限于此，而是成为政治人物。鲁斯与马汉之间、潘兴与伍德之间的差异，就是衡量他们与职业化典范之间距离的标准。

阿尔弗雷德·塞耶·马汉。马汉当然出自美国军事传统的主流。他父亲的军事理念、他在西点的童年生活、他与李将军和麦克里兰等名人的联系，甚至他的名字都是为了纪念西点的创始人而取，所有这些都暗示他将投身于军旅生涯。他早年决定加入海军，1859 年毕业于安纳波利斯海军学院。内战期间以及此后的二十年中，他经历平凡的海军生涯，缓慢地在军衔与职责的阶梯上攀升。正如他自己后来指出的那样，他在那时仅仅是普通军官，"漫不经心地漂泊在甲板上"（drifting on the lines of simple respectability），很大程度上可谓职业环境中的囚徒。从政治上来看，他坚定地反对帝国主义。但是，1885 年，当他受到鲁斯的邀请前往海军战争学院担任参谋时，转折点来临了。在新港的接下来七年中，他过着思考与写作的生活，这使他从海军从业者变成了海军哲学家。

在很大程度上，这样的转型是对历史的研究以及他所处时代发生的事件与舆论的潮流对其影响的结果。不过，推动他向这个方向发展的那些因素，此前已经存在于他的性格与思维方式之中。他的兴趣、思考与道德感都过于深刻，以至于无法被狭窄的专业范围完全吸收。他的父亲告诫他说，他更适合做一个文人而非军人，此后，马汉也意识到了父亲的这种洞察力确实睿智。"我自己现在也认为他是对的，因为，虽然我没有理由抱怨现在不成功，但我相信如果做点别的将会更加成功。"[2] 在他早期的海上巡航生涯中，他对政治产生了浓厚的兴趣，在国际关系领域方面广泛阅读。这种兴趣持续到了他进入海军战争学院。他被海军的惰性沉沉和循规蹈矩所打击，同时也因美国公众对海军的漠不关心而沮丧。他还在宗教方面具有极高的热忱，整个观念都深受正统的圣公会教义（Episcopalianism）影响。父亲的影响、圣公会学校学习的经历，还有一位牧师叔叔的影响，这些都对他的方向形成了指引。在海军学院学习及其早年的海上巡航中，他将大部分思考、阅读和关切投入神学问题之中。对海军职业的不满、政治兴趣以及宗教热情，这些都使得马汉想要寻找一个更广阔的架构来作为涉猎与努力的方向。他在历史与公共意见中找到了这些。正如他父亲代表了开始成为一个职业的军事技术人员，小马汉代表的则是开始成为政治形象的职业军人。在这种社会类型的演进中，将老马汉与小马汉相分离的，正是鲁斯、谢尔曼与厄普顿这一代职业军人。

马汉在他的历史与普及著作中所表达的观点，始于《海权对历史的影响（1660—1783）》，终于他在 1914 年去世，这些都是典型的新汉密尔顿主义者的特征，将军事与非军事元素结合在一起。马汉持有基本的保守主义观点。他认为，战争的根本原因是人兼具激情与理性的本性。每个国家都在追求自身利益、命运与理想，国与国之间的冲突也就不可避免。马汉对于将仲裁作为解决国际纠纷的手段深表怀疑。他相信力量的平衡才是维护和平的最佳手段，而有效的军备对国家而言不可或缺。追随着鲁斯的呼吁，他强烈主张海军军官应当对于作为自己职业中真正核心的海战科学全神贯注，并理解海军史对他们精于此道的重要性。他也是海军部平衡体制组织的持续倡导者，他相信这样可以有效地厘清文官与军方的职责。此外，他还呼吁建立一个国防委员会，以英国国防委员会为模板，确保外交与军事政策能够得到适当协调。从所有这些方面来看，马汉都清楚表达了当时海军与陆军中通行的标准军事理念。

但是，在四个重要方面，马汉的思想超越了纯粹的军事职业观点。他关于海权在国家兴衰中的重要影响的理论，超越了军事分析的局限性。首先，在论及海权时，他所指的是所有构成国家海上力量的要素，而并非只有军事要素。他的理论主要建立在雅典、罗马，特别是英格兰这些例证的基础上。马汉的视角远远超出了克劳塞维茨、约米尼以及其他军事著作家。他的理论是历史哲学而非战争哲学。同样，在他的理论中还包括政治、意识形态甚至种族的弦外之音。其次，在他的国际关系

276

研究中，马汉超越了简单的现实主义来分析国家间利益冲突与引发战争的情况。他转而形成国家力量的哲学，赞扬国家的扩张本身就是国家的目的、义务与责任。有时，他陶醉于力量的魅力，指出国家扩张的政治目标优先于国家安全的军事目标。例如，他支持美国对菲律宾的占领，基于的理由是道德与义务而没有深入考虑对国家安全的潜在影响。再次，马汉超越了对战争不可避免的警告，基于道德和宗教的理由对其进行了正当化论证。战争被视为人类进步过程中的工具。"力量、武力都是国家生活的必备能力；是上帝赋予国家的天赋之一。"最后，马汉在他对于战略与政治的折中态度方面，也偏离了正统的军事观念。他向海军军官建议："你们要让自己像成为水手一样成为国家的掌舵人。"在1911 年的著作中，他承认自己在这一主题上的观点较之早前更职业主义的认识有所转变：

> 我不能完全否认，在我的日常言说中反映出那些曾经是海军传统、被称为职业主义的论调——例如"政治问题交给政治家，而不是军人"。我在我早前的演讲中发现了这些话语，但是我很快有了更深的认识，来自于我在军事领域的最佳良师益友约米尼；我相信，没有任何一本我已经出版的著作中支持了那种观点，即认为军人不需要对外部政治表示职业化的关注。[3]

在超越军事职业主义的进程中，马汉对那些感受到职业主义不足的军官而言是一个优秀的标杆。将写作作为事业的要求，以及所写作的内容，这两方面都使得他倾向于同其他军官区分开来。在 1892 年，当轮到他调回海上执勤时，他试图免于这一职责，承诺说如果他被允许留在岸上的话，就会在 1896 年服役满 40 年时自愿退役。用他自己的话来说，"在这个时候已经决定了，写作比起继续从事海军职业对我更有吸引力，而且这能够给予我一个更为充实和成功的晚年"。如果这成为可能的话，那他早就退役了。虽然罗斯福和洛奇都努力帮助他留在岸上，但是海军官僚机构对于他的写作成就漠不关心——"写作不是海军军官的事业"，航海局局长如是表示——因此马汉也就被派遣到海上了。这令他非常郁闷。

> （他写信给一位朋友说）我就是在忍受，而不是在生活；并且痛苦地意识到，我在没有兴趣的事情上浪费了太多精力，但又被阻止去做那些我特别有能力做的事情。这不是让我开心的感觉——特别是当我想起年轻时任性而愚蠢地加入某个职业，这个职业却不是我最有天赋的……我对专职写作有着极其强烈的兴趣，并且现在很确信能在这方面取得成功。

考虑到这样的态度，也就毫不惊讶他的上级会在关于马汉胜任情况的报告中宣称："他的兴趣完全在海军之外，因此我认为他不在意这份工作，因此不是一位好的军官。"[4] 在结束了最后一次海上执勤之后，马汉确实在 1896 年退役，此后只在美西战争和几次突发事件中回到现役。

马汉的理论因此反映出他所处时代的民间智识潮流和发展中的海军职业主义观点的结合。他的活动从专业工作转型到公共写作，伴随着他的思想从职业化的现实主义转型到为扩张和暴力所辩护。为了支持他的立场，他借助于基督教信条、社会达尔文主义、功利主义与民族主义。他详细阐述了美国的昭昭天命这一民间信条。马汉确实是"他那个时代之子，一个帝国主义萌芽的时代"。[5] 在他发表的期刊文章中，他有意识地诉诸在美国公众中流行的扩张情感。正如他自己所说，他的著作记录的"不是我的发展，而是这个国家从 1890 年到 1897 年中觉醒的进程"。他所发挥的功能，就是这个时代的情感的普及宣传者和详细阐述者。马汉的原则在许多方面都更多地被美国公众而非美国海军接受。他对于军队同僚的直接影响，并不能和职业主义倾向的鲁斯和西姆斯相提并论。[6] 但在与其职业脱离的同时，马汉抓住了 19 世纪 90 年代帝国主义情绪高涨的机会。他在国内广受好评，在国外也备受尊重。他的著作一纸风行，论文也被广泛阅读和引用。他成为新原则的首席代言人，也是洛奇、罗斯福与当时其他新汉密尔顿主义政治领袖的心腹与智囊。但

278

是，在他将基础从海军职业转移到公共意见的过程中，他获取了短暂的力量，却牺牲了长期以来获得的支持。不可避免的，在跨世纪之后，对新汉密尔顿主义和帝国主义的反对意见又占据上风，公共意见转回自由主义、孤立主义、和平主义，对军备和国家强盛的责任漠不关心。因此，马汉的著作也不再像过去那样能够征服读者。他强烈批评诺曼·安吉尔的《大幻觉》（*The Great Illusion*），但正是安吉尔而不是他成为现在最畅销的作者。他的自传在 1907 年出版时，同大众相脱离的感觉就像和军事职业脱离的感觉一样明显。马汉遗憾地指出，美国人民是非军事化的，他们把军事精神看作是"贸然闯入的异国气质"。他警告德国的威胁以及加强海军军备的需求，但这些都被当作耳边风。他在 1912 年宣称，美国人民"对和平与战备之间的密切关联毫无察觉"。在 1913 年，他承认"我已经过时了"。[7]次年，便与世长辞。

伦纳德·伍德。伍德比起马汉，同军事职业主义的最初联系要少一些。从哈佛医学院毕业后，他成为一名陆军军医，在西南部同印第安人的最后几次战役中服务数年。在克利夫兰总统任期内，他受命前往华盛顿成为总统医生，并在此后继续服务于麦金莱总统。当美西战争爆发时，伍德同西奥多·罗斯福一起组织了"狂野骑士"（Rough Riders）* 参战。伍德在战争结束时出任志愿军少将，并在 1899—1902 年担任美国驻古巴的军事总督。麦金莱总统将他在正规军中的军衔从上尉军医提升为准将。此后，罗斯福升任其为少将，并将他派遣至菲律宾担任军事总督。1908 年回国后，他就任陆军东部战区司令，并在 1910-1914 年间出任陆军参谋长。

伍德在国家和军事事务方面的观点，表达于他 1908 年回国之后的演讲、著作与行动之中。像马汉那样，他的观点很大程度上是军事职业主义的。他在倡导与设计陆军的职业化军事改革中发挥了重要作用。[8]不过，像马汉一样，他也最终成为非军事化的政治世界观（weltanschauung）的倡导者。伍德的思想围绕着两个共生的观念，即公民军事服役中的责任与公民从军事服役中获取的利益。不像职业化的军人，伍

---

　　* 美国第一志愿骑兵团的绰号。——译者注

德将陆军视为人民的体现，而不是"特定阶层的职业"。[9]虽然认识到战备的军事需要，但他更强调这对于公民的需要：激发全国人民的军事——至少是准军事——德性，如爱国主义、责任感、奉献精神与勇敢。在1913年，他组织了大学生军训夏令营。1915年，这一创意扩展到商业界人士的普拉茨堡（Plattsburg）训练营。一战结束时，在他的单位复员遣散之前，伍德将他的师转型为一所大学，为军官和义务兵都提供了教育方案。他希望将军事训练同更为广博的公民教育、为国家服务的理念结合在一起。伍德从政治、教育与道德的益处多方面来论证普遍军事训练的合理性。这将会赋予公民权以意义，并自然将会从逻辑上推出成年男性的普遍选举权。同时，普遍军训还会减少犯罪并提高经济活动的效率。这还会将国家团结起来，形成一种超越地区、阶层与民族的群体差异的单一国民精神。以相似的方式，伍德为陆军的正规军在古巴、巴拿马运河区、波多黎各与菲律宾在工程、公共健康与卫生领域的建设工作进行了辩护。[10]伍德的观点可以在他1915年两篇演讲的标题中得到概括："公民的军事义务"和"军队的公民义务"。在强调军事服役的普遍性时，伍德更多的是重新回到杰斐逊的立场而非汉密尔顿的立场。虽然他用于支持其观点而指出的这些需要——勇气、义务、责任和爱国热情——并不是杰斐逊理论中所首要强调的。

在美国参与世界大战之前的年代，伍德是努力推动积极性国家政策与加强军事力量的代表性人物。他发挥了重要作用，刺激了大量关于战备的文献在美国流行起来。* 他对于军备的支持远远超越了威尔逊政府的政策。与罗斯福和其他新汉密尔顿主义者密切的私人关系，使得他与这些人联合起来猛烈攻击他们所谓的威尔逊式和平主义和犹豫不决。伍

---

* 1914—1917年的这些著作，构成了美国文人与军人关于国防议题的少数重要著作中的一部分。所有这些论调偏向战备的著作都是新汉密尔顿主义的。其中许多著作的作者是伍德的密友，另一些著作的献词则献给伍德，还有一些著作由他撰写引言。更为著名的著作有 Jennings C. Wise, *Empire and Armament*（New York, 1915）；Frederic Louis Huidekoper, *The Military Unpreparedness of the United States*（New York, 1915）；R. M. Johnston, *Arms and the Race*（New York, 1915）；Eric Fisher Wood, *The Writing on the Wall*（New York, 1916）。西奥多·罗斯福是唯一一个在军备竞赛方面能够让伍德相形见绌的人物。

德自己也一度在其公共演讲中激烈批评他的上级和全军统帅。他也完全认同共和党，在 1915—1916 年间公开接受提名他参与总统竞选的想法。

政治参与进一步使得伍德同军事职业形成差异，他从来没有成为这个职业中完全成熟的一员。他缺乏西点的背景，作为军医加入陆军，又成为克利夫兰和麦金莱的知己以及罗斯福的密友，赢得军事声誉是通过担任完全非职业化的"狂野骑士"的领导人，伍德因此被军官中的许多人猜疑与嫉妒。1899 年，他拒绝陆军部让其从陆军退役的建议，反而晋升到陆军的最高职位。这位医生的晋升速度超过了那些终身投入军事职业的将领们，这不可避免地被视为是政治恩惠的结果。他在 1908—1917 年间所做的有关国家的政治巡回演讲，对信奉谢尔曼—厄普顿的沉默而政治中立的奉献这种哲学理念的一代军官而言，并不适应。最终，这些军官造成了他的失败。在一战中，这些军官按照他们的方式去行动，这个职业没有给伍德留下发挥作用的空间。虽然伍德渴望赢得军事荣誉，潘兴却将他视为一位不服从的政治将军，拒绝让他到法国任职。伍德被投闲置散，整个战争中都在大西洋对岸主持着一个训练营。虽然他因为所受的待遇谴责威尔逊与民主党，但实际上此时他真正的敌人是他长期以来所轻视的军事职业。*

---

　　* Hermann Hagedorn 在他关于伍德高度同情性的传记中概括了伍德与潘兴的差异：

　　"伍德与潘兴之间的冲突不是简单的个人对立。他们对于美国陆军应当向何处去有着根本不同的观点。对潘兴而言——师承普鲁士理论家克劳塞维茨、伯恩哈蒂、特赖奇克、戈尔茨——陆军是一部机器，被人们像使用别的机器实现自己目的那样而使用。对于伍德，陆军首先是并且最主要的是人的集体，勇敢、可爱、神奇的人团结在一起，在统帅的领导下要么懦弱要么崇高。将他们投入战场，使之为赢得战斗胜利而奋斗，并进而赢得战役，只是将领们的职能之一。这一职能是基本的，但与之同等重要的是让这些在其统率之下的士兵成为共和国真正具有奉献精神的公民，给予他们关于国家的视野，向他们展示他们在为什么而战斗。"

　　Leonard Wood (New York, 2 vols. , 1931)，Ⅱ，268. 威尔逊在 1918 年 6 月 5 日致信斯普林菲尔德，《共和报》解释了将伍德留在美国的理由：

　　"首先，我没有派出他是因为潘兴将军曾说过他不想要伍德；其次，潘兴将军对于派出伍德的抵触情绪尽人皆知。无论伍德将军去哪，都会引起关于判断的分歧与冲突。"

　　战时参谋长 Peyton C. March 将军与潘兴将军很少有共同点，除了他严谨的职业主义以外，那就是他同样不喜欢伍德。参见 March's, *The Nation at War* (Garden City, N. Y. , 1932)，pp. 57—68。

军官集团与伍德的斗争，在一战中通过拒绝他的战斗命令而扳成平 282
局。而政治家又在一战后通过阻挠伍德的第二个雄心壮志，也在与他的
斗争中打成平手。伍德受到军方的排斥，但仍然希望从政治中获得补
偿。他在 1920 年成为共和党总统提名人中的主要竞争者。但是，全国
代表大会与这个国家都厌倦了军事精神。他对军队来说太过于像政治
家，但是对政治家来说又太过于像军人。他的共和党同僚更希望恢复常
态而不是保持战备状态，更喜欢轻松赚钱而不是奋斗的生活。如果西奥
多·罗斯福还活着的话，他可能会以足够的灵活性来适应新的氛围，但
伦纳德·伍德不是这样的人。他被一战后的反战主义放逐出去。在一个
商业主义盛行和追逐时尚的美国，在灯红酒绿、夜夜笙歌的美国，在吉
米·沃克（Jimmy Walker）、斯科特·菲茨杰拉德（F. Scott Fitzgerald）、哈定
（Harding）和孟肯（Mencken）的美国，哪里才是留给伍德的位置？新政
府做了对他最好的事情，将他外派到菲律宾并恢复他军事总督的职务。
他很快在 1927 年返回美国，并于这一年在这个几乎遗忘他并且也不再
需要他的国家逝世。

早夭的社会认同（1918—1925）

1918 年之后，军方诉诸一切努力来持续战争时期所形成的美国社
会对其的认同，并且扩展新汉密尔顿主义者与美国社群之间的联系。特
别是在陆军中，这场战争被视为引导了军政关系的新纪元。《步兵期 283
刊》宣称："正规陆军的'光荣孤立'已经成为过去。"陆军开始成为
美国社会的参与者。陆军部长在 1920 年表示，陆军作为远离人民的独
特阶层"是相对无用的"。相反，它必须"对于它所来自的民间家庭的
思维与情感保持新鲜而持续的接触"。[11]军方的希望很大程度上反映出他
们的信念，即一战前军队与大众的分离主要是自然性质使然，是军队驻
扎的边境远离人口稠密、商业与文化发达的地区造成的结果。随着与印

第安人战争的结束，这种分离的原因也将不复存在。追求最普遍社群的归属、接受与认同，是军官在强调"接近人民"的必要性时的首要目标。

将陆军和人民团结在一起的基础，看起来存在于 1920 年国防法案之中。这被军方发言人誉为军政关系新时代的揭幕仪式。首先，正规陆军现在的重要任务是训练那些民间组成部分——国民警卫队和预备役部队。新的 ROTC（Reserve Officers' Training Corps，预备役军官训练团）计划，是旧的政府授予土地建设院校计划的扩展形式，使得所有合格的大学或高中可以进行军事教育。在大约十年中，超过 300 个 ROTC 单位在高中与大学建立起来。大约 125 000 名学生参与了这一计划，这吸收了正规陆军军官集团大约 5% 的能量。其次，联系人民大众的第二个纽带是面向青年的夏季训练营，这是伍德一战前的普拉茨堡训练营的进一步发展。第一个新训练营在 1922 年开放，为 10 000 名青年人在 30 天当中提供了军民结合的教育。再次，1920 年法案，对正规军军官作为国民警卫队与预备役部队的教官进行了细节上的授权。陆军的目标是建立一个全国范围内的组织，从而使国家中每一个社区都至少有一个陆军组成单位作为代表，而他们的观点将会如陆军部长所希望的那样，强大的国防"就像来自于邻居那样得到所有人的支持"。最后，在战争刚刚结束的几年中，陆军也做出积极努力来建立地区性的征兵制度，将每一个正规军单位分配给特定的地理区域，希望以此来争取公众的支持，并利用地方荣誉感。[12] 陆军不仅作为一个整体与人民重新结合起来，也使其每一个团队同特定地区建立起密切联系。

新的活动领域不可避免地改变了军队内部评价最高的态度与行为模式。武装力量必须适应社会。一位海军军官声称："我们的陆军与海军的特性应当反映出美国人民的特性——美国人的想法、理念与观点。"新的观点必须体现出华盛顿指令中的精神："当我们作为军人时，我们不能把公民的身份扔在一边。"军官被告知应放弃独特性的表现，同时发展出"全体公民的情感认同"。在训练公民军人时，军官应当更多依赖"合作精神"而不是纪律规训。一战前那种为自己不参与投票而自豪的做法必须放弃。军人，就像其他公民一样，有义务去行使投票权；军官在投票中弃权将会"被那些他所对话的进步主义商界人士相当反感"。军方应当放弃他们不喜欢公共宣传的传统，而是积极行动起来通过商业公司所利用的所有设施和媒体来赢得公众支持。所有其他社会团体，即使是像教会一样的保守派组织，都已经雇用了宣传人员和公共关系顾问；陆军也到了该这么做的时候。"我们必须立即行动起来采取商业方法以满足商业社会的状况"，这样的建议与一战前军方对商业主义的排斥完全相反。新的路径被威尔逊总统正式认可，他命令废除禁止军人公开讨论国家政策的禁令，而且在 1927 年发布的新陆军法规中宣布全民国防与对国家军事政策的倡导"是陆军军官自然并且合乎逻辑的重要职责之一。"[13]

文职部分的指导尤其要求拥有新视野的新型军官。用麦克阿瑟将军 285 的话来说，不可或缺的一点就是，军官拥有"对人类情感细节的体贴理解，对世界与国家事务的全面掌握，以及用自由主义观念来改变他们的指挥心理"。与预备役部队共同执勤的军官，在军人的职业技能之外，还必须有"销售员"的技能。他必须既是优秀的战士，同时还是"出色的交际家"。承担预备役任务的军官，被建议结交当地商会为友，会见有影响的商人，同当地美国退伍军人协会密切联系，并且加入同济会（Kiwanis）和扶轮社（Rotary）。简而言之，他们要融入美国的商业中产阶级。最重要的是，他们被警告"不要太军人气"。[14]

推动这样的军事计划，涉及吸收商业文化中的价值观与技巧。为了说服其对立面接受其结论，军方不得不将对立面的思维基础加以吸收。关于常备军为社会带来的非军事利益的辩护，伍德在一战前做了许多论辩，此后也一直持续并更为细致。海军因其对工业与科学所做的贡献而受到的赞扬，要远多于其作为国家第一道防线而得到的赞扬。海军部长在 1921 年宣称，海军"将持续致力于实用而人道主义的事业"。两年后又宣称，海军的人道主义工作是其存在的正当化依据，即使其不再于战斗中开火。陆军因其对"国家的资源、科学与男性气概的发展"所做的贡献而受到赞扬。通过教育军民以文职技能，军队"将国防准备和工业与民间支持结合在一起"。在指出"军队和平时期成就的经济价值"这一点上，不应有所保留。真正伍德风格的军事训练夏令营，对于其意义的辩护以对国家整合的贡献作为基础，而常备军则被称为"为国家教育良好公民的最优秀机构"之一。[15]

286　　军方自我否定，并且以非军事理由为军事计划辩护的最极端例子，就是一战后的普遍军训运动（Universal Military Training, UMT）。随着1920年之后国会批准这一计划的可能性迅速变小，关于该计划优点的进一步论辩也越来越偏离军事需要。最终，军官们将普遍军训计划或多或少地视为解决所有美国社会弊病的万金油。这会加强国家整合、促进各族群团体的融合，并且鼓励民主与宽容。该计划对美国将会有实质性的收益，并起到消灭文盲的效果。这也完全不会损害工业或阻碍职业技能的发展，相反还会起到促进作用。陆军对其所征募的新兵给予基本的法律、商业、交通、工程或其他许多技术领域的培训。而最重要的是，在普遍军训中可以培育优秀的道德品质。在迅速支持商业文化价值观的同时，军官集团仍然可以保持某些传统观念，坚持军人相对于商业生活的道德优越性。忠诚、爱国主义、荣誉感、纪律观念、公平、尊重法律，这些都可以通过军训灌输给全国的青年人。简而言之，军官最终完成对于普遍服役制度的辩护，利用了除军事理由之外的一切理由。[16]

　　陆军的新活动也引起了他们与和平主义者、宗教及教育组织之间的政治冲突。后者从字面上直接拒绝军官在论辩中表现出来的价值，他们将ROTC计划、夏令营以及拟议中的UMT计划都视为使社会军事化的方案，这只能导向战争。关于法国战壕的可怕民间记忆，以及对于培训青少年白刃格斗之类暴力技能的本能厌恶，都成了反战宣传中使用的资源。军方则以谴责和平团体的动机与行为作为回应。"和平主义者"这一称号在一战以前就已经被创造出来，用以描述那些新汉密尔顿主义战备计划的反对者。而现在则被军官广泛使用于描述所有批评军事目标的人。与一战前被视为孤立的少数派相反，军官现在尝试将自己描述为全体真正美国人的代表与百分百的爱国者。而他们的反对者则被视为一小撮阴谋颠覆的团体，要么在密谋颠覆美国体制，要么就是无意识地成为287这些人实现其阴谋的工具。军官们完全参与到对 20 世纪初期流行于美国的红色与布尔什维克浪潮的抨击之中，并且毫不犹豫地走得更远，将其对立面的和平主义者与红色威胁（Red Menace）联系起来。虽然承认部分和平主义者只不过是无理由反对战争的多愁善感者，或者希望降低军费开支的纳税人，但军人仍倾向于将和平主义者的核心视为政治激进派，认为他们反对军事训练的最终目标是摧毁陆海军并推翻政府。[17] 军方认为他们代表着美国人民的真实意志，其对手则在政治上无立足之地。

军官从他们的幻想中清醒过来得非常缓慢。但是，到了这个年代的末期，他们已经不可能再维持他们对于这个社会的认同。对于军方的理念与计划的反对力量，在政府内部已经相当强大，这不再能够归咎于错误的信息或国会未能准确反映国民情感，也不再能够将反对军事介入教育的强大力量仅仅视为少数派的阴谋活动。陆军的军费大幅度压缩，下降到在军官看来实现国防法案目标所需的最低水平之下。一战后对于大海军主义（Navalism）的敌对反应，也导致了国会拨款的削减和华盛顿海军会议的召开。本地化的征兵运动未能产生显著效果。在中学进行的军训则受到越来越多的攻击，并且在某些地区已经难以为继。国会提案废除 ROTC 的强制性要求。显然，"抵制大学与中学的军训的情绪已经席卷全国"。当新的陆军参谋长萨默罗尔（Summerall）将军在 1926 年试图唤起公众支持以增加国防拨款时，总统粗暴地加以拒绝，这一事件所指出的是：军方参与政治讨论的自由度，已经被限定在支持既定军事政策的范围之内。更为重要的是，对西点军校的敌对意识也已复苏，军事学288院的目标与方法都受到批评。"市民生活中对西点人有着根深蒂固的偏见"，1927 年的毕业纪念册中如此抱怨。另一位军官则指出存在着"恐惧军人的流行病"。各种各样反对军人的偏见纷纭而至。那些早期美国开拓者的后裔不喜欢军队，因为他们将其视为坚毅的个人主义的对立面。而那些新近来到美国的移民不喜欢军队，则是因为他们认为其与老欧洲的贵族联系在一起。劳动者对陆军的反感源于其镇压职责。至于企业呢？一位海军军官回顾商界正统的军事观念，清楚地指出："美国商业精神更重视当下的利益而非未来的安全，并且看不到和平时期的国防的任何收益。"这些问题的根本原因在于美国人对政府的不信任，并且相信与公共服务的文职分支联系在一起的军事力量天生低效并且基本上没有必要。正如一位军官坦率地指出，已经到了"面对现实"的时候。[18]军方试图在与社会间的鸿沟之上搭建桥梁的努力失败了。反军事主义的胜利并不能归结为布尔什维克主义，而应当归因于美国人生性中对军事的冷漠和对战争的厌恶、将军事与战争混为一谈以及对和平发展的未来的信念。新汉密尔顿主义的妥协在一战后的世界中无法实现。对立面并不是少数和平主义者与激进分子，而就是美国本身。再一次被拒绝之后，军队没什么能做的，只能撤回到他们一战前的孤立状态，并且在他们职业的平凡职责中寻找兴趣与满足。*

---

　　* 这种撤退的典型例子，就是陆军最重要的专业刊物《步兵期刊》中的内容转变。在 20 世纪 20 年代初期，其版面充斥着讨论政治议题、共产主义、国防政策、社会与经济问题的文章。而自从陆军卷入政治争议之后，很少有批评军方的文章，相反的是，积极赞扬军事计划的优点。但是，到了 20 年代末 30 年代初，政治讨论从期刊中消失了。其内容变得更为严格专业化，同时也开始对军方进行自我批评，批评陆军的保守主义、组织弊病与技术落后。对军事技术问题的清醒讨论，取代了此前对政治行动的鼓吹。

第十一章

军政关系在两次世界大战之间的稳定

商业自由主义及其改革派的敌意与军事职业主义

新汉密尔顿主义者在 20 世纪 20 年代的和平氛围中隐退，也再度将 ²⁸⁹ 美国社会由于对军事事务的厌恶而团结起来。这在一定程度上反映出商业和平主义于 20 年代重新获得统治地位。然而，也很明显的是，另一脉自由主义传统也盛行于 20 世纪的 20—40 年代。改革自由主义起源于 19 世纪 80 年代，在 19 世纪 90 年代以民粹主义的表象出现，并且随着"扒粪者"（muckrakers）*、进步运动（progressive movement）、"新自由"（New Freedom）以及最后的"新政"（New Deal）之推动而在 20 世纪流行起来。改革者的许多理念都涉及军事事务，并且他们在表达理念时所使用的语言，也理所当然地与那些商业主义代言人有着显著差别。但是就基本实质与最终效果而言，改革派的自由主义与商业自由主义可谓殊途同归。改革自由主义中的反军事内容，对商业自由主义的反军事主义起到了补充效果。从这方面看，从威尔逊到哈定再到罗斯福，并没有本质性的改变。作为结果，军事职业主义在两次世界大战之间的表现完全停滞。在那些年商业主义的抵制背景下形成的理念与制度，反映出位于社会边缘的极端职业主义。随着一战后新汉密尔顿主义这座桥梁的崩塌，

---

   * 19 世纪末 20 世纪初兴起的致力于调查揭露丑闻与黑幕的新闻报道趋势，因为西奥多·罗斯福对这些调查记者的批评而得名。——译者注

军政关系又重新回到了这种模式，并且在 20 世纪 20 年代和 30 年代持
290 续下去。两次世界大战之间美国军事职业主义的停滞，反映出商业自由
主义与改革自由主义对于军事事务的基本态度都是一致的。

改革自由主义：军事主义的实用对待

改革自由主义由许多不同的内容组合而成。但其中一致的基本立场
就是反对"大企业"的利益，并且希望运用政府的力量来保障财富更
为平等的分配。这种表面上的分歧与深层的统一，也体现在军事事务的
改革途径这一方面。表面上，改革派没有一以贯之的主流军事政策。关
于战备、征兵、大规模的陆海军、参加一战、裁军、中立法案、放弃战
争权、20 世纪 30 年代的重整军备、1940 年与 1941 年支援盟国这些议
题，改革者中既有人支持也有人反对。事实上，几乎所有重要的国防议
题在改革者中都有旗鼓相当的对立两派。但是，这种方法上的多样性其
实是本质上的一致性的产物。改革派一贯不是从军事安全的目标来看待
军事制度与政策，而是从他们的改革目标来加以理解。这些目标，无论
是局限于美国社会还是具有世界视野，从本质上说仍然是内政性质的：
其关注的是个人与国家之间的关系，而不是国与国的关系。改革者最终
会成为国防议题方面分歧的双方，因为他们有着不同的直接目标，或因
为他们以不同进路分析国防政策议题如何实现改革的共同目标。改革自
由主义当中所包括的军事工具主义，既造成了统一也导致了分化。

改革派的反军事主义同商业自由主义的反军事主义并不一致。商业
自由主义的进路从所有方面完全排斥军事主义。商业自由主义相信军队
就是野蛮的历史中的遗迹，因而从未试图通过军事达成其目标。而改革
派则更加倾向实用主义。他们对于军事的对立态度缺乏商业和平主义那
291 种精细的理论基础。面对 20 世纪初期的战争，改革者并不确定战争与
军事主义是否过时。但是，如果军事制度存在，改革者则希望使之服从

于改革目标。因此，改革者坚持反对的只是纯粹出于军事安全目标而设计出来的军事职业主义，因为这必然同改革的要求形成竞争。商业自由主义的政策就是直接消灭军事职业主义，而改革派政策则将消灭与驯服结合在一起。* 一方面，改革者对军事职业主义制度的反对要比商业和平主义更为强烈；另一方面，这是因为他们并不接受军事制度会自然消亡这种乐观主义结论。相反，改革者认为要削弱军事主义必须通过积极措施。就像大多数自由主义者，改革者将职业军事集团视为他们最危险的敌人。哈罗德·斯登斯（Harold Stearns）引用莫莱（Morley）子爵的话说："军事主义从其最完全与最深层的意义来说，都和自由主义直接针锋相对，无论表现为什么样的范围与伪装。"1 在改革自由主义的词典里，军事主义事实上与所有的恶同在；它与美国社会的民主基础互不相容。

改革者对军事职业主义的攻击有两种基本形式。第一种形式很多方面类似于很大程度上作为其起源的商业和平主义，认为军事职业是过时与原始的，纯粹的军事制度不存在功利主义的正当化理由。虽然商业和平主义或多或少将此视为不证自明的事实，改革者还是以一种讽刺的风格来加以证明。军事开支被认为纯属浪费。投入这些无用目标上的资源应当被用于那些改进人类福利的改革目标上。沃尔特·李普曼曾经写道："在我小时候，我们都确信花在战舰上的钱若花在校园上更好。战争是'军国主义者'谈论的事情，而不是审慎思考的进步主义民主派关注的事情。"2 斯图尔特·蔡斯（Stuart Chase）在 1920 年代抱怨美国为了维持和平年代的军力而浪费了上百万工人的力量。在此后的年代中，刘易斯·芒福德（Lewis Mumford）借用罗斯金（Ruskin）意味深长的语句，

292

---

　　* 相同地，改革者认为战争应对内政或外交改革作出贡献。他们起初反对美国参加一战，因为这将中止改革并且导致商业自由主义掌握控制权。但当他们看到"十四点和平原则"中令人振奋的国际政治改革前景时，最终还是将美国的参战正当化。一战后权力政治、殖民主义与军备竞赛在国际政治领域的回归，使他们将战争视为国际改革工具的想法受挫，从而使改革者承认他们支持美国参战是错误的。但与此同时，改革者开始怀念在战争期间国内的集体主义，这回顾起来似乎与他们进行国内社会改革的努力存在着某些相似性与技术上的可行性。

将军队定义为"社会病"（illth）的"消极制造者"（negative producer）。[3] 改革者也强调了军事价值观与自由主义的人道价值观之间的冲突。军事职业的习俗与惯例，被凡勃仑式（Veblenian）* 的社会批判武器无情地加以解构。军事生活的徒劳无功、不人道与野蛮被不断强调，而其正式的社会规则也被现代自由主义伦理居高临下地加以嘲讽。改革者这方面的批判建立在对军事的社会学分析基调之上，这一点一直延续至今。军队中所坚持的荣誉、服从与忠诚这些标准，被视为虚伪或实际的危险。一位《新共和》的作者宣称，军人就是"怀念着那种属于黑暗年代的生活态度的人"。军人要求的服从与个人道德责任之间的关系，是一个困扰安德鲁·卡内基的问题，在改革者的批评中也再次表现出来。在"扒粪者"的年代最为积极的反军事主义者厄内斯特·克洛斯比（Ernest Crosby）写道："绝对服从命令，当然就意味着放弃了自己的良心与理性。"那些军事纪律与惯例的细节，造成了军官与士兵之间的区隔，也被作为攻击军队等级制度的武器。这些批评在一战之后尤其盛行，反映出战争时代军队中职业军官与义务兵之间相互引发的恼怒。[4] 总之，改革者认为军事职业在经济意义上是浪费的，在社会意义上是无用的，在伦理意义上是落后的。

改革者还有一种对于军队次要且更具有主动性的看法，那就是将之视为大企业在对抗改革时的活跃盟友。对于这一点，改革者接过商业界的反军事主义大旗，并将其摇身一变为反商业主义。隐身于大规模的陆海军背后的经济上的迫切需求，就是资本主义经济的过度生产需要出路。改革者与商界人士在崇拜经济生产并且将军队定义为无产出的组织这两点上达成了一致。但是，他们对于军事主义背后的推动力则有着不同的看法。商界人士中相当多的功利主义者看到的是将领与旧式贵族；而改革者中的激进功利主义者则还看到了商人自己就是军事主义的推动

---

* 凡勃仑（Veblen），美国经济学家，制度经济学的开创者，代表作为《有闲阶级论》。——译者注

力。少数与军方隔绝的武器生产者，例如马克沁（Hudson Maxim），*经常被用来作为足以证明"带血的利润"（blood and profits）的充分证据。[5]事实上，这是一种相当具有讽刺性的情形，总的来说，世界历史上最强调和平的社会集团——美国商界，被描绘为与渴望靠流血的战争来升官晋爵的将领们的邪恶同盟，共同策划战争。在这种情形下，改革者在两方面出现了错误：作为一个集团，将领与资本家其实都并不渴望战争。不过，这种服务于战争与反动的目的而结盟的想象却广为流行。将领们想要开战，而军火生产商则为这种目的提供装备；军火生产商希望镇压劳动者，将领们就为他们提供军队来达到目的。马克思主义的精髓观点之一，就是认为军备和军事制度会形成与上层社会合作的必要，而社会底层从根本上而言，则是爱好和平与反战的。西梅翁·斯特伦斯基（Simeon Strunsky）与哈罗德·斯登斯在回顾一战前的军备竞赛时指出，"军备是件流行的事情"，严格来说对于"上层社会"如此，其推动力来自于社会上层阶级，他们感受到与其英国同胞在种族和阶级上的共同性。在20世纪30年代早期，这一主题成为关于一战的修正主义解释的重要因素。与此同时，职业军人也在叹息商业对军事制度的消极影响，那些全力投入的改革者则在谈论"军事主义与工业主义之间不可避免的联盟"，并且宣称改革必须"不仅要处理好军事思维，也要处理商业思维，这两者是并驾齐驱的"。[6]但是，关于商业—军事联盟的整个改革理论，相对于商业与军事之间关系的解释而言，更多阐明了改革与军事之间的关系。

虽然改革者将职业军队视为其国内阶级敌人，但他们也确实承认军事制度可能并不那么邪恶，也可以服务于进步的需要。斯特伦斯基甚至引用了1789年法国的例子，指出一种民主军事主义的可能性，以此与美国盛行的阶级分化的军事主义进行对比。许多改革者对于普遍兵役制

294

---

　　*　著名的马克沁机枪的生产者，这种机枪在1884年出现，是最早的全自动武器，在此后的战争中制造了前所未有的大规模伤亡。——译者注

这种高度的平等所体现的民主印象深刻，并以这种进步的军事政策同那种依赖于"雇佣或职业化军队"的制度相对照，认为后者是"人类所发明的制度中仅次于君主制与世袭制的最不民主的制度"。这种观点与全民皆兵的观念，同是杰斐逊主义在 20 世纪所表现出来的形态。这对那些更倾向于集体主义与平等主义的改革者而言，具有特别的吸引力，虽然那些更多强调自由主义与人道主义价值的改革者总是对所有军事制度持有普遍性的敌意。就像新汉密尔顿主义者那样，改革者希望军事服役被直接用于对这些义务兵的教育与"提升"，将他们运用到为社会生产目的服务，并为他们提供在民间生活中所需要的观念和技能的教育。例如，威尔逊政府的海军部长约瑟夫斯·丹尼尔斯，就试图改进他所认为的海军所存在的两个最大缺点——缺乏教育与民主，对其采取的措施是在每艘军舰上建立学校，并且减少军官与士兵之间的阶层"鸿沟"。[7]

军 事 制 度

教育与晋升。在一战之前所建立的基本职业化军事制度持续到了一战之后。当然，也有了一些改变与补充。创建了新的专业社团与期刊；新的技术学校的出现也反映了战争性质的变化；一些新的职业化组织被295 建立起来；已有的那些组织则被加以改造。[*] 但总而言之，没有出现，也不需要出现太大的改变。另外，那些留待完善的领域也仍然如故，留待解决的问题也继续被搁置。在两次世界大战之间的这一时期，争议与

---

　　[*] 最重要的新建专业社团与期刊在一战后很快就为陆军军需、军工与工兵所创办，《军事评论》于 1922 年在利文沃思军校创刊，《步兵学校季刊》在 1925 年创办。从 1925—1940 年，很少有新的军事期刊问世。最重要的新建教育机构是，1924 年为了培训军官的采购与经济动员而建立的陆军产业学院（Army Industrial College）。1932 年，总参谋部基于一定程度的事实宣称美国陆军的"院校教育体制领先于世界各国"。高级的海军教育也有所发展，安纳波利斯海军学院的研究生院在 1927 年构建了其基础核心课程。*Ann. Rept. Of the Secy. Of War*, 1932, p. 73；*Ann. Repts. Of the Secy. Of the Navy*, 1925, pp. 24—25, 1927, pp. 157ff.

动荡主要集中于三个领域：初级教育，杰斐逊式的技术主义遗产仍然充斥于各个军种学院的课程之中；晋升制度，对于杰克逊式的平民主义与分权的惧怕，导致了论资排辈的延续；执行机构，宪法规定的模糊，导致军政部门的领导人之间无法形成清晰的权责界线。

　　在军种学院的早期时代，有着相对明确的使命：培养技术上能够胜任的工程师与水手。军官的职业化，则以通识教育与基础军事教育的双重目标取代了这一单向度目标。但是，仅有四年的课程，从时间长度上不足以达成双重目标，尤其是当技术类的课程仍然在课表中大量保持的情况下。比起课程表问题更为困难的是，通识教育与军事教育要求的是不同类型的制度：前者是在有利于智识上的好奇心与充满放松与怀疑的争论环境中自由发展；后者要求的是遵守纪律、目的明确，在尽可能短的时间内集中努力吸收军事价值观与知识。在试图将这两种并不相容的要素融合于同一课程体系的过程中，军种学院在两方面都并不成功，倒是分开实施的效果更好。从理论上说，如果要求申请者需要先获得文理学院的文凭的话，这些军种学院就都可以成为研究生院。但是，美国社会对于军事职业的普遍敌意，使得这在实践中不可能实现。假如将招生阶段推迟到完成普通大学教育之后，军方就要担心将美国社会中丰富多彩的机会与民间大学中乐趣丛生的生活同之后的学习相比较，会显得军事生涯相对而言枯燥乏味，从而无法吸收到数量与质量上都符合要求的军官。在对军队缺乏同情的美国社会环境中，有必要在未来的军官还未完全吸收那些流行的反军事价值观与动机之前就开始对他们进行教化与训练。另一种替代方案则是从军事学院的课程中排除那些军事与技术的专业课程，将之移入毕业后的研究生院教育之中，而西点和安纳波利斯这样的本科学院更专注于通识教育。但是，各个军种并没有条件也没有兴趣同那些民间院校展开通识教育领域的竞争。事实上，即使所有公立院校的毕业生都进入政府部门，也很难论证政府直接投入通识教育这种做法的正当性。

　　安纳波利斯与西点在 20 世纪 20 年代和 30 年代尝试于课程中增加

296

人文科学内容，同时又不改变其军种学院教育的性质。安纳波利斯在1923 年改进了其英文与历史课程；在 1932 年又大幅度地改变了课程结构，将海军学员的学术课程比例从 21.6% 提高到 31.6%。与此同时，技术课程比例从 33.6% 降到了 31.2%，而职业课程则从 44.8% 下降到37.2%。经济学系与政府管理系也在此时建立起来。不过，军官们仍然抱怨他们相比较外国同行在文化背景上有所欠缺。他们呼吁要么在军校低年级就开设这方面的课程来强化文化背景，要么就将技术和工程类课程推迟到研究生阶段，或者将整个学制延长到四年以上。他们指出，事实上其他每个职业都需要为期五到八年的早期培训。西姆斯海军上将在1933 年抓住了问题的关键，在一份提交考察委员会的少数派报告中，建议将海军学院改为两年制学校，只为大学毕业生提供本科之后的专业课程教育。在西点，英文教育的课程在 1920 年增加了一倍，经济学、政府学与历史学的讲席在 1926 年也得以建立。在卢修斯·霍特（Lucius Holt）上校与他之后的赫尔曼·布克玛（Herman Beukema）上校的领导之下，社会科学在西点军校教育中占据的位置越来越重要。不过，这所军校仍然持续受到批评，因为其强调数学与自然科学对于未来军官的基础作用。[8]

在两次世界大战之间的年代，1916 年法案仍然是关于海军军官晋升的基本法规。总体而言，这一法案的运作还是令人满意的，虽然不时也制造出一些困难与令人不满之处，从而需要对其运行做出微调。陆军的晋升制度被 1920 年国防法所修改，根据该法律的规定，除了牧师与军医之外的军官都被列入同一名单，当上校以下的职位出现空缺时则按照资历依次填补。那些被专门建立的考核委员会判断为未达到晋升标准的军官，被置于一个特别名单之中，并加以淘汰，从这种筛选淘汰机制的方面看，类似于 1899—1916 年间海军实施的制度。晋升到将官级别仍然实行选升制。陆军面临的基本问题仍然是年资制与选升制这一古老的争议。在 20 世纪 20 年代初期，陆军部长建议更快速地晋升少数能力突出的军官，作为对年资制的补充。他指出这并不会破坏年资制的公正

297

性，也不会羞辱那些未能入选的军官，但是可以形成一种激励，使那些更有精力与野心的军官能够显示出他们自己以及军种的优点，从而脱颖而出。这一计划并未成功，许多深思熟虑的军人仍然感觉在和平年代无法预测哪位低级军官会在战时成为更能胜任的高级军官，因此陆军必须依赖于整个军官集团的集体能力，而不是"相对少数的天才个体"，选升制也往往存在着受到政治干预的风险。陆军内部意见的分歧导致年资制一直延续到二战。[9]

组织结构。从理论与实践方面看，1915 年之后的陆军部与海军部都有不同的军政关系体制。陆军的垂直结构反映出鲁特的新汉密尔顿主义理念，以及宪法与行政需要的优先性。海军的平衡结构体现的则是鲁斯与马汉的海军传统主义观念，优先考虑功能的实现。因此，陆军的体制在和平时期可以塑造和谐与效率，在战时却无法完成任务。一方面，海军的体制在其各组成部分之间造成了持续的不满与摩擦，但是为一战时的运行提供了切实可行的基础。战争时期军政关系的凸显，以及在陆军部高层对承担更为专业化职责的需要，推动陆军在一战时向平衡的组织结构发展。另一方面，政治与宪法层面的压力则有利于协调抑或垂直的组织结构，这就会导致海军在和平时期难以保持其平衡结构。

陆军的军政关系。《1903 年总参谋部法》将陆军部长与陆军参谋长的利益联系在了一起。陆军部长及其下属的行政部门官僚联手对抗陆军总司令的旧格局，被陆军部长与参谋长联合起来对抗行政官僚的新模式取代。虽然几位部长有时尝试以一定的步骤向平衡结构发展，但他们的努力与现有组织中所弥漫的精神相冲突，因而全都落空了。将参谋长作为部长的执行工具倒是更为容易。在陆军部的军事领导人与政治领导人之间，和谐与相互信任取代了 19 世纪的那种尖酸刻薄：陆军参谋长热情赞扬他们的部长；部长也回复以同样的热情。[10]在鲁特法案通过后的二十年中，部长一直支持参谋长将职权扩张到陆军的所有部分。1912年关于"花名册"（muster roll）的争论中，陆军参谋长伦纳德·伍德与军务局长弗雷德·安斯沃斯（Fred Ainsworth）对于他们的职权与职责产生了争议，陆军部长史汀生（Stimson）站在了伍德一边。虽然安斯沃斯获得了国会的支持，但这位军务局长还是因为不服从上级命令而被解职。按照史汀生的说法，参谋长的胜利"将其权力扩大到了超越过去指挥官权力的范围"。当国会在《1916 年国防法》中尝试削弱参谋长的权力时，贝克（Baker）部长通过对这部法律的解释来强化其参谋长的职权。正如哈伯德（Harbord）将军所描述的那样，贝克的决策所造成的影响"非常深远——一劳永逸地解决了指挥与后勤军官之间的传统冲突"。马奇（March）将军在 1918 年被任命为参谋长时，也强烈反对陆军部长绕过参谋长直接接触行政部门官僚，贝克强化了其参谋长的职权，以此对抗潘兴将军独立行动的努力，潘兴不仅想直面部长，甚至还试图直接与总统对话。[11]但是，当参谋长的权力遍及整个陆军时，部长自身的有效权威也就被削弱了。从理论上说，部长执行军事指挥权，参谋长仅仅是他的参谋助手；但在实际上，甚至是这种组织结构的支持者也承认，参谋长就是在指挥部队。[12]除了通过参谋长这一渠道，部长很少能够接触到他领导的部门，因此部长就成了挂名的虚职，参谋长才是真正的领导者。在坦诚表达时，部长承认他们依赖于参谋长。[13]与此同时，参谋长的广泛职责迫使他们超越纯粹的职业军事视角，从而接受更为宽广的视野，这也就接近了部长本应有的基本素质。

　　垂直结构在和平时期难以形成有效的文官控制，而到了战争时期，这也导致有效的军事行动变得非常困难。在较大规模的军事冲突中，难以保持由总参谋部控制所有展开的军事、军政、后勤与采购职能。在一战中，正如布拉德（Bullard）将军曾经预测的那样，中央集权的总参谋部体系很容易就崩溃了。[14]1918 年初进行了彻底重组，建立起专业的采购储运局（Division of Purchase, Storage, and Traffic）来处理专门的采购与供应事务。理论上说，该局是总参谋部的一部分，但实际上是直接在兼任军需署长（Director of Munitions）的陆军部助理部长的领导之下履行其职能。尽管垂直结构在理论上仍然被坚持，但因为需要解决的现实问题的

压力，陆军部在实践中的运作已经更接近于平衡结构。* 一战后，助理 300
部长本尼迪克特·克罗威尔（Benedict Crowell）强烈要求国会为陆军部建
立平衡结构的组织，他以鲁斯和马汉式的语言来为自己的主张辩论。
《1920 年国防法》一定程度上采纳了他的建议，延续了总参谋部在后勤
供应方面的部分职责，但同时也赋予助理部长职权来监督采购与工业动
员。这一结构成为垂直模式与平衡模式的折中方案。不过，在随后的和
平年代中，有利于平衡结构的功能性压力逐渐削弱，而支持垂直模式的
制度性利益则取得了优势。虽然助理部长在采购计划中一直占据着重要
角色，陆军参谋长与总参谋部还是在军事机构的所有部分重申他们的职
权。[15] 但是，第二次世界大战提出了大得多的需求，又一次使得陆军参
谋长与总参谋部对这一重任应接不暇。诸如麦克纳尼（McNarney）将军
这样的陆军组织结构设计者，再一次开始强调陆军部本质上的双重职
能："为战争所需的军力而进行动员与准备"与"在战场上指挥行动"。
1942 年 3 月，对美国而言这是战争中最为关键的时间点，陆军部的组
织进行了必需的完全重组。所有的采购与供应职能被交予布里恩·萨默
维尔（Brehon Somervell）将军领导之下的陆军勤务部队（Army Service 301
Forces）负责，陆军部副部长罗伯特·帕特森（Robert Patterson）则加以监
督。就像一战中一样，萨默维尔的指挥权理论上处于陆军参谋长的控制

---

* 这种理论与实践的背离，助理部长克伦威尔做出了如下解释：

既然重组必须与法律保持一致，部办公厅（The Central Business Office of the Department）、
采购储运局都必须赋予一个军事地位……

"有必要赋予总参谋部……表面上的权力，但在现实中并不掌握。在这一框架中，总参谋
部通过其所属的采购储运局，显然成为陆军部最重要的采购机构，将这一功能添加在其纯军事
职能之外。但这只是一种纯粹形式上（pro forma）的安排，为采购储运局的行动提供权威性。
事实上，一种不同的安排才是真实有效的……采购储运局……被设计为助理部长借以控制工业
的机构。因此，助理部长成为陆军部内部工业方面的负责人。但由于这样的安排更多是出于妥
协而非法律规定，助理部长的行政决策就像陆军参谋长所做出的决策一样，通过总参谋部法定的
具体渠道才能够传达到采购储运局。因此，陆军参谋长并不像看上去那样，而仍然是纯粹的军
事职位。陆军参谋长是陆军部长在军事方面的顾问；助理部长则是陆军部长在工业方面的顾
问。" Benedict Crowell and Robert F. Wilson, *The Armies of Industry* (New Haven, 2 vols., 1921),
I, 10ff. 在这一点上，我极大程度地得益于一篇未发表的论文，Paul Y. Hammond, "The Civilian
Role in the Administration of the Army Supply Program in World War I".

之下。不过实际上，陆军参谋长在后勤事务中的角色并不突出，帕特森—萨默维尔团队几乎以完全自主的方式进行运作。另外，总参谋部的作战部（The Operation Division）则真正承担着参谋长的军事参谋大本营的职能，"除了战略方向、作战指挥、决定整体的军事需求，以及决定影响国内区域的基本政策"之外，他们排除了其他全部职责。虽然这第二个例子表现出陆军部的一个委员会所宣称的"总参谋部在战时缺乏效率"，陆军在1945年还是重新回到垂直结构当中。[16]

海军的军政关系。与陆军相反，海军的平衡组织结构在和平时期实现了更有效的文官控制，而在战争时期则能进行更有效的军事作战。但是，海军获得这些收益也付出了成本，那就是海军部长、海军作战部长与内部行政分支主官之间持续不断的争论与摩擦。自从1915年海军传统主义的观念被写入法律之后，平衡结构几乎失去了所有海军指挥军官的支持。鲁斯与马汉的组织学理论被一战后的新生代海军军官们遗忘了。海军观念的重点在于支持垂直结构，通过扩展作战部长统领行政官僚机构的权力来实现这一点。1915—1945年间的海军组织史就是一部持续的斗争史，斗争一方是作为海军指挥官的作战部长，另一方则是海军部长及其下属的行政主官。除了一位例外，其他海军作战部长都坚信他们应当拥有领导行政官僚的权力。* 1921年，海军作战部长与指挥军官们在参议院关于海军战时行动的调查委员会面前展开了争论。他们于1921年告知一个海军部内设的组织委员会，作战部长在理论上拥有指挥海军军事行政机构的法定权力，他所需要的仅仅是落实这种权力的官

302

---

* 这个例外就是普拉特（W. V. Pratt）海军上将，他在1930—1933年担任海军作战部长，希望建立一个协调模式的组织体制。为了使现有的行政官僚体制满意，普拉特及其下属主张将军令与军政加以区分，要求作战部长拥有直达总统的渠道。20世纪30年代末期，海军部长由于个人原因造成的效率低下，加之日益紧张的国际形势，再加上总统在海军方面的高度关注，三方面原因联系在一起，导致了协调模式的部分要素被引入，其表现方式是在行政首长与作战部长之间频繁地接触。See U. S. Navy Dept., *Naval Administration*: *Selected Documents on Navy Department Organization*, *1915-1940*, pp. V-13-V-14, VI-28-VI-31; U. S. Naval Institute *Proceedings*, LVIII (1932), 806, 1502-1503, LIII (1927), 275-277; Adm. William D. Leahy, *I Was There* (New York, 1950), p. 3.

僚机器。在 1924 年，海军作战部长赢得了部分成功，被授予对军政机构的某些特定行动进行协调的权力。八年后，随着总统宣布这并不包括向下属军政机构下达命令的权力，这一授权被削弱了。但是，海军作战部长还是持续地向国会提出他们的诉求，并且在二战中，金（King）海军上将做出了一些努力按照垂直模式来重组海军部，仅仅因为总统与海军部副部长福莱斯特（Forrestal）的坚决反对而未能推进。[17]

在整个 20 世纪 20—30 年代，海军部长一直在同海军作战部长将其权力扩展到对军政部门的领导的努力做斗争。关于海军部长与部属行政部门主官之间的直接接触，丹尼尔斯部长在 1920 年做出了出色的辩护。而逻辑性最强的辩护则是 1940 年埃迪森（Edison）部长做出的。他指出："现在，你或许会说在海军中存在着两种不同的专业人员。一方面是军事专业人员，另一方面是技术或保障专业人员。"假如部长以一种裁判的身份存在于双方之间，"去解决所有争议，并且形成最终裁决"，则两个专业群体之间的竞争将会是自然的，甚至是"绝妙的"。但是，没有任何一种情况下应当将一个专业放在另一个专业之上。这将违背专业能力与劳动分工的要求。[18]部长们的看法得到了总统的支持，在 20 世纪 20-30 年代普遍流行。有时，胜利的天平倾向于作战部长，有时又会倒向行政机构。但是必要的平衡仍然得到维系：在二战结束时，海军的组织结构基本上与参与一战时保持一致。*虽然在海军部的三方面组成元素之间持续性地产生冲突，文官控制与军事职业主义还是都大大强化了。当迈耶（Meyer）部长在 1913 年向丹尼尔斯移交职务时，他指着办公桌给继任者留下了一句建议："权力就在这桌上，并且应当一直在这里！"[19]海军部的组织直到二战结束都是为实现迈耶的格言而设计的。这个体系中体现的一点不足，就是部长办公室作为协调与控制的机构存

303

---

* 二战初期，金上将改变了海军组织结构，他将作战部长与美国舰队总司令（Commander in Chief United States Fleet）这两个职位合并，并建立了采购与物资办公室。前者在军事方面重新分配了职权与功能；后者则在后勤方面起到了这种作用。但是，这两方面举措都没有改变在专业指挥官、后勤机构以及海军部内的政治分支之间所形成的军政关系基本模式。

在行政上的弱点，而这一点在 1940 年的部机构改革中得到了改正。指挥军官承担他们的军事职责；行政机构负责岸上的后勤任务；部长则超然于二者之上。军事与文职组成单位之间的持续摩擦，使得双方形成了截然不同的视角。指挥军官坚持源自于鲁斯和马汉时代的海军独特的专业观点。同有着广泛联系的陆军参谋长相比，海军作战部长看上去是一位更纯粹的职业军人，同文职部长之间始终存在不一致。正如史汀生部长曾经评论的那样，海军将领们恪守"独特的心理"，那就是"海神就是上帝，马汉是他的先知，美国海军则是唯一真正的神殿"。[20] 不过，这种体制的收益在战时就得以体现。马汉与卡尔霍恩设定的组织目标——和平时期的结构应当符合战时需求，用纳尔逊的话来说就是"航行的序列就是作战的序列"——得以实现，美国海军历经两次世界大战的考验，都无需对其军政关系体制进行大幅度的调整。

美国军事伦理（1920—1941）

忠诚。在两次世界大战之间，美国军事职业的基本价值较之在此前时代所形成的价值，并没有太大改变。对于人性的消极观念、从历史中学到的经验教训、战争与冲突持续存在的可能性、在人类事务中命令与服从的必要性，所有这些都继续得到强调。其中唯一相对于二战前的显著改变，就是将忠诚作为最重要的军事德性加以强调。二战前的观念支持被动服从的价值观；二战后则转向了主动忠诚这一价值。只有常规性的服从是不够的。正如麦克阿瑟准将所指出的那样，有必要"以主观的纪律来替代客观的纪律"。对海军而言，西姆斯指出，忠诚是"永远必不可少的"；忠诚加上主观能动性，要胜过不假思索的服从。在海军条例中确认了四种价值——美德、荣誉、爱国与服从——所有这些都建立在并且被包含于忠诚这一基本价值之上。在 20 世纪 20—30 年代，没有其他德性能够取代忠诚在军事价值观的层级中所处的核心地位。忠诚的关键角色，一次又一次地通过几乎不变的方式得到强调。[21]

对于忠诚的关注具有双重意义。首先，这意味着对于有效的军事组织所应具有的特性有了更为深入的理解，在二战前的年代有所发展。早前，不假思索地服从、简单地回应自上而下的命令，一直被作为关键看待。但是，到了现在，主观能动性的重要性得到了认识，而通过忠诚，主动与服从得以整合起来。上级指挥官应将自己的权力限制在提供一般性的指导上；下级则应当拥有技巧与忠诚，将上级的一般指示落实于复杂多变的具体情况之中。主动采取的行动必须反映出对上级意图的忠诚认同与充分理解。造成这种态度改变的是这样一种思维，即认为当军官集团思维一致并坚持同一信条时，主动的团结将取代被动的限制。新的重点反映了对于各自职业能力的相互信任。此外，也对培养了德国陆军的主动性的毛奇式（Moltkean）体制给予了更为现实的赞赏。

军队关注忠诚的第二点意义是，从某种程度上说，这反映出军事价值观同民间大众价值观之间的分离。在一个将个人主义作为最高德性的社会中，忠诚从来不可能获得很高的地位，因为忠诚意味着个人对凌驾于个体之上的外在目标或标准的服从。这也包含了对于以人类事务的集体性质的强调为前提，因为共同的忠诚是一个集体得以存在的基础。美国人倾向于歌颂个人的权利，将其位于个人义务之上，并且将社会利益视为源自个人对自身利益追求的结果，而这与将忠诚作为高层次价值的观念并不兼容。在美国的道德哲学中，忠诚从未得到太多重视。关于这一点的一个重要讨论是乔西亚·罗伊斯（Josiah Royce）的《忠诚哲学》（*The Philosophy of Loyalty*），而罗伊斯自己也认识到他的观点属于少数派。虽然他能够对詹姆士与杜威的实用主义进行攻击，却不可能用忠诚哲学与实用主义竞争来占据美国人的头脑。而且，在美国的历史中，可能不会有别的时代，像20世纪20年代的太平盛世和新奇尝试的30年代那样，与忠诚有关联的价值难以吸引美国人民的兴趣。但是，当罗伊斯被公众遗忘之后，军人却仍然记着他。《忠诚哲学》一直在关于该主题的军事著作中被引用和评述。

305

政策。对国际政治本质的军事解读，以及为外交政策开出的军事对策，保持了较高的稳定性。军方坚持这样的观点，每个国家的行为动机都"不是广泛的抽象原则，而是自身利益"。当他们的利益有了冲突，这种冲突可能首先通过外交手段解决，但如果外交失败了，就只能诉诸武力。战争是"政策的延续"，并被预计为事件中的常态。仲裁条约、国际联盟、国际法、凯洛格—白里安公约、裁军会议——所有这些都无法保证和平。唯一可能避免战争的方法，就是维持力量的均势。国际政治就是持续不断的冲突；没有一条清晰的边界区分战争与和平。外交政策的范围，取决于国家的意愿，以及是否有力量来支持这种意愿。军事力量而非尚未组织起来的军事资源，为国家提供了可欲的保障。国家采取行动应根据敌人的能力而非他们的意图来作为指引。军人在战争与和平的问题上将自己视为基本的保守主义者；他们面对军方总是在煽动冲突的指责时，以保守主义为自己辩护。事实上，这些年中，军人很明显并没有歌颂战争。在 20 世纪 30 年代的危机中，军方呼吁政治家慎重处理，并以美国军事上的弱点警告他们。[22]

在 20 世纪 20—30 年代中，外交事务所流行的美国军方观念同 19 世纪 70—80 年代相比几乎没有不同。这其中的相似之处再一次说明，塑造军方观念的决定性影响并不是国际政治的现实状态，而是军队达到的职业化程度。从职业基本特点发展而来的内在原因——职业化判断的内在逻辑——决定了军人会如何看待他们所面对的世界。在 1930 年，军人对于国际政治的看法基本上等同于他的前辈在 1880 年所看到的那样——并不是因为世界没有变，而是因为军人没有变。美国军方视角的长期稳定，反映出的是美国军事职业主义的长期稳定。如果像鲁登道夫那样，美国军人背离了他们的职业主义，那就有可能追随德国的军事领导人发展出对于国际关系大不相同的理解。在 19 世纪 80 年代，军方的观点与美国在国际关系中所处的现实地位没什么关系。但是，在这一时期之后，军方的观点就与之有了更多关联，并能够与之适应。到了 20 世纪 30 年代，美国在国际政治领域当中的积极介入，导致美国的外交关系更接近于军方所常常描绘的景象。

虽然军方的看法与国际政治现实之间的差距在缩小，但军方观点同流行的民众观点之间的差距却变得更大。仍然是非军事的因素造成了这一点。在 19 世纪 80 年代，军方与民间的观点已经是完全分道扬镳。而在世纪之交，新汉密尔顿主义者曾经在双方之间建立了一座沟通的桥梁。但是，随着一战之后新汉密尔顿主义者的失败，军民之间观点的鸿沟变得更为宽阔。新汉密尔顿主义者所热衷的权力政治，被自由派的孤立主义或自由派的国际主义所取代。后两者都同关于国际关系的军方观点相去甚远。美国公众对于国际事务的兴趣，发源于一战之前的和平运动，而在一战后则表现为对国际组织、国际法与国际联盟的复杂内容的关注。这反映出形式战胜了实质。这种观念假定了国家间利益的和谐。这一分析框架的根本进路就是"具有永久和平特征的世界共同体"。[23] 这样的分析框架，同军方关于不断冲突的独立国家这一分析框架不可避免地针锋相对。到了 20 世纪 30 年代末期，民间的思考才开始向更为现实主义的方向转型。在厄尔（Earle）、斯皮克曼（Spykman）、沃尔弗斯（Wolfers）、舒曼（Schuman）这些人的著作中，清楚地表现出对于国家利益与武装力量角色的新理解。他们代表了在国际事务领域第一波吸收军方进路的民间思考，而这也构成了二战之后相关思考的特征。但是，在两次世界大战之间的时代，这样的观念在民间仍然是少数派。此时的主流哲学还是反军事的，而军方也对此做出了激烈的反应，持续地抱怨美国外交政策思想中那些虚妄的理想主义、和平主义与利他主义。[24]

政府。军官集团关于他们与政府之间关系的观点，持续并且强化了 19 世纪末期的职业化观念。克劳塞维茨的经典教义被海军和陆军奉为圭臬。这位德国理论家被海军军官誉为"讨论战争的大师级作者"。据说，他的名字在海军战争学院的学员论文主题中出现得过于频繁，以至于可以用速记符号来进行引证。* 美国陆海军的军官通常都将武装力量

307

---

* 20 世纪初期步兵学校推荐阅读的书单中包括了四本"经典著作"，全部来自于德国学者：《战争论》；冯·凯默尔（von Caemmerer）的《19 世纪的战略学发展》（*The Development of Strategical Science During the Nineteenth Century*）；以及冯·德·戈尔茨的《战争指导》（*Conduct of War*）与《全民皆兵》（*Nation in Arms*）。

视为政府的"工具"，并且坚持反复重申国家政策决定军事政策这一准则。战争可能的限度或是无限，取决于政策的目标。但是，政治家的职责就是明确表达"清楚、简洁并且没有歧义的国家政策宣示"来指导军方。后者不可能在政策真空的情况下采取行动。为了形成政策的指示，军官一直要求建立一个国防委员会，这个委员会以英国帝国国防会议（British Imperial Defense Committee）和其他重要国家的类似机构为模板。[25]如同从前一样，这一建议常常被提出，不仅是确保行政分支清晰阐述政策的手段，也能作为在行政与立法之间令人不满的鸿沟之间的沟通桥梁。

在经典的军队传统中，作为军事服从于政治的必然结果，是坚持在各自领域中的独立性。政治与军事事务之间的分界线一再被强调，这条界线是严格而明确的，并且必须维持。在一部指挥与参谋学院（Command and General Staff School）于 1936 年出版的著作中指出："政治与战略从根本上是完全分离的两件事。战略始于政治结束之处。军人所要求的就是，一旦政策被确定，战略与指挥就应当被视为一个独立于政治的领域……政治与战略、后勤与作战之间的分界线应当画出。一旦画好了分界线，各方面都不能逾越。"[26] 从军方的观点来看，维持国家治理与战略之间的分离受到的威胁，来自于政治家侵入军方独立领域的倾向。军官警惕的是，尤其是对平民主义的政府而言，民选政治家可能会着眼于下一次选举而试图干预军事行动。节约开支同时速战速决的渴望，是不变的诱惑。政治家与军人之间的冲突也会持续下去，而到最后只能加以接受，并将其看作是生活中不可避免的困难之一。总的来说，在这一时期中关于文官控制的军方观点表现出了非常细致的分析，而这一般在文人方面对该主题的讨论中是非常缺乏的。

虽然军方在政府中的角色已经被足够清楚地界定为负责有关军事行动，但由于战争的范围不断扩大，也引出了另一些问题，涉及难以明确的军事行动界限。随着战争成为总体战，其包括了经济、政治与心理因素，远远超过传统的军事观念。传统上来说，军人已经将战争定义为他的特定专业。但是现在的战争行动显然涉及了许多其他专业。军人究竟是尝试包办现代战争所有的方面，还是仅限于处理战争中的军事领域？理论上说，后者才是正确答案，而且大部分军人也这样认为。当然，军人有必要关注战争中其他因素同军事因素的相互关系，但是不可能对其他因素都负责。为了贯彻这种理论，军官需要在军事工业学院学习采购与经济动员，但这并不同于赋予其指挥经济动员的职权。美国的军事著作反映了这种态度，持续关注技术层面的军事问题。[27] 不过，一种更为开阔的视野的倾向在 20 世纪 20—30 年代也已经存在。形成这一倾向的首要原因，在于政府中的文官分支对于战争中的非军事领域缺乏兴趣，而且也缺乏文职机构来履行这些方面的职能。因此，陆军部也就承担制定动员计划的工作。文官将战争中的文职工作又推卸给了军事部门。从这一点来看，陆军部在 20 世纪 30 年代制定的国家动员计划成了一个先兆，此后，在二战期间与二战后，文官大规模地放弃了其职能。

社会。 20 世纪 20 年代初期之后，军方传播的内容与要旨都反映出军队在自由社会的敌意迫使之下所形成的孤立。对于军事价值所强调的内容，以及军事价值同美国的流行价值之间存在的鸿沟，都有了更新的认识。1927 年，陆军参谋长表达了不满，指出军事精神及其核心因素——纪律被忽略了。他宣称，陆军的成员必须"为作为军官或士兵而骄傲"。纪律与士气对于一支军队的存在必不可少。军队的军事目标也应当始终作为其最高要求。另一位军官指出："技术性或商业性的哲学，在任何拥有斗争价值观的军队中都不能处于优先地位。"军事伦理和民间伦理从根本上无法兼容，某位作者在 1936 年指出了这一点，而在 15 年前还从未有人提起过：

> 如果一个人不能在纯粹的军旅生活中得到满足，那他就应该离开军队。军队中任何半民间体制的附加品都会弱化军事意识，因而不能被容忍。军人与平民分别属于社会中分离的阶级。军人的准则从来都不会和平民相一致；为什么要把两者混在一起？

310

军官仍然认识到要将军事命令下达给民兵所存在的困难，但他们并没有试图发展出一套适用于民兵与正规军的单一理论，相反，他们认识到前者需要与后者有不同种类的对待。美国平民就是"自我的君主，珍视自己拥有的权利如同皇室特权一般"，而《独立宣言》就是他们"个人且日常的信条"。因此，虽然传统的军事纪律在正规军中得以适用，但对在紧急状态下召集起来的大规模军队而言，所需要的是另一种类型的纪律，依靠的是热情与爱国主义。[28]

战前那种关于军旅生活的道德优越性的感觉，以一种温和的形式再度出现。不过在早先，军事价值被用来同商业文明的价值观作以对比；而现在，军事价值则被同 20 世纪 20 年代晚期到 30 年代美国价值观的缺乏进行对比。美国被看作是一个放弃了其道德之锚，从而在实用主义与相对主义的迷茫海洋上随波逐流的国家。这个时代是一个"青年、叛逆、自我表现与怀疑的时代——一个全新并且更为自由的时代"。美国弥漫着"潜伏危害的教条"、放纵的生活、"刺激感官的宣传"，以及犯罪与喧嚣，所有这些都源于将平等和民主推到极端。和平主义不过是"政治上的高调、思考的松懈与言论自由"很自然的副产品而已。在一位军官于 1939 年的抱怨中，充分体现了军队看待现代情景时的沮丧视角，他指出现代人是"野蛮时代"与"物质文化"的产物，这植根于"将人类不过看作是相当高等的动物而非其他的科学实用主义"这一基础。这其中包含了太多的享乐主义，而理想主义与宗教信仰却又太少。现代战争的可怕源自科学，其制造了"致命的工具"；也源自哲学，其制造了让人与人进行殊死斗争的意识形态。[29]

311　　军方关于其与社会之间的关系所做出解释的变化，通过他们关于教育的变化态度可以很好地表现出来。20 世纪 20 年代初期，军方就已经警告有一小群布尔什维克主义者和其他激进派渗透进美国的各级院校。现在，他们看到的危险更为严重和普遍。美国教育被"学院派自由主义"的哲学所控制，这种观念只强调科学分析与研究，并且排斥那些传统的信仰与理念。学生陷入了自然主义与现实主义。由于失去了道德价值观，大学新生"绝望地陷入无神论哲学、行为主义心理学、关于追求刺激的格拉德斯通（Gladstone）与酗酒的华盛顿的历史，以及描绘伤风败俗的海伦和寻欢作乐的加拉哈德（Galahad）的文学作品*"。约翰·杜威及其追随者那种"不恰当"并且"没有价值"的哲学，正如军方所警告的那样，盛行于公立学校之中，并且制造着"一个不同的美国"。学校里的教师通常缺乏头脑或辨别力，他们自己就特别需要指引。民间院校与军事学院之间的区别，就是"充满机会的机构"与"充满义务的机构"这样的差异。安纳波利斯所坚持的保守主义，同民间院校那种"激进与狂热"形成了令人赞许的对比。军校学员只谈问题不谈主义，他们当中也仅有一小部分人曾经阅读过尼采、孟肯（Mencken）**、罗素或斯宾格勒。[30]

《步兵期刊》一位编辑论"美国职业军人"的遗作文章在美国即将卷入二战之时出版，精彩而冷酷地对美国军人同 20 世纪 20 年代的、商业自由主义和 20 世纪 30 年代的改革派自由主义的疏离进行了最终总结。[31] 从某种意义上说，这篇文章只不过是重申了职业军人的观点，也就是人性不会改变，没有机制可以避免战争，而军人并不愿意发动战争，力量则是安全的唯一来源。但是这篇文章也超越了这些，进一步犀利地揭示出现代军人与现代知识分子之间的对立。知识分子同军队因为战争联系在一起，而又敌视军队，因为战争是人类智慧的力量之令人悲哀的表现。军人的伟大德性——忠诚、责任与信仰——"导致他完全没有资格成为现代知识分子"。在学者、作家与自由主义者的世界中，除了对职业军人的冷嘲热讽就是一片空白：

> 所以这些在文字、观念与思想方面的工作者，作为美利坚

---

* 格拉德斯通（1809—1898），英国政治家，在 1868—1894 年间四度出任英国首相。加拉哈德是传说中的亚瑟王圆桌骑士之一，寻找到了圣杯的下落，象征高贵无私的人。引用的这段话中四个人名均为复数，代表的不是具体个人，而是体现那种否定一切历史上正面人物的历史虚无主义论调。——译者注

** H. L. 孟肯（1880—1956），美国记者、讽刺作家、文化评论家，在 20 世纪 20 年代的美国具有众多读者与广泛的影响力。——译者注

民族掌握着话语权的部分，大多对于陆军有着相似的反感——说反感只是使用一个温和的字眼。在这样一份多元的名单中，作家、演说家、空想家、科学家、宗教人士、哲学家以及伪哲学家——几乎是我们人民中所有善于表达的群体——都有一种强有力的共同情感，这是为什么？这并不奇怪，因为他们都厌恶职业军人。

伯恩斯（Burns）少校倾诉着其职业所包含的痛苦，所要反抗的是对于军事职业毫无用处的"所谓的科学文明"、忽视军事职业的社会学家、嘲笑军事职业的知识分子、攻击军事职业的那些《国家》与《新共和》上的"杰出思想"。四分之三个世纪以来所积累的怨恨与失意在这篇文章中喷涌而出。这可以说是一篇合适的墓志铭，宣告了旧的军政关系体制随着二战而永远终结。

第三编

美国军政关系的危机
（1940—1955）

第十二章
第二次世界大战：权力炼金术

总体战中的军政关系

第二次世界大战开启了美国军政关系的一个新时代。这些年中，可 315
以看到军队权力与态度方面的显著革命。新的模式在战争中被运用到了
极致。但其中的基础性要素，也就是将其同 19 世纪 70 年代以来的传统
模式区分开的那些要素，则在 1945 年后仍然持续。问题也就变为建立
一种文官控制与军事职业主义之间的新平衡，来取代在美国参与到对抗
轴心国的战争中被不可逆转地摧毁的旧体制。

二战中美国军政关系的三个关键方面，可以通过有点儿过分简化的
方式加以直截了当地说明。

第一，就政策与战略的主要决定而言，军方掌控着战争。

第二，在政策与战略领域，军方对于战争的掌控符合美国人民与美
国政治家对其的期望。

第三，在国内战线，经济动员由军事机构与文官机构共同控制。

职业军事领导人的权力在二战中达到了前所未有的巅峰状态。但他
们只是因为牺牲了自己的军事观念并转而接受国家价值观，才能够到达
这一巅峰。军事领导人融入了自由主义的环境之中；同时他们也放弃了
那些独特并且使之同外界疏离的特性，融入国家目的的最高化身之中。
这种奇妙的权力炼金术对他们的视角与政策造成了惊人的影响。然而， 316

这只是在涉及对外政策与宏观战略的方面才确实如此，在这些方面，军方比较容易去填补政府的真空地带。而在内政方面，文官控制着经济动员的最初决策，强有力的文官利益集团与军方保持着竞争。虽然军方的影响力广泛覆盖，但他们从未能够在内政领域建立起同国际事务中一样的权威。因此，他们也无法在经济动员方面发展出如同在外交领域所具有的全局视角，依然狭隘地停滞于军方利益与军事视角代言人这一角色。当军人采纳了文官的目的，这样的结果就是，在国际事务领域，目的与政策形成了惊人的和谐。而内政领域展现出来的仍然是持续不断的冲突、争吵与官僚机构间的钩心斗角，因为文职与军方机构都在追求各自背道而驰的利益而引发碰撞。从宏观战略来看，军方以一种全面负责的态度行使着他们的新权力。但是，在内政方面，他们要求并竭力争取对经济的控制权，虽然他们知道永远不可能获得这种权力。赫尔与纳尔逊之间的差异，很大程度上解释了马歇尔与萨默维尔之间的差异。*

　　二战期间的美国军政关系从某些方面来看类似于一战中的德国。就像 1913 年前的德国军官集团一样，美国军官集团在 1939 年之前也是高度职业化的，虽然规模相比之下小得多，并且远离国民生活的中心。不过，与之相对应的是，文官控制机制在美国也更弱。战争来临时，美国军方并没有去攫取权力——马歇尔不是鲁登道夫。相反，是权力不可避免地压在了他们身上。除了接受权力以及由此授权所暗含的条件，他们别无选择。就像德军总参谋部成了德国民族主义的代理人一样，美国军方成了美国自由主义的代理人。不过，在美国国内，他们的掌控从未达到兴登堡、鲁登道夫和格勒纳在德国的水平。在德国，文官控制的瓦解与军事职业主义的削弱，导致其在战争中的失败。而在美国，同样的发展态势也使其失去了和平。这两个国家都在战争结束之后立即试图重建

317

---

　　* 这里所提到的人物分别是：科德尔·赫尔（Cordell Hull），1933—1944 年任美国国务卿，是美国历史上任期最长的国务卿；唐纳德·纳尔逊（Donald Nelson），曾任西尔斯百货公司副总裁，1942 年 1 月任美国战时生产委员会首任主席，被称为美国战时经济的 CEO；陆军参谋长马歇尔五星上将，与陆军勤务部队总负责人萨默维尔上将。——译者注

军政关系行之有效的平衡机制，也都只获得了部分的成功。

宏观战略中的军事权威与影响力

军事权力的基础。军方领导人在战时的权力，植根于美国人对战争与军队的自由主义态度。战争很明显地与和平截然不同。当一个国家进入战争时，其必须全身心地投入，将这场冲突的领导权交给那些以此为职业的人。国家以获得完全的胜利作为高于一切的目标。军队成为国家意志的执行者，技术人员被召唤起来实施根本的政策决策。从美国人的观点来看，军队的功能并不是在战争或和平期间提供国家安全，而只是在战争中赢得胜利。美国人民与美国政治家都一致坚持鲁登道夫的哲学。"我已经洗手退出"，赫尔国务卿在珍珠港事件发生的前几天这样告诉史汀生陆军部长，"接下来就看你和诺克斯的了——陆军和海军"。他的话象征着文官的退场。史汀生自己也宣告了他的战时职责就是"支持、保障与捍卫他的将领们"。一位具有代表性的众议员通过他的这段话表达出国会的默许：

> 我听取陆军总参谋部的意见，他们是战争中的主角。如果他们告诉我他们为成功进行战争并且赢得最终胜利需要什么，我就会同意什么。无论其中有多少让我犹豫的成分，我都会支持。[1]

战时的军事领导中心是由资深军事指挥官组成的联合机构。1942年2月以前，是由四位分别来自各军种的高级军官所组成的联合委员会（Joint Board）。这个委员会建立于1903年，但在此前的历史中承担的职责很少。然而，自从1939年以来，它在准备陆海军联合的"彩虹作战计划"（Rainbow War Plans）中扮演着越来越重要的角色。其影响力与作用都在迅速扩展。在珍珠港事件之后的第一场英美会谈，也就是1941

318

年 12 月到 1942 年 1 月的阿卡迪亚会议中，很明显由于军事上的紧急情况要求创建一个统一战区司令部，以指挥东南亚的美、英、荷、澳军队。战区总指挥必须向某人报告。因此，在阿卡迪亚会议上成立了设在华盛顿的联合参谋长委员会（Combined Chiefs of Staff），由美军的各军种参谋长和英军参谋长委员会的代表组成。为了使委员会内部的美方观点得以协调，能够像总是统一发声的英方代表那样意见统一，美军的参谋长们组成了参谋长联席会议（Joint Chiefs of Staff）。这个机构取代了过去的联合委员会。参谋长联席会议的组成人员包括陆军参谋长、陆军航空兵司令、海军作战部长，而在 1942 年 6 月之后，又增加了作为三军统帅参谋长的莱希（Leahy）海军上将。* 这个机构的成员有着双重职能，他们既是联合参谋长委员会当中的美方代表，又是指挥与策划美国军事力量海外行动的集中领导机构。

联合委员会在 1939 年的扩展与参谋长联席会议在 1942 年的建立，都反映出纯粹的军事需要：对于联合的策划与指挥的需要。从理论上说，联合委员会与参谋长联席会议都应当是作为向政府提供专业军事建议并且职业化的指挥部队的最高机构。虽然其建立是回应军事职能的要求，但这两个机构都受到组织自身与外部政治两方面的影响，而成为政治与军事相结合的机构。参谋长联席会议仅位于总统之下，作为全面指挥战争的唯一重要机构，无论活动层级还是范围都远远超越了纯粹的职业化机构。因此，参谋长联席会议到战争结束时都不是一个纯粹的军事机构。他们在四年的战争中形成了政治传统与角色。

参谋长联席会议与总统。参联会与总统之间的紧密认同，建立在正式的法律规定与非正式的私人关系这一双重基础之上。1939 年以前，军事首长们没有法定的直接渠道可以作为一个集体去接触总统。联合委员会仅仅是一个跨部门的委员会，建立在两个军种的部长达成的协议基础之上。但是，在 1939 年 7 月 5 日，总统命令联合委员会与陆海军联

319

---

* 莱希上将被称为三军统帅总参谋长，并非三军总参谋长，相当于总统的最高军事顾问与参谋长联席会议中的代表，这一职务是后来参谋长联席会议主席的前身。——译者注

合后勤委员会（Joint Army-Navy Munitions Board）自此以后应当作为陆海军司令直接受其领导。这一行动使这些联合军事机构从部门控制之下摆脱出来。当参联会接替了联合委员会，他们也就同样地作为总统军事顾问直接受其领导。虽然直到1947年，参联会都没有任何可靠的法律基础，只有马歇尔上将与金上将之间的文件往来，但其地位在总统看来毋庸置疑。此外，马歇尔与金也都有各自作为军种首长的个人权力，直接与总统讨论其各自军种的战略、战术与指挥问题。[2]

参谋长联席会议的正式地位被他们与总统之间的私人关系所强化。罗斯福总统将自己视为杰出的战略家，并且津津乐道于三军总司令这一头衔。他乐于结交军方领导人，并且认为他能够平等地与他们结交。莱希与罗斯福从一战时就是老搭档，当时罗斯福是助理海军部长，而到了20世纪30年代后期，莱希出任了海军作战部长。在于1942年7月被任命为三军统帅总参谋长之后，莱希可能比除了哈里·霍普金斯（Harry Hopkins）*之外的任何人都要与总统在指挥战争这方面有着密切和持续的联系。他每天至少与总统会面一次，此外，他当然还是总统与其他参联会成员的主要联络人。马歇尔将军最早通过霍普金斯引起了罗斯福总统的注意，霍普金斯在1939年向总统推荐他出任陆军参谋长。在此后的三年中，霍普金斯都是马歇尔同总统联系的主要渠道。而在珍珠港事件后，马歇尔赢得了罗斯福总统的完全信任，自从1943年之后，他们就无需任何联系人而直接沟通了。[3]

文官建议的排除。仅仅从直接联系总统这一事实，还不足以证明参 320 联会指挥战争的职权。他们的权力不仅来自与总统的直接沟通，也来自对文官建议的排除。在战争期间，总统当然要与他的军事顾问直接沟通。当军事议题变得越来越重要，决策的层级也就随之提升，政府首脑要将更多的时间投入军事事务。但是，如果文官控制得以持续，那么无论在什么层级上做出决策，都要保持军事视角与相关的政治视角之间的

---

* 罗斯福总统的私人特别顾问，并非正式职务，但其在战争中的重要性被称为"影子总统"。——译者注

平衡。在总统这个层级上，这种平衡可以通过一个由国务卿、陆军部长、海军部长、经济动员部门负责人和各军种首长组成的军政联席会议来实现。英国首相在两次世界大战中，都在其战时内阁与部长中有这样一种机制。但是，美国人对战争与军队的态度，以及罗斯福对任何可能削弱其权力的方式的反对，都阻止了这种机构在美国的建立。每个可能发展成为这样一个战时会议的委员会，都在珍珠港事件之后夭折于其雏形。* 文官不再考虑宏观战略。具有讽刺意味的是，罗斯福通常精于以下属互相斗争之道来最大化自己的权威，却又允许手下的一组顾问占据他做出最重要决策的这一领域。这与他平时行为方式的反差反映出他的自信，他对下属军事首长的信任，以及存在于他思维中的那些看待战争性质与指挥战争方式的美国主流观念。因此，参谋长联席会议并没有成

321 为一个在军政联合的战时委员会框架下提供建议的机构，而是直接取代了这种机构。

在整个罗斯福的第三任期中，陆海军部长都被排除在涉及宏观战略的事务之外。罗斯福在 1940 年选择史汀生和诺克斯，毫无疑问地在一定程度上出于这样一种动机，那就是他这样可以直接指挥陆海军，两位老共和党人将在行政上保持消极，而在政治上采取中立。部长并不同总统与参联会成员会面。除了少数例外情况，他们也并不参加战时联合会议。在参联会文件的常规传达名单中，也不包括两位部长。陆海军部长被排除在文官机构与军方机构的沟通渠道之外，因为文官更愿意同作为军方观点的统一代言人的参联会打交道。虽然部长有时会被征求关于某些特定问题的意见，他们仍然"在军事战略的事务方面不负正式责

---

* 在二战前存在着三个这样的机构：由副国务卿、陆军参谋长和海军作战部长组成的常设联络委员会（Standing Liaison Committee）；由国务卿、陆军部长和海军部长组成的"三人委员会"；由上述三位部长加上陆军参谋长和海军作战部长组成的战争会议（War Council）。联络委员会与战争会议在战争期间停止运作，而"三人委员会"的成员则被排除在宏观战略决策之外，因而只能承担次要角色。直到 1944 年 12 月，助理部长们组成的国务院—陆海军协调委员会（State-Army-Navy Coordinating Committee）才成为第一个成功运作的军政联席机构。这个机构最初关注的问题是投降条件与占领政策，后来发展成国家安全委员会（National Security Council）的前身。

任"。[4] 即使是采购与后勤事务，都主要由两位副部长帕特森与福莱斯特负责。军种部长只有两方面职能。在自己的部门内部，他们领导行政、内务和非常有限的民事事务；而在部门之外，他们在总统、国会与公众面前为自己军种的利益进行辩护。

出于政治、个人与组织上的原因，国务院在领导战争方面也只扮演着次要角色。从意识形态来说，国务院对于处理战争问题与紧随而来的战后事务尤其缺乏能力。在 20 世纪 30 年代，国务院被拉美事务占据了大部分精力——推行睦邻政策（the good neighbour policy），另外则忙于经济事务——制定互惠贸易协定计划（the reciprocal trade agreements program）。在二战时期，国务院继续坚信他们的职责就是外交，而且外交与武力相分离。因此，国务院集中精力投入处理与中立国和次要同盟国的关系，以及筹划联合国组织。赫尔国务卿与威尔斯（Welles）副国务卿之间的恶劣斗争也削弱了国务院的力量。总统倾向于保持这种斗争状态，直到赫尔在 1943 年坚持要求威尔斯辞职。但是，罗斯福自始至终都不希望赫尔参与到关于战争的重要决策当中。* 与他的继任者斯特蒂纽斯（Stettinius）和伯恩斯（Byrnes）不同，赫尔没有参加主要的战时会议。国务院组织在战时困扰于其目的与角色的混乱。斯特蒂纽斯在他于 1943 年被任命为副国务卿之后尝试重组国务院机构，但并未获得显著的成功。最能体现国务院边缘角色的一个事实是，当克莱（Clay）将军在 1945 年出任驻德国占领军总督时，他咨询了总统、史汀生、麦克洛伊（McCloy）、**

322

＊　赫尔在他的《回忆录》（New York, 2 vols., 1948, II, 1109-1110）中，深刻地反映了受到排斥的感受：

"珍珠港事件之后，我并未参与涉及军事事务的会议。这是因为总统不想邀请我参加这些会议。我几次向他提出了这样的问题……

总统并没有带我去参加卡萨布兰卡会议、开罗会议或德黑兰会议，这些主要是军事会议，同样我也没有参加他与丘吉尔首相在华盛顿进行的军事会谈，虽然这其中有着广泛的外交影响……

关于军队将在什么地点登陆，他们将在战胜希特勒的大规模军事行动中选择什么样的路线穿越大陆，我从未与总统或他的高级军事将领们讨论过，虽然决策做出后会较早地通知我。

我没有被告知原子弹的事情。"

＊＊　约翰·麦克洛伊，时任陆军部助理部长。——译者注

伯恩斯*、马歇尔与萨默维尔，但从未到访国务院。正如他事后所评论的那样，他从来不认为这可能是一种明智的做法。[5]

在向总统提供建议这一方面，参联会的优势地位得到了体现，罗斯福很少拒绝他们的建议。显然，只发生过两次冲突：1942年夏天进攻北非的决定，以及1943年12月在开罗会议上放弃印度洋攻势。[6] 在这两个例子中，总统最初接受了他的参谋长们提出的建议，但后来又改变了决定，这并非因为美国文职官员提出了相反的意见，而更多是由于来自英国的压力。在个别情形下，罗斯福可能不征求参谋长们的意见就自行其是，但除了那些例外，总统与他的军事顾问之间一直保持着和谐的关系。

军事权威的范围。作为战争会议的替代者，参联会将他们的活动与兴趣扩展到常规的军事界限之外，进入了外交、政治与军事领域。从首先击败德国这一最初的战略决策，到最后结束与日本的战争这一系列复杂的决策，都是由总统、各军种参谋长和哈里·霍普金斯共同做出的。正式法规的空白有利于参联会扩展其职能，因为这样与其竞争的机构就无从指责其超越职权。由于与总统有着密切联系，军方首长的利益与权力逐渐扩展，并且与总统同步扩张。在为同盟国的军事会议准备代表美国立场的构想时，通常都是由总统和军方完成的。军方首长参与到几乎所有那些会议当中，而文职官员却都缺席了。军方代表政府参与外交会谈，同时也和英国各军种参谋长保持着沟通。在这一领域，像麦克阿瑟和艾森豪威尔这样的战区司令承担着政治与外交角色。而在民政与军事行政方面，至少在涉及海外作战的领域，很大程度上属于军方的职权范围。

在二战初期，由于最高层级缺少协调机构，这阻碍了美国的政策制定。军方在缺乏对政府政策的清晰认识的情况下蹒跚前进。因此，他们在同英国打交道时处于相当不利的境地。但是，当军方最终认识到他们

---

* 詹姆斯·弗朗西斯·伯恩斯，时任经济稳定办公室与战时动员办公室主任。——译者注

必须给予自己政治指导时，参联会就接管了"国家政策决定的行政协调"。但是，这创造了一个与英国大不相同的体制。参联会的活动范围的确令人惊叹。在同英美体制进行比较时，一位美国参与者指出英国的联合军事参谋机构较之其美国同类型机构，更少处理"经济、社会与行政性质的事务"。这些非军事事务由其他向英国军方提供指示的机构负责处理。在某些情况下，英国军官"甚至不知道那些由我国（军方）策划者所负责的事务在英国是如何处理的"。[7]

不仅是参谋长联席会议扩展了他们军事能力的范围，而且随着战争 324 的发展，军事机构介入政治决策的情形在更低层级的军事组织中也逐渐表现出来。到了 1945 年，陆军部的参谋人员已经有意识地卷入了外交政策之中。几乎从战争一开始，就已经有了这样的介入，但在 1944 年之前，这一点还不明显，因为这些政治决策本来就包含了大量的军事内容。到了战争末期，军方参与的程度仍然如故，但此时政治决策中军事议题的重要性已经下降了，因此伪装也就被揭开，军方的参谋们越来越公开地涉足政治问题。虽然军方仍然认为在讨论军事事务之前了解政府的政治立场对其"有帮助"，但他们也意识到这不太可能，因此军方机构需要自己做出政治决策。正如一位军官指出的那样："这个时刻已经来临，无论我们是否喜欢，陆军部都必须面对这样的事实，那就是它对广泛的政治事务都有真正的兴趣。"最初，陆军部并不喜欢这种状况，但到了战争尾声，事务的压力已经"消除了总参谋部作战部（Operations Division of the General Staff）参与那些在传统上不属于陆军的事务中的所有顾忌。"总参谋部作战部为波茨坦会议准备的一大半文件，都是军事作战之外的事务。[8]

军方与国会。国会控制军方的两个主要方法是他们所掌握的财政权与调查权。二战期间，资源的匮乏导致财政权缺乏效力。货币控制被行政部门的优先适用与直接分配所替代。不可避免地，这将权力从立法分支转移到行政分支，国会或多或少地默许了这种转移。军方获得的拨款越多，国会获得的有关信息以及针对这些开支与之辩论的时间也就越少。正如 G. A. 林肯上校及其同事所指出的那样，陆军部 1945 年的预算在 872 页的总预算文件中占了 16 页。到 1950 年，陆军部预算仅占 1945 年额度的 5%，但在 1400 页的总预算文件中占了 90 页。20 世纪 30 年代，陆军的低水平预算往往要在众议院进行四五天的辩论，而到了 40 年代初期，陆军的高额预算却仅仅经历一两天的辩论。这种情况的原因不是国会认为战时预算的重要程度不如和平时期：更多是因为，国会认为战时预算同国会的关系更遥远。国会仅仅认为军方的所有需求都应得到满足，而以任何一种基本方法对军事预算进行详细调查都超越了国会的能力。这样的结果是，各军种获得了他们所要求的全部预算，而到战争结束时还有五百多亿美元的拨款尚未使用。为了赢得胜利，国会愿意"相信上帝与马歇尔将军"。正如一位国会议员所评论的那样："陆军部或者……马歇尔将军……实际上控制着预算。"9

国会控制的另一个可能工具——调查权——也被国会主动限制了。战争指导委员会（Committee on the Conduct of the War）的阴影依然笼罩着国会山。介入技术性的军事事务的担忧，已经发展成一种置身于宏观战略领域之外的普遍意愿。国会中对于战争表现最主要的监督机构——杜鲁门委员会（Truman Committee）——支持战争军政关系在战略与政策以及生产与经济动员方面的不同体制。委员会宣称："对于陆海军的战略战术，委员会从未进行过调查，并且也仍然相信他们不应当进行调查。"委员会还阐明，他们在行政机构试图干预军事领域时会维护军方。但是，在委员会支持军方对战争的指挥的同时，他们也支持文官对于内政与经济动员的控制。委员会宣传其活动限于"国防计划的非军事内容，也就是说，他们关注陆海军在已经决定的国防计划中所需求的物资能以最快的时间和最低的成本生产出来，并且尽可能不对民用经济产生干扰"。10 在这一领域，委员会不仅于有些情形下对军方提出了严厉的批评，而且也支持战时生产委员会（War Production Board）和战时动员办公室（Office of War Mobilization）同军方将领们的斗争。

军方对战时权力的调整

和谐及其根基。在战争的基本战略问题上，美国政府高层普遍表现 326
出显著的和谐。职责比较轻的人——战区司令、司局长以及与之类似的
官员——为了他们各自的特殊需求而斗争，以此作为自己的兴趣与职
责。但在最高层，除了少数例外，军人与政治家、外交官与部长、总统
的私人顾问与参谋，都从高度一致的视角来看待战争。事实可以表明这
种和谐，除了萨姆纳·威尔斯（Sumner Welles）在 1943 年被解职外（这
是二战前就已经结下的私人恩怨的结果），没有任何个人或政策方面的
冲突、不满与摩擦严重到有人被撤职或因厌恶而主动辞职的程度。开启
战争的那些人，到战争结束时依然在位。即使是那些被排除在主要政策
决策之外的文职领导人，也包括在达成共识的范围之内。虽然史汀生与
赫尔没有太多参与政策制定，但他们因此也很少有理由为制定的政策进
行争论。事实上，也只有这一事实能使他们容忍对方立场，史汀生也承
认了这一点。[11] 战略政策的制定，只有因为盟军各国之间的分歧才显得
活跃起来，相比较在经济动员方面持续性的机构改革、激烈的个人冲
突、戏剧性的辞职与斗争，战略政策这方面显得平和而乏味。

什么原因促使了军人与政治家之间的和谐？在 20 世纪 30 年代，文
官与军方在形成国家政策方面可说是背道而驰。他们在二战期间达成了
一致，这意味着要么政治领袖放弃了他们的立场并接受了军方的观点，
要么军方领袖放弃了他们职业化的保守主义而追随美国主流的文官立
场。一个被广为接受的学派鼓吹前一种判断。这些评论家谴责美国的军
方首长纯粹从军事方面思考，并指责他们让美国人接受了为获取军事胜
利而排除其他一切目标的准则。这些批评家对比了美国决策者的"军事"

327　态度与英国二战时政策的"政治"动机和特征。[12]

要接受这一学派的结论是不可能的。当然，这些批评家说美国在战争中过于追求军事胜利这一目标是正确的。但是，当他们说这一目标的根基存在于军事思维当中时，就有些误入歧途了。他们的错误在于这种假定，因为军人做出决策，他们也就一定会从纯粹的军事观点来做出决策，而且他们还错误地假定了军事观点的内容。职业军事思维关注的是军事安全，而非军事胜利。这些评论家最为强调的几点——要求无条件投降、为了西欧的安全而拒绝将巴尔干地区作为作战区域——都是政治决策，得到了几乎所有政府内的政治领袖的支持，也在事实上反映了美国主流的公众意见。英美政策之间的差异并不是政治思考与军事思考之间的差异；这仅仅是两国政治目标的差异，而这种目标是由当时两国人民与政治家所确定的。如果美国的政策被证明并非最佳，那也不是军事思维的原因，倒不如说是由于低劣的政治思维：从一个国际政治方面不成熟的国家的视角无法理解长远的政治目标。那种认为我们的政策太多"军事"的论调，暗示着如果国务院有更多话语权，政策就会变得更加实事求是而又有远见。但实际上，事实恰好相反。国务院正是一个使用那些评论家所批评的思维的中心。总的来说，二战前的军事思维同文官思维相反，是冷峻的职业主义，毫无幻想。事实上，他们是唯一从这种视角来思考外交政策的重要集团。如果他们能够在假定战争的方向之后仍然坚持以军事思维进行思考，那么那些被批评家错误贴上"军事思维"标签的结果本可以避免。如果他们的视角没有被改变，军方领导

328　人本可以对国家做出警告，指出权力斗争的永恒不变、战后和谐的不可能、国际组织的软弱、保持欧亚权力权衡的意义，以及今天的盟友往往会成为明天的敌人这一历史事实。但是，与此相反，当军事统帅们获取了权力时，却不得不放弃他们职业化的保守主义，转而接受主流的文官视角。美国政策制定中的麻烦并不在于军事思维太多，而是太少。这是美国人坚持让他们的职业军人来承担超出能力范围的权力与职责而直接造成的。错误不在于军队，而在于美国本身。如果军方领导人没有将他

们的思维转换到文官的轨道中，他们就会在二战中像丘吉尔一样受到怀疑，并且因为阴谋诡计而受到惩罚。当然，在二战结束五年之后，他们也会像丘吉尔一样被歌颂为未卜先知的政治家。但是在 1942 年，他们并不能自由选择当下与未来的荣誉。

美国与英国的战争指挥体制之间真正的差别在于，美国军方首长大幅度扩展的权力范围，迫使他们采取一种更为广泛的政治视角，而英国军方有限的活动范围则允许他们坚持职业主义的军事观点。舍伍德（Sherwood）指出，"从美国人的观点看来，丘吉尔对其军事统帅的控制程度远远超过罗斯福"，而莱希上将在一次被透露的评论中这样说：

> "当我们同英国武装力量的首长们紧密联系、共同工作时，我们不止一次地感觉到我们的英国同事仅仅因为他们的职责，并且因为他们在执行命令而忠心耿耿地支持他们的国防部长（丘吉尔）的看法。而在我们这一方，我们在工作中很少面临这样的问题。当然，我们存在着许多不同意见，但总统与其军事首长彼此之间的信任和日常的联络，使得这些分歧并不会发展为严重问题。"[13]

从军事视角看待战争，使得英国的军方首长与从政治视角看待战争的政府之间产生了分歧。但是，作为优秀的军人，他们支持那些自己并不同意的政府决策。而美国军方首长支持他们的政府政策，是因为他们作为战争的指导者，在制定这些政策的过程中本来就扮演着重要角色。由于习惯了权力，当在某些偶然情况下被驳回时，军方很难欣然接受。[14] 尽管他们并不羡慕英国军方首长受到局限的角色，美国的军事领袖们也还是必须承认英国文官控制体制所创造的高度团结一致。至少，英国军方总是清楚他们政府所采取的政策，即使他们并不赞同。但是，在美国，人们对于谁在制定政策总是存在着困惑，而且有时美国军方会希望像英国体制那样存在井然有序的职责分工。但是，美国组织结构中的不一致，恰恰是美国人思维中的和谐所导致的必然结果。太多的和谐就像太多的冲突一样，是糟糕的组织结构表现出的症状。从表面判断，这个体制肯定存在着某些问题，因为在整整四年战争期间，总统仅有两次否决了他的军事顾问们提出的意见。这个事实只能说明，两方当中有一方忽视了自己的正确职责，在重复另一方的工作。

国家政策：从力量平衡到全面胜利。20 世纪 30 年代末期获得优势地位的那些军事领导人的观点，反映出在两次世界大战之间保守主义的职业军事伦理是美国军官集团的主流。早在 1939 年以前，美国军官就坚持他们关于战争不可避免的信念，相信美国将会卷入另一场世界性的冲突之中。[15] 因此，在 20 世纪 30 年代的那段萧条年月，各军种提出了一系列强烈要求来建立能够最低程度满足国家安全需求的军事力量。当政府在 1938 年秋天开始对军备投入了更多兴趣之后，军方继续呼吁在军事力量方面能够规模平衡地增长。与此同时，在军政关系实现二战时的和谐之前的这几年中，军方的观点与占据主导地位的文官观点于 1940 年和 1941 年的政府中表现出了明显的分歧。为了推迟不可避免的冲突，从而更好地做准备，军方一直呼吁谨慎行动，避免采取任何行动使轴心国集团找到发动战争的理由。而霍普金斯、史汀生、诺克斯、伊克斯（Ickes）* 与摩根索（Morgenthau）** 则倾向于更为积极主动的攻击性策略。总统与赫尔国务卿则在两派立场之间徘徊，总统一般倾向于文官集团，而赫尔则通常得出同军方观点接近的结论。以一种让人回想起德军总参谋部对两线作战问题的恐惧的方式，美国军方一再强调美国陷入两线作战的危险。从 1940 年到 1941 年，军方一直在反对美国做出任何参与欧洲战事的公开或默示承诺，同时反对可能激怒日本的行动，例如对日进行出口封锁与派遣舰队出访新加坡。随着远东地区的局势在 1941 年秋天紧张起来，军方领导人倡议美国同日本达成协议，避免"轻率的军事行动"。但是，他们的警告都被文职领导人拒绝了，而且美国在 11 月末所做出的决定最终引爆了冲突，这个决策的过程没有军

---

* 哈罗德·L. 伊克斯（1874—1952），1933—1946 年任美国内政部长。——译者注

** 小亨利·摩根索（1891—1967），1933—1945 年任美国财政部长。——译者注

方的参与，并且决策做出之后也没有得到军方的支持。[16]

美国军方领导人对于职业军事伦理的坚持，不仅体现在他们对军事力量建设与外交克制的呼吁上，更体现在他们处理二战前国际问题的整体思路上。在这一时期，军方观点的最全面表达，可能就是 1941 年 1 月与英国的参谋会议上对美方立场的陈述，以及 1941 年 9 月 11 日的"联合委员会对美国全国生产需求的评估"。在前一份文件中，军方的策划者警告美国不应该"将国家的未来托付给英国来指引"，并且强调美国做出的计划必须建立在有利于美国的长期目标与利益的认识之上。他们指出，英国人总是在考虑"他们战后的商业与军事利益"。因此，我们也非常有必要"维护自己的最终利益"。[17] 九个月后，在马歇尔与斯塔克（Stark）* 共同签署的联合委员会评估中，进一步体现出军方的视角。这份评估报告包括了对美国当前战略的具体要求，以及对轴心国战略与能力的分析，体现出冷静的现实主义与职业主义风格。用兰格（Langer）与格里森（Gleason）的话来说，这份文件"完全没有幻想与自欺欺人"。其中，将"美国的主要国家目标"定义为：

> 确保美国与西半球其他区域的主权、经济与意识形态的完整性；避免英帝国被消灭；避免日本进一步的领土扩张；最终建立起能够尽可能保证这些地区的政治稳定与美国未来安全的欧亚力量平衡；以及在可能实施的情况下，建立有利于经济自由与个人自由的政权。[18]

即使是在离战争已经很近的时候，军方领导人仍然以一种保守主义的现实态度思考国家政策。美国的长期目标并不是击败德国与日本，而是要在欧洲和亚洲建立起力量的平衡。战胜轴心国之所以是可欲的，只是因为这样有助于达成长远目标。关于美国目标的这份秘密军方报告，显然与总统在一个月前的《大西洋宪章》中所表达的充满理想主义与雄心壮志的公开宣言形成鲜明对比。不过，仅仅从联合委员会必须对国家目

---

* 哈罗德·斯塔克（1888—1972），1939—1942 年任美国海军作战部长。——译者注

标做出界定这一事实来看，就释放出了军方无法继续坚持立场的信号。评估报告的动因是总统提出了解军事生产需求的要求。但是，为了向总统报告这些内容，军方就必须清楚完整的国家政策。但是，在1941年夏天，那些仅存的国家政策，用杰罗（Gerow）将军的话来说，"或多或少处于云山雾罩之中"。因此，军方的参谋不得不自己对国家政策做出界定。在早前的时代，军方还能坚持军事伦理去界定国家政策。但是，世易时移，这变得不再可能，军方的策划者们发现，他们的思想从联合委员会评估报告所体现的那种思路逐渐转变到《大西洋宪章》所代表的视角。

332　　在二战期间，美国实际上奉行的外交政策同战前军方的思考有着强烈反差。其中，最重要的要素几乎完全来自于文官方面，关键内容包括：①排除其他一切考虑，关注在军事上击败轴心国；②延缓涉及战后安排的政治决策；③要求轴心国集团中的主要势力无条件投降；④将击败德国放在比日本更优先的顺序上。

　　在二战初期，总统已经为军方画出行动的边界，要求军方的所有计划都必须建立在以最有效率的方式实现军事胜利这一政治目标的基础上。用史汀生的话说："战争中唯一重要的目标就是胜利，而战时行动唯一正确的检验标准就是是否有助于胜利。"[19] 对这点的强调，深深植根于美国人对国际关系自然的、和谐的假设之中。单纯而暂时的邪恶扰乱了这种和谐，只要能消灭这种邪恶，就能进一步终结冲突。因此，美国人拒绝了丘吉尔关于从巴尔干进攻德国的请求，并且坚持在战争的最后几周让西方盟军集中精力消灭德军有生力量，而不是去占领领土和首都。这样一种不去同我们的盟国考虑或讨论二战后目标的愿望，当然也是上述观念中的一部分。赫尔国务卿与总统都强烈抵制英国与苏联组织列强达成二战后势力划分的协议的努力。无条件投降的目标，就这一词汇而言是罗斯福个人创造的，但就实质而言则是隐含在美国的政策与思维之中。总统在做出决定时，并未首先征求其军事顾问的建议。最后，优先击败德国的政策也有文官和军方两方面的根源。从军方的视角来看，当然要首先击败对美国安全造成主要威胁的德国。但是，比他们这种思考更为重要的是这样一个事实，美国在加入二战之前的两年中一直采取支持英国为主导的政策，而在太平洋地区采取防御态度，拖延与日本的战争。[20]

随着军方在二战中获得了权威与影响，他们逐渐放弃了自己在二战前的态度，并且接受了文官思维中的假定与价值观。这种调整可能具体体现在参谋长联席会议改变观点和总统达成一致的方式上。早在 1941 年 4 月，当马歇尔开始为罗斯福提供战略简报时，他就提醒其下属："陆军参谋人员必须认识到这一事实，总统既受到大众意见的支配，也受到专业军事意见的支配，要以此来调整他们的思考。"[21] 确实，陆海军的最高指挥官被选中的原因，一定程度上就在于他们掌握了"政治家的意识，使他们能够将纯粹的军事同全球形势结合在一起思考政治问题"。[22] 军方的默许一定程度上来自与总统的日常接触，以及他深入人心的说服力。但更多是因为参联会成为总统负责指挥战争的分身，很自然地由于相似的责任与视角形成了相似的政策。正如参联会历史资料部门的基特里奇（T. B. Kittredge）上尉所观察到的：

> 总统很少正式地驳回他们的决定，这可能是对的，但只是因为总统与莱希、马歇尔、金和阿诺德（Arnold）* 常常有非正式的讨论，使他们能提前了解到总统的想法。毫无疑问，他们经常认识到接受总统的建议再添加自己的解释的好处，而不是冒着被驳回的危险去提出他们知道难以被接受的正式动议。[23]

通过这一微妙的过程，总统的价值观与假定逐渐渗透到军事首长的思维之中。最容易被军方高级领导人接受的文官目标，就是用全面胜利来取代通过力量平衡保持持续的军事安全。例如，到了 1943 年和 1944 年，马歇尔已经放弃了他此前提出的观点，取而代之的是同意史汀生将军事

---

　　* 亨利·阿诺德（1886—1950），二战中任陆军航空兵司令，战后成为首任空军司令。——译者注

胜利作为最优先的目标，并且将军事战略的需求作为国家政策中最关键的内容。[24] 虽然科德尔·赫尔对战争中的基本决策影响甚微，但他对于力量平衡这一概念的反对最终还是被参联会采纳了。到了 1943 年 8 月的魁北克会议，参谋长们已经接受了摧毁德国将使苏联在欧洲取得主导地位这一暗示。他们补充说，美国对此的反应，不应是支持英国在地中海地区建立与苏联的制衡力量的微弱努力，而应给予苏联"一切的援助"并且"尽一切力量"来获取苏联的友谊。确实，这比起两年前那种冷酷的现实主义已经迥然不同。此后，在 1944 年 5 月，参联会重新表述了他们的新观点，三强之间的和谐取代了力量平衡："我们对于战后安排的基本国家政策……应当寻求维持三强之间的团结，并且在所有其他方面建立起能够确保长期和平的条件，并且希望在这段时间中形成能够预防未来的世界性冲突的某种安排。"[25] 一定程度上，这种对于同苏联协议的强调，反映出美国从军事角度对苏联在远东战场提供的支持的关注。但是，这段话的内容和语境也都反映出美国政治态度相对于二战前时代所发生的转变。参联会同样也支持将二战后安排的考虑推迟到战争结束之后的政策。正如莱希上将指出的，美国应当远离欧洲政治，并且使其坚持在《大西洋宪章》中所形成的政策原则，这是"战争期间所形成的影响最为深远的政治宣言之一"。[26] 当然，美国的高级指挥官们并没有在他们的思维中完全放弃军事视角。即使不是全部，很大一部分指挥官的倾向也是对击败日本所需要的时间和努力持一种悲观态度，而这反映出的就是典型的军事保守主义。与之类似，他们要求美国完全取得日本占据诸岛的所有权，这也是一种典型的军事思路，而这一点使他们同政府中的文官机构产生了激烈的冲突。不过，一般而言，在重大的政治议题上，参联会的观点常常与文官政治家和美国大众是一样的。

当然，导致军方做出这种调整的压力，随着他们的层级和位置而改变。虽然要划分出界限，即使不是完全不可能，也是非常困难的，但很明显，军人的政治化通常局限在那些高级别军官或因特定能力而接触到文官的需求与观点的军官。在较低的层级上，职业主义伦理基本完好无损。在二战期间，低级军官与专业军事期刊警告说战后的世界（postwar world）与后战争世界（post-warfare world）是不同的。他们呼吁在战争结束之前就制定战后目标，取得胜利之后仍然维持强大军力，并且以达成全世界力量平衡作为政策的方向。[27] 在关于选择巴尔干还是西欧作为作战方向的争论中，总参谋部的作战部作为马歇尔的指挥部，普遍接受了正统的政治信条。但是，在那些较低级别的军官中，对此至少是存在着不少质疑的。陆军部 G-2（军事情报）局所完成的一项参谋研究对苏联控制巴尔干的政治危险提出了警告。但这份研究报告提出的时候，参联会已经默许苏联在欧洲取得主导地位。因此，用这份参谋研究报告的作者之一汉森·鲍德温（Hanson Baldwin）的话来说："上级揪着他们的耳朵，严厉地告诉他们：'苏联在巴尔干没有政治目标，仅仅因为军事理由才在那里。'"[28]

政府的角色：从文官控制到军方主导。 军事思维的性质转变也可以通过军方指挥官对于文官控制的态度显示出来。在 20 世纪 30 年代，美国军方完全坚持这一观念。这一直延续到了二战爆发前后。1940 年 7 月，陆军战争计划局（Army War Plan Division）确认，文官机构的职能是决定"什么"（what）是国家政策，而军方的职责则是决定"如何"（how）通过必要的军事行动来支持这些政策。[29] 高级军事领导人在战争初期，以及他们下属的参谋人员在很长一段二战时期中，都希望建立一个英国式的军政联合战时内阁，并在其中获得有实权的部长职务。当然，这仅仅是对军方在 20 世纪 20—30 年代提出的建立强有力国家政策机构以对军事问题提供文官指导的要求的重申。

对待文官控制的军方态度在二战期间完全转变。军方在 1944 年至 1945 年间提出的对二战后军种组织机构的计划，反映了他们对于自己在政府中扮演的角色的新观念。从那些胜利之后骄傲并且权力强大的美军统帅身上，很难再看出 20 世纪 30 年代那种胆小顺从的姿态。文官控制成为历史的陈迹，在未来难以寻觅。莱希上将在 1945 年非常坦率而真实地指出："现在，参谋长联席会议不从属于任何文官控制。"而且，

336

参谋长们也明确指出他们希望将这一现状转变为永久状态。再一次引用莱希上将的话："有一点我们大家一致同意，我们认为参谋长联席会议应当成为**只对总统负责的**固定机构，而且参联会应当向总统提出关于国防预算的建议。"[30] 金上将也尝试将他在战时与总统直接沟通的渠道转变为正式而固定的渠道。[31] 在麦克纳尼计划（McNarney Plan）中，陆军明确建议将战时的参联会体制延续到二战后。这一计划建议，参联会作为合众国机构直接为总统处理军事战略、部队层级、战争计划、军事预算规模、各军种资金分配，以及几乎其他所有重要的政策问题。武装力量的文职部长仍然保留，但其权力被严格限制在史汀生式的边界之内。部长向总统提出关于"政治与行政事务"的意见，但不能参与到军事预算的制定当中，他的基本职责就是实现"节约与改进"。[32]

但当麦克纳尼计划遭遇相当强大的反对时，陆军的军事首长们随即在下一年提出了柯林斯计划（Collins Plan）这一修改方案。但是，这一计划同样建立在参联会持续执行其战时职能这一基础之上。虽然参谋长们现在从组织结构上位于文职部长之下，但他们仍然可以直接与总统沟通，并全权掌握"军事政策、战略与预算需求"。虽然他们的预算建议要通过部长提交给总统，但部长没有权力去改变。在另一项得到参联会批准的正式计划中，建议设立武装部队司令官这一职位，这一职位既是总统的参谋长，也是武装力量总参谋部的首长。参谋长们从属于文职部长，但他们在战略与作战行动方面都是直接联系总统。部长对总统做出军事问题中涉及政治、经济与工业方面的建议，负责军事行政事务，并参与到参联会的军事预算制定过程中。[33]

1941 年之前，在军方组织方案中不断出现的内容，是建立一个国防会议来为军方提供权威的政策指导。而在 1944 年与 1945 年莱希上将提出的想法、陆军的两份计划和参联会的计划当中，一个显著特点就是，没有任何条款是关于建立军种和国务院之间的军政协调机构。在战争期间，国务院的旁观者角色与参联会在国家政策制定中的核心地位，作为背景决定了计划中的这一特点。作为与传统军方思想发生断裂的结果，1947 年建立的国家安全委员会并不是源自 19 世纪 90 年代以来一系列的军方建议。相反，其源头是费迪南德·埃伯斯塔特（Ferdinand Eberstadt）在 1945 年为海军部长福莱斯特起草的计划。埃伯斯塔特方案所受到的启发，不是来自于二战前美国海军传统对设立这一机构的支持，而是来自于英国皇家国防委员会的经验。虽然埃伯斯塔特的建议比别的军方方案更有利于实现文官控制，但也存在一个不同的弱点，那就是没有设立国防部长的职位。因此，参联会就成了一个悬空的机构，直接接触总统处理战略与军事预算问题，没有任何集中的文职部长机构可以制衡他们。[34]

经济动员中的军政关系

经济动员领域的军政关系最显著的方面，就是所有涉及的利益都会得到某种形式的组织化表达。到 1943 年中期，已经形成了粗糙但有效的军政关系平衡机制。通过这种机制，军方机构的要求凭借一个得到了总统全力支持的居中裁判机构——战时动员办公室——同其他大量机构提出的要求进行协调。因此，军方像文官一样能够自由地为自己的特殊需要与利益发言。"波托马克之战"（Battle of the Potomac）* 中多样化利益的汇集，反映在关于斗争的历史资料中。同那些涉及宏观战略的回忆录与记录中通常对于重大事件的解释没有分歧相反，经济动员方面的战后记录，全都倾向于表达冲突参与方立场鲜明而又具有局限性的观点。[35]

经济动员领域最初的机构是，由陆海军助理部长组成的陆海军联合后勤委员会。这一机构起草的 1939 年版《工业动员计划》（Industrial Mobilization Plan），在动员开始之前最后一次表达了军方关于经济动员的看法。其中建议形成一个组织结构，类似于军方同时在外交政策和战略领

* 以此形容在波托马克河畔的美国国会中发生的争论。——译者注

338

域所要求建立的结构模式，来使军方限定于军事角色，并形成有效的文官控制机制。计划中所建议的关键机构是战争资源管理局（War Resources Administration），由合格的文官组成，负责以总统的名义制定和执行所有因战争而需要的经济政策。还有大量的其他文官机构负责处理专门问题——如战时的财政、贸易、劳工与价格控制，但这些机构都从属于战争资源管理局。各军种则实际上负责军备采购。[36] 这样的方案在文官与军官之间作出了合理的职责划分，事实上，虽然《工业动员计划》在1940 年被忽视了，但1943 年体现出来的组织体系较这份计划相去不远。

根据该计划，后勤委员会负责协助战争资源管理局的启动，此后逐渐淡出。事实上，委员会的发展历程要变得更为复杂。这首先是因为经济动员被延展到超过三年，也因为缺乏一个像《工业动员计划》所建议设立的那种强有力的中央文官机构。因此，当文官方面的动员工作通过一系列临时性机构——国防咨询委员会（National Defense Advisory Commission）、生产管理办公室（Office of Production Management）和优先供应与分配委员会（Supply Priorities and Allocations Board）——来推进，陆海军联合后勤委员会获取了更多权力，尤其是在优先供应这一方面，严格来说这甚至比他们所预期的权限范围更大。随着费迪南德·埃伯斯塔特被任命为主席，委员会在1941 年底进一步得到加强。但是到了1942 年1 月，总统建立了唐纳德·纳尔逊领导的战时生产委员会，并且要求自从1939 年以来就像联合委员会（Joint Board）一样直接向总统报告的陆海军联合后勤委员会，通过战时生产委员会向总统报告。此外，一个月之后，由萨默维尔将军负责的陆军供应部（Army Services of Supply）也建立起来，整合了所有的陆军采购活动并且成为陆军在经济动员事务方面的主要代言人。陆海军联合后勤委员会因此落入进退维谷的局面。他们作为一个半军方机构处于一种模棱两可的状态——既是军种之间的部门，又由三位文官领导——导致其在军种内被视为文官控制的工具，而在军种外又被看作军方利益的代言人。最后的结果是，它在两方面都失去了自己的地位与职能。陆海军的采购办公室更愿意直接向战时生产委员会提出他们的需求，而且当优先分配机制被破坏时，战时生产委员会接管了接下来的生产需求计划（Production Requirement Plan）和物资管制计划（Controlled Materials Plan）。事实上，埃伯斯塔特在 1942 年秋天转任战时生产委员会，并使之更有效率。随着这一变动，陆海军联合后勤委员会也就日渐衰微成一个次要机构。[37]

随着陆海军联合后勤委员会的淡出，动员方面的军政关系的核心内容成为战时生产委员会同军方采购部门之间的关系：陆军供应部和海军物资采购办公室。军方的角色在其中相当清楚，没有疑问。他们负责获得他们所需的战争装备，而且他们以意图简单的方式追求这一目标。他们始终寻求军需品，也仅仅寻求军需品。其他人负责代表经济中剩余部分的利益。真正的问题则涉及这些其他人如何被识别。总统关于建立战时生产委员会的指示给予委员会主席广泛的，甚至是没有界定的权力去管理所有的经济动员行动。生产管理办公室和优先供应与分配委员会都已经被废除，而他们的权力也随着其他授权交给了战时生产委员会。战时生产委员会主席负责"执行对于战时采购与生产计划的一般性指导"，以及"决定其他有关战时采购与生产的联邦政府组成部门、临时机构与附属机构的政策、计划、程序与方法"。[38]该命令中相当明显的意图是，要使战时生产委员会及其主席成为战时动员计划的最终裁决者。但是，纳尔逊出任主席一职之后，很快就把他的权力分配给了其他机构。而他的权力被进一步削弱的原因，是 1942 年需要一些机构来满足国民经济的需求，而不是需要对相互冲突的要求进行裁决的仲裁者。一直到 1942 年春天，战时生产委员会的民用供应部门及其前身都主要关注如何加速将产能转移到战时需求的方面。但是，随着战争形势更加紧张，军事需求也逐渐上升，很明显必须有人来保证基本的民间需求。战时生产委员会在这方面可能采取了错误的管理策略，既没有扩充其民用供应部门，也没有将其分离出来建立独立机构。因此，战时生产委员会自己就成了民间需求的主要代言人。不再是作为仲裁者，反而被视为一

340

个在争取稀缺资源斗争中提出需求的参与机构。其主席的命令越来越少受到关注，也逐渐失去了权威，越来越多的请求越过主席直接提交给了总统。纳尔逊的幕僚们开始坚信军方在接管整个经济，而军方同样也确信战时生产委员会对于战争形势的认识非常模糊。

随着埃伯斯塔特于 1942 年 9 月从陆海军联合后勤委员会调任战时生产委员会，问题变得更为复杂。事实上，埃伯斯塔特在战时生产委员会的结构中代表着军方。从这一点来看，如果纳尔逊能够通过他的另一位副主席查尔斯·威尔逊（Charles E. Wilson）来制衡埃伯斯塔特，则他还可以保住自己的地位。但是军方已经完全站在了纳尔逊的对立面，在 1943 年初，军方向总统呼吁解除纳尔逊的职务，并在柏鲁克（Baruch）和埃伯斯塔特的领导下重组委员会。纳尔逊先发制人，将埃伯斯塔特解职，以牺牲机构的代价来保全个人职位。随着埃伯斯塔特的离任，军方只能将战时生产委员会视为公开的对手。与此同时，如果纳尔逊在这场斗争中失败，柏鲁克和埃伯斯塔特就有可能重建战时生产委员会作为战时生产的整体监督者的权威。但现在很明显的是，战时生产委员会"只是一系列机构之一，而不是……像 1942 年 1 月总统发布的有效命令中所规定的那个主导机构。"[39] 这样一来，不可避免地需要建立一个协调战时生产委员会、军方与其他文官机构的更高级机构。

詹姆斯·伯恩斯（James F. Byrnes）领导下的战时动员办公室建立于 1943 年 5 月，实际上行使原本在规划中赋予战时生产委员会的权威。这一机构是由前一年秋天同样在伯恩斯领导之下建立的经济稳定办公室（Office of Economic Stabilization）发展而来的。虽然经济稳定办公室理论上不负责生产，但其也逐渐地侵入战时生产委员会的职权范围，因为很难在生产与经济稳定之间划分出清晰的界限，也因为伯恩斯在白宫的关系，他获得了战时生产委员会主席无法具备的威望和影响力。随着战时动员办公室的建立，趋势也就成了事实，战时生产委员会被降格，伯恩斯以"助理总统"的姿态全权负责经济动员。此后，在 1944 年秋天，国会将战时动员办公室从法律层面上更名为战时动员与复员办公室（Office of War Mobilization and Reconversion）。在其整个存在期间，这一机构都能够保持自己作为仲裁者的身份，这主要因为两个事实。首先，到其建立的时候，所有主要的涉及动员计划的利益，都已经有了某种形式的机构来代表。因此，战时动员办公室就不可能陷入作为某一方代言人与另一方对抗的境地。相反，最重要的需求是调和相互冲突的要求。其次，伯恩斯将其幕僚维持在很小规模的水平，他本人就像参联会一样保持着和作为自己权威来源的总统的密切联系，这样一来伯恩斯发布的命令也就代表总统的命令，无论其意图如何。虽然有些机构偶尔试图越过战时动员办公室的主任直接提出要求，但他们也很少取得成功。记录表明，在二战的最后两年中，战时动员办公室成功扮演了在相互冲突的文官与军方机构之间的平衡者与裁决者角色。军方被控制在他们适当的范围内，但他们的基本需求也都得到了满足。[40]

342

和谐与争端的产物

军政关系为外交政策与战略方面以及经济动员方面体现出来的不同模式，提供了深入思考的内容。一方面，存在着合作与和谐；另一方面，又存在着冲突与争端。哪种模式更为成功？显然，在内政方面，如果能够更早建立类似于战时动员办公室这样的机构，就可以避免大部分激烈的"华盛顿之战"。* 不过，我们还是要得出结论，虽然有许多的内斗、敌视、谩骂和阴谋，充满争端的内政体制要比和谐的对外体制更加成功。无论从相对的还是绝对的标准来看，美国的经济动员都取得了辉煌的成就。相比较参战的其他主要国家，美国动员开始得相当晚，但是很快就追上并且超过了这些国家，这不是简单归功于美国更丰富的资源，还反映出了美国在计划与组织方面的优势。同德国和日本的经济动

---

* 同此前"波托马克之战"一样的含义，指军政机构之间的内部冲突。——译者注

员相比，美国的努力更为现实而又富有远见。[41]

美国对内与对外战争政策制定方面的对比，被文官与军方各自的不同角色更明显地体现出来。在对外事务方面，军方的角色基本上是工具性质的。就像陆军战争计划局在 1940 年所说的那样，政治领袖决定"做什么"，而军方决定"怎么做"。在内政方面，情况就颠倒过来。军方的职能变成了决定广泛的政策——军事需求决定"做什么"，而文官机构决定"怎么做"才能满足军方提出的需求。在两方面，工具性的"怎么做"都有着重要的功能，代表着现在的能力以及持续发挥这些能力的预期。在将能力动员起来完成政策目标这一方面，具有工具性质的一方既可能成为限制也可能成为激励，无论这表现为守卫特定的领土还是生产特定数量的坦克。在二战中，文官机构在经济动员方面完美地扮演了他们的角色。在美国参战之前，他们呼吁军方提高生产目标；在 1940 年和 1941 年的某些时刻，文职的经济动员机构呼吁将生产目标提高两到三倍，而军方设定的目标却仍然受到 30 年代短缺供应的影响。但是，战争一旦开始，双方的政策就颠倒过来了。军方机构将生产目标制定得高得离谱，而文官机构则有效地提醒他们国民经济的需求、保存生产资源的重要性以及国家经济能力的限度，这尤其体现在 1942—1943 年间著名的"可行性争论"当中。与此类似，在二战末期，当军方仍然要求全方位的战时生产时，正是战时生产委员会的纳尔逊开始准备向和平时期的生产模式回归。因此，文职机构在这方面作为工具性机构，很好地提醒了军方政策制定机构，指出他们的当前目标在本质上是临时的。他们常常展望未来所需求的能力。军方对当前政策目标的关注和文官对经济生产的发展和维护的关注结合在一起，所产生的相互作用形成了总体上明智的动员政策。

对外政策方面的情况正与之相反。在这方面，政治性的机构，例如总统与国务院应当设定当前目标，而军方应当关注用以达成这些目标的手段。在美国参战之前，军方正确扮演了其角色，警告说美国需要更强大的军事力量，并且呼吁在具有这种力量之前推迟冲突的发生。但是，美国参战之后，他们则停止关注就他们的职能而言本应持续关注的问题——军事安全，取而代之的是关心如何具体实现当下的政治目标。他 ³⁴⁴ 们变得只关注现在，而牺牲了对未来的思考。政治机构所制定的目标压倒了一切，所有其他的目标都被军方遗忘了。这种状况在内政方面并未出现，因为军方在每个阶段提出的需求都会受到挑战。而在战略方面，军方放弃了自己思考美国安全的长远需求这一职责，而是草率地追随夺取全面胜利这一政治目标。

因此，对二战指挥的主要不足，就在于军方视角对国家战略的制定没有得到充分的代表。军方作为本应扮演重要角色的利益集团，被降格和忽视了。另外，在经济领域，所有的争议都得以提出，所有的利益都有所表达。所造成的结果就是，经济动员取得了卓越的成功，而对战争的指导却有所缺憾。"战争中的严重失误"体现在战略领域而非动员领域。在战略领域少一些和谐，也许会形成更好的政策。如果参联会不是去争取权力并完全吸收文官目标，而是坚持自己的军事角色，警告政治领袖没有任何一场战争会一劳永逸地消除战争，在胜利日之后军事安全仍将是我们所面对的永恒问题，美国就可能会在战争结束后处于一种比现实更为有利的战略态势。美国军政关系的混乱，只是一种更深层的弊病在体制上的反映：天真无知的希望，让美国人追求军事胜利来替代军事安全。

第十三章
战后十年的军政关系

军政关系的选择

345 　　战后十年中军政关系最显著的特征，就是军事需要与美国的自由社会之间形成强化而持续的和平时期紧张关系。这种紧张关系，一方面是由于自由主义在美国思想中持续占据统治地位，因而美国人一直采取处理军政关系的自由主义思路；而另一方面，也是由于美国的军事安全所受到的威胁不断强化，提高了军事需求的必要性，也加强了军事伦理同国家政策之间的关联性。冷战将外交政策的重点从交际手腕与谋略转移到建设与行动上来。在与一部分强权国家联系在一起的传统国际政治模式之下，关键的静态要素是众多国家之间的相对力量对比，而关键的动态要素则是国家间联合与结盟的变化。但是到了二战之后，外交的要素变得更为静态了——国家在冷战中加入了不同阵营，而动态要素就变成了两大阵营之间军事与经济相对力量的对比。中国与南斯拉夫在冷战中的阵营转换改变了力量平衡，但它们改换门庭的重要性较之苏联与美国在发展热核武器方面所取得的进步，就相形见绌了。因此，军事需求在外交政策方面成为更基础的内容，军人与军事机构在美国社会中所获取的权威与影响力也超越了历史上任何一个时期的军事职业。

346 　　由此引出的基本问题是：当维护安全需要保持同自由主义本质上相对立的职业军队及其机构时，一个自由社会如何才能提供军事安全？理论上而言，存在着三种可行的答案。第一种是，可以回归到 20 世纪 40 年代以前的军政关系模式来减轻这种紧张关系：将军事力量裁减到极致，将军事机构同社会相隔离，并且将军队的影响力削弱到可忽略不计的程度。这样将使美国社会坚持自己的自由主义，而美国军队也会回到其职业化保守主义的保护伞之下。但是，追求这种政策，将以牺牲国家军事安全为代价来实现这些意识形态价值。第二种解决方案是接受军方权威和影响力的增强，但坚持军方领导人必须放弃他们的职业观念，军事机构要按照自由主义路线进行改革。这样虽然牺牲了传统的军事保守主义，但能够确保美国社会的自由主义得以持续，并且至少能够暂时为国家提供军事安全。然而，正如二战中已经发生的那样，这将以牺牲长远目标为代价来实现这些短期目标，而且最终会损害军队的有效性。第三种是，可以通过社会对军方的观念与需求给予更多同情的理解与欣赏，从而消解军队与社会之间的紧张关系。这意味着，美国基本的自由主义伦理的大幅度改变。这是最困难的方法，也是最能治本的解决方案。实践中，美国军政关系在二战后十年中并未完全选择这三种方案中的任何一种。保守主义的军事观念、自由主义的社会价值观，以及强化的军事力量之间所形成的紧张关系大部分没有得到解决。但是，在政策与实践方面的主要趋势倾向于第一和第二种解决方案：以传统的自由主义思路来根除军队的力量，或改造军事价值观和军事机构。

关于军政关系的战后视角

警卫型国家的假说。二战后十年中可以看到，自从斯宾塞、萨姆纳和卡内基提出商业和平主义以来，美国第一次兴起自觉、系统且复杂的 347 军政关系理论。这就是警卫型国家的概念。这一概念最早由哈罗德·拉斯韦尔在 1937 年作为对中日战争的解释而提出，直到二战及战后，其创始人都没有对警卫型国家概念做出详细解释与推广。[1] 但是，它后来成为军政关系领域的主流理论，得到了知识分子的支持，并且在大众媒体上加以传播。拉斯韦尔提出的这一概念的重要意义，在于其尝试将美国传统的自由主义假定与价值观运用于持续的军事危机这一明显现实之上。它包含了三个要素：对 20 世纪国际冲突的分析；对永久战争的结果的预测，预言将普遍出现一种特殊的社会组织形态，即警卫型国家；对于更好选择的表述，指出世界共同体是唯一可能替代警卫型国家的方案。

拉斯韦尔的分析始于赫伯特·斯宾塞的未完成之处。历史的自然进程是进步的，从好战的、军国主义的等级制社会向和平的、资产阶级的民主社会发展。与战争型国家或警卫型国家相对立的另一极是商业型国家，这类国家从 19 世纪开始逐渐成为主流。在那一时期，社会目标就是经济方面的——"以和平手段追求繁荣"，而复杂的商业关系的兴起"看上去是建立了一个世界市场，为有限度的世界秩序提供了物质基础"。但是，从第一次世界大战开始，历史就偏离了正轨。发展趋势反转了："**从**向着自由人组成的世界共同体的进步过程，**转向**了警卫—监狱型（garrison-prison）国家形成的世界秩序，重新形成了等级压迫的社会体制。"作为这一历史进程的扰乱或偏差的结果，"我们时代的趋势是偏离商人的统治，而转向军人的掌控"。战争加速了这一趋势，甚至只是"持续的战争威胁就能扭转历史的方向"。拉斯韦尔对于战争、危机与不安全的原因含糊其辞。从 20 世纪中期的世界展望中，他接受这些问题存在的事实。但是，从关于进步的自由主义理论出发，对于为什么存在这些问题他未能做出真正的解释。它们很明显同"我们时代的世界革命模式"相关联，这一革命模式始于共产主义者于 1917 年在俄国夺取政权。革命造成了共产主义的普世理念与俄国特殊要求与制度之间的紧张关系。警卫型国家要么是这场世界革命的逻辑结果，要么是对其作出的反应。在拉斯韦尔的早期著作中，他表现出后一种观点；而在他此后的著作中，又倾向于前者。一旦某个国家采取了警卫型国家的社会组织形态，这种模式将会逐渐普遍化。在美国和苏联两国中，警卫型国家都是漫长持续的冷战所必需的产物。

　　拉斯韦尔关于警卫型国家性质的预测包含了许多固有的误解，这些误解涉及军事价值观的内容、自由主义社会军事化的可能性、军政关系模式与国家形式之间的关系。在他看来，警卫型国家的基础是所有其他目标与行动都从属于战争和战备。好战的动机与价值观的优势地位，通过军方在国家中占据主导而得以体现。拉斯韦尔是从传统的自由主义来认识军队，将其和战争与暴力联系在一起。带着一种关于军队比平民更偏爱战争的错误观念，他很容易就形成了对军队在现代社会中力量的过高估计，得出结论认为，在战争威胁之下的价值信念体系很容易变得军事化。在早前的作品中，他强调掌握军事技能的集团在警卫型国家中主导着国家的发展方向。而在此后的著作中，他扩展了自己的观点，认为统治精英集团除了军队还包括警察；无论是对内还是对外行使暴力的专业人员，都是国家的上层阶级。与此同时，他更多地使用"军警型"（garrison-police）国家或"警卫—监狱型"国家这样的表述来替代警卫型国家的简单概念。拉斯韦尔延续了将军队与敌人联系在一起的自由主义范式，并将他们视为极权主义的警察。更具体来说，他倾向于认为警卫型国家是当时迫在眉睫的威胁。1937年的日本是最接近其概念的状态；而当冷战开始之后，苏联也完全表现出了警卫型国家的趋势。

　　警卫型国家要求权力集中掌握在少数人手中。行政部门与军方牺牲 349立法部门与民间政治家来集中权力。民主机构被放弃或纯粹成为符号。"权威从那些最高层的统帅向下传达；下层的主动性几乎不可能被包容。"拉斯韦尔肯定军事控制与民主不兼容，将军政关系的形式作为政府的形式。在警卫型国家中，政府的职权范围最终将完全吸收社会。技术、工业、科学与劳动，所有这些都是为战争目的而控制的。那些被运用于国防的社会资源，基本上是没有产出的。警卫型国家不同于资本主义与社会主义，因为后两种社会的生产都还是为了消费：事实上，拉斯韦尔的一个观点是，"我们时代的关键危机"就是"社会主义**和**资本主义**对抗**警卫型国家"。警卫型国家表现出平等主义的方面，但这是一种军营里的平等：资源短缺与危险的平等分配。简而言之，警卫型国家是鲁登道夫式的总体战国家、斯宾塞式的军事化社会，再加上现代科技。在其终极形式上，与现代极权主义国家难以区分。

拉斯韦尔对于警卫型国家的出现做出了多种估计："可能"（probably）、"很可能"（likely）、"或许会发生"（what might happen）。但是，唯一可接受的警卫型国家替代选项，是在世界共同体中实现"人类幸福的胜利"，"至少不是完全不可能"。现代科技将世界紧密联系在一起。人类的基本愿望在世界范围内是一致的，即使是苏联与美国的文化，也分享了许多相似之处。统治阶级在提高生活水平和科学知识方面的自我利益，会引导他们去降低战争的可能性。如果战争可以被推迟，"共同意识与启蒙"的因素将会促成"稳定的合作重新开始"。这一点一旦开始，"两极阵营之间的和平接触的涓涓细流将融汇为不断扩大的浪潮，开辟一个和平联合的新时代，在这个新时代中，全世界将会向着自由人组织起来的完美社会而直接前进"。最终的结果会是"将科学与民主结合在一起的同质性世界文化""全球的权力合作"，以及"人类的最终整合"。拉斯韦尔结合了诸多自由主义思路，强调科学、文化、理性、精神分析、经济与技术所形成的结构性影响。

世界统一应该成为美国的政策目标。"事实上，我们的目标是积极的并且放眼于世界的。"正如在同一个社会中不可能同时维系自由主义与军事化的体制一样，在同一个世界中也不可能存在两种相互冲突的社会体制。要么是和平的统一，要么就是警卫型国家继续发展最终导致致命的冲突。这样的冲突只能意味着"人类几乎完全毁灭"。这不会造就一个罗马，相反是出现两个迦太基。* 但是，到那个时候，哪怕是毁灭也比继续生活在一个军事化社会中要好。自由主义制度的根基在战争准备过程中被逐渐侵蚀，这比起第三次世界大战是"更隐蔽的威胁"，即使世界大战将会"史无前例地毁灭人类及其事业"。"战争最终的结果

---

* 意味着两败俱伤，没有胜利者。——译者注

可能比永恒的战争准备过程的危险更少。"

拉斯韦尔认为世界要么在共同体中实现全面和平，要么在全面战争中毁灭。排除了持续斗争与调和的可能性。通过这一观点，他反映出自由主义拒绝接受社会集团当中持续摩擦这样的预期，相信历史必定会以某条道路走到终点，两条路必选其一。这种观念的根源在于心理上对差异的不宽容，以及对普遍性与和谐的渴望心理。选项只有世界大同或世界大战：前者难以实现，后者无法承受。事实上，拉斯韦尔的理论是以一种悲观失望的视角去看待自由主义被迫去注释的二战后世界景象。他的理论是绝望而无助的声音，痛苦地承认自由主义幻想的内容已经被无法消除其残酷性的人类境况所彻底粉碎。

政治—军事的融合。警卫型国家的理论，是为了调适持久的军事危机这一事实所做出的努力。而政治—军事融合理论所做出的努力，则是调适军事力量不断增强这一事实。当警卫型国家假说消极表达了所面对的世界范围内的悲观情况时，融合的要求就成为一种积极的尝试，通过 351 否定功能上的专业化来解决问题的某一方面。该理论的起点是，军事政策与政治政策在二战后的世界中具有了更紧密的联系这一不可否认的事实。但是，其进一步断言，在政府的最高层级不可能保持政治与军事职能的分界。一再有这样的论辩，认为新的发展已经使"政治"和"军事"的旧分类变得无效、过时和没有意义。融合主义理论在二战后的时代主导着关于军政关系的行政问题的民间思维。[2] 以一种具体形式适用于对政府组织机构的分析，融合军政功能成为美国处理军事问题思路的新要素。这部分反映了保持军事职责的清晰边界存在固有的宪法上的困难，也部分源自于战争将成为总体战的感觉，这样一来所有领域都会成为军事事务。但是，更进一步来说，这只是反映了自由主义的恐惧，认为军事领导人权力的增加将意味着更多接受职业主义军事的观点。因此，融合理论试图削弱并压制职业主义军事思路并通过安排军事领导人不可避免的转型来使不断增强的军事力量能够与自由主义价值观相互融合。事实上，融合理论尝试通过否认军政关系的存在来解决二战后的军政关系问题。

融合理论通过两种形式体现出来。一种是要求军方领导人将政治、经济与社会因素吸收到其思考之中。该学派对"军人是否应当有军事思维"这一反复提出的问题做出了这样的回答："不，他们不应当也不能够有军事思维，至少对于掌握最高级别军事权力的人来说如此。"其谴责思维狭隘的"军事化机械思维"（military mechanics），并赞扬思维开阔的"军人政治家"（military statesmen）超越了纯粹的军事视角。其论辩说，唯一能够确保行政上协调参谋长联席会议、国务院和其他机构的方法就是使它们分享共同的国家观念。该学派坚持，任何国家政策的决定都包括了无法被分离的军事与非军事内容。融合主义者众口一词："没有什么纯粹的军事决策"，从而回避"什么是正确的军政关系行政安排"这一问题。当然，在参谋长联席会议这一级别上确实没有"纯粹的军事决策"。这就是为什么参联会从法定地位上讲只是一个顾问机构而非决策机构的正确理由。但是，存在着非常明确的军事观点，认为国家政策必须强调对军事安全的考虑。任何国家政策和决策都涉及在相互竞争的价值观之间做出取舍。军方的职责就是确保军事安全不会被决策的政治家所忽略，而政治家需要平衡因最大程度保障军事安全对其他价值的实现所造成的结果。融合主义者所呼吁的思维开阔的军人政治家要求军方领导人超越自我而承担更重要的角色。同样，反对军事的自由主义者也应当采取这种最为温和且最有说服力的形式。融合理论扩展了一个不可否认的事实，那就是每个军事政策建议都建立在特定的政治与经济假定基础之上，这意味着军方应当清楚这些假定。这种立场的支持者指出了这样一种表现，在部门间会议上，国务院的代表提出军事角度的论辩，而参联会则为政治考虑的重要性进行辩护。他们还赞扬了诸如国家战争学院这样的机构的建立，不仅因为这能够让军官更好地理解国家政策的复杂性，也因为这些机构可以让军官在政治与经济问题上自己得出结论。这种理论的解说者在有一点上仍然模糊不清，那就是他们希望军官能够掌握的政治思维的实质内容是什么。军官应该坚持什么政治理

352

念？或者更重要的是，坚持谁的政治理念？融合主义者从未明确地回答这个问题。如果他们要紧紧抓住这一点，也就是文人观念中几乎一致认同的军方领导人应当在思考中整合非军事内容，那就不可避免地会陷入不同的文人观点之间的激烈冲突当中。

融合理论的第二种表现是，要求军方领导人承担非军事职责。这种对于部分军方领导人的非军事思考的论辩，意味着拒绝功能专业化与客观文官控制。第二点要求明确表现偏向于主观文官控制。其论辩说，不可能将文官控制依赖于军方领导人的政治中立和他们对国家机关的单纯服从。相反，正如拉斯韦尔所指出的，将军事职业主义控制到最小化，"文官至上的长期保持，看起来并不是依赖于一种特定的政府形式，而是依赖于确保自由社会的价值目标能够在所有社会成员中充满生命力，军民都应如此"。[3] 正如那种将思维限制在狭隘的军事问题的"军事化机械思维"已经被否定，将职责限制在狭隘的军事问题的"军事技术人员"也被否定。融合理论最明显的表现之一就是认为德军将领应当分担希特勒主义的道德与政治罪责，因为他们并未公开且强有力地反对纳粹政权的内外政策。持有这种批评的部分支持者荒谬地运用逻辑，他们以对 1945 年的龙德施泰德的公开谴责，来对 1951 年的麦克阿瑟作出同样的攻击。另一些批评者，例如特尔福德·泰勒（Telford Taylor）则理解这种困境，同时试图去处理这种批评在美国语境中的含义。[4] 战后十年中，美国军官并未忽视纽伦堡的"更高忠诚"哲学与他们行为的相关性。麦克阿瑟将军附和了许多美国民间批评家关于德国将领的观点，他谴责说："一种新的、此前不为人所知但危险的观念，就是我们武装力量的成员将其基本的忠诚奉献给了那些临时掌控政府行政权的人，而不是国家本身以及我们所宣誓要捍卫的宪法。"[5] 另一位美国军官更明确地对其主张做出了辩护，在 1949 年的 B-36 轰炸机争论中，克罗姆林（Crommelin）上尉基于这样的理由来论述他的"不服从"：

> 纽伦堡国际军事法庭的决定，基本上建立于这样的基础，

那就是作为职业军人的被告应当遵循他们的良知而非希特勒的
命令。因此，有时军人拒绝执行命令并非不服从，而正是积极
履行他们的职责。[6]

摆脱了客观文官控制的可靠基础之后，融合的倡导成为一种可用于更多
用途的武器。

美国社会中的军方影响力

1946—1955 年，军事职业在美国社会中的影响力要明显低于二战
期间。不过，在尚未到达总体战的情况下，这仍然是史无前例的程度。
职业军官在行政、工业、政治领域中承担着非军事角色，并且发展同民
间团体的联系，这成为美国历史中的新现象。军官在这一时期掌握着相
较于其他强国的军官大得多的权力。他们影响力最重要的三点表现是：
①军人聚集在本来通常由文官担任的政府职位；②军方领导人与商界领
袖形成紧密的联系；③个别军方偶像具有广泛的知名度与威望。

在分析二战后的军方角色时，两个问题非常重要。

第一，军方影响力的显著增强是否基本上源于同二战相关的因素，
因此是一个偶然现象？或者这是由于冷战的相关因素引起，因此会在未
来无限期地持续下去？毫无疑问，源自于美国介入世界政治的军事推动
力的强化，使得军方影响力要比 1940 年之前高出许多。不过，二战后
最初十年间的军方影响力也在很多方面是二战造成的结果，这是军队在
1940—1945 年间所获取的威望与影响力在二战后的余绪，也是文官机
构及其领导人的职权在那段时间被削弱的结果。

第二，军方影响力的增加是否会导致职业军事观点被更广泛地接
受？一般而言，美国社会中盛行的关于这两个因素之间的相反关联在
1946 年至 1955 年间得到持续。军方影响力的迅速与广泛提升，而军方

提出的要求与军事方面的需要很少得到满足，这之间存在着一个很明显的断裂。那些要求获取更强政治影响力的军队成员在放弃军事职业伦理这方面走得更远，而他们多变的角色也使得文官们更容易拒绝职业军事观点的那些假定。在例如普遍的义务兵役制和军事预算的规模这些议题方面，职业军事观点同传统的美国民间态度有着清晰的差异，而占据优势的往往是后者。事实上，美国军事政策在这些年中一直以各种方法持续努力摆脱脱离职业军事观点所得出的结论，那就是实现军事安全需要通过保持现实的力量。

参与文官政府。职业军官通过两种形式向不需要独特军事技能的文官政府职位的渗透：军方占据结合了军事与政治职能的联合职位，或者军方占据完全非军事职能的文官职位。

最为典型的联合职位的例子包括：①占领区内的军方总督，例如1949 年之前存在于德国和 1952 年之前存在于日本的职位；②国际军事统帅，例如北大西洋公约组织的欧洲盟军最高司令部（SHAPE）与联合国军驻韩司令部（United Nations Korean Command）；③接受美国援助的国家中的军事顾问与训练团。这些联合职位反映出政府组织未能做出足够迅速的调整来回应职能专业化的增加。这就是融合理论体现得最为明显的领域之一。在缺乏能够分别履行军事与政治职能的适当组织体制的情况下，出任这些联合职位的人就将两方面职责合为一体。占领区总督是一个从二战中发展出来的临时现象。当敌意仍然存在时，或是刚刚消除之后，要分离政治与军事职能事实上就是不可能的。军政与民政事务很自然地都通过军方指挥机构来处理。但是，在二战结束之后，占领区内的军事安全职能的重要性就下降了，随之而来的问题变成了经济、社会、政治以及宪法问题。从理论上说，军方控制在此时应当让位于文官主导，而且在德国的法占区、英占区和苏占区，也确实以文官统治替代了军方统治。但是，麦克阿瑟将军的国民声誉与政治支持，使得他不可能被降级为文职占领区首长的军事下级。在德国，直到 1949 年国务院都不愿意承担占领职责，这使得军方统治得以延续。在远东与德国，大部

356

分军方机构投入纯粹的政治与民政事务当中，协助占领区的军方总督来行使其政治职责。无论以何种形式，这些都包括大量的文职官员，他们从属或结合于军事指挥机构。

国际军事统帅机构是对源自冷战的军事安全威胁所做出的反应。因此，这是联合职位一种更具有永久性的体现。欧洲盟军最高司令部与远东联合国军司令部的司令官们，都需要他们投入相当比例的工作时间来行使政治与外交职责。联合国军司令部更为特定（*ad hoc*）的性质，使得它不可能发展出分离政治与军事职责的途径。而在欧洲，盟军最高司令部的最初创建，以及领导其通过最初的考验，都需要将军事、政治与外交技巧独特地结合起来。但是，一旦其结构被建立起来，某种程度的职责分离就成为可能。李奇微（Ridgway）和格伦瑟（Gruenther）都以一种更偏向于军事的思路来执行他们的工作，加上伊斯梅（Ismay）勋爵领导之下的文官机构的建立，共同反映出北约组织分离军事与文职活动的努力。* 但是，这两方面职能的完全分离需要发展出新的国际政治组织，这可能并不现实。因此，以军人的外表、通过军方的机制，北约组织的统帅与参谋们继续履行着政治职能，这些职能迫于政治形式常常不允许被更为公开地加以履行。[7]

接受美国援助的国家的军事顾问团结合了外交和军事职责，由于控制着美援中最重要的形式，及其团长有时倾向于吸收原本应该属于大使和国务院的职责与影响力。虽然关于外国事务的文职与军方代表组织形式，在这样一个规模层次上对美国来说是全新的问题，但过去其他国家都有效地处理了这一点。美国军事援助与顾问团毫无疑问地在执行美国外交事务方面将继续于相当长的时期内存在，最终在驻外军事与文职代表团之间形成的职责划分将不会形成无法解决的困难。

二战之前，职业军人偶尔在联邦政府出任文职职位。但二战之后，

---

* 李奇微与格伦瑟是欧洲盟军最高司令部的前两任司令，伊斯梅勋爵是首任北约秘书长。——译者注

军人进入文官层级的规模完全达到了美国历史上前所未有的程度。1948年，据统计，有 150 名军人担任着文官政府中重要的政策制定职务。[8]政府中最为重要的那些职位，一次又一次被军官们占据。军官们汇集在文职职位上这一现象，其背后原因是复杂的：某些代表性因素长期以来存在于美国环境之中；某些是二战造成的结果；某些则出自于冷战产生的持续性新要求。

1. 某些传统性的任命一直是美国军政关系的特征。在某些联邦政府部门，任命军方人员是一种传统，这在二战前就已经存在。军官被任命到这些职位，既可能是现役期间，也可能在退役之后。这些传统任命最重要的领域是那些与两个军种的专门技术有着密切联系的职位。海军军官常常被选任到与海上事务相联系的联邦职位。例如，从 1937 年到 1949 年，美国海事委员会（United States Maritime Commission）的 5 名成员中始终有 1—3 名军官，而且在其大部分历史中由海军将领领导。而从更早的时候开始，陆军的工兵军官常常被任命到文职的公共建设职位。在 20 世纪 30 年代，罗斯福新政就任命了许多军官在工程振兴管理局（WPA）和其他类似机构工作，而他们在与之相似的机构的任职也延续到了杜鲁门与艾森豪威尔政府的时代。* 在另一领域，布拉德利将军在 1945 年出任的退伍军人事务负责人职务，自 1923 年开始一直由另一位将军担任。虽然布拉德利的继任者是名文官，但似乎还是可以得出结论说军方占据这一职位是项传统。这种传统性的任命，反映出文官渴望运用特定类型的职业军官所具备的某些非军事专业技术。这在美国政府中看起来是一种持续且相当稳定的现象。

2. 荣誉性与政治性的任命是二战后随之出现的特色。在二战之后，

---

　　* 例如，菲利普·弗莱明（Philip Fleming）少将是 1933—1935 年公共工程管理局（PWA）的副局长兼执行官，1941—1949 年任联邦工程管理局长（Federal Works Administrator）。埃德蒙·李维（Edmond Leavy）少将在 1936—1940 年担任纽约市工程振兴管理局的副局长，于 1940 年出任联邦工程振兴管理局的助理主席。艾森豪威尔政府任命了赫伯特·沃格尔（Herbert D. Vogel）准将担任田纳西流域管理局（TVA）的主席，约翰·布拉格顿（John S. Bragdon）准将担任公共工程协调官。

许多军人被任命，主要是为了对那些在战争中表现杰出的军人给予荣耀和奖赏。选任那些杰出的将领到美国战役纪念碑委员会（American Battle Monuments Commsion）任职，任命各种类型的军人就职于各类特设委员会，以及任命军人出任驻外大使，都应归于此类。杜鲁门时代比艾森豪威尔时代更频繁地体现出荣誉性任命。在 1945 年到 1953 年间，许多军方任命都毫无疑问地体现出杜鲁门政府渴望利用那些二战中的高级指挥官的政治声望来实现其外交政策。最著名的反映了这一动机的例子可能就是马歇尔将军被任命为出访中国的总统特使、国务卿与国防部长。荣誉性与政治性的任命都是临时现象。其他后来的政府都不会像杜鲁门政府这样有着对于这方面政治支持的特别需求，而且在没有总体战的情况下也不大可能涌现出这样的军人英雄足以提供这样的支持并且有资格出任荣誉性职务。

3. 行政性的任命反映出冷战形成的持续性新需求。战后十年中，大量军人出任文职职位出现在外交与国防机构中，这些在性质上显示出"行政性"。这些职位源于一些可能会在无限期的长时段中持续存在的新要求。在 1933 年之前，联邦政府的人事需求非常少。新政时期内政机构的扩张，是通过华盛顿任用那些项目导向的专业员工、学者、律师和其他人来解决的。为了执行战时活动，政府通过两方面途径来吸收商界与职业人士，一方面任职是临时性的，另一方面也是爱国者为政府服务的公民义务。但是，这其中那些重要的外交与国防活动在 1945 年之后就出现了人员问题。临时的战时雇员卸任归乡；新政中吸收的人员对外交事务普遍不感兴趣；商界人士一般则不愿意为民主党政府工作。这就导致没有充足的具备行政与外交技能的文职官员储备。因此，军人就被用来填补这些空缺。军官愿意出任这些职位，习惯就职于公共部门，也能够接受较低的薪水，没有左派分子的嫌疑，也同各个特定的利益集团没有联系。虽然军事技能对于他们被任命的职位并非先决条件，但他们的军事背景也为他们补充了某些形式的经验与训练，而这些是其他任何可能任用的重要文职团体所不具备的。在文职机构中，国务院在二战

后尤其需要经验丰富的职业军官。* 外交与国防职位中的军官比例在 360
1946 年与 1947 年之后逐渐减少，艾森豪威尔政府在一定程度上用商界
人士替代了职业军官。但是，对军人行政性任命的完全废除，必须要等
到在这一领域具有较军人更为优秀的教育和经验的高水平文职行政官员
发展起来之后才有可能实现。

军人在文职职位上的汇聚引发了相当多的批评，尤其是从 1946 年
到 1948 年间。军人的任命被看作是一种信号，表现出政府军事化、文
官控制的放弃以及警卫型国家的迫近。国会拒绝了杜鲁门总统提出的三
项军人任命。** 马歇尔将军在 1950 年出任国防部长，也再次激起了关
于这一议题的争论。艾森豪威尔政府的部分军人任命受到了国会强有力
的反对。[9] 几乎所有关于军方大量进入文职职位的批评，都通过抽象的 361
宪法与政治原则以及对文官政府的一般性危险来加以表达。除了少数例
外，不可能通过特定军官的行动来发现他们具有源于军事思维的固有危
险性质。将军人大规模占据文职职位作为一种导向警卫型国家的一般性

---

* 这其中包括：马歇尔将军，1946 年出任驻中国特使，1947—1949 年任国务卿；亨利·
拜罗德（Henry C. Byroade）准将，1949—1952 年任德国事务局局长，1952—1955 年任助理国
务卿，1955 年之后任驻埃及大使；约翰·希灵（John H. Hilldring）少将，1946—1947 年任
助理国务卿；沃尔特·贝德尔·史密斯（Walter Bedell Smith）中将，1946—1949 年任驻苏联
大使，1952—1955 年任副国务卿；约翰·贝斯（John W. Bays）海军少将，1947—1949 年任
国外服务局局长；李·派克（Lee W. Park）上校，1944 年起任制图局局长；托马斯·霍尔库
姆（Thomas Holcomb）海军陆战队少将，1944—1948 年任驻南非特使；魏德迈中将，1947 年
任驻中国与朝鲜特使；阿兰·科尔克（Alan Kirk）海军上将，1946—1949 年任驻比利时大使，
1949—1952 年任驻苏联大使；菲利普·弗莱明少将，1951—1953 年任驻哥斯达黎加大使；雷
蒙德·斯普鲁恩斯（Raymond A. Spruance）上将，1952—1953 年任驻菲律宾大使；弗兰克·
希斯（Frank T. Hines）准将，1945—1948 年任驻巴拿马大使；阿瑟·艾吉顿（Arthur A. Age-
ton）海军少将，1955 年起任驻巴拉圭大使。其他重要的军方任命还包括：肯尼思·尼科尔斯
（Kenneth D. Nichols）少将，1953 年起任 AEC 总经理；埃德蒙·格里高利（Edmund Gregory）
少将，1946 年任战争资产管理局（War Assets Administration）局长；罗伯特·利特约翰（Rob-
ert M. Littlejohn）少将，1946—1947 年任战争资产管理局局长；威廉·莱利（William E. Ri-
ley）海军陆战队中将，1953 年起任援外事务管理署（FOA）副署长；沃尔特·迪兰尼
（Walter S. DeLaney）海军中将，1953 年起任援外事务管理署副署长；格伦·埃德顿（Glen E.
Edgerton）少将，1953 年起任进出口银行董事长兼执行董事。
** 劳伦斯·库特（Lawrence S. Kuter）少将出任 CAB 主席；马克·克拉克将军出任驻越南
大使，尼米兹海军上将出任总统国内安全与个人权利委员会（President's Commission on Internal
Security and Individual Rights）主席。这三个个案都涉及争议问题而非被提名者的军人背景。在
选择库特将军之前，杜鲁门曾经考虑了六名文官出任 CAB 主席，但他们都拒绝了这一职位。

趋势是完全合理的。但是，当聚焦到具体事例上，例如布莱德利将军出任退伍军人管理署署长或马歇尔出任国务卿，这种军事化的威胁就迅速消失了。这些职业军官融入他们新的文职工作环境，在履行职责时同他们的文职前任与后任没什么区别。毋庸置疑，在1946到1947年间被任命到国务院的那些军官，确实对于该部门在这一时期发展出更为保守主义的观念有所贡献。尽管如此，要适应文职环境还是需要很大程度的调整，因为1947年到1948年间在外交部占据主导地位的外交政策新思路早已深深植根于该部门的那些专业幕僚之中。军官整体上很容易让自己适应文职角色与视角，迫使对他们的批评转移到另一个角度，指出虽然具体的军官任命对可欲的规则而言是无害的例外，但却会为将来制造危险的先例。这种说法同样不令人信服。军官的"文官化"并不是例外。这事实上是美国自由主义唯一允许的规则。

军事—商业友好关系。 在战后的十年中，很少有别的发展比军人建立同美国社会中商业精英的紧密联系更能体现出军方地位的戏剧性变化。在二战以前，职业军人同资本家在精神与现实方面都是分离的两极。商业界很少使用军事需求，也很少认可军事观念，对于军人也缺乏尊重。军方也是以彼之道还施彼身。二战之后，双方的关系产生了剧变。职业军官同商界人士之间开始体现出相互尊重。退役的陆海军将领以前所未有的规模进入美国企业中出任管理层；而一些新的组织建立起来，成为沟通公司管理者与军方领导者之间分歧的桥梁。对军官而言，商业代表着美国社会生活方式的缩影。同商界的联系作为一种积极的证明与保证，显示他们摆脱了低层社会地位，而在美国社会中成为受尊重的成员。从财政上与心理上而言，这些从军队转向企业就职的军官获得了安全、认可与福利。而公司则利用了这些著名指挥官的声望，他们在非军事的技术领域所具有的专业技能与知识、一般性的组织管理能力，以及他们对于同国防部的商业往来可以提供的帮助。这两个群体在二战后十年中形成联系的纽带表现得多样并且坚固。事实上，他们建立在两种截然不同的基础之上：一种基础范围广泛但不能长期持续；另一种受到更多限制但也更为持久。

军事—商业联盟更为短暂的基础，来自于二战中形成的军人声望。大企业热衷于聘用那些著名的战场指挥官：麦克阿瑟加入了雷明顿兰德公司（Remington Rand），贝德尔·史密斯（Bedell Smith）加盟美国机械与铸造公司（American Machine and Foundry），布莱德利去了宝路华公司（Bulove），哈尔西则就职于国际标准电气（International Standard Electric）。这种类型的任职显然只能是临时现象，因为冷战无法再培养出那么多能有足够声望来实现这些企业的利益的军人偶像。这些聘用军官任职的企业通常是大规模的制造业企业，他们有大量的国防采购合同，但这些企业的大规模与多样化又使得它们大部分不可能成为垄断企业或只依靠同政府的生意就能够维持。军人英雄进入公司的高层，担任诸如总裁、副总裁、董事会主席或总经理这样的职务。虽然一战之后曾经有过少数这样的例子，但这种大规模地出于声望的任命在美国也是史无前例的。这在美国就好比英国为那些战功卓著的将领授予爵位，在一个商业化社会中，用公司董事长或董事会主席这样的职务来代替伯爵与子爵头衔。而 363 这些军人英雄也带给公司独特魅力与公众关注。* 这些公司因此感到荣

---

* 1945 年，公司管理层中引发了关于赞成还是反对马歇尔将军加入通用汽车董事会的争论，斯隆（Sloan）董事长认为："马歇尔将军退役之后，也会像他现在的工作那样对公司做出贡献，假如他还继续住在华盛顿，考虑到他在社会中的地位与政府中的人脉，（如果）他和我们所想所做是一致的，则可以抵消对于大企业的普遍敌意，而我们正是这种利润丰厚大企业的象征。"而杜邦（Lammot du Pont）则坚持反对意见，他提出的理由是："第一，是由于他的年纪；第二，他持股很少；第三，他缺乏商业事务的经验。" *New York Times*，Jan. 7，1953，pp. 33，35。欧文·杨（Owen D. Young）在一战后界定了他希望美国广播公司应当有什么样的董事长，并且得出结论说最佳人选就是一位军人，即潘兴将军在法国的参谋长哈伯德（James G. Harbord）：

"第一，他应当是国内外知名的人士，并且有很多机会同国内外政要对话。

第二，他不应与政治在此前有太多联系，因为这意味着政党结盟与党派反应。

第三，他不应与华尔街或其他经济利益有联系，因为很重要的一点是，美国人认为美国广播公司是为美国国内外利益服务的组织，而不是只为实现华尔街的利润服务。

第四，他应当具备管理经验，如果有商业经验就更好了。

第五，他应当在华盛顿具有声望，并且有机会向国会委员会和内阁各部做出陈述，而且他关于事实的陈述会得到毫无疑问的认可。这一点非常重要，这种联系会使得没有人能够质疑他坚持美国立场，而我们那些国际银行家常常会遭到这种质疑。

第六，他应当是大众心目中的英雄，人们认为对他的攻击不是正当的政治行动而是恶劣的政治行为。"

Quoted in Gleason L. Archer, *The History of Radio to 1926*（New York，1938），pp. 246~247.

耀，将领们也同样如此。但是，这些聘用军人的大型工业企业，过去也一直是对大规模军事机构的主要反对派。他们是商业自由主义的主要制度基础，也是国家制造业协会（National Association of Manufacturers）当中的主导力量，而正是这一协会一直要求减少军费开支。对军官的任用，很少表现出这些企业对军事事务所持有的像沃尔特·麦克劳林（Walter H. McLaughlin）那样所谓的"无视态度"有什么本质性的改变。同样很明显的是，这些军官也不会对商界的政治观点造成什么改变。公司吸收了这些军官来利用他们的天赋与声誉，但这并没有使公司吸收他们的职业军事观念。在军人英雄与其商界同事们之间形成的观念上的友好关系，是通过军人做出让步，放弃自己的职业观念以适应新环境才得以实现的。

更受限制但更为持久的联系，是在军方领导人和那些向国防部供应产品的企业之间建立起来。1940 年之前，陆海军向美国工业界提供的市场渠道很少。在一战中，工业界获得了大量的国防合同，但这仅仅造成了他们的混乱与困境，因为战争结束时合同突然被取消。因此，商业界在 1939 年到 1940 年间非常不愿意接受军方的订单。当然，一旦美国投入战争，工业界又开始全心全意地合作军事物资与装备的生产，上百名商界人士前往华盛顿并就职于陆军部和海军部。1945 年到 1946 年间的迅速复员，最初看起来又像是在重复一战后的模式。但是，恰好出现了一个时机，特别是在朝鲜战争爆发之后，冷战的军事需求很明显变得充分并且相对稳定。大规模的军方订单与现代军队的复杂技术需求使得美国历史上第一次出现了重要且稳定的国防工业。这些国防供应商主要由大型通用制造业公司组成，例如其中的那些汽车制造厂，他们在生产军用装备的同时也服务于民用市场。* 另外，部分工业行业，诸如飞机制造业和某些电子产业，几乎完全依赖于军方订单。

将国防供应商同军方联系在一起的经济关系反映在两方面，大批退

---

* 通用汽车是国防物资的最大供应商，但其 1951 年的销售额中只有 19.3% 是针对军方的。*New York Times*, Mar. 11, 1952, p. 42.

役军官进入这些公司的管理层，大量各类组织为了强化这种军事—商业联系而建立起来。受雇于国防供应商的军官通常不是著名的公众人物，而是更为年轻的一批人，他们进入公司担任执行职务而非荣誉职务。大部分这类军官是某一具体科技方面的技术专家，并且大部分在陆海军的技术部门担任过较高职位。他们中的部分人从军队退役来追求商界的成功。受雇于国防生产企业的技术专家在二战后十年中成为就职于私有企业的陆海军将领中最大的一个群体。仅航空企业及其关联行业就雇用了这批人中的很大一部分。不同于出自声望的任命，这类型商业—军事联系在二战后十年中不仅没有削弱，反而显示出增强趋势。[10]

19世纪80—90年代中，军队的职业化以及他们同社会的隔离，一直反映在大量仅仅为军官设立的军人协会组织方面。军人回归社会，以及他们同冷战期间的国防工业形成紧密联系，则体现在同时向军官、文官和商业界开放的新类型组织上。在其中，可能最重要的组织是1944年由福莱斯特组织的国家安全工业协会（National Security Industrial Association），其宗旨是确保"美国商业界继续保持同军队的密切联系"。该协会在1954年已经有六百家工业企业加入，它们几乎全都有重要的国防合同。协会中的许多官员都是退役的陆海军将领。协会的主要活动就是协助其成员企业与国防部解决生产技术、采购与专利问题。军事化工协会（Armed Forces Chemical Association）与军事通信协会（Armed Forces Communications Association）在二战后随即建立，以解决军方与企业之间利益分化形成的鸿沟。此前已经存在的后勤协会（Quatermaster Association），1920年作为仅仅属于军官的组织建立起来，此时也扩大吸收文官与企业成为会员。1919年建立的陆军军需协会（Army Ordnance Association），被重组为美国军需协会（American Ordnance Association），包括了三个军种。虽然其职员大部分是退役军官，但三万五千名会员大部分都是军需品制造商的代表。[11] 航空工业协会（Aircraft Industrial Association）与空军协会（Air Force

Association）则为航空工业与军方之间建立了联系。*

一般来说，国防工业企业出于经济原因而支持与军官们相同的军事政策，后者则出于职业原因。例外当然也会存在，在某些情形中，企业热衷于开发或继续生产就军方专业判断来说并不必要的武器装备。但是整体来看，双方观点确实存在着共同点，而这也使得军官同国防工业企业建立联系，比起那些经营多样化的企业更容易。企业管理层与军官对技术发展分享共同的利益，而国防工业也在美国历史上首次为军事计划提供了强大的经济基础支持。不过，在其他方面，同国防工业之间的联系并未对军事职业主义有所帮助。不可避免地，商界把自己的利益放在首位考虑，而且他们吸引了大批本来还可以为国服役许多年的年轻军官提前离开军队进入商界。在 20 世纪 50 年代中期，每年有超过二千名正规军军官离开军队进入待遇更为优越的商业界。此外，由于从军队的技术部门更容易转入报酬丰厚的企业界就职，这就导致技术军官的声誉与吸引力超越了指挥军官。企业在二战后十年中仅仅任命了一小部分军事指挥官，因为他们既非著名的公共偶像，又不是技术专家，仅仅是有军事指挥背景的常规指挥军官。雇用军官的企业看起来都会假定任何陆海军高级军官必定是好的管理者。但是，被雇用的高级军官相对较少的数量，也显示即使在国防工业企业中，同更为纯粹的职业军官之间还是存在着隔膜。一位主要经验在于统率一个师或一个团的少将，对制造业公司而言实在没什么作用。

麦克式（Macs）的军人与艾克式（Ikes）的军人：回归武士精神。在一篇引人入胜的文章中，哈里·威廉姆斯（T. Harry Williams）指出美国有两种军事传统。[12] 一种代表的是友善、亲民而随和的军人，他们反映出民主与工业文明的理想形象，很容易同文官上级合作。这种"艾克

---

* 新的军事—商业关系可以通过哈里·英格尔斯（Harry C. Ingles）少将与列文·坎贝尔（Levin H. Campbell）中将的职业生涯这两个例子加以说明：前者在二战中担任通信兵部部长，1946—1947 年任军事通信协会主席，1948 年任 RCA 通信公司总裁；后者在二战中任军需部部长，战后出任国际收割机公司副总裁与美国军需协会主席，也是 The Industry-Ordnance Team（New York，1946）这一表达军事—商业合作哲学的著作的作者。

式"传统通过扎哈里·泰勒、格兰特与艾森豪威尔表现出来。与此相对的则是"麦克式"传统，其代表人物是温菲尔德·斯科特、乔治·麦克里兰，以及麦克阿瑟——才华横溢、盛气凌人、冷酷无情而又激动人心的军人，他们从古老的贵族传统中形成自己的价值观与行为方式，并且很难服从于文官权威。威廉姆斯的二分法显然是真实并且重要的；但是，在某种意义上，其范围有限，未能将美国军事传统中那些既非"艾克式"也非"麦克式"的重要内容包括在内。从本质上说，艾克式与麦克式的军人代表着同一美国军事传统的两个面相：介入政治的军事传统。真正的对立并不是在泰勒—格兰特—艾森豪威尔路线与斯科特—麦克里兰—麦克阿瑟路线之间展开，而是上述两方面共同与美国军事传统的职业主义路线（这可以描述为谢尔曼—潘兴—李奇微路线）对立。基本的差异并未体现于艾克式或麦克式之间。而是体现于"艾克—麦克式"与"比利大叔（Uncle Billy）*式"或"黑杰克（Black Jack）**式"之间。艾克式与麦克式之间的差别是两种不同政治家的差别：魅力型（charimastic）的、善于鼓动的、不屈不挠的政治领袖，他们领导群众因为他们要比追随者优秀；身段柔和的、接地气的、低调谦逊的政治领袖，他们领导群众是因为代表着追随者。艾克式军人通常要比麦克式军人在他们的政治追求方面更为成功，这只是因为美国的环境更适合艾克式的人物，与他们究竟是军人还是文人无关。艾克式与麦克式的差别，只不过是杰克逊与卡尔霍恩、西奥多·罗斯福与拉福莱特（LaFollette），***以及温德尔·威尔基（Wendell Willkie）与罗伯特·塔夫脱（Robert A. Taft）****之间的差别。

重要的是，威廉姆斯没有提到内战英雄与二战后的军事偶像中任何有艾克式或麦克式传统的代表。在介入战争的时代中，美国军事传统的

368

---

  * 谢尔曼将军的绰号。——译者注

  ** 潘兴将军的绰号。——译者注

  *** 共和党参议员，西奥多·罗斯福的政治对手，从共和党中分裂出了进步党。——译者注

**** 两人均为共和党政治家，于1940年参与总统竞选，威尔基战胜塔夫脱获得党内提名。——译者注

两方面政治路线都从属于流行的职业主义之下。只有当二战结束之后军人回归社会时，在19世纪70年代和80年代就已消退的政治传统才会重新成为美国军事主义中的重要主题。在二战后十年中，职业军官在美国历史上第一次不仅成为大众偶像，还通过参与竞选、政治运动与政治党派深深介入国内政治当中。最典型的形象当然是艾森豪威尔与麦克阿瑟。但是其他军官，虽然数量不多，也在大众政治领域扮演着重要角色。这种政治介入的原因实际上与冷战中持续的议题和政策并没有太多关联。虽然军官在许多政治议题上有争议，但他们参与到党派政治的舞台并非意识形态或政策方面的考量。相反，他们的参与基本上是艾森豪威尔与麦克阿瑟的声誉以及这两位伟大军事偶像之间的对抗所造成的结果。麦克阿瑟与艾森豪威尔的冲突在二战后真实存在，但这是个人之间的冲突而非不同传统的冲突。冲突的根源要追溯到一战当中的许多复杂事件，以及从20世纪20—30年代陆军内部从公众视角来看模糊不清的紧张与宿怨。麦克阿瑟与马歇尔早年曾经加入陆军中的对立团体。在一战中与一战后，两人之间因为一系列偶然事件与误解而形成了敌对关系。艾森豪威尔是麦克阿瑟在1930—1935年间担任陆军参谋长期间的助手，此后又跟随他去菲律宾担任菲律宾政府军事顾问。但是，艾森豪威尔最终与麦克阿瑟闹翻了，于1939年回到美国。与此同时，他引起了现任陆军参谋长马歇尔的关注，并且迅速不断获得晋升，直至最终升任欧洲战区最高司令官。在这一过程中，艾森豪威尔完全成为马歇尔派系中的一员。他的迅速晋升，以及欧洲优先于亚洲的战略，不可避免地引发了麦克阿瑟支持者的愤怒。艾森豪威尔与麦克阿瑟作为两名公众心目中的军事英雄在二战中涌现，将原本属于军队内部的斗争扩大到了国家政治的尺度上。个人之间的对抗随着欧洲优先还是亚洲优先的战略的认同而进一步强化了。几乎所有参与到二战后党派争端的重要军官，都只不过是在配合两位个人之间的对抗。其中一方是马歇尔-艾森豪威尔、欧洲战区、盟军远征军最高司令部（SHAEF）、欧洲盟军最高司令部、五角大楼这一集团；而另一方则是麦克阿瑟、亚洲、驻日盟军最高司令部（SCAP）、"巴丹"（Bataan）* 集团。退役军官也在两派中扮演积极的角色：麦克阿瑟一方有魏德迈和邦纳·费勒斯（Bonner Fellers），艾森豪威尔的阵营中则有克莱和贝德尔·史密斯。其他军官则在两派之间寻求中立，或是做出左右为难的选择。[13] 这种冲突的影响在二战后持续了一段时间，但是随着二战一代军事领导人的逐渐隐退，那些更少受到恩怨影响的新一代将领崛起，毫无疑问这将减少军方的政治参与。

艾森豪威尔与麦克阿瑟的政治参与不仅影响到军官集团，也影响到他们自己。两人都未能坚持军事职业伦理的基本要求。在同一时期，两人都以偏离了职业标准的"非军事化的"军人形象出现，也都是成千上万美国人心目中的英雄与偶像。麦克阿瑟介入政治与偏离军事职业伦理都要比艾森豪威尔早得多。从一开始，麦克阿瑟就是一位天才军人，但也不仅仅是军人：他是一个有争议、充满雄心壮志、出类拔萃的人物，由于太过能干、自信与天才而不能限制在军事职业的功能与职责范围之内。早在 1929 年，他的名字就被作为总统人选而提起，而在 1944 370 年、1948 年和 1952 年，他也到达了总统竞选舞台的边缘。麦克阿瑟的意识形态从 20 世纪 20—30 年代发展而来，基本上是宗教性的、神秘的与感性的，而这与实事求是的、现实的、唯物主义的职业军人路线形成了对立。在甚至比马汉更为深远的程度上，麦克阿瑟的态度表现出对于基督教信仰深刻并且高度个人化的感受。与职业主义对军队的强调相反，麦克阿瑟强调战争中的道德与精神方面，以及公民军人的重要性。与大部分军官不同，麦克阿瑟认为美国的威胁来自于那些阴暗的政治哲学的崛起，而非来自于具有同等或更强大物质力量的其他民族国家。他关于使命与奉献的感受唤起了一种持久且不受控制的乐观主义，这与军人常规的职业化悲观主义态度相反。职业军官生活在一个灰色的世界当中。而麦克阿瑟的世界却黑白分明并激烈冲突。他的清晰而又多变的观点，反映出在持续追寻那些能够满足他意识形态倾向的同时也能激发大

---

* 菲律宾吕宋岛的一个半岛，麦克阿瑟在此遭遇惨败而被迫仓皇撤往澳大利亚，此处代指麦克阿瑟麾下参与亚洲战区的那些军官。——译者注

众的正面反应的信念与政策。

与麦克阿瑟不同，艾森豪威尔在美国卷入二战之际仍然不过是一名默默无闻的中校。麦克阿瑟的专长是使自己与众不同，而艾森豪威尔的专长则是调整自己融入周边的环境，借鉴周围其他人的态度与行为方式。在20世纪20和30年代，艾森豪威尔融入职业化的环境之中，此时他就是一名典型的职业军官。当他跃升高位并且声名显赫时，艾森豪威尔又迅速使自己适应了新环境，很容易清晰地表现出"文职思维"。艾森豪威尔比起麦克阿瑟说得更少而笑得更多，看起来更多地表现出共识而非争议。麦克阿瑟是座灯塔，而艾森豪威尔则是面镜子。当前者试图建立许多桥梁来达成美国人的共识时，后者却在等待这些桥梁由其他人建成。艾森豪威尔在哲学与创造力方面并没有多少自负，他因此也很少需要在公共议题上去自我承诺，或证明自己毫无例外归属于美国最主流的价值观。艾森豪威尔的意识形态难以把握，因为是如此习以为常又

371 平易近人。取代意识形态的是一种温暖、有同情心但态度模糊的理解。

20世纪50年代初期，麦克阿瑟与艾森豪威尔偏离职业准则的不同道路，充分而鲜明地体现出来。麦克阿瑟成为废除战争的主要倡导者。艾森豪威尔则成为裁减军队最有效的工具。两种角色都反映出军人深度介入的文官环境的影响。到了1956年，甚至亨利·华莱士（Henry Wallace）也对两位老军人关于战争与和平的观点表示赞同。

从早期开始，麦克阿瑟对待战争的态度就表现出美国自由主义传统的主流理念。在20世纪20年代和30年代，他从道德与宗教基础上论证战争的正当性，并且以一种充盈的浪漫主义情感去追求战士的艺术。与马汉不同，而是更类似于马汉的反对派杰克逊主义者，麦克阿瑟更偏好战争精神而非军事精神。[14] 在许多年之后的1951年和1952年，当麦克阿瑟谴责"军事思维"的危险时，某些观察者发现了其中具有的讽刺性。但实际上，麦帅有着坚定的理由。他的思想同职业军人之间存在着宽阔的鸿沟。二战之后，他采纳了自己曾经在20世纪20年代和30年代抨击过的和平主义理念，以凯洛格—白里安式的语言呼吁战争必须

"从这个世界驱逐"。几乎从来没有一位接受职业训练的军人会如此完全偏离战争，最终不可避免并且超出人力所能预防的这一军人基本原则的信条。麦克阿瑟将禁止保持军队写入了日本宪法。他还倡议自己的国家"宣布我们准备好同世界上其他强国一起废除战争"。麦克阿瑟对于全盘废除战争的要求反映出他不愿意接受挫折、烦扰，以及持续性的国际冲突的负担。用拉斯韦尔式的语言，他宣称"最终的分析表明，准备战争的成本在许多方面就像战争一样具有实际的摧毁力"。从而，他转向将废除战争作为解决世界上各类问题的万能药方，"解决了这一个问题，也就解决了所有问题"。[15] 尽管存在这些差异，但麦克阿瑟早期和晚期对于战争的态度也都有根本上的一致性。战争始终都是全面的、天翻地覆的行动。在他的早年，他强调这种行动中所包含的自我牺牲的英雄精神与荣耀；而在晚年，他看到的是这引起的毁灭与浩劫。然而，他对战争的反应总是极端的。他宣称"你不可能控制战争；你只能废除它"，强烈反对"当你使用武力时，你就能限制武力"的观念。坚持全面战争—全面和平这种二分法，必然使得麦克阿瑟的军政关系理论更接近于鲁登道夫而非克劳塞维茨。战争代表着政治的彻底失败，而不是政治的延续。因此，在战争中，"政治、经济、军事"的全面控制都必须掌握在军事统帅手中，国家必须对其军事领导人付出完全的信任。[16]

当麦克阿瑟成为全国最雄辩的废除战争鼓吹者时，艾森豪威尔成为裁减美国军事力量最有效率的工具。在这一点上，他再一次表现出对周边力量做出反应的能力，为共和党做出了双重贡献。作为总统候选人，他以公众心目中的军事英雄形象，帮助少数派政党二十年来第一次赢得了对政府的控制。而在总统任期内，他的军事威望帮助其政党内的多数派别实现裁减开支、减税与平衡预算的目标。在他的总统任内提出的最初三项军事预算都裁减了军队的规模，也全都遭遇了国会的抵制，而全部依靠总统个人对于可确保有效的国防这一保证最终得以通过。例如在1953年，空军在国会中的支持者威胁说要抵制将空军预算裁减50亿美元的计划，总统出面调解使预算得以通过，向国会保证这些预算裁减得到了他"在所有主要细节方面的支持"。正如弗格森（Ferguson）参议员准确预计的那样："我相信……绝大多数参议员会支持总统，因为他是军事专家，他的判断可以信赖。"[17] 他是裁军工作不可或缺的工具。无论是阿德莱·斯蒂文森（Adali Stevenson）还是罗伯特·塔夫脱，都不可能以如此小的阻力完成裁军工作。反对派从一开始就对艾森豪威尔无力招架。正如一位民主党人的伤感评论："区区一名参议员怎么可能与艾帅——艾森豪威尔——去辩论军事事务？"[18] 但这造成的结果是，在总统与他昔日的职业同僚之间产生了裂痕，这位美国最受欢迎的军官却认同了商业自由主义这种最反对军事的哲学。

第十四章

参谋长联席会议的政治角色

政治角色：独立实体与拥护者

像参联会这样的军方领导机构介入政治时，可能采取两种形式。军
方领导人可能会赞成或建议某些来自非军事渊源并且同职业军事观点无
关或相反的政策。在这种情况下，军方领导人具有独立实体这一政治角
色。另一种情况是，军方领导人面向国会与公众对政策进行大众化的辩
护或推销（与政策内容无关）。当军方以这种情形介入政治时，就不是
源自实质性的观点，而是来自他们表达观点的场所、方式、时间与效
果。这是一种作为拥护者的政治角色。后一种情况在本质上是公开的，
而前一种情形下的政治角色则是隐秘的，军方的政策意见仅仅被一小部
分行政官员所了解。这两种角色当然并不互相排除：军方领导人可以在
提出军事之外的政策时，同时表现两种角色。

虽然参联会在二战后时期较他们在二战中的权力与荣耀有所退步，
但他们仍然保持着很高的政治介入程度。但是，这一时期中最引人关注
的方面还不是他们介入政治的程度，而是他们介入的多样形式，因为前
一点早已被预计将保持高水平。在杜鲁门执政期间，参联会的政策观点
在令人惊讶的程度上与职业军事伦理保持一致。在许多方面，他们的态
度承继德军总参谋部全盛时期的职业主义。考虑到参谋长们在二战期间
脱离这种军事伦理的程度，这种对于传统军事路线的回归就更加值得注

意了。另外，杜鲁门时代的参联会也很明显以一种拥护者的角色介入政治，在国会与公众面前表达对政策的支持。然而，在艾森豪威尔执政的前两年，逆转趋势真实地表现了出来。根据媒体的报道，艾森豪威尔时代的参联会在许多重要的国家政策方面都表现出很明显的同职业军事观点相偏离。虽然承担着实体的政治角色，艾森豪威尔时代的参联会较其前任而言，实际上在面向公众表达意见时也要沉默许多。不应过分强调杜鲁门时代与艾森豪威尔时代参联会的这种差异——在两个时期都扮演着两种政治角色——但如果忽略了这一点会更加糟糕。两种行为模式都是以各自的方式来努力淡化职业军事领导机构与其运作的政治环境之间的紧张关系。

是什么导致了两届参联会在政治角色方面的不同倾向？从组织层面很难找到原因。国防部在 1953 年重组了，但是在 1949 年就已经经历过一次更重要的重组。没有哪一次重组根本上改变了参联会在政府中的位置。虽然组织结构的差异对于行为的差异确实是一个有影响的因素，但很难将其视为决定性因素。也很难用国家对于军事的基本态度的转变来解释这一变化。在这一时期中，自由主义的基本态度是延续的。答案必须从两届政府为参联会所创造的更具体的环境中去寻找，去比较政治领袖、主要利益与他们的政治观点。参联会直接并且主要在政府框架内工作。其不可避免地必然受到政策制定者以及那些与之有着稳定联系的政治家的态度和行为的影响。"政府环境"（governmental environment）这一直接感受的周边环境，较之于更基本但也更为疏远的国家环境，对参联会有着更为直接的影响。当然，从长远来看，后者才是决定性的，但在短期来看两者可能会存在差异。杜鲁门时代与艾森豪威尔时代参联会的差异，源自两任总统的"政府环境"差异。

杜鲁门政府的参联会

双重性。杜鲁门时代参联会的行为，可以从杜鲁门政府一个最明显的特点中寻找原因：这届政府在外交和国防事务这一方面与内政事务另一方面，表现出一种分裂的人格。在许多方面，简直是两个政府合为一体。在内政方面，政府追求自由的改革政策，由一批官员制定和执行；而在外交事务方面，政府奉行的却是保守的遏制政策，这由另一批官员制定和执行。两部分官员之间几乎没有接触。事实上，唯一的联系纽带就是总统本人。

这种双重性可能在政府对两个领域的政策和执行人员的人事任命方面得到最明显的反映。在国内事务领域，杜鲁门信赖的是在新政时期那一类型的官员。虽然在 1945 年和 1946 年老一代新政官员大批离开华盛顿，但填补空缺的年轻一代与之相比并没有什么实质差别。这批年轻群体中包括意识形态目标指引的改革者、以胜选为指引的政客，以及以计划为指引的追逐晋升的行政官僚：汉纳根（Hannegan）与克里福德（Clifford）、麦克格拉斯（McGrath）和麦克雷纳里（McGranery）、怀亚特（Wyatt）和利连索尔（Lilienthal）、托宾（Tobin）和斯蒂尔曼（Steelman）、欧兹（Olds）和克纳普（Clapp）。这些人在 20 世纪 30 年代都各在其位。事实上，他们在杜鲁门政府中的职能就是以"公政"（Fair Deal）之名行罗斯福新政之实。他们致力于改革自由主义的"公政"计划：公共住宅、扩大社会保障、农业补贴、水利管理、公共电力、提高最低工资、联邦教育补助，以及黑人公民权。这些全都在某种程度上与公政—新政联盟的政治力量结合在一起，其中包括：农民、工人、公共电力部门、市政机械部门以及少数族群。他们几乎全部是民主党支持者。

杜鲁门在外交—国防政策这一方面的情况有很大的区别。这一领域由另一类人加以掌控。这其中很少有新政派人士，职业政治家更少，自

377

由派也更少。在内政方面，领导人大部分来自于反映民主党联盟的多元利益群体，而对外领域的领导人则是由银行家、律师、军人与外交家紧密结合的共同体。福莱斯特、洛维特（Lovett）、艾奇逊、帕特森、哈里曼（Harriman）、尼兹（Nitze）、芬莱特（Finletter）、德拉普（Draper）、麦克洛伊这些人属于银行家与律师一类；马歇尔、布莱德利、艾森豪威尔、布鲁斯（Bruce）、凯南（Kennan）、普里福伊（Peurifoy）等人则属于后一类。另一些游走的商界人士诸如霍夫曼（Hoffman）、赛明顿（Symington）与福斯特（Foster）有时也会补充进来。政府对外事务的核心领导是福莱斯特、马歇尔、洛维特和艾奇逊四人。在杜鲁门的两届任期中，国防部长与国务卿几乎总是由这4人中的1人担任，国防部长仅有18个月的例外，而国务卿的例外也只有两年。而且，就在伯恩斯担任国务卿的那两年中，艾奇逊担任副国务卿，并且因为伯恩斯常常因会议外出而主导着外交部的工作。此外，在马歇尔担任国务卿与国防部长期间，洛维特都是他的副职。上述四人，再加上对外援助方面的霍夫曼与哈里曼，构成了杜鲁门政府外交与国防政策的核心。

对外政策的领导人及其助理同内政政策领导人的区别在于几乎完全脱离了党派政治，他们的选任很少是党派路线的考虑。其中一些最著名的人物是共和党人：洛维特、麦克洛伊、福斯特、霍夫曼、帕特森与德拉普。而在较低一级还有一些共和党人给予他们协助：助理国防部长麦克奈尔（McNeil）与柯立芝（Coolidge）、助理陆军部长皮特森（Petersen）（后来担任艾森豪威尔竞选团队的全国财务主席）、政策计划首席助理保罗·尼兹（Paul Nitze）、中央情报局副局长艾伦·杜勒斯（Allen Dulles）。当然，职业外交官与军人都倾向于保持党派中立。即使是民主党人也与其在内政机构的同事们有很大不同。艾奇逊是一位立场鲜明的民主党人，但他与那些在国内实施"公政"的领导者不同，而且还在某种程度上受到其党派施加的压力。福莱斯特的党派联系则显得模糊；他被几个民主党阵营中的关键集团列为不受欢迎的人（persona non grata），而且与在1944年竞选中所遇到的那些"衣冠楚楚"（soft gray hats and turned-up

378

overcoat collars）的人物的"政治性格"之间存在宽阔的鸿沟。一份由《时代周刊》的芮思顿（Reston）于杜鲁门政府后期所做的调查显示，有39位共和党或无党派人士担任着重要职务，其中22人在国务院，10人在国防部，还有5人在其他国家安全机构，在内政部门的仅有2人。此外，除了艾森豪威尔本人，他的4位最积极的支持者霍夫曼、刘易斯·道格拉斯（Lewis Douglas）、杜勒斯与克莱，也都在民主党政府中担任关键职务。[1]

在杜鲁门政府的外交国防机构中，很少有熟悉内政的政治家或自由派改革者。路易斯·约翰逊（Louis Johnson）是少数几个特例之一。他所表现的实力、兴趣与态度同那些政府对外事务的主导者相去甚远。他成了裁减预算这一公众目标的象征，也是一名以政治野心著称的党派色彩强烈的民主党人。他进入外交国防事务领域后，便掀起了一场风暴。海军部长辞职，海军作战部长被解职，空军部长与他公开争吵，其他的军方领导人与军种部长则对他保持冷战态度，国防部与国务院之间的沟通下降到最低点。最终，约翰逊与国务卿艾奇逊之间的关系恶化到了很明显两人无法共存下去的程度。因此，杜鲁门只能用马歇尔和洛维特来替代约翰逊的国防部长职务，而艾奇逊正是接替了马歇尔的国务卿一职。这样一来才重建了对外政策团队的和谐与统一，国务院与国防部之间再一次发展出马歇尔与福莱斯特领导期间所形成的互信与合作。

国防保守主义。杜鲁门政府中对外与内政事务两方面人员的极端二元对立，反映出在政策方面的鲜明分歧。在内政方面，政府遵循务实的自由派改革路线，而在对外政策方面则坚持明显保守的立场。战争时代的自由主义被放弃了，孤立主义、守法主义与十字军运动的思想全都回潮。主要的政策特色是承诺、谨慎、坚定、耐心与现实主义。政策的整体塑造可以概括为遏制（containment）政策，其设计者以此命名，而批评者则对此加以嘲讽。这种政策没有什么革命性，也没有多少自由主义色彩。其建立在美国基于自保的有限国家利益的基础之上。政策目标是创造"势力格局（situations of strength）"与武装联盟，并且支援那些软弱的非共产党政权。实质上，正如埃德加·安塞尔·莫勒（Edgar Ansel Mow-rer）所指出的那样，遏制政策是要回到 1941 年 9 月联席会议备忘录中所提出的力量平衡政策。马歇尔在 1947 年 11 月 7 日的讲话是这一政策转型的象征，他宣称："从现在起，我们的政策目标是重建欧亚之间的力量平衡，并且所有行动都将以这一目标来加以指引。"[2] 马歇尔从他在二战时所专注的赢得全面军事胜利，回归到他在 1941 年所定义的国家目标。

保守主义外交政策有四方面来源，其中最重要的当然来自于总统。杜鲁门在内政方面是自由主义者，而在对外事务上则是强烈的保守主义者。正是由于他独特的政治智慧与个性，才能代表并且融合这样两种面相的政策。他能够平等对待保守主义的银行家与"公政"改革派、选区政客（ward boss）与职业军人。福莱斯特抓住了这种特征的实质，他在 1948 年大选之后很快就作出评论："我们非常幸运拥有杜鲁门，虽然他是在国内外都反映出自由主义力量的人，但其实又是真正意义上的保守主义者——守护我们希望去维护的那些东西。"[3] 杜鲁门的保守主义不是源于政治哲学，而是源于他的个人信念，他认为同苏联相处的唯一方式就是强硬对待。不需要再持续二战时的伟大同盟（Grand Alliance）政策，杜鲁门比起其他许多美国领导人更有利于坚持自我，而不必被过去的承诺所束缚。毫无疑问，杜鲁门希望对苏采取强硬路线遇到了许多困难，阻挠他的力量最早始于伯恩斯，随后是华莱士，而这也强化了他的强硬立场。[4]

杜鲁门政府外交政策中的保守主义，第二个来源是高级文职领导人。他们的银行家与律师背景赋予其同那些普通的美国工业界人士大不一样的视角。工业界人士是典型的行动派"操作者"，以在最短时间内用最低成本生产最多产品来建立企业帝国作为目标。这促使他们采取乐观主义、个人主义和积极进取的思维。当这些人转入政府时，典型的表现就是追求"小投资高回报"。而在杜鲁门政府中的文官，更倾向于投资银行家的类型，较少关注实体产品，更关注那些纷繁复杂的高级财政问题。银行业背景使他们形成固有而现实的保守主义。当他们进入政府时，他们是谨慎的现实主义者，理解人类事务的复杂性、人类视野与控制力的局限性，以及做出超出资源限制的过高承诺带来的危险。他们也在一定程度上有着另一种奇怪的表现，将西奥多·罗斯福作为 1933 年以来民主党政府的智识教父。* 诸如伊克斯这样的前进步党人，就对新政做出了许多贡献。在二战时与二战后，更属保守一翼的新汉密尔顿主义者也发挥了他们的作用。在鲁特到史汀生再到马歇尔、洛维特与麦克洛伊之间，存在着清晰的分界线。二战之后，政府中遍布的福莱斯特一派的影响，也促使国家政策形成相似的视角。

国务院与外交部门的专业官僚阶层是杜鲁门政府对外政策的第三个来源。在 20 世纪 30 年代，经济是国务院最关注的问题。此后，在二战期间，国务院则致力于对联合国设计所涉及的合法性与组织机构问题。在这两个阶段中，国务院的思路基本上一直是自由主义的。但是，随着二战的结束以及冷战的开始，其主要的论调与面貌都改变了。一群外交官员成了国务院的领导者，他们一直对苏联的动机充满怀疑，但是此前因为处于较低职位而无法对政策形成重要影响。但是，在 1947 年与 1948 年，这群人的观点成为国务院的主流。[5] 当然，他们以乔治·凯南（George Kennan）在 1947 年春天撰写的《苏联行为的根源》（*The Sources of Soviet Conduct*）一文中的分析作为其经典表达，而在马歇尔的领导之下，他们也得以制度化地体现于国务院政策制定团队之中。在马歇尔与艾奇逊的任内，国务院的政策观点常常甚至比军方更加强硬，更加以力量为导向，也更现实。像凯南这样的人强调军事力量的重要性，而且在其分析中完全将力量因素置于意识形态因素的考虑之上。虽然国务院在这一时期不时受到屈服于军方压力的批评，但实际上他们的军事观点并非强迫的产物，而是来自于他们对外交事务的独立思考。国务院这种新视角的一般特性，反映在其支持者卸任之后所撰写的著作当中。[6] 这种世界

---

* 西奥多·罗斯福代表共和党当选总统，所以此处说将其作为民主党智识教父是一种奇怪的表现。——译者注

观（weltanschauung）的共同要素是强调力量的必要性，认识到美国力量的限制，并且为运用力量去保障国家安全和实现国家利益的道德观加以辩护。

当然，军方本身是杜鲁门政府对外政策保守主义的最后一个来源。参谋长联席会议追随马歇尔回归职业伦理。但是，这种回归仅仅因为过去一直分裂的外交政策与国内的自由主义在战争时期的统一才成为可能。杜鲁门及其文职高官的政治观点，加上国务院新的保守现实主义，形成了一种同情性理解的环境。文官领导军队重回传统。关于军事力量与预算的水平，杜鲁门任内的参联会相当一致地表达出国家安全的军事需求。因此，其战略思维常常与政治和经济的现实脱节。军方的预算要求通常都会被大幅度裁减。有时可以肯定的是，军方确实在他们的估算中加入了"国家所能负担"的成本考量，但是这样一来，至少布莱德利将军认识到，这么做意味着放弃了自己的适当角色。[7] 关于武装力量的使用，杜鲁门时代的参联会也寻求一种谨慎的保守主义路线。1946 年，南斯拉夫击落数架美国飞机，国务院要求以军事威慑发出最后通牒，但参联会却指出了美国军事资源的局限，并建议温和处理。关于朝鲜战争，国务院再次呼吁介入，而参联会则扮演了消极角色。[8] 在他们涉及扩大朝鲜战争规模、阿以冲突、日本和平条约、德国重新武装以及北约的组织与武装这些方面的建议中，参联会都始终如一地反映出对军事安全的最高度关注，以及对在美国尚未强化国防之前避免冒险的攻击行为的渴望。布莱德利将军的整个观点，包括强调速战速决的不可能、依据敌方能力而非意图来作为政策基础的必要性、对体现于大量不同类型部队的多元战略的需求，以及使政治目标超越军事目标，几乎完美地概括了职业军事伦理。在文官控制的观点方面，杜鲁门时代的参联会也同样支持传统的军方观点。[9]

执行。 杜鲁门政府执行其保守主义外交政策的能力取决于公众对外交事务漠视的程度、外交决策脱离大众控制的程度，以及争取公众支持政府观点的能力。

对政府而言，一个关键的有利因素是其支持者对外交政策相对冷漠。民主党联盟的利益广泛、多样并相互冲突——而在本质上都属于内政。民主党在 1948 年以国内经济为主要议题的竞选中，通过对这些利益的诉求而赢得支持。因此，也只有这些议题需要做出政治承诺。此外，因联盟利益而引发的政治僵局，也确定了没有任何一个优势集团能够在内政与外交政策方面都使其观点占据优势。民主党政府最大的投票群体，在任何情况下都是经济较为贫困的阶层，而这些阶层通常对外交政策漠不关心且听天由命。[10] 因此，政府获得相对较大的自由去追求来自于非公众化的专业立场的外交政策。当然，在某些情况下，如巴勒斯坦问题，会引发国内利益与保守主义路线的冲突，而后者在这些情形中通常会让步。但是总体而言，民主党的利益同外交政策关联较少，因此让银行家、外交官与军人代表着他们的利益去采取行动。

政府也试图在外交政策决策中尽可能避免国会与公众的控制。但讽刺的是，从罗斯福发展而来的决策与执行传统，原本用于执行受公众欢迎的国内政策和自由主义的战时外交政策，却被杜鲁门政府用来执行不受欢迎且保守的外交政策。而杜鲁门又缺乏罗斯福那种一往无前的强有力的领导气质，因为他宣称总统的职权不像杰克逊主义所谓的"保民官"，而是像柏克主义所谓的国家实质代表。罗斯福代表着公众意志；杜鲁门却回避公众意志。对于非立法性质的事务，典型模式是先做出决定再向公众宣布，然后才进入国会辩论、批准或修改环节。几乎所有杜鲁门时代关于外交政策的重要国会辩论都发生在行政部门已经开始实施之后。关于柏林空运、氢弹、台湾政策、朝鲜战争、宣布国家紧急状态、向欧洲派兵、解除麦克阿瑟的职务，所有这些都是以这种先斩后奏的方式进行的。事实上，杜鲁门政府尽可能地坚持洛克的联邦权力理论，即外交权的控制不应属于立法机构，而是应掌握在那些能够更好加以运用以实现公共福利的人手中。事实上，这种理论被凯南以一种近乎柏拉图式的语言加以重述，他宣称外交政策不应受到大众意见的影响，

384　公众应当遵循职业专家做出的判断，就像在法律和医疗领域一样。[11]

有时，杜鲁门政府的外交部门所要求的政策与政治上实际可行的政策之间存在着巨大的差距。也许，最能加以说明的例子就是"国家安全会议 68 号决议（NSC68）"这一事件，这是一项在 1949—1950 年冬季大幅度扩充美国军事力量以应对苏联爆炸原子弹的计划。NSC68 决议的结论从整体上获得了国务院与国防部中的军方人员的强烈支持。但国防部长路易斯·约翰逊却对这项扩军计划缺乏认同，预算局也明确表示反对。杜鲁门总统在 1950 年 4 月批准了 NSC68 的一般原则，以进一步完善实施细节并对成本进行考量。因此，在 1950 年春天，政府实际上有两项国防政策：一项公开的政策包括 130 亿美元的国防预算，将于下一财年实施；另一项就是 NSC68 当中的秘密政策。这种双重性只是因为朝鲜战争的爆发才得以终结，这场战争使得政府在 1950 年夏天可以直接实施 NSC68 的支持者在前一年秋天所倡议的扩军行动。

正如 NSC68 事件的过程所显示的那样，国会与公众并未被完全排除在那些重大的外交政策决策之外。当然，立法机构持续参与的主要领域是国防拨款与对外援助。政府中，外交方面的政策可能会同国内机构提出的计划中的利益产生冲突，而经济、平衡预算与减税这些需求与之的冲突更是时刻存在。因此，这就是保守主义外交政策尚未完善的方面。[12] 从长远来看，没有外交政策可能在得不到立法机构与公众支持的情况下得以实行。政府必须加强他们的推销努力。

但是，向美国人民推销遏制政策，超出了杜鲁门政府有限政治资源385　的能力范围。总统本人就不具备从事这项工作所需要的威望与尊重。国务院一直都缺乏国内支持者。党派攻击越来越多地强化了这一点。其中的个人被贴上不称职或不忠诚的标签，国务院则成为大众心目中外交事务失败的象征。此外，艾奇逊有时也一定程度上忽视了公众舆论的敏感性；到 1951 年，甚至国会中的大多数民主党人也支持解除他的职务。在这个通常被视为自由派民主党的政府中，外交部门的文职领导人作为共和党或保守派民主党事实上是缺乏政治执行力的。新政派人士与那些坚持党派路线的共和党人都怀疑洛维特或霍夫曼这些人。

政府因此被迫求助于职业军人，去面向国会和公众对政策进行解释和正当性论证。而这进一步发展到了这样的程度，诸如马歇尔这样的军人被任命到文职职位。这种依赖同样也在参谋长联席会议中表现出来。因为参联会仍然保留着他们在二战中的大部分声望。作为一个职业的、无私的团体，完全超然于1940年以前的那些公共事务，这就使得他们不可能同激进分子或任何形式的卑鄙政治联系在一起。因此，虽然存在着特殊的保守主义外交事务环境使参联会回归他们的职业观点，但也正是这种特殊环境要求他们在全国公众面前成为鼓吹者。在政府的对外事务部门中，过去75年来作为美国军政关系的特征的职业军人与文职政治家之间的紧张关系消失了，双方就像在二战中一样实现了观点的统一，但实质上大不相同。然而，由于自由主义占据美国思维的主流，这种紧张关系还是以另一种形式出现，对峙的双方变成了对外事务部门与此外的那些政治机构。军方成为前者与后者沟通的最主要使者。他们请求对外援助拨款，呼吁批准条约，为向欧洲派兵的计划辩护，论证解除麦克阿瑟将军职务的正当性，为朝鲜战争中的行动辩护，并且解释政府部门关于军力水平和预算的决策。总而言之，军方并不喜欢这种角色，但他们因为政府的需要而承担着这种角色。在国会委员会与公民团体面前，他们都承担着政治上的辩护者之责。这种行为的一个例子就是布莱德利将军在1952年3月20日面向帕萨迪纳商会（Pasadena Chamber of Commerce）发表的著名演说，在这次演说中，他抨击胡佛与塔夫所鼓吹的关于国防的"直布罗陀理论"（Gibraltar theory）是"自私"的"防御性"理论，并呼吁平衡军事力量的政策，不要过于突出空军。正如汉森·鲍德温（Hanson Baldwin）当时所犀利指出的那样，布莱德利的观点是简单的"军事常识"，因为他无法把这些内容加入总统选举的竞争当中去。[13]

参联会利用军事英雄与技术专家相结合的声望，在一段时间内成功扮演了他们的辩护者角色。国会忽视艾奇逊时，会听取布莱德利的说法。但是，军方的作用最终还是贬值了。那些军方为之辩护的政策不受

386

欢迎的特性，降低了去进行辩护的个人与机构的声望。虽然他们在政策实质上仍然坚持职业观点，但参联会不可避免地因为代表将政策作为政治议题的行政部门的利益去热情辩护，使自己暴露在党派攻击之下。这种批评在朝鲜战争爆发之后迅速增加，随着麦克阿瑟的解职而更加激化。塔夫脱参议员在 1951 年春天宣称："我无法在这种情况下将他们视为专家，特别是当布莱德利将军发表外交政策演说时。我觉得，参谋长联席会议处在政府的绝对控制之下……"共和党的外交政策发言人约翰·福斯特·杜勒斯（John foster Dulles）以更为克制的语言对军方在外交政策中的角色进行了批评。[14] 到了 1952 年，军方所做的说服工作已经大幅度减少了。

代表一个本质上自由主义的国家执行为期六年的保守主义外交政策，从某种意义上说，这对于杜鲁门政府是相当可观的政治成就。但是，这不可避免地无法持续下去。就好像军方无法在二战中保持保守主义一样，军方与文官联合起来的外交政策机构也无法在冷战中坚持保守主义政策。这一问题在朝鲜战争行动中达到顶点，并进而成为 1952 年民主党大选失败的主要原因。批评者可能会说这只不过是验证了林肯的名言，你不可能永远欺骗所有人。但这么说并不公平。保守主义政策能够延续这么久，确实是对于政府竭尽全力使用有限资源的能力的回报。而其在这个时间结束，也是对美国民主的活力所做出的回报。

387

朝鲜战争：将领、军队与公众

朝鲜战争打破了军政关系的杜鲁门模式。这场战争引发了公众对外交事务的兴趣与愤怒；它也刺激了国会中的反对党、同党派政客和其他人；同时，还消耗了参联会的政治影响力。朝鲜战争是美国历史上第一次（除与印第安人的冲突之外）没有崇高目的的战争。这也第一次引起了美国人对战争行动的愤慨，从而使民主党丢失了执政权。

这场战争在许多方面都不同寻常，但很明显的是，领导这场战争的政府、战场指挥的将领、前线战斗的军队，以及在国内支持他们的民众之间存在着的那种特殊的关系，尤其不同寻常。杜鲁门政府的基本决策是，为实现南朝鲜独立这一有限政治目标而战。当然，这样的决策并不是一夜之间就形成的，而是在 1950—1951 年漫长而严酷的寒冬中那些充满困惑的事件与复杂的具体决策中逐渐体现出来。然而，一旦形成了决策，政府就坚定地支持这一决策。政府当中所有的文职与军职领导人——总统、艾奇逊、马歇尔、洛维特、布莱德利以及参联会——在基本概念上都形成了共识。当然，这一决策连同其在内政方面的必然结果，也即有限的动员和常规武装力量的重建，实质上都是保守主义政策。美国没有根本性的目标，只是想恢复二战前的状态（*status quo ante*）。[388]实现这个目标，要求对军事力量进行谨慎的衡量与精心计算的使用。不过，依据克劳塞维茨而不是鲁登道夫的理念来作战，对美国人而言是全新的经验，而且是他们普遍无法接受的。因此，政府的基本问题就是确保军队、将领与公众对这种新的行动予以支持，至少是要默许。

政府和军队一起获得了成功。朝鲜战争初期，美国陆军处于一种糟糕的状况。这些部队被突然从占领日本的舒适生活中撤出，投入与大量敌人作战的艰苦情势之下。他们纪律散漫、训练松懈，在心理上也没有准备好作战。但是，到了 1951 年春天，陆军第八集团军已经重建为一支强悍且有着丰富战斗经验的作战力量。但是，政府的政治目标既不允许其追求完全的军事胜利，也不允许其完全撤离朝鲜半岛。因此，问题就变成在远离本土的地球一角进行很明显不确定也无法决断的军事冲突时如何维持军队的士气。军队从物质与心理两方面都做出了尝试。就物质方面而言，一旦战线稳定下来，就尽可能采取一切努力使军人获得舒适生活：每天洗澡、每天两次邮件、每天三顿热食。美国公民的生活水平，在主防线（Main Line of Resistance）上都尽可能得以实现。到了战争后期，美国军队可说是在世界历史上独一无二的物资丰富水平与舒适程度上进行作战。

但是，要确保部队对战争的接受，同样重要的是轮换政策，该政策塑造着前线的心理状态。不同于物质福利的供应，这代表着对于美国过去政策的明显突破。在二战中，军人持续处于服役状态，他们只有在政府达成了军事胜利这一政治目标的情况下，才可能达成回归故乡这一个人目标。但是，在朝鲜战争中则不同，轮换政策使得军队中的个人目标与政府的政治目标相分离。士兵的目标很简单，就是熬过前线的九个月之后，就可以离开。这场战争被看作一种必需的恶，他就以这样默许并接受。他的态度可以通过在朝鲜战争前线出现的一种斯多葛式的听天由命的经典表达得到出色的概括："人生就是如此无常"（That's the way the ball bounce）。在美国历史上第一次出现这种状况，普通军人参与一场主要的战争，仅仅是执行命令，而不是因为认同政府为此而战的政治目标。相反，军人形成一种对政治目标的高度漠视——传统的军事职业特征。"职业化"这一词汇被当时的媒体人与观察家用来描述朝鲜战争中军人的特殊心理状态，这与二战中的军人心理有着显著差别。[15]

轮换政策在军队心理方面有极大的改变，但是对于战场上直接指挥的将领们的态度却没有产生可以比较的改变。他们认为"战争中就不能放松"；继续以二战中的概念去思考问题。唯一正确的结束战争的方式就是赢得军事胜利，他们也无法理解为什么要拒绝这一点。如果陆军在1939年被命令参与朝鲜战争的话，那么他们不会有任何犹豫，从参谋长以下都绝对服从，完全不考虑被命令出战的战场会是什么样的情况。事实上，马歇尔将军将麦克阿瑟的行为同潘兴将军顺从接受威尔逊总统对于1916年惩罚性远征墨西哥所设定的严格政治限制进行了对比。[16] 参联会在杜鲁门政府的同情环境中本能够回归战前的职业化定位，但因为战场指挥官们仍然深受二战心理的影响，同时又受国内政治与公众方面的反对的刺激，这变得不可能。同军事伦理实质性分离的军人，在自由主义国家的保守主义政府中所处的从属位置，也决定了他们被迫承担辩护者角色。文官在二战中赞颂军事胜利为最高政治目标，因此十年后这一点也使他们不得安宁。职责一旦放弃就很难恢复。讽刺的是，麦克阿瑟将军的名言——"胜利不可替代"——其灵感可能就来自于罗斯福的幽灵。

结果是，如果用"职业"来概括军队的态度，那么对将领们的描述就是"挫败"。部队能够接受人生无常，但将领们则不愿意。他们反对、抗议、逃避，并且忐忑不安。正如霍姆·比加特（Homer Bigart）报道的那样：

> 很少有军人看上去能够自觉认同国家目标。陷入一种严酷、原始而且常常悲惨的境况中的士兵，他们的预期变得非常狭隘，仅仅局限于个人目标——轮换。军官有更多机会去思考，对于陷入明显徒劳无功的僵持局面的沉思，他们同样也渴望轮换。但是，将领们因为工作受到挫败而几乎疯狂。[17]

作为战场指挥官集体的将领们，对于政府的政策缺乏同情达到这样一种程度，这在美国历史上可能也少有先例。即使在南北战争期间，也从来没有像朝鲜战争那样全体一致地表现不满。除了李奇微将军，几乎所有的战场指挥官——麦克阿瑟、范弗里特、斯崔特梅尔（Stratemeyer）、阿尔蒙德（Almond）、克拉克、乔伊（Joy）——都分享一种詹纳委员会（Jenner Committee）所简洁描述的共识："一种因为被拒绝胜利的不安感觉，一种确信政治已经压倒了军事而引起的挫败感……"无论他们此前是否熟悉麦克阿瑟和远东战场，都有相同的观点。克拉克将军报告说，与他讨论过这一议题的远东战场的所有指挥官，都希望政府能够解除阻止他们获得胜利的政治限制。[18]

同朝鲜战争中战场指挥官们的普遍不满最具相似可比性的，就是原子能科学家对政府的核武器与热核武器制造政策的不满。在这两个事例中，都是界定清晰的职业雇员团体对其所服务的政府所提政策持有一种对立的政治立场。而且，两个事例中，专家集团的不满都深深植根于美国公众意见，并且被指引去反对实质上体现军事伦理基本假定的保守主

391　义政策。物理学家拒绝接受与苏联之间进行的不确定的核军备竞赛所造成的负担与挫折，要求通过裁军谈判彻底加以终结。朝鲜战场上的将领们拒绝接受同中国之间进行的不确定的有限战争，并且要求通过全面的战争胜利来彻底终结。在两个个案中，不满情绪的主要代表人物——麦克阿瑟与奥本海默——都是充满魅力的人物，他们同几乎是宗教性质的神秘主义联系在一起，激发了感情强烈的忠诚与仇恨，最终被粗鲁无礼地从政府部门中赶走。

在最后的分析中，杜鲁门政府的政策得以延续的可能性取决于公众的接受。但是，虽然大众可能在一段时间内接受，却不会无限期地接受。以一种模糊、非理性和情绪化的方式，美国人仍然坚持拉斯韦尔在其关于警卫型国家的系列文章中所理智表达的态度。传统的回应不会消失。如果军队站在政府一边，公众则站在将领一边。事实上，正如沃尔特·米利斯（Walter Millis）指出的那样，真正的士气问题不是出现在前线而是在后方。将领们的不满就是大众的不满之集中而明确的结晶。公众累积起来的愤怒与挫败感，是反对党不可能忽视的政治现实。艾森豪威尔如果没有朝鲜战争可能也会赢得大选，但即使是他的个人吸引力也在很大程度上来自于公众认为他将在外交政策方面"做出某些改变"的感觉。在选举中作为主导的议题，当然就是朝鲜战争。[19]范弗里特的信、对访问韩国的承诺、亚洲人为亚洲而战的宣言、在报纸头版公开伤亡名单与照片——所有这些都提醒美国在东亚发生的不愉快事实，并且刺激他们运用手中的选票来尽快结束这种事实。

艾森豪威尔政府前两年的参联会

一致性。确定的是，艾森豪威尔政府所做出的在政府模式方面相对
392　于其前任的最基本改变之一，就是依据共同观念来重构外交与内政政策。从某种意义上说，这就是美国人在 1952 年投票支持他的原因。新

的一致性通过政府领导人很明显地反映出来。共和党政府确实是一个团队。其主要执行者大都来自于企业界，尤其是制造业界，而非企业界人士也分享同样的商业哲学。时任内政部长坦率地说："我们是作为一个代表着商业与工业界的政府在执政。"本届政府中来自商界的高级官僚所占的比例，差不多是杜鲁门政府的两倍。[20] 说内阁是由八位百万富翁和一位水管工组成，这有失公平，但这句俏皮话的真实性也由于这位水管工富有争议的提前离职而被强调。总而言之，内阁官员表现出的不仅是在观念上惊人的一致性，也包括超乎寻常的持续性与稳定性。

不同于杜鲁门政府，艾森豪威尔政府在内政机构与外交—国防机构都是同类型的官员。国防部中商界人士的比例差不多和商务部一样高。在艾森豪威尔政府执政第一年结束时，国防部内的 24 位部级官员有 17 位是商人或企业管理者。[21] 杜鲁门政府中出身背景与观念特征的显著分裂消失了。福莱斯特不会与汉纳根或查普曼（Chapman）有共同语言。但是，威尔逊要与萨默菲尔德（Summerfield）或马凯（Mckay）沟通就毫无障碍：他们都与同样的工业复合体联系在一起。此外，这届政府都是由同一政党人员组成。国务院与国防部在杜鲁门时期是由民主党与共和党联合组成的，但在艾森豪威尔时代就完全是共和党了。

艾森豪威尔政府的一致性反映出政治与公众意见领域相当深远的发展。传统上，美国自由主义分裂成两个分支：一支是辉格派，代表着商界与经济上较为优势群体的利益，另一支则是大众民主派，以农民、小商人和工人为基础，是自由主义的改革派。虽然两派之间并没有根本性的意识形态冲突，但还是存在着经济利益的许多分歧。在经济萧条时期，改革派或者说大众自由主义通常能够赢得选举。自从 1932 年以来，民主党一直保持执政就是由于这一原因。因此，共和党必须战胜那种关于商界利益与公众利益之间存在冲突的流行趋势。艾森豪威尔政府通过将冲突从内政政策转向外交政策，达成了商业自由主义与大众自由主义利益上的认同。在这一领域，公众的态度支持商界的利益。商界不再是大众的对立面，而是大众之中的优胜者。商界与大众在内政事务方面的观点分裂，导致民主党在经济议题主导的时期成为多数派。而商界与大众在外交事务方面的观点一致性则在这些议题作为主导的时期使共和党得以成为多数派。

国防自由主义。 美国自由主义的传统气质，在艾森豪威尔政府的国防政策中以多种形式得以体现。这届政府的外交政策的导向是"开放、简化与公正"。[22] 将战争与和平绝对化并且二分化的自由主义倾向，反映在政府对于持续有限的军事介入的排斥这一方面。朝鲜战争结束之后，带着避免未来此类冲突的期望，政府阐明了"大规模报复"（massive retaliation）政策。1954 年春天，艾森豪威尔政府确实考虑过介入印度支那，但是国会与英国的反对使其放弃了这一计划。自由派的乐观主义也反映在这届政府对苏联这个敌人的实力评估方面。威尔逊部长与凯斯（Kyes）副部长早就指出，他们不相信悲观主义的军力评估，而一直坚信美国的军事力量始终是全世界最强大的，美国在武器技术方面遥遥领先于苏联。这届政府也倾向于将美国的政策目标相较其前任制定得更为广泛并且具有普世性。"解放"东欧的目标在 1952 年的竞选中被强调，而在执政之后，艾森豪威尔政府也继续强调"更为积极主动的反共"政策的必要性。国防部的领导者倾向于坚持自由主义的信念，认为内政与经济问题的解决方案可适用于军事安全问题。那些在商界取得成功的技术、政策与组织形式，同样可以在政府中取得成功。自由主义对军事制度与力量的传统敌意，表现为政府尝试寻求大规模军事力量的替代办法来解决军事安全问题。在艾森豪威尔政府的第一年中，其宣称强大的经济是我们的第一道防线，而如果军事力量威胁到财政稳定或国家偿付能力，则不应当维持这样的规模。在第二年中，政府强调科技方面的替代效果：美国拥有各类核武器与热核武器，这使得裁减常规军事力量是正确的。在任期的第三年，其强调的是建立一支有实效的由公民军人组成的预备役部队，作为对大规模正规军的替代。整个艾森豪威尔政府任期，都将平衡预算和减税放在高度优先的顺位进行考虑，因此也重视裁减军费开支。当然，从实际效果来看，商业自由主义最能够接近美国人民的普遍愿望。

艾森豪威尔政府期待参联会也分享这种自由主义哲学。这意味着艾森豪威尔时代对于参联会成员的资格要求同上届政府有着显著的不同。杜鲁门政府需要有政治声望的军方领导人来执行他们的政策，而艾森豪威尔政府只需要军方的参谋长们能够同意其政策，无须为之担任辩护者。用威尔逊部长的话来说，他们是团队成员——而不是团队的发言人。1953 年春天最初的参联会任命就反映出这一点，要求被任命的人有同政府一样的"新思维"，这比起在国会和公众当中有政治影响更为重要。同样的趋势在两年后任命伯克（Burke）海军少将出任海军作战部 395 长中更进一步反映出来。杜鲁门政府可能从来没有这样的政治能力将这种低级别的将领任命到军方领导层。对参谋长们的任命没有特定任期，而在两年后对所有任命会进行审查，这表明政府更多关心的是确保军方与其的共识，而不是强化军方领导人的地位。洛克菲勒委员会（Rockefeller Committee）在 1953 年春天草拟的五角大楼重组计划中强调了对于统一的军政思维的要求。委员会指出，不可能"在军事事务与民事事务（如政治、经济与工业事务）之间做出足够清晰的分界，从而提供一个划分军官与文官职责的可行基础，或是建立两条平行的指挥线"。[23] 这份报告也倡议国防部长参与参联会的会议。虽然杜鲁门政府的参联会成员曾经指出他们纯粹"代表军方观点"发言，威尔逊部长还是在 1954 年夏天发布命令，要求参联会放弃他们的法定职责，去"发挥他们最精明强干与深思熟虑的优势，在所有相关问题上表达观点，包括军事、科技、工业与经济"。[24] 据说，总统曾经宣传他只需要参联会的一致决定。因此，当李奇微将军发现自己与政府观点不一致时，他指出自己受到了"不断的压力"来迫使他"遵循既定的政治—军事'政党路线'"。当将军拒绝调整自己的观点时，他被明确告知不会被允许"公开发表不同意见"。[25]

尽管政府在确保一致的观点方面采取了多种努力，但是对新的参联会而言也需要一段时间才能将思维调整到这种新哲学上来。在 1953 年夏天就任之后，他们受命建立一种"新视角"军事战略，将军事因素与新政府的财政政策融合在一起考虑。虽然有这种融合的要求，但他们在秋天还是提出了同杜鲁门时代的前任几乎一致的军力水平方案。不过，国家安全委员会拒绝了他们的建议，指示军方制订一份更能节约财政支出的战略计划。[26] 当然，如果参联会仅仅遵照国家安全委员会的指示制订一份在国安会的预算限制之内更为可行的建议，那么就既没有超越军政职责分界，也没有放弃参联会的军事职责。但有证据显示，参联会的部分成员的想法超越了这一点。他们并不是就这样接受政治权威所提出的限制；他们将自己的看法融合到政治领导人思维中那些最重要的假定之中。这尤其表现在参联会主席雷德福（Radford）海军上将身上。而坎尼（Carney）海军上将与特宁（Twining）空军上将也以较低的程度表现了这一点。李奇微将军则并非如此，他撰文指出，严谨的职业角色需坚持独立的军事判断，但还是要从属于总统及其文职幕僚所做的判断。拒绝了布莱德利前一年夏天关于军人不应做出经济与政治判断的警告，雷德福论辩说参联会应当对国家总体收入状况作出评估，并且——

> ……对可能分配于国防的预算数额进行推算……
>
> 我毫无保留地赞同这一理论，军人要从长远出发制订计划……就必须将经济因素纳入考虑……
>
> 从我们获取的国家长期预算收入的数字来看，我们一定程度上减少了固定支出，而且在剩余的估算额度内，我们确实感到……我们可以提出适当的军事计划……[27]

此后，雷德福海军上将指出他完全支持裁减预算的"新视野"，第二年当政府的第二阶段裁军方案提交到国会时，他再一次采取了这一立场。艾森豪威尔政府的参联会也倾向于吸纳杜勒斯国务卿此前的假定，采取更积极主动的反共政策。1954 年春天，雷德福海军上将呼吁以派遣航母编队打击奠边府敌军的方式介入印度支那战事。[28] 稍后，随着远东之旅的结束，雷德福看起来能够获得政府对于他的立场的部分不太明确的支持。与此同时，他还表示支持对中国海岸的封锁，如果这对中国释放他们所俘虏的美国人有必要的话。[29]

雷德福海军上将的视角完全偏离了军事伦理，其程度最充分地体现于他支持出版的著作《好战的自由主义》（*Militant Liberty*）之中。[30] 这本出自雷德福任内的 18 页小册子试图运用"作为我们国家建立根基的那些原则"为美军提供指导。这本书从纯粹的意识形态术语来界定西方与苏联阵营之间的冲突，在双方之间描绘了一种清晰的二分。这本书宣称可以用从正 100 到负 100 的量表，从政府在六个人类活动领域的权利与义务平衡程度上来评估所有国家。在除了美国政府以外的所有地方，这本小册子都被看作是来自于奇怪的人的幼稚、滑稽并且无害的作品。但是，其由五角大楼发行，就成了一个美国军政关系错乱的值得警惕的信号：一方面是文官放弃了其职责的表现，另一方面也是将领们追随融合主义的建议而放弃了他们的组织结构，冒险涉足政治哲学领域带来的危险事例。

执行。艾森豪威尔政府的政治实力、其文职领导人的声望及其政策所受的欢迎，都使得参联会无须像其前任那样去面向公众为政策辩护。虽然杜鲁门政府曾经鼓励其军方领导人就政策的疑问发言，艾森豪威尔政府则希望军人保持沉默。诸如坎尼海军上将这样的军方领导人不合时宜地发表言论时，政府就出面制止，并且还制定了详细的流程细则来约束军方发表意见与文章。政府很少感觉有必要让军方领导人为其政策向公众辩护。在其作为杜鲁门政府参联会主席的最后两年任期中（1951年1月至1953年1月），布莱德利将军在国会、公民团体、广播电视媒体前公开露面多达 57 次，讨论了军事政策中的许多重要议题。相反，雷德福将军在其作为参联会主席的最初两年中（1953年8月至1955年8月），只做了 39 次这类型的发言。* 布莱德利上将在其"直布罗陀"

* 这其中的具体对比：正式、公开的国会听证会，布莱德利 18 次，雷德福 16 次；对非军事团体的演讲，布莱德利 26 次，雷德福 23 次；广播与电视发言，布莱德利 13 次，雷德福 0 次。以上数据汇编自布莱德利上将与雷德福海军上将的公开文件与信息。

演说中对杜鲁门政府的军事政策做出了经典的表述，而且也经常对外交政策做出口无遮拦的评论。与之相反，艾森豪威尔政府的军事政策的经典表述，既不出自于将领也不出自于国防部长，而是在国务卿杜勒斯的"大规模报复"演讲之中。在对民主党关于该政策的攻击作出回应时，也是通过国务卿的一次记者会与《外交事务》上的一篇文章，以及尼克松副总统的一次全国广播讲话。参联会对这场辩论唯一的重要贡献，就是雷德福在1954年3月9日的演说中，以及尼克松讲话两天后在参议院拨款委员会的军事预算听证会上发表的高水平评论。印度支那危机的过程中也是相似的模式。虽然雷德福是政策发展的主要推动者，但他在政策的公共宣传中仅仅扮演次要角色。最早是总统在3月24日和4月7日发表声明加以推动，杜勒斯国务卿也在3月29日于纽约发表演说。在其于4月16日面向新闻媒体所做的著名的"非正式"谈话中，副总统再次扮演了关键角色。当干预政策最终被否决，也还是杜勒斯表达了政府意图的改变。雷德福唯一一次重要的公开表述是在4月15日的演说中，但他只是重复了总统与国务卿此前说过的内容，并且很快就被遗忘了，因为副总统在第二天做出了更重要的表达。

399

　　政府在利用军方领导人为自己的政策进行辩护这方面的失败，反映出他们没有通过这方面资源去获取政治支持的需要。布莱德利是杜鲁门强有力的盟友，但艾森豪威尔对雷德福有什么需要呢？政府在许多方面更加尊重国会关于国防政策的观点，例如在印度支那和中国台湾问题方面，因此也不太需要去说服国会来通过自己的观点。有时，艾森豪威尔政府的参联会也在国会委员会上发表关于政策的演说并为政府政策而辩论，但在这些情形中，他们的重要性相较于前任是显著下降了。

结　论

　　两届政府的军政关系模式，反映出在缓解军事职业主义与自由主义政治的紧张关系方面的不同努力。只要美国对战争和军事的基本态度延续着他们的传统模式，参联会就会被推向他们的不同角色，要么是作为拥护者的政治角色，要么是作为独立实体的政治角色，也可能是两者合一。既然军方不太可能再次获得他们于二战刚结束时所拥有的声望与欢迎，此后的政府也不太可能以杜鲁门政府的程度去利用他们的政治支持。但是，如果执政党试图遵循一种保守主义且不受欢迎的路线，那么无论如何军方能做的当然就是向公众推销政策。另外，如果政府奉行的政策更受欢迎，则可以期待参联会坚持主流观点。不可避免的是，参联会必须要么成为公众意见的代表者，要么成为抵御公众意见的辩护者。

第十五章
分权与冷战中的国防

分权的影响

400   冷战所需的持续且高水平的国防行动，通过三方面强化了军政关系领域的分权的影响。首先，其强化了国会在军事政策与军事行政方面的角色。其次，这使得国会—军方关系的焦点从军方的供应部门转移到各军种的职业首长，因此也强化了分权与军事职业主义之间的紧张关系。最后，这倾向于形成一种多元化或平衡的国家军事战略。

权力分立 vs 职能分立

      国会利益的改变。军事事务在冷战中重要性的提高，使得国会对军事政策与军事行政的更强介入成为必然而且正当的结果。在 1940 年以前，国会很少如此关注军事政策。它只以一种相当有限的狭隘视角来观察陆军部与海军部的行动。国会关注的利益焦点是陆海军基地的位置、建设、军用物资的采购，总而言之，更关心的是军费开支用在哪里、被谁使用，而不是为什么使用。部门、经济与地方的利益是国会考虑军事事务的主要动机。有关军事拨款的辩论很少受到关注，讨论常常跑题到

401 和军事支出无关的议题上。[1] 国会对军事政策的主要议题的考虑局限于

偶然提出的法案，例如 1916 年与 1920 年《国防法》这样的陆军组织法案，还有 1916 年、1934 年与 1938 年的那些法案中关于海军建设的重大授权问题。但是，在这些例子之外，国会很少考虑军事政策，理由很简单，军事政策还没有足够值得他们去关注。

但是，在二战之后的十年中，国会里就几乎始终充斥着军事政策方面的实质性重要议题：选征兵役、普遍军训、现役部队的规模、预备役部队的组成、国防机构的组织、军官与义务兵服役的条件。此外，对军队的年度拨款都成为军事政策中的最重要议题，还有对于陆海军建设与军事援助的年度授权，都需要做出重大决策。军事事务转型为重要的公共议题，这使得继续保持宪政层面的职能分立变得不可能，这种分立赋予美国总统如同英王一般的权力去指挥和管理武装力量，而给予国会如同英国议会的授权来决定武装力量的存在、规模与组成。

职能上的重复。美国政府的特点之一就是，其宪政层面的权力分立与职能分立之间的冲突。国父们建立了彼此独立的国会与总统，它们各自通过宪法上的独立条款获得权威，并且通过不同的选举体制从各自的选民中获得权力与影响力。这种分离的权力来源通过"利益集团的不同渠道"沟通国会与总统而进一步强化：有些利益集团更容易通过总统实现其目标；另一些则更容易通过国会。国会与总统之间的彼此独立，同时也不存在其他任何更高的制度性权力，意味着双方分享终极的统治权。这不可避免地造成了持续性的竞争与冲突。但是，宪法还设定了职能的分立。在更广泛的条款中，国会拥有立法职能，政府拥有行政职能，然而宪法也赋予国会一定的行政权并赋予总统一定的立法权。不过，在现实中，宪法上的权力分立削弱了宪法上的职能分立。国会与总统之间持续性的竞争，使得双方都在主要的实质性政府活动领域侵入对方的宪法权力范围。为了追求其目的，无论是总统还是国会的领导人都否认了立法权与行政权之间理论上的法定区分。国会调查行政官员，要求他们作出报告，基于限定的数量和特定目标来分配资金，并且通过许多方式比总统更深入地渗透到行政过程之中。而总统制定主要政策，提

402

出每个会期的立法计划，通过行政命令与规章执行广泛的授权，并且在实际上决定政府政策的整体方向。在分权体制之下，国会与总统都必须既行政又立法。这是制度得以维系的铁律。统治权不能被限制或分割。如果每个分支都分享这种权力，那么就会利用一切机会来行使权力。权力的分立不可避免地导致了职能的重复。

职能分立由于权力分立而瓦解，这常常会引起反对派的哀叹，他们攻击总统篡夺了国会的政策制定职能，学者则批评国会将自己陷于行政细节自找麻烦。但事实上是，权力的广泛分离而非职能的有效分配才是美国宪政神殿的中心价值。分权的结果是，在联邦政府与州之间、联邦政府的三个分支之间、行政部门的各个机构之间以及相互竞争的国会委员会之间产生了持续不断的既重叠又冲突的管辖权。许多人都做着其他人的工作，而法律职业与法院获得了超常的重要性，因为竞争的权力与要求都不断需要加以仲裁。但是，分权导致的另一些结果，就是需要在采取行动之前确保几乎所有利益相关群体的共识（卡尔霍恩所谓的一致多数［concurrent majority］），形成民主多元的沟通政府的渠道，以各个集团与政府机构之间实现相互制衡，从而避免权力行使的专断与独裁。在相互争夺各自职能的过程中，国会与总统表现出美国政府的基本特征。

国会委员会在政策制定与行政中的角色。国会通过其内部的委员会来行使在政策制定与行政方面的职责，其中多数委员会都以某种方式涉及军事事务。[2] 不过，在二战后十年中，这其中的主要职能涉及军事政策与军事行政的委员会共有六个。* 众议院与参议院的军事委员会

---

　　* 对于国会委员会在军事事务方面的角色所做的评估，依据的基础是他们在 1947—1954 年间的运作。参议院政府运作委员会（Senate Government Operations Committee）除了在 1953 和 1954 年破例召开一系列关于陆军的广为人知的听证会之外，很少调查军事事务，而且其介入这个领域通常是由于最初关注其他问题的调查引起的，例如对政府采购的否决或干预的调查。众议院外交事务委员会（House Committee on Foreign Affairs）考虑的是年度军事援助法案，但并不深入军事事务。原子能联合委员会（The Joint Committee on Atomic Energy）当然要经常处理与国防部直接相关的议题。

（Armed Services Committee）在其中处于主导地位，结合了政策与行政领域的广泛利益。众议院军事拨款小组（House Military Appropriations Subcommittees）利用预算程序来对军事行政的细节问题进行调查。参议院军事拨款小组（Senate Military Appropriations Subcommittees）则试图对军事政策进行更一般化的考虑。众议院政府运作委员会（House Government Operations Committee）则更深地介入军事行政。参议院外交关系委员会（Senate Foreign Relations Committee）则处理由条约或年度双边协助法案所引出的军事政策问题。

　　除了拨款与重组计划以外，几乎所有直接涉及军事机构的法案都是由众议院军事委员会加以考虑的。在第八十届到第八十二届国会中，该委员会组织了广泛的听证会，所涉及的问题包括军官晋升政策、普遍军训、选征兵役、陆军组织、统一军事司法法典、1949 年国家安全法修正案、军队工资比例、空军组织，以及预备役部队法案。此外，1949年的"统一与战略"（Unification and Strategy）调查，是在麦克阿瑟听证会之前所进行的关于二战后最全面的对国家军事政策的探究。其主席与成员都对于涉及武装力量的规模与组成的拨款委员会的行动保持持续关注。这个委员会也深入实质上的行政事务领域。军事机构中没有什么方面保持在该委员会的合法关注之外。委员会的调查深入研究了大量军事基地与兵站的情况、军队医疗的行政事务、空军的安全飞行程序与军机私人搭乘的情况、军备采购方式，以及军工设施的运作。委员会在行政管理方面的介入程度，反映在对于各军方部门要获取或处置超过25 000 美元的固定资产，都必须获得众议院与参议院军事委员会的批准。众议院海军事务委员会（House Naval Affairs Committee）首先于 1944 年从海军部获得了这项权力。在 1949 年第八十一届国会会期之初，卡尔·文森（Carl Vinson）这位前任海军事务委员会主席与新任军事委员会主席，宣布任命一个特别小组来行使委员会涉及海军不动产转移的职责。文森在一次对话中强有力地说明了宪政层面上的职能分立被逐渐架空的趋势，他随后继续指出：

404

主席：现在，与此有关的议题被提出，我认为很重要的是起草一项法案，能够涵盖陆军与空军所有涉及土地取得与处置的事务，并且赋予我们对于这两个部门同海军部一样的管辖权。

基尔德（Kilday）先生：主席先生，我建议是否将这一内容添加到其他立法当中，以免被否决的可能性？

405 主席：这或许是个好主意。但是，从该法案自身价值来说已经足够成立了。很明显，在土地处置时国会有权力发表意见。

现在，可能在于取得方面还存在某些宪法层面上的怀疑，但是在处置方面没有任何疑问……当然，现在我们立场的不足在于我们并非整个国会而只是其中一个委员会。但是，当我们遭遇这一点时我们一定能够解决。因此，由斯玛特（Smart）先生起草一份草案，我们将以此进行考虑……

现在，我们将指定布朗（Brown）先生作为专业人士来执行（关于海军不动产转移）这项工作，正如他在贝茨（Bates）先生领导下所做的那样。我想对你的工作表达敬意，并且希望你的记录都是最新的。我并没有调查过这些，但我相信都是正确的，因此我们能够完全清楚所有的进展……

那么，我认为这是正确的控制。我希望委员会能够有所作为来推动各部的运作，而不是让这些部来告诉委员会我们应该做什么。

下一件事就是，任命特别委员会来处理海军部的特定资产处置问题。

先生们，你们可以看到许多事情都与海军有着特定的联系，因为当我们指示海军的航向时，我们可以感受到这个委员会应当在许多问题中参与进去。

我对涉及所有军种的事务都有同样的感觉。[3]

虽然基尔德先生提出了警告，文森主席还是尝试在立法权的分散组成部分中确保其权力。总统否决了这一法案。文森随后将许多条款写入

《1951年陆海军建设法》（Military and Naval Construction Act）中，这一法案毫无疑问地通过了，杜鲁门别无选择只能签署。这个委员会常常运用他们的权力否决军方的不动产交易，或者迫使其改变合同条款。

参议院军事委员会通常比众议院军事委员会在主要立法方面投入更多的精力。与后者不同，其也参与到外交关系委员会的军事援助立法当中，并且与参议院军事拨款小组保持着密切联系。1951年，联合外交关系委员会进行了关于国家军事政策的两项重大调查，分别涉及解除麦克阿瑟将军的职务和派驻更多美军前往欧洲。调查通常由特别成立的小组来实施。所讨论到的这一时期中最重要的是由参议员林登·约翰逊（Lyndon Johnson）领导的军事准备小组（Preparedness Subcommittee），该小组在朝鲜战争期间调查了军事政策与军事行政方面的广泛问题，其中包括军队组织体系、空军扩充的速度、钨的短缺、后勤委员会的行政管理、北非空军基地的建设、征兵中心的运作、陆军的涂料采购，以及美苏师级部队的火力比较。在第八十三届国会中，两个专门的军事准备小组实施了针对在韩国出现的弹药短缺现象和飞机采购的调查。参议院军事委员会也和众议院军事委员会分享关于公共工程费用细节进行授权和批准军方不动产转移的职责。在第八十三届国会会期之初，该委员会提出暂停开支五千万至六千万美元的海外空军基地建设，直到对这一军事建设计划作出详细研究。参议院军事委员会还有一项重要权力就是，能够对军队中的所有晋升、各军种参谋长以及国防部的最高层文职官员的任命产生影响。偶尔，委员会会否决那些未能履行好职责而受到公众批评的军官的晋升。与此同时，委员会也能够保证某些可能受到行政机关忽略或歧视的军官得到晋升。*

---

* 1953年，该委员会成功地威胁要延迟海军的晋升，除非海军核潜艇专家海曼·里科弗（Hyman Rickover）上校晋升为将级军官。1955年，委员会试图限制总统在任命高级军官方面的裁量权，要求只有某些特定职位的军官才能晋升为中将或上将。另外，行政机构坚持晋升不应当考虑未来的任命。该委员会的立场事实上是退回到职业主义之前的体系，在那个体系中，军衔取决于职位而不是作为就任某一职位的先决条件。See *Army Navy Air Force Journal*, XCII (Mar. 19, 1955), 848, (May 7, 1955), 1053, 1064.

《1947 年国家安全法》与国防部在 1953 年的重组，都通过了众议院政府运作委员会（正式的名称是行政机构费用开支委员会 [Committee on Expenditures in the Executive Department]）的考虑。除了这些组织政策方面的重要议题之外，政府运作委员会在军事方面的兴趣几乎完全在军事行政、管理、供应与采购方面。其中 1951 年和 1952 年设立的政府运作小组，由波特·哈迪（Porter Hardy）担任主席，对陆军采购和军事建设的技术与程序当中的非常规问题进行了调查。众议院赫伯特·C. 邦纳（Herbert C. Bonner）领导的政府间关系小组（Intergovernmental Relations Subcommittee），在同一时期也对军方资产处置和后勤供应管理进行了调查。其他小组也介入军事方面的联邦计划目录以及国防部关于普遍军训的公开运作。1953 和 1954 年，里尔曼军事运作小组（Riehlman Military Operations Subcommittee）延续了其民主党前任在采购、供应管理和剩余资产处置方面的兴趣。此外，还实施了对于军事研究和发展领域的组织和管理的广泛调查。这些小组的行动常常使他们涉及军队行政与管理中最为细节的问题。[4]

军事拨款过程。军事预算是军方与国会之间每年一度的最重要接触。这给了国会机会来考虑和否定军事政策的大政方针，并且从详尽的细节来思考军方的程序与行政管理。国会的军事预算程序的特别之处在于，军事拨款小组在处理预算时具有相对较大的自由度。在政府活动的许多领域，列入实体立法的基本政策与计划都要先经过提案委员会的审查和国会的批准。拨款委员会在这些范围内，每年决定应当支出多少经费来执行实体立法。但在军事事务方面，模式有明显的区别。实体立法的角色在为拨款委员会提供指导这方面，不如在其他大部分领域那样重要。授权军队的人员与组织规模的基本法案，提供的授权通常只是一个实际上难以企及的封顶要求。同样的授权法案可能成为 300 亿美元预算的基础，也可能提供 600 亿美元的预算。而且在 1950 年，当朝鲜战争爆发后，对于武装部队兵力的授权立法第一次被中止，随后设置的高水平规模——五百万人——并无实际效果。因此，当国会作出关于军事编制规模与不同军种的相对重要性的决策时，其全部职责就完全落实在拨款程序当中。在军事计划的主要方面，存在详细授权的只有军队薪酬标准、对外军事援助和军事公共工程。因此，实际上军事委员会被排除在大部分重要的年度军事政策决策之外。参议院弥补这种裂痕的方式，是在拨款委员会与军事委员会的成员中实现重叠。另外，众议院军事委员会试图通过多种方法来影响军事拨款。例如，在 1949 年，该委员会通过决议将空军扩编到 70 个联队，委员会成员准备了详细的军事预算提交给拨款委员会，主席本人也在确保国会批准增加空军拨款并且努力增加海军航空兵经费方面发挥了关键作用。1955 年，军事委员会提出并且考虑了大规模的海军造舰计划，而拨款委员会则考虑这一计划的经费问题。军事委员会的听证会给予海军将该计划公之于众的机会，尤其是再建造一艘福莱斯特级航母的计划，当时据报道说拨款委员会的领导层反对建造更多航母。但是，总而言之，拨款委员会在决定军事拨款方面有着不同寻常的自由度。

　　详细的实体立法的缺乏，意味着军事拨款小组应当对宏观的政策议题给予更细致和更广泛的关注。但是，拨款委员会一直备受强烈批评，认为他们太少关注军事政策议题，反而太注意行政管理细节。这种批评的内涵是国会应当在处理军事预算时不要陷入指挥与管理的细节当中，以免对公共政策的重大议题缺乏足够重视。[5] 但是，这种批评从两方面来说都错了。分权要求国会进入预算程序的行政细节当中，就像在其他程序中一样。而且，事实上国会也对涉及预算的其他重要军事政策议题予以了考虑和有效关注。通过军事预算程序中的分工，众议院军事拨款小组对行政管理的效率、浪费与重复进行细节审查，而参议院军事拨款小组则关注军事政策的重大议题。虽然两院之间潜在的竞争关系趋向于引导双方都进入政策与行政两方面，但这种职能分工无论如何还是在实践中真实存在的。

　　两院在军事拨款程序中的功能差异，反映在其组织与运作程序上的差异。众议院拨款小组通常首先审查军事预算，投入比参议院更多的时间进行考量。因此，众议院能够从大量细节的层面分析提出预算案与之前的开支。由于众议院通常在晚春以前无法完成军事拨款法案，也因为这一法案希望在 6 月 30 日财政年度的结束时完成，参议院的时间通常就很紧张了。因此，这迫使参议院更多关注重大议题。另外，参议院在众议院之后审查，这也给予参议院一种上诉审职能。各军种通常接受众议院对于那些较不重要的项目的裁减，只要求参议院恢复那些他们认为最关键的项目。此外，众议院拨款小组通常还会细分为二级小组（sub subcommittee）来分别负责不同军种，而参议院的听证会则是由单一的拨款小组或整个拨款委员会来组织的。在众议院的听证会上作证的上百位官员，通常是在涉及拨款计划的财政和行政管理细节方面作为专家的中级文职行政官员与军官。而在参议院拨款委员会的听证会上作证的官员，通常全部是部长或军方首长，他们关注的是政策而非行政。此外，众议院听证会通常是秘密的，虽然记录会在此后出版，而参议院的听证会自从 1947 年以来则通常是公开的。当然，前者的程序更适合深入探究行政细节，而后者则更适合对公共政策进行广泛讨论。最后，众议院的军事拨款小组与众议院军事委员会的联系相对较弱，而参议院军事拨款小组则与参议院军事委员会有着更为密切的联系。例如，1953 年，参议院军事拨款小组 15 名成员中的 4 人，同时也是军事委员会成员。此外，军事委员会中的另外 3 名成员也作为委员会的职权代表参加拨款听证会。参议院内这种习惯的、普通的实践，也推动国会委员会对于其行动的财政意义有更多理解。

对于两院通过预算程序影响军事政策与行政的角色，一个非常生动的例子就是 1953 财年的国防部拨款法案。从 1952 年 1 月 10 日至 4 月 3 日的三个月中，这项法案在众议院军事拨款小组审议。而该小组又细分了四个二级小组，分别负责陆军、海军、空军与军事公共工程。面向全小组的听证会持续了 26 天：6 天讨论关系到国防部整体的一般政策，12 天讨论各个军事部门的政策议题，8 天用于对国防部长办公室提出的拨款方案进行细节审查。对拨款请求的逐项考察和论证，在海军二级小

410

组要经过 23 天，在空军二级小组要 20 天，在陆军二级小组要 22 天。
23 名文官与 93 名军官代表海军出席，43 名文官和 132 名军官代表陆军
出席，30 名文官和 102 名军官代表空军出席。几乎没有出席者的证词
涉及军种范围的政策与利益，而是差不多全部关系到重要性较低的具体
项目。小组最终从一开始建议的 509.21 亿美元预算案中裁减了 78 个项
目的 42.3 亿美元。4 月，第二周在众议院的辩论又重新提出了三个此
前没有讨论过的一般性政策议题：①空军拨款规模，涉及是否在 1955
年中期还是 1956 年抑或更晚达到 143 个联队的兵力；②海军建设经费
的规模，涉及是否可以再建造一艘福莱斯特级航母；③限制国防部开支
（不是拨款）在 1953 财年下降到 460 亿美元以下。所有三个议题在众
议院投票都是从经济方面加以考虑的。但是，其行动的意义不在于对这
些议题的深思熟虑——这些议题无论是在委员会内或议员席上都没有得
到深入讨论——而是在于像这三个议题涉及公共政策重大并且有争议的
考量，就会被从大量次要并且细致的问题中分离出来。参议院军事拨款
小组在 4 月 10 日至 6 月 21 日用了 20 天举行听证会，其中有 15 天几乎
被完全用于上述的和其他的重大政策议题。大部分证词来自于部长、助
理部长以及各军种参谋长。苏联威胁的性质、军事预算对国家经济的
影响、不同类型军事力量的相对要求、航母空中力量的战略角色、人
力政策与采购、在不同选项的准备期内完成军队建构所具有的意
义——所有这些都得到广泛、睿智与深思熟虑的讨论。委员会投票否
决了众议院做出的两项草率决定，建议取消军费支出限制，并且批准
建造福莱斯特级航母。在 6 月 28 日与 30 日，参议院两天的辩论再次
集中讨论重大政策议题。参议院不仅支持委员会所提出的两项建议，也
赞成在 1955 年中期建立 143 个联队，这使得空军采购经费又得以恢复
了 6 亿美元。参议院在全部三个重大政策议题方面对众议院决定的否
决，得到了两院协调委员会（conference committee）的认可，并写入法案。

很难看出预算程序能够如何改善。拨款的细节首先由大量分别负责预算各部分细节的小型委员会来审查。他们的工作汇总到众议院，并且得到众议院的批准。在这个程序中产生的重大问题，会由参议院来深入探讨并且投票决定。总的来说，参议院通常能够成功地让众议院接受他们在这些议题上的决策。近年来，参议院军事拨款小组对军事政策的讨论一直都有见地、睿智并且关注最重要的问题。事实上，参议院听证会的绿皮书（green volumes）是表现美国军事政策性质的最重要渊源之一。例如，1953年和1954年艾森豪威尔政府裁减空军和陆军预算的涵义，就可从中得到充分体现。事实上，从我们可能获得的信息来看，1953年的空军预算裁减在参议院委员会中得到了比在行政部门更加细致的思考。

分权 vs 军事职业主义

二战前的军队—国会关系模式。在美国的大部分历史中，分权与客观文官控制之间的内在冲突一直是隐蔽多于明显：分权对于军事职业主义的发展造成了延迟与限制的影响。但是，冷战及其对于持续的高水平国防活动的需求，显著增强了军事职业主义与分权之间的紧张关系。军事政策重要性的增加形成了1947年之后流行的国会—军队关系模式，这与1940年之前的模式有着明显差异。早期的关系主要存在于国会与军队中更文职化的供应与后勤部门之间。军队中的技术兵种——工兵部队、后勤部队、军械部门、通信兵部队，海军的技术部门——造船厂与码头、军械、补给和会计、建设与维护、轮机工程，都与国会有着最为紧密而持续的联系。而与此同时，职业军事首长与国会之间的联系是疏远而偶然的。只要国会对军事机构的支出方面比对作战方面更有兴趣，就可以预期这种模式的出现。在技术兵种与行政部门的首长同国会打交道时，他们的职能部分是以技术专家身份作为顾问，更多的是代表着军事部门中特定组织的利益。他们并不履行职业化的军人角色。事实上，他们也可能仅仅代表民间机构。在这种联系中，不存在真正的军政关系要素。各个部门与兵种在许多情况下建立与国会特定集团和委员会的密切联系，只是基于共同的经济利益。当然，极端例子是存在于陆军工兵部队、港口与航运利益集团、南部和中西部国会议员之间的复杂关系。工兵与国会的联系基本上同国会和诸如农业部与内政部这样的行政部门之间的联系相似，都有一种紧密联系的代理人集团。[6]

军事政策议题的重要性的相对缺乏，以及国会相对来说对这些议题不感兴趣，也使得职业军事首长在同国会打交道时主要是作为行政部门的代言人。只要国会不关注军事政策，就不会要求专业的军事建议。因此，军方首长同国会打交道时，特别是在有关军事预算方面，并不表达他们自己对于军事需求的独立专业评估，而只是忠诚地支持总统的提议。这种行为部分反映了 1921 年《预算与会计法》（Budget and Accounting Act）当中的禁令：“任何部门与机构中的军官或雇员不能向国会或其中任何委员会提交对拨款进行的评估或请求，不能请求增加评估或请求的项目，除非国会提出要求。”[7] 只要国会对达成他们在军事政策方面的结论并且提炼出军官在国防开支方面的独立观点不感兴趣，军人所能做的就只有支持总统。回顾 20 世纪 20 年代早期，马歇尔将军曾经评论说：

> 私下说来，我看到潘兴将军（陆军参谋长）所处的这种情况是他的观点完全不受重视。他的观点从未获得考虑。虽然他是这个国家中拥有崇高声望的人物。但是，无论他的感受如何，预算仍然被削减、削减、再削减。造成这种现象的主要原因是，他没有机会在不违反忠诚立场的情况下对公众做出表达。当然，他永远不可能这样做。[8]

军官普遍感觉到他们受到总统决策的约束。麦克阿瑟将军在 1935 年说道："在我们提出的预算案中，我们仅仅是总统的代理人。"[9] 早前，陆军总财务官（Army Chief of Finance）曾经清楚地向国会指出，总统的政策是阻止陆军部向国会直接提出他们的需求的控制性因素："我认为当预算被总统批准并提交国会时，这就是根据总统的估计制定的预算，陆军部内没有任何军职或文职官员有权力来尝试在这个预算的基础上增加哪怕一美元。"[10] 这是 1940 年以前标准的军方思维。唯一的重要例外发生在海军建设法案方面。海军对于国家安全更高的重要性导致了国会与其职业军人领导之间的直接沟通，海军综合委员会（General Board of the Navy）即使没有总统的批准，也会毫不犹豫地提出自己的意见。但是，即使在海军领域，沟通也是有限的。只有偶尔与重要法案相联系时才会提出议题，而且在 1913 年以前，海军综合委员会的观点甚至不会公开。整个关系中，最惊人的方面是国会默许职业军人服从于总统的程度，并且容忍军方拒绝直接向国会提出专业建议的态度。这种情况只有在军事政策一般而言不是非常重要，并且国会一般而言也不感兴趣时才会发生。当重要程度达到诸如 1916 年与 1920 年的海军法案和国防法案时，国会就会坚持直接听取职业军事首长的意见。但这在主流的模式中只是例外。

军方首长与国会的沟通渠道。军事政策在 1945 年之后持续的重要性改变了国会—军队关系的重心，从主要联系技术兵种与部门转移到同职业军事首长的关系上来。分权的完整内涵不再被回避，国会与军方之间的关系也就成为军政关系当中的一个问题。如果国会要在决定国家军事政策时发挥其作用，那就需要同总统得到同样的独立专业建议。早前，国会议员只是偶尔宣称他们有直接获取军方首长意见的权利。二战之后，他们经常强烈坚持军方领导人应该有自由直接向国会委员会提出他们观点的权利。特别是关于军事预算方面，有论调指出国会只有能够比较参联会纯粹的"军事"建议和总统"混合大量军事之外的考量"

的预算，才能真正履行其宪法职责。* 从二战前模式转向的法律里程碑是1949年《国家安全法》中的一项条款，允许参联会的成员向国会提出"与国防部有关的其认为合适的任何建议，只要首先通知国防部长，可以主动提出"。[11] 这是美国历史上第一次由法律授权职业军事首长可以直接向国会表达观点。虽然这并没有使参联会成员成为国会的主要军事顾问，就像对于总统、国家安全委员会和国防部长那样，但也确实使他们得以摆脱1921年《预算与会计法》的法律限制。然而如果没有办法保护军事首长对抗行政机构的压力和报复，这一法律授权也没有可行性。在1949年，海军作战部长丹菲尔德（Denfeld）上将参与 B-36 听证会之后被解职，国会军事委员会警告说，今后任何此类性质的"恐吓行为"都将导致"国会来行使他们宪法上的补救权力"。[12] 但是，这种"宪法上的权力"对国会而言也是言胜于行。几乎没有多少有效措施能够保护军官抵御行政机构的行动。

军方首长容易受到干预的特点，使得他们在考虑是发表看法还是保持沉默时背负着巨大的压力。当出席某个国会委员会并且被邀请对总统的建议提出批评时，怎样才是正确的职业行为？军方首长对于总统的政策要达到怎样程度的怀疑和否认，才会使得他在国会面前主动表达批评？参联会成员在国会拨款委员会面前一年一度的心理危机，虽然是新现象，但看起来也会在美国政府中得以持续。如果军方首长接受总统的

---

  * 卡尔文森在这次演说中继续指出："国会的职责不仅仅是接受或削减由预算局提交的预算总额……

  我们在这个国家去哪里寻找什么是对国防最合适的需求？当然，行政机构的最终职责是由总统负责。但是，他的观点并非军事专家的观点。他不能从军事专业视角做出判断，我们的体制也不希望他这样做。我们最高的军事判断来源是参联会，他们依据法律负责国防战略与后勤计划。这些人在积累了漫长军旅生涯的经验与努力之后升任至国家军队的最高层级，我们必须向他们寻求建议，总统也必须向他们寻求关于我们国防需求的最权威建议。

  因此，我接受总统的预算，其中融合了大量军事之外的考量，以此和参联会建议的最低预算进行对比，后者在性质上完全是军事的。通过这一程序，我相信国会能够比单独以总统预算作为标准的情况能够更彻底地满足我们的国防需求。"

  文森对两项预算案进行的对比，在比较参联会提出的 174.39 亿美元和总统提出的 147.65 亿美元的基础上，形成了自己额度为 163.64 亿美元的预算建议。*Cong. Record*, XCV（Mar. 30, 1949），3540.

政策并为之辩护，他就是压抑自己的专业判断，拒绝向具有宪法授权的国会提出建议，并且成为行政机构政策的辩护者。如果他向国会表达自己的专业意见，他就是公开批评他的最高统帅，并且为其政敌提供有用的弹药。这种两难境地很难摆脱。二战后军方领导人的行为，从或多或少地与总统政策斗争（如海军将领们对成立统一国防部和B-36轰炸机的争议），转向了为总统与他们职业判断相抵触的政策进行辩护（如布莱德利将军对1951财年预算案的辩护）。但是，中间道路看起来是职业上最可欲的。完全在国会保持沉默或者坚决支持总统的路线，都不再是适当的行为。军方首长对于总统和国会都有职业义务来直言不讳。正如雷德福海军上将指出的同20世纪20年代军方相反的观点：

> ……如果美国国会不能从任何出席委员会的证人中获得完全、坦率且真实的回答，那我们就无法在我们的政府体制中发挥职能。我认为军人出席国会委员会时，如果被问及他们自己的意见，应尽可能真实而坦率地回答。[13]

李奇微将军在1954年和1955年接受参议院询问时的态度，反映出他寻找适当途径的努力。在两个事例中，李奇微强调他接受更高层级的行政决定来确定陆军规模，而这很明显同他个人的判断不符。1954年，他在参议院的秘密会议（executive session）中表达了自己的观点；1955年，他则将他关于陆军所需兵力的意见公开发表。[14]

维持这种行为模式，要求军人、立法者与行政机关共同的克制和自觉的合作。如果行政机构因为军官向国会提出了他们的专业意见而惩罚他们，如果国会坚持利用军人来给行政机构制造难堪，如果军人偏离了他们的专业领域而进入政治与外交领域，军事职业主义与客观文官控制都会变得不可能。*

418

---

* 例如，詹纳小组（Jenner subcommittee）调查了朝鲜战争的指挥，批评杜鲁门政府控制军队的做法，并且呼吁采取步骤"终止关于对峙行动和停战协议谈判的政治干预"。该小组也请求那些退役的朝鲜战争指挥官，让他们提供关于美国在联合国的参与和与苏联之间外交关系中断的意见。Internal Security Subcommittee, Committee on the Judiciary, *The Korean War and Related Matters*, 84th Cong. , 1st Sess. （1955）.

分权 vs 战略一元主义

政府分支间的竞争与国家战略。对美国来说，宪法上几乎不可能实现高效的文官控制体制，也不可能在宪法上陷入那种文官控制与军事职业主义通常都要避免的情况。这种情况同战略一元主义的国家军事政策结合在一起而延续，也即主要依赖于单一的战略概念、武器系统或军种作为实现军事安全的主要手段。相反，战略多元主义则要求多样化的军队与武器来应对多样化的潜在安全威胁。战略一元主义与高水平的军事职业主义无法兼容，因为作为其前提的是预测和控制假想敌的行动的能力、采取更为积极也尽可能更具攻击性的外交政策的意愿、不愿意通过各方下注（covering all bets）来"谨慎行动"（play it safe），而且通常也接受较低水平的军费开支总额。[15] 最大化文官控制与军事职业主义的军政关系体制，通常倾向于做出有利于多元化战略的决策。但是，在美国，多元化的趋势不是通过高水平的军事职业主义而是通过分权的运作来实现的。

国会广泛而多元的组成部分当中，包括了几乎所有军事概念、军事计划与军种的支持者。当行政机构看起来强调某方面军事利益而损害到其他利益时，受损的利益通常能够在国会中得到同情，有时这种同情强大到可以改变行政政策。国会中为了帮助军事利益集团抵御行政机构而形成的联盟，通常由动机各异的三部分组成。其中，作为骨干的支持者来自于那些仅仅对保障某一特点计划或军种感兴趣的国会议员。但是，他们的力量得到了第二个群体的强化，后者在一般意义上支持更强大的军事力量，并且反对行政部门对任何国防计划进行削减。而在大部分国会联盟中，性质上可能最弱的群体就是基于对多元化战略的共同追求而联系起来的那些。在众议院，这个群体集中于军事委员会，尤其体现于其主席文森众议员。例如，委员会关于 B-36 争议的报告，清晰地支持

419

了战略多元主义。在参议院，"强大国防"集团更为模糊，斯图亚特·赛明顿（Stuart Symington）在二战后十年中的末期是其中表达最为鲜明的成员。特定军事计划的支持者，与所有军事计划的支持者，如果不能得到第三方力量的支持，通常就无法在国会中有分量或战胜行政机构。第三方力量是更松散但也更庞大的国会群体，由那些出于党派原因或为了强化国会在分权体制中的位置而反对总统政策的议员组成。受损的军事利益常常得到国会对于行政领导人固有的嫉妒与敌意而形成的支持，从而重新恢复。虽然分权会在国会与总统之间形成职能上的一致性，但也会制造他们于政策方面的分歧。两个机构之间的竞争，使双方都需要通过凸显自己对国家政策的贡献而彼此区别。有时，一个分支采纳不同于另一个分支的政策，不是因为他们对这一议题有什么强有力的意见，而仅仅是因为他们感到需要宣示自己在政府运行中的同等地位。如果某个分支持续地默许另一个分支所倡议的政策，即使这些都是可欲的政策，也会最终使表示支持的分支成为最早提出的分支的附庸。

在行政分支机构中不同寻常的一致性，常常导致国会带着猜疑与敌意作出回应。例如，在1947年的统一国防部的争议中，众议院政府运作委员会召开听证会并寻求对统一化的反对意见，在一定程度上是因为受到陆军与海军形成明显的统一战线支持前一年冬天的跨军种协议的刺激。[16] 几年后，卡尔·文森说服众议院通过1952年《陆战队法案》（*Marine Corps Bill*），就是靠强调行政分支的军事领导人几乎一致的反对：

> 我要清楚说明［他所论辩］的是，这从所有方面来说都是国会的法案。这完全没有得到国防部的支持。事实上，我们的国防部领导强烈反对制定这一法案。国防部副部长向委员会提出了反对该法案的书面意见，参联会也作证表示反对。参联会在参议院也作证提出了反对意见，但是参议院没有考虑其反对意见而一致批准了该法案。众议院军事委员会听取了相同的证词，仅以一票反对将该法案提交到众议院进行表决。

> 因此毫无疑问的是，这一法案就像任何其他曾经提交到众

议院表决的法案一样，是由国会制定的，不是由五角大楼草拟之后提交到国会来通过的。[17]

上述说法基于一种分权形成的特殊推理，换言之，行政机构对一项法案支持太多将会导致失败，而行政机构太强的反对反而有助于其通过。

国会在二战后十年中的军事政策，看起来缺乏任何逻辑与连贯性。所有军种和大部分重要军事计划都是偶尔得到国会的保护和支持。那些在行政分支中比较弱小的军种和集团寻求国会的支持——他们将文官控制等同于国会控制，而那些在行政分支中更为强势的军种和集团则抨击国会对于军事事务的介入。从 1944 年到 1947 年，当总统支持陆军关于统一的观点时，国会支持的是海军。在 1948 年与 1949 年，当总统反对空军的扩编时，国会两次投票支持追加预算用于扩编。在 1947 年和 1948 年，当行政机构限制国民警卫队的预算时，国会又将其增加到超出总统请求的规模。1946—1948 年间，当行政机构在海军陆战队的报告中显示出敌意时，国会给予该兵种以保护，在国家安全法当中明确界定其职能，并要求文职行政官员确保他们对海军陆战队的完整性与存在的尊重。此后，在行政机构几乎一致反对 1952 年海军陆战队法案的情况下，国会推动了其通过。当艾森豪威尔政府在 1953 年削减空军拨款时，国会做出了强有力的努力予以恢复，虽然未能取得成功。而在 1954 年，当行政机构裁减陆军预算时，历史又一次重演。到了 1955 年，当行政部门想要削减海军陆战队的经费时，国会在此时拒绝了历史重演，投票追加了更多经费。在 1956 年，出于对国防部长威尔逊的反感和对苏联的恐惧，国会在行政机构反对的情况下批准增加空军经费。

事实上，国会并没有固定而明确的国家战略观点。国会作为一个整体，基本上并不偏向于陆军、海军、空军乃至海军陆战队。它仅仅是偏向国会本身。随着时代的需求，以及反对行政机构的要求，国会改变着他们的偏向性与政策。国会行动的一致后果是形成朝向战略多元主义的强有力趋势：计划与行动的多样性，在相互竞争的军方要求之间平衡资源分配。国会通常受到批评，因为容易受到狭隘的压力与利益的影响，而且容易被游说所说服，缺乏责任心与纪律性，也没有能力提出思路完整的政策。但是，在军事事务领域，国会的散漫与开放更容易形成同职业军事伦理的要求高度一致的政策。无论国会在关税立法、税收政策、农业补贴这些方面有什么贡献，国会工作中的派性（particularism）与本位主义（parochialism）特点都强化了美国的国家安全。

422 　　**组织的多元主义。**国会用以形成多元战略的主要方法包括调查，这一程序为那些利益受损的军方集团提供了表达意见的机会，还有通过立法规定国防机构的组织，立法分配各类军事单位的职能，以及最重要的控制军事预算。国会对行政机构的反对导致其反对行政分支的集权，并且支持军事单位保护其独立与自治。在 1944—1947 年间的统一化争论中，国会一直支持比总统倡议的更为松散的组织模式。最初的总统提案在 1945 年 12 月提交到国会，其中建议设立一个单一的武装部队部门，并且设立一位单一的首长。国会迫使总统放弃了这一提案。总统的第二份计划在 1946 年 6 月形成，陆军部长与海军部长都同意这个组建单一的行政部门管理三军的计划。国会的反对再一次阻止了该计划。最终，从 1946 年秋冬到 1947 年，两个军种同意了第三份折中的计划，该计划最终在 1947 年夏天得到了国会的批准。在整个过程中，海军对统一的反对者强调这样会强化行政权的集权，从而削弱国会的影响力，而国会也坚持更松散的组织模式，以保护海军与海军陆战队免于可能出现的陆军控制，并确保国会在文官控制的实施过程中的参与。在考虑 1949 年国家安全法修正案的过程中，国会一开始拒绝设立参联会主席，最后还是同意设立该职务，但只有在以严格的保护措施加以限制并且对权力进行狭义界定时才可以。艾森豪威尔总统在 1953 年重组了国防部，建议增加参联会主席的权力，而这被众议院政府运作委员会否决，提交众议院表决时则以 234 票对 108 票得以通过。该计划反对者的力量与热情，

423 意味着国会此时最多只能达到这种勉强同意国防机构中的集权的程度。在二战后对各军种的考虑中，国会也还是倾向于分权与权力的松散配置。[18] 国会也通过倾向于对那些广泛而模糊的权力进行详尽且定义精确

的法律授权，强化了多元主义的趋势。例如，1947年的统一化法案，就尝试通过比区分陆军和空军更具体的术语来界定海军与海军陆战队的功能与职责，从而平衡行政机构对海军与陆战队的敌意。

国会对分权的支持与军事机构中是否有重要机构也支持这一点无关。在1944—1947年间的统一化辩论中，国会的利益与海军是一致的。1953年，在军方本身没有对艾森豪威尔的重组计划表示公开反对的情况下，国会中的许多成员提出了反对意见。国会对"普鲁士的总参谋部体制"具有的危险的持续性关注，更多反映出国会担心行政权的增强而非军事权的增强。

预算多元主义：行政领域的削减与决策领域的增加。基于对自己作为钱袋子的监督者这一角色的高度自觉，除了在战争期间，国会几乎总是感觉必须对总统提出的军事预算做出某些修改。如果国会在总体上同意总统的军事政策，而且也没有受损的利益集团向国会积极提出诉求，国会就会更多地将军事预算作为经济政策而非军事政策加以考虑。其政策目标是尽可能地减少军事预算，同时又不至于从根本上改变预算中所体现的军事政策。因此，其倾向于对预算做出广泛、一般性但又小幅度的削减。国会此时的行动出于经济与效率的一般性利益的理由。它并不对预算中任何特别项目进行实质性削减，而是将削减的额度分配在整个预算当中，希望每个项目都分担一些份额而又不会严重受损。例如在1953年预算中，众议院委员会一共削减了军事拨款中8%的额度，这被分散在78个不同项目当中。国会通常只削减行政机构提出请求的第二位数字，或者要求对所有项目削减同一百分比，或者从总预算中削减一个诸如十亿美元这样的整数。国会有时决定削减军事开支，但是留给行政机构去决定从哪些地方进行削减。进行这些削减时，国会声称其反对的并不是总统军事政策领域的权力，而是总统军事行政领域的权力。国会接受总统对军事计划的基本假定，并且向军队提出挑战，要求他们以更少的费用来实现同样的计划。

国会在预算程序中扮演独立角色的第二种方法，是提出与总统不同的军事政策与国家战略。表达这种更为基础性的挑战的常见方法是，支持某一特定军种或计划的经费增加。虽然国会对军事拨款的削减通常是广泛、不特定且小额的，其增加却通常是特定、集中且实质性的。在某些例子中，国会代表着经济与效率这一普遍利益；而在另一些例子中，国会则代表特定军事计划或军种的特殊利益。在 1940 年以前，因为国会对军事政策缺乏兴趣，很少做出实质性的预算增加。其坚持自己在预算过程中的角色的典型手段就是裁减行政机构建议的预算。但是，自从二战以后，国会对于军事政策的实质内容的介入增加，强化了他们增加总统预算中特定项目的意愿。* 虽然大部分增加涉及的都是政策中较为次要的议题，但有时主要计划与基础政策也受到影响。此类行为最重要的例子，就是国会在 1948 年的补充预算和 1950 财年的常规拨款中增加了对空军的授权。正如总统与国会领导人都同意的那样，"政策的主要问题"在这场争议中被提了出来。在如上所述的另一些情况下，国会增加了国民警卫队与海军陆战队的预算，同时国会中的某些群体则积极努力恢复那些受损的军种的预算。在所有这些例子中，国会或者其中的成员都是通过对军事预算有限且特定的增加，来表达他们不同于总统军事政策的意见。

国会否决行政机构，并且为特定军种或计划增加经费的例子相对较少，这一定程度上反映出国会与总统在国防政策方面观点相似的程度。但在一定程度上，这同时也反映出总统考虑到国会可能对预算建议做出的反应。行政机构毫无疑问试图保护自己免于国会对行政开支的削减，手段则是在计划中提出比实际要求更高的请求。与此相似，关于国会在政策层面增加预算，行政部门倾向于奉行卡尔·弗里德里希（Carl J.

---

* 当然，国会也可能同时在行政项目上削减而在政策项目上增加。在 1950 财年的空军预算中，众议院委员会从文职人员、补贴、服装、用品与交通等项目中削减了 5100 万美元，而增加了 8.51 亿美元的飞机经费来保持 58 个航空队的空军规模。正如哈扎尔（Huzar）所言，削减预算"反映出国会对国家军事机构的行政管理方面的持续不满"，而增加预算"反映出国会对行政机构的战略计划的不满"。Elias Huzar, *The Purse and the Sword*: *Control of the Army by Congress through Military Apporiations*, *1933—1950* (Ithaca, N. Y. , 1950), p. 187.

Friedrich）的预期反应（anticipatited reaction）法则，克制自己不去进行那些可能会引起国会攻击的对特定军种或计划的大幅度预算削减。例如，在1951年，行政分支同意将空军从 95 个联队扩编至 143 个联队，这一定程度上因为他们认为国会无论如何都会设法增加这笔预算的拨款。与此相似，在 1956 年初，艾森豪威尔政府要求增加 B-52 轰炸机的采购预算，这很明显是试图阻止国会更大幅度地增加预算，即便其并未成功。因此，虽然国会在表面上总是对总统的军费预算做出净削减，但是更为微妙而普遍的影响确实使军事计划越来越多，军费开支也越来越高。

当然，国会在预算方面采取行动发展多元主义战略的程度，取决于其在多大程度上能够迫使行政机构接受并执行他们加强军事力量的决
策。如果国会无法迫使行政机构恪守其增加开支的要求，则无论事先或事后都没有限制来保证行政机构关注特定兵种或军种。在缺少这种权威的情况下，国会或许能够批评行政机构，或者引起公众意见的讨论，但无法做出最终裁决。因此，国会能否迫使行政机构去花钱，就成了宪法上的问题，值得深入思考。这一问题最明显的体现，涉及这样一些行为：行政机构扣留了 1946 年的研发经费、1949 年用于 58 个联队的额外拨款以及 1955 年给海军陆战队增加的拨款。很少有人会去挑战当总统发现计划能比预期以更少经费去执行时减少开支的权力，当然这其中也没有国会成员。国会总是乐于见到行政机构节约和削减开支的。但是，国会在行政机构的节约和拒绝执行国会政策决策之间划出了一道鲜明的界线。正如马洪（Mahon）众议员关于行政部门扣留空军经费所做的评论：

> 我认为，回避国会关于政策事务的意愿是不合适的。我并不反对，正如我知道其他国会成员也不反对政府任何合理的节约措施。但节约是一回事，放弃国会决定的政策与计划是另一回事。[19]

国会的意见总体上与马洪一致。众议院拨款委员会谴责杜鲁门总统扣留

空军经费的行为是篡夺国会职权的违宪行为。众议院军事委员会将这一行为表述为公然违背国会的意志，并且提议立法机构应当要求行政机构在截留经费之前咨询拨款委员会。而约翰逊部长为总统行为辩护，理由是这属于总统作为政府首脑和三军统帅的固有权力。[20]

427　　这场争论值得称道之处明显属于国会。如果总统有权签署拨款法案使之成为法律，而且又通过拒绝支出拨款中的相当一大部分经费来使得体现在该法案中的重要政策失效的话，那他实际上就具有对其中单项的否决权。而更重要的是，他拥有的是绝对的否决权，不会有受到国会三分之二否决权推翻的危险。无论是三军统帅条款还是宪法上的其他条款，都没有授予总统对单项的否决权或绝对的否决权。国会而不是总统拥有决定军事力量规模和组成的最终决定权。国会"招募陆军和供给军需"以及"建立和维持一支海军"的权力是积极权力，不限于建立各军种的最高上限。国会的宪法权力是为军队与其他行政机构提供必需的经费，而这也意味着国会拥有宪法权力迫使经费得以支出。

　　国会强制增加开支的权力，最初与军事首长向国会直接提供专业意见的法定权利与义务相联系。不可避免的是，在预算方面，军事首长总是希望得到比行政机构愿意批准的更多的经费。但是除非国会也有权依据他们的请求采取行动，不然的话他们向国会提出请求的权利实际上是无效的。这两种权利不可分割地联系在一起，而且对分权的运作而言都很关键。军方首长向国会直言不讳的权利已经被载入法律，并且也或多或少在实践中被接受。国会要求军事开支的权力也应当得到明晰的规定，并且得到立法与行政机构的认可。

第十六章

军政关系的部门结构

战后十年的组织问题

军政关系的部门组织必须发挥三种不同的功能。**专业军事功能**包括 代表国家军方的要求，对计划中的行动和执行已采纳的政策所需要的军事要求提出具有军事内涵的建议，并且率领国家武装力量来执行国家政策。**行政—财政功能**包括代表经济与效率方面的利益，提出关于财政、预算与行政管理事务方面的建议，管理诸如供应、采购、建设、文职人事和预算之类的"文职"行动。**政策—战略功能**包括对专业军事观点和行政—财政观点寻求平衡，形成关于兵力规模和军费预算的部门建议，并在外部各集团面前为部门观点进行辩护。在一个垂直的部门组织体制中，文职部长与军事首长分享全部三种功能。而在协调模式的组织体系中，文职部长具有行政—财政功能，军方首长具有专业军事功能，双方共享政策—战略功能。而在平衡模式的军政关系部门结构中，通过更高程度的专业化，文官控制与军事职业主义都得以最大化。三项功能都是由部门中特定的单位来履行：部长负责政策和战略，军事首长负责专业军事功能，而部内相互分离的各组官员，无论文官还是军官，负责行政—财政事务。

二战之后行政分支中的军政关系主要议题，涉及上述三项功能在中央级别的分配，也就是说，在高于各独立军种（陆、海、空军）但低于政府当中最高权威（总统、国家安全委员会）* 的层级如何分配。这个问题的提出，原因在于二战中形成了这个层级的军事组织，即参谋长联席会议，其不仅履行专业军事功能，也负责政策—战略功能和行政—财政功能。这一层级缺乏重要的文职机构，使得参联会几乎不会受到有效的限制。他们正如莱希海军上将所言，"不受任何文官控制"。因此，最基本的需要就是将参联会"军事化"，解除他们的非军事职能，建立合适的机构来承担行政—财政与政策—战略职责。某种意义上说，参联会在 1945 年已经覆盖了 1941 年开工兴建的这座大楼的完整空间。虽然其设计目标是有限的，但是四年后，它已经能够满足通常是由整个大楼才能完成的需求。战后年代，有必要建立五角大楼中关于参联会的其他部门，将参联会的许多附属事务和职位转移给新的机构。

建立组织的平衡体制的复杂性源于三方面因素。首先，仅仅是参联会的存在，以及现存的权力与职能，就对美国国防体制的性质具有决定性影响。组织的设计者并不是在对于设计理想体制**头脑一片空白**（*tabula rasa*）的状况下开始的。他们的起点是，参联会已经建立起来的现实。从 1944—1947 年的整个关于国防组织结构的辩论过程中，参联会的继续存在这一点，从来没有引起陆军、海军、空军、文职行政官员或国会的任何争议。参联会因战时权力应运而生，并且比其他的中央国防机构领先了六年，这使其在调整到纯粹的专业角色的过程中经历了很大的困

---

* 在军种这一级别上，海军继续维持其平衡体制的组织模式。陆军起初回到了垂直的总参谋部体制，但冷战尤其是朝鲜战争的影响迫使其达到了专业军事功能和行政—财政功能的高度分离。用陆军部长的话来说，"在那些主要是军事性质的活动，和那些虽然支持军事活动但更多是工业或商业性质的活动之间的区分"的需要，导致建立了后勤副总参谋长（Deputy Chief of Staff for Logistics）负责七个技术兵种。空军较少涉及直接的冷战军事行动，而更多关注总体战计划，也就以更严格的垂直体制组织起来。See Navy Organization Act of 1948, 62 Stat. 66; Robert H. Connery, *The Navy and Industrial Mobilization in World War II* (Princeton, 1951), chs. 19, 20; Dept. of the Navy, Office of the Management Engineer, *The United States Navy: A Description of its Functional Organization* (Washington, 1952); *Report* of the Committee on Organization of the Department of the Navy, April 16, 1954 (Washington, 1954); *Organization of the Army*, Report of the Advisory Committee on Army Organization, December 18, 1953; *Army Navy Air Force Journal*, XCI (June 26, 1954), 1298, (July 3, 1954), 1335; Air Force Organization Act of 1951, 65 Stat. 326; H. Rept. 9, 82d Cong., 1st Sess. (1951); S. Rept. 426, 82d Cong., 1st Sess. (1951).

难。军事机构行使政治功能在实践中得到接受，在这种环境中成长起来的文官就缺乏自信去坚持自己的政治领导。

其次，困难来自于二战后年代中军政关系方面融合理论受到的普遍接受。始于自由主义者对主观文官控制的偏好，这一理论以根本上不可欲也不可能的态度拒绝分离军事与政治职责。该理论为平衡体制的反对者和维持参联会现存的功能融合提供了理论基础。

最后，中央级别的军政关系这一议题，同中央国防机构与各军种之间的相对权力这一议题相互交织无法区分。两个军事部门可以没有监督而存在。但是，三个军事部门就需要第四个机构来加以协调。第四个机构的权力同另外三个相比较，就不是军政关系问题。这是一个行政联邦主义问题、中央集权与地方分权对立的问题，以及体现出亚历山大·汉密尔顿和马丁·路德思想的统一化辩论问题。但是，联邦主义问题直接与军政关系问题相联系。中央机构与军种之间权力平衡的任何改变，都会影响到中央机构内的军政关系平衡。反之，任何中央机构内军政关系的路线转变也会影响到中央部门与军种之间的权力划分。例如，1949年的国家安全法修正案，最主要就是被设计用以集中国防部的控制权。达成这一目标的手段之一就是加强国防部长的预算权力。但是，这一行动形成的趋势是建立审计长办公室（Comptroller's Office）职位作为对参联会的重要抗衡力量。另外，1953年的重组主要被视为在中央机构之间进行权力与职能的再分配。尽管反对者表示否认，但其附带的影响仍然进一步降低了军事部门的影响力。联邦主义总体的趋势是从松散的组织向统一的组织发展。因此，中央机构之间权力与职能的分离，被视为较中央机构与联邦组成单位之间的分权更加重要。*

431

---

　　* 陆军、海军与空军部长的合适角色提出了一个重要问题。理论上说，他们应当是位于国防部长级别以下的政策—战略负责人。在实践中，由于他们在中央国防机构没有位置，因而难以有能力履行职能，但他们各自军种的军方首长则可以通过参联会来承担这种角色。明显的解决方案要么是将参联会从军种中分离出来（福莱斯特和洛维特提出了这样的建议），要么是为这些部长提供能够参与中央机构的手段。通过部长联席会议（Joint Secretaries）达成后一目标的努力未能在实践中取得成功：军方提出的联合各军种参谋长以实现专门职能的理由，在文官这边并不存在。军种部长最令人满意的角色可能是，通过作为其军种的军事与民间要求的代言人来代表分权原则。

虽然有上述困难，中央机构在二战后十年中还是倾向于发展为平衡模式的军种关系。参联会从他们战时的巅峰状态下降；审计长办公室作为行政职能的关键而出现；国防部长扮演着政策—战略方面的角色。不过，正式的组织结构还是未能完全实现平衡模式。其中所存在的基本不足是国防部长办公室的弱势。* 参联会与审计长都持续侵入到国防部长本应占据的政策与战略领域。参联会的职权是部分军事与部分政治，审计长的职权是部分财政与部分政治，而国防部长的职权则是部分政治与部分真空。

参联会：法律形式与政治现实

1947 年《国家安全法》通过八年之后，参联会的法定角色与实践角色之间出现了巨大的落差。就法律而言，参联会只履行专业军事功能。而在实践方面，他们参与到大量的政治与行政角色之中。这种不符合法律规定的行为模式的出现，最主要的原因来自于美国人对军事事务的看法、分权的运作，以及立法者未能规定对于实现他们意图所必要的机构形式。

1944—1947 年间，大部分军种对于统一化的建议都预想将参联会在战争期间的地位与角色从法律上固定下来。这造成了一个更值得注意的事实，那就是 1947 年《国家安全法》并没有将二战模式转变为立法，相反是对参联会规定了更严格的军事角色。这一令人惊讶的结果更多因为陆军与海军关于应当赋予中央国防机构哪些权力的分歧观点之间的碰撞，而不是深入思考的结果。大体来说，陆军希望将权力集中在中央机构中的军事部门。海军希望中央机构的权力尽可能缩小，而出于这

---

* 从法律上说，审计长办公室、参联会、国防部助理部长以及其他特定单位都在国防部长办公室（OSD）之内。但是，自从涉及国防部长办公室内部组成部分相互间关系这一议题出现之后，我所提到的国防部长或国防部长办公室仅指部长个人及其直接下属幕僚。

一原因，海军提出的计划是涉及国家安全的各部门与机构之间形成松散协调，这与陆军实现强有力的军事整合的建议针锋相对。两种路线之间的冲突形成了妥协，在妥协方案中，中央国防机构比海军希望得更为强大。但是，在中央机构中，文职部分（即部长）被赋予的权力也比陆军所希望的更多。 433

国会从四个方面清楚规定了参联会的纯粹军事性质。[1] 首先，参联会的组成人员是纯粹的军人。国会在 1947 年和 1949 年一再拒绝了让国防部长成为参联会成员或由文官担任参联会主席的建议。实际上，国防部长有时会出席参联会的会议。但是，文官的参与只适合于参联会履行其文职功能的情况。* 其次，《国家安全法》赋予参联会纯粹的军事职责。他们是行政分支主要部门的"主要军事顾问"。** 在该法律以及职能文件（Functions Paper）中，赋予参联会的更具体职责也是严格军事性质的。再次，该法律将参联会安排在把国防部长作为总统的首席国防顾问的国防体制当中。可以肯定，参联会在这个体制当中处于总统和国防部长的"权威与指示"之下是一个独特的机构——作为总统、国家安全委员会和国防部长的顾问。但是，这一法律也避免了充分发展的协调体制。其预计参联会虽然可能参与到与国会、总统、国家安全委员会和国防部长的许多场景当中，但在不同场景中扮演的都是同样的军事角色。在很多方面，这都是不现实的假定。但这也是不可避免的假定，因为总统与国会相对于军事首长的宪法关系不能被忽视。 434

最后，《国家安全法》与其他法律剥离了参联会在战时履行的许多

---

　　* 在英国，首相直到 1946 年才成为参谋长委员会的主席。从那以后，如果本人愿意，国防大臣就会担任主席。但是，当文官不参加参谋长委员会的会议时，这一体制才运作良好。丘吉尔宣称他放权给参谋长们"独立行使自己的职责，只服从于我的一般监督、建议与指导"。他在 1940-1941 年的 462 次参谋长会议中，只主持了其中的 44 次。Maurice Hankey, *Government Control in War* (Cambridge, 1945), pp. 55-56; *H. C. Debates* (5th Series), CCCLXXVIII (Feb. 24, 1942), 41-42; *Central Organisation for Defence*, Cmd. 6923, pp. 6, 9 (1946).

　　** 可能会有争议，"军事"这个形容词究竟是描述顾问个人还是他们提出建议的性质，通常的做法是接受后一种解释。该法律中的其他条款要求参谋长必须是军人，而且根据解释法条的教义学准则，国会如果能够避免就不会使用冗余的赘词。

非军事职能。军政关系中的普遍现象就是在出现与国防有关的新活动时，首先安排军队去实施。但是，随着这些活动的扩展，其非军事的作用与意义就变得更加突出，它们逐渐丧失了军事为主的特征，从而最终从军队转交给更合适的文职机构去实施。在二战后初期，可以在关于六个主要功能的方面看到这一过程。①向总统提出全面的国家安全政策的职责，战时一直属于参联会，之后被转交给由高级文官组成的国家安全委员会。这一机构的创建比其他机构在限制参联会专注于军事活动方面更为重要。[2] ②**军事研发**的中央协调，在 1946 年被国防部长福莱斯特与帕特森从参联会转移。《国家安全法》将这一职能安排给了一个直接受国防部长领导的委员会；1953 年该委员会又被撤销，职能交给了一位助理国防部长。③战争期间军方建立了"全面的政治与经济情报机构"，参联会的联合情报委员会（Joint Intelligence Committee）是各军种、战略情报局（OSS）、国务院和对外经济管理局（Foreign Economic Administration）之间主要的**国家情报协调**机构。在 1946 年和 1947 年行政部门的行动，以及《国家安全法》的制定中，建立了直属于国家安全委员会的中央情报局，承担协调功能这一职责。[3] ④在战时，陆军的"曼哈顿工程"处理原子能问题。随着关于原子能的文官控制和军方控制的优点的激烈争论，1946 年的《麦克马洪法》（*McMahon Act*）将原子能计划的主要职责安排给了一个文职委员会。⑤最终，就像发生在德国的例子，要么权力移交给其他机构，要么职能完全消失，参联会失去了在二战后初期**管理占领区政府**的职责。⑥二战以前，陆海军联合后勤委员会这个与军方首长紧密联系的机构负责**计划国家经济动员**。但在二战后，军方意识到，用谢尔曼（Sherman）海军上将的话来说："从政治上看，任何由陆海军联合后勤委员会所准备的国家规模的动员计划都会胎死腹中。"[4]《国家安全法》将计划经济动员的职责安排给总统行政办公室（Executive Office of the President）中的某个单位，而将联合后勤委员会的职能限制为对军事采购和经济动员中的纯军事方面进行监督和协调。

参联会在实际上偏离其设定的军事角色的程度与形式，此前已经做过分析。虽然从其战时的权力与荣耀的顶峰逐渐下降，参联会仍然明显保持在这座山峰的森林分界线之上，将职业主义的幽静林荫与政治领域的乱石嶙峋分隔开。在整个战后十年中，消息灵通的国防体制观察者指责参联会的政治权力已经达到了超出纯粹军事机构的适当程度。涉足远离军事计划之外的领域时，参联会深深陷入琐碎的行政事务之中。* 参联会在他们主要的军事职能方面的表现严重受到时间和精力投入那些无关事务的影响，有效的文官控制的缺失反而影响到军事安全的实现。[5] 参联会在实践中偏离其法定角色的程度可通过参联会行为中的一种特殊性表现出来：参谋长或其主席一再宣称他们纯粹代表"军事观点"而发言。这种词汇如同仪式性的咒语一般使用，表明他们服从于《国家安全法》理论上赋予他们的要求。而在提出非军事事务的政治建议之后，口是心非的参联会成员还要做出这种口头的表态，这就表现出结构形式与政治现实之间反差的程度。

参联会未能恪守其法定角色的最重要原因，深深植根于美国的政治 436
与公众意见的潮流之中。但是，一个起到补充作用的组织因素就是参联会主席的位置。参联会主席这一职位设立于 1949 年，来自于福莱斯特的建议，目的是帮助参谋长们超越对本军种的忠诚，达成对重大军事政策的共识。这一职位的设立因其有助于统一化而受到鼓励，也因其对于统一化的推进太强而受到反对。因此，国会慎重地规定了参联会主席的权力。但是，参联会主席最重要的影响还不在于统一化而在于军政关系。在没有总体战的情况下，军事政策思考在总统的时间中占据相对较低的比例，因此他也不会经常征求参联会这一整体的意见。相反，主席就成为白宫与参联会联系的纽带。虽然从法律上看参联会是以集体的形式作为总统和国家安全委员会的顾问，但实际上是参联会主席定期向总

---

* 据报道，在杜鲁门政府的最后两年中，参联会做出了 600 项关于战略计划的决定，500 项纯粹行政事务的决定，还有 500 项结合了行政管理与军事考虑。*New York Times*, Feb. 8, 1953, p. E5。

统就军事事务做出简要汇报，并且代表参联会出席国家安全委员会的会议。* 但是，作为一个中间人，参联会主席也超越了其军事角色：他向参联会提出代表政府的政治观点，同时向政府提出军事观点。此外，前两任主席——布莱德利上将与雷德福海军上将——都是具有超乎寻常的声望、智识与精力的人。他们近乎成为所任职的政府的军事政策的象征：布莱德利代表着遏制政策、地面战争与欧洲；雷德福则代表更为主动出击的思路、海空力量与亚洲。在短暂的六年中，他们将主席一职变成了美国政府中最重要的职位。他们是真正的武士、军人政治家而非军事专家，扮演了许多本更应属于国防部长的角色。有时国防部长不愿意把握政策事务方面的主动权，这就导致了其向协调组织结构发展的趋势，国防部长处理行政事务，而参联会主席处理政策事务。只有部长权力强化到能够成为代表行政政策的主要人物，才会使主席成为更为长期的职业军事观点代言人。

审计长：国防部的超我

审计长是参联会在中央国防机构中的主要对手。但是，类似于参联会，这一职位也为正式的法定机构所具有的误导性质提供了一个生动的例子加以说明。在组织图表中，审计长是国防部 9 位助理部长中的一位。而在国防部的实际运作中，他就成为唯一同军方领导人竞争的政治势力。他成为军事体制中经济与效率这样的文官所提要求最主要的代表。正如参联会的权力超越纯粹军事一样，审计长的权力也超出了严格的行政与财政事务的限定。他的影响力建立在四根支柱之上：理论、法

---

* 在布莱德利将军担任主席的四年中，一共到访白宫 272 次，并且参加了 68 次国安委会议。在艾森豪威尔政府的第一年中，参联会主席每周都向总统提交军事状况简报。*New York Times*, Aug. 14, 1953, p. 2; Charles J. V. Murphy, "Eisenhower's White House", *Fortune*, XLVIII (July 1953), 176.

律、功能与人事。

审计长权力的理论基础是将文官控制与预算控制统一起来。审计长的职位从其心态上和人员上看都是完全的文职。例如1953年底，在审计长办公室总数160名职员中，只有6名军人，军人较文职官员的比例要远低于国防部当中的其他主要单位。审计长办公室的职员和与之合作的预算局的文官将财政—行政功能视为部长能够控制国防部的主要手段。用费迪南德·埃伯斯塔特（Ferdinand Eberstadt）的话来说："预算如果不是最强有力的对军事体制实施文官控制的手段，也是最有效的手段之一。"[6]这一视角引出的观点是，只要有提醒军方文官控制的至上性的必要这一理由，裁减军事预算就是正当的。[7]文官控制与预算控制的同一，强化了审计长的权力，但这削弱了部长的权力。因为这会导致部长同政策脱离，从而转向一种从根本上属于比他应当运用的权力更低层级的职能。这将部长从裁决者降低为参与者。此外，正如洛维特部长指出的那样，在所有的危机中，预算作为文官控制的工具都将失效。有效并且负责任的文官控制，应当是对政策的控制而非对预算的控制。

1949年《国家安全法》修正案的第4条，以法律形式体现了文官控制与财政控制的统一。在此之前，三位助理部长之一向国防部长提出关于预算和财政问题的建议。但是，中央机构在这一领域的权力并不明确，胡佛委员会特别小组（Hoover Commission Task Force）建议对五角大楼的预算程序进行全面的修订，并且建立一个强有力的中央预算办公室。第4条建立了助理国防部长（审计长）一职作为部长在履行预算和财政职能方面的顾问和助手。审计长负责监督和指导国防部对于预算评估的准备，并且整体上监督国防部的财政与会计事务。这些条款并不包括在福莱斯特的建议或总统关于国防机构组织表达的信息当中，反映的是胡佛委员会的行政管理思路，与现存将财政事项作为部长的预算顾问工作一部分的思路结合在一起。这在一定程度上是后来参联会被排除在除了提出关于兵力水平的初步说明以外的预算程序之外的原因。[8]

修正案第4条通过后，国防部审计长的地位在联邦机构中显得不同寻常。其他行政部门在部一级设有审计长的只有邮政署（Post Office）。通常在联邦政府中涉及机构计划的经济利益的主要代表都在机构之外，从财政部、预算局到拨款委员会都是如此。但与其他联邦机构大不相同的是，国防部对自己经济观点的代表与执行都内化了。这样做的主要原因很简单，就是国防部的规模。国防部事实上是一个政府中的国防政府，在人员和经费规模上都要远远超出其他的政府组成部门。国防部之外的任何机构要对其范围巨大的运作进行控制，即使是可能的，也是非常困难的，就像侏儒要骑上大象一样。作为主要负责代表经济观点的机构，预算局在其军事方面的机构中没有控制国防机构所必要的人员、知识和影响力。因此，预算局与审计长的活动形成了特殊的融合，两个机构的职员紧密合作。从 1952 财年到 1955 财年，预算局和审计长联合进行对预算评估的审查，这种实践在联邦政府的其他部门中通常没有同样的表现。[9] 因此，审计长办公室发展为国防部的弗洛伊德式的超我（Freudian superego）：一个反映外部要求与利益的内在限制与控制机制。这就是"被征服的城市中的警卫"，强有力地代表着国防部当中那些实质上非军事且异类的成分。

强化审计长权力的最后一个因素是，威尔福瑞德·麦克奈尔（Wilfred J. McNeil）在这一职位上的持续性。麦克奈尔曾经在福莱斯特手下担任海军财务主任（Fiscal Director of the Navy）。1947 年，他成为时任国防部长福莱斯特的预算与财务助理。1949 年，麦克奈尔出任审计长，一直担任到 1955 年。他在国防部的高级领导中不同寻常，因为他在前五任国防部长手下都担任着相同职务。因此，他被称为五角大楼中"几乎不可或缺的人物"也就并不出人意料了。[10] 审计长办公室所具有的知识与经验是军方无法竞争的，更是超越了那些具有流动性的政务官所能把握的范畴。因此，麦克奈尔能够保持其职位作为平衡参联会的主要力量，虽然偶尔也受到来自其他文职单位的挑战，例如总顾问办公室（General Counsel's office）、联合秘书局（Joint Secretaries），以及麦克纳尼将军的国防管理委员会（Defense Management Committee）。[11]

这些理论、法律、功能与人事的因素结合在一起，使得审计长办公室深入战略与政策事务当中。关于这一点，就像军方一样，也存在形式 440 规定与现实实质之间的反差。正如参谋长们宣称他们的建议仅仅"来自军事观点"，麦克奈尔及其副手们也声称他们的建议只有关于"财务管理"。但事实上，审计长办公室在决定美国军事政策的性质时扮演着关键角色。从 1950 财年到 1954 财年，从总计 2730 亿美元的军事预算中削减了 620 亿美元，审计长在其中发挥了重要作用。[12] 5% 的削减可能是纯粹基于财务管理，但削减 22% 就具有了关于战略的基本决策的意义。在制定 1954 财年的预算时，从空军要求的 167 亿美元中减少了 50 亿美元，麦克奈尔对此发挥了重要作用，而这导致空军将其目标从 1955 年的 143 个联队，降低到 1956 年的 120 个联队。只要国防部长不能独立达成军事与财政要求之间的平衡，军事政策的基本决定就不可避免地会成为审计长与参联会之间的政治斗争的结果。

部长的角色

国防部长最重要的职责就是，向总统提出年度兵力水平建议。这些建议包括：①兵力规模，多少个师、多少艘舰艇、多少个联队；②兵力层次，各个师战斗力的百分比等；③兵力战备时间；④兵力部署。这些意见从经济上加以表达，就为军事预算建议提供了基础。当然，兵力水平与预算的决定是由总统做出，并通过国会的拨款程序来批准。但是，提供建议的必须是某个投入更多时间和精力在这些问题上的专业人士，而这个人除了国防部长别无选择，通常总统都需要他的建议。如果在总统与部长之间总是有着严重的分歧，那么总统就会更换另一名部长。

提出兵力水平建议是部长不能回避的职责。这是军事政策的基础要素。如果他尝试逃避职责，那他就只能将这一职责委任给其他人，并且 441 对这个代理人得出的结论表达默许。因此，真正的问题并不是部长是否承担这样的职责，而是部长如何承担这样的职责。他可以通过三种基本的方式来采取行动。他可能仅仅支持他的军事顾问们提出的观点，并且很少在意经济与效率的需要。在这种情况中，他作为军方的代言人行动。他也可能听取财政专家的意见，采纳他们的建议，而忽视战略意义。在这种情况下，他的职能像是一位商业经理人。他还有可能试图整合军事与经济考量进入整体的国防政策之中。在最后这种情形下，他作为政策战略家而行动。

《国家安全法》对国防部长而言非常开放而又模糊，使得他能够履行上述的一种或全部职能。实际上，每一位部长都体现了不同角色的某些成分。不过，这些角色本质上是相互冲突的。而这些不同角色提出的要求也是不同的法律授权、幕僚的协助、部长的视角与能力。更重要的是，每一种都暗示着根本上不同的军政关系模式。没有一种曾经出现过的部长角色或军政关系模式取得了主导地位。在战争时期，军方代言人的概念似乎更为盛行；而在和平时期，现实变得在两种角色之间游移不定。最后，是实践的积累而非法律的规定决定了部长在国家军政关系体制中的位置。

军方代言人。对文官部长的要求、政府中弥漫的自由主义价值观，以及这些价值观被军方本身的广泛认可，这些结合在一起，决定了军方代言人概念是最难以流行的。国防部长一直是受到美国人民的委托去面对军队，而不是受到军队的委托去面对美国人民。如果职业军事机构不存在的话，国防部长可能具有正当理由去尝试作为军方代言人，就如海军部长在 19 世纪所做的那样。但是，既然参联会已经存在了，部长如果要扮演这种角色，也就只能为参联会所说的提供背书，如何做可能毫无作用，也可能形成令人困惑的冲突建议。当然，部长一定程度上必须履行这种职能，用《经济学家》的话来说，部长是"国防部的守护者"。[13] 但部长面对立法机构和公众所守护的利益，要比纯粹的军事利益广泛得多。

没有任何一位美国国防部长曾经纯粹作为军方代言人履行职能。作

442

为陆军与海军部长，史汀生和诺克斯试图在二战中扮演这样的角色。但是，自从 1947 年以来，最接近于上述情况的可能就是从 1950 年 9 月到 1951 年 9 月的马歇尔部长。这与个性和环境两方面都有关。作为一名职业军官，马歇尔的态度同参联会成员是相似的。作为陆军军人，他倾向于垂直体制的军政关系，陆军自从 1903 年以来一直在这种体制下运作。他的任期也恰好遇到了朝鲜战争引起的恢复军备，当时的军事需求当然具有较高优先性。而此时的美国在经历了正常周期中的萧条之后，正在向另一个极端摇摆。马歇尔对于军方代言人角色的倾向，可以从他关于自身职责的本质上的消极看法体现出来。他并不试图作为积极的、有创造力的倡导者，也不试图对政策做出贡献或解决政策冲突。他也没有出于这种角色来组织其部长办公室。在他指导之下于 1951 年提出的增补预算的估算，反映了参联会决定的军事需求作为"主要项目"的优势地位。参联会的要求从马歇尔的观点来看，不能和经济与其他方面的需求相抵消。不能满足参联会最低要求的话，将会严重危害国家及其军事力量的安全。[14]

公司经理人。公司经理人型的部长将其精力主要投入国防部的文职活动中：行政管理、组织、后勤、供应、财务管理、建设、采购以及人事。他也认为自己是经济方面的文官利益的代表，站在审计长一方对抗参联会。有两位部长在其任内的表现最接近于公司经理人角色，他们是路易斯·约翰逊和查尔斯·威尔逊。他们在这方面的倾向是，他们整体上所体现与反映的自由主义价值观与力量的一部分。他们也都强调强大的经济对国防的重要性。约翰逊以节约论证了统一化，也以统一化论证了节约。威尔逊宣称以"更少的钱来提供更多的国防"。他们都倾向于主要依靠财政顾问，并且对于办公室的组织也是弱化了能够作为独立的政策战略家的幕僚。基于"降低国防部开支的持续性计划"的需要，约翰逊终止了福莱斯特努力建立起来的在约翰·奥利（John Ohly）领导下的政策秘书处，建立国防管理委员会取而代之。[15] 与此类似，威尔逊也没有遵循其前任关于军政联合的政策幕僚的建议。他相信政府是按照与企业一样的原则组织起来的，而且还在国防部长办公室增加了六位承担附属功能的"副总裁"，也就是助理部长。[16]

公司经理人型的部长集中关注其工作中的文职部分，而排除战略思考，这种趋势最典型的表现可能就是威尔逊任期中的第一年。威尔逊将他对于自己角色的观念概括为："把军事问题留给军队，把生产交给我们。"洛维特部长将其职责定义为"在总统指导下制定政策"。而与其相反的是，据报道说，威尔逊认为自己的职能是"管理军事政策，而非制定政策"。正如一位华盛顿的记者在几个月后对威尔逊做出的总结："他不是战略家，也没有兴趣努力成为战略家。那是军方的工作。他必须做的就是监督采购、人力、建设与作战的有关组织机构，在战场上或五角大楼中更有效率地运作，并且减少浪费与重复。"这种强调是自然的，因为正如威尔逊在国防部的一位下属曾经指出的那样，他之所以出任部长一职，主要原因是他"管理上的天赋、选贤任能的能力，以及在生产方面的独特技能"。[17]

约翰逊和威尔逊在决定军事预算与兵力水平的规模方面，都主要依赖部内审计长的建议与协助，以及部外预算局和财政部的支持和压力。444 军方的建议在他们形成决策时影响很小。因此，在 1949 年初秋，基于管理委员会的建议而没有征求各军种关于其计划的意义，约翰逊命令从 1950 财年的军费支出中削减 9.29 亿美元。[18] 威尔逊第一份国防预算的制定，就始于国防部长做出的承诺，要在国家预算赤字中减少国防部所占的比例。第一个决定就是，在早期杜鲁门—洛维特所做的估算基础上减少的幅度。在预算确定下来之后，再测算削减后的预算所能支持的军事力量。只有到预算制定程序的最后，才能够清晰地表明预算削减对于兵力水平和国家战略造成的影响。预算最初是副部长罗杰·凯斯（Roger Kyes）和审计长麦克奈尔的工作成果。虽然参联会很明显清楚预算被削减了，但看起来直到最后一刻他们才知道各个军种被分配到的具体削减金额。尽管他们抗议了这些决定，但还是太晚了。用范登堡（Vanderberg）将军的话来说，"参谋长个人和参联会一样，都没有参与到预算制定过程中去"。讽刺的是，空军部长也宣称他没有参加削减预算的决策，因为对文职部长而言"这不是职权范围"："我认为这是军事决策，而且是必须由能够胜任的人做出的决策。"[19] 虽然威尔逊像塔波特（Talbott）一样回避了战略思考，他也不能回避他将自己与麦克奈尔保持一致行动可能造成的战略影响。不可避免的是，将空军建设目标从 1955 年的 143 个联队压缩到 1956 年的 120 个联队，这对美国军事政策而言有着重要意味。

政策战略家。詹姆斯·福莱斯特与罗伯特·洛维特这两位部长，都认为自己主要是政策战略家。他们都认可自己的职责是平衡军事需求与经济需求。在兵力水平与预算的估算方面，他们也都扮演积极并且有创造性的调和角色。他们也都受到了阻碍与挫折，因为缺乏充分的法律授权，甚至也缺乏合适的幕僚协助。两人都呼吁建立能够帮助部长以更负责任也更有效率的方式来履行职能的幕僚机构。他们的行事风格一方面与马歇尔相对立，另一方面又与约翰逊和威尔逊相对立，这或许可以通过 1950-1953 年的军事预算制定中他们的角色来加以例证。 445

福莱斯特与 1950 年预算。从一开始，福莱斯特就面对总统为军事预算设定的 150 亿美元上限。总统根据预算局的建议制定了这一标准，看起来没有咨询参联会或国安委。而三个军种之间，没有相互协调的原始预算总额是 300 亿美元。[20] 部长的任务就是，在两个极端之间寻求安全与经济的最佳平衡。当参联会似乎无法将总统规定的金额分配给军种时，福莱斯特首先考虑任命了一个由高级军官组成的委员会直接向他提供关于该问题的建议。但是，此后他反而指示参联会任命预算顾问委员会（麦克纳尼委员会）来审查军种的要求，并且尝试将这些需求引导到可接受的水平上。他还不成功地尝试获取国安会的指导，了解可以作为预算基础的外交政策假定。福莱斯特一直强调战略与财政之间的关系。例如，麦克纳尼委员会将军种需求削减到 236 亿美元，其指出这将使美国在战争状态中保持合理的战备水平。另外，福莱斯特最终也从参联会得出结论，150 亿美元只够美国从英国发起战略轰炸打击。福莱斯特向总统提供了不同的可选方案，但总体显然已经将 150 亿美元界定为上限。不过，福莱斯特也获得默许，以两条道路并行：150 亿美元的预算，以及另一项"居中水平"预算，后者不仅可以保证美国从英国发起空中打击，还可以让美国保持对地中海区域的控制。参联会估计第二种战略的需求是 169 亿美元。可以选择什么样的金额，也就清楚可以选择什么样的战略。当预算提交国会几周以前，首先提交给总统，杜鲁门再一次确认他的决定是支持 150 亿美元方案，即从英国发起空中打击。福莱斯特做出了最后一次努力，建议总统追加军队 7.7 亿美元，这样可以再扩编 6 个轰炸机联队。如果美国将其能力局限在战略空中打击的话，他希望能够有更充分的空中力量确保成功。但是，总统仍然充耳不闻，最终预算局甚至将预算削减到了 150 亿美元的上限以下。

因此，1950 年军事预算是一个总统设定并且坚持上限的例子。但是，这并未阻止福莱斯特作为有创造力的政策战略家履行其职能。正反两方面一直都摆在他面前。增加预算必须根据"功能性"的战略目标来论证其正当性，减少预算也必须通过对于美国在战争状态下的作战能力有什么影响来衡量。花费的每一元都有着战略意义与正当性。

洛维特与 1953 年预算。1953 年军事预算的制定在许多方面都与 1950 年不同，不过，洛维特部长基本上扮演了与福莱斯特此前一样的角色。1953 年预算的起点并不是预算局设定的上限，而是参联会做出的兵力水平估算，这其中的关键内容是空军的目标要在 1954 年从 95 个联队增加到 143 个联队。国安委在 1951 年 10 月同意了这一兵力水平，各军种基于兵力水平提出的未经协调的预算总额是 710 亿美元。面对这一巨额预算，洛维特部长与国安委指示各军种在新增 450 亿美元拨款的基础上准备一份替代性的"出发点"（point of depature）方案。1951 年，两项预算的准备都同时进行。最后，洛维特基于对 1953 和 1954 年兵力水平达成的建议，向总统提交了 550 亿美元的预算。不顾洛维特与参联会的抗议，总统将预算裁减到 520 亿美元，这就使得空军达到 143 个联队的时间从 1954 年推迟到 1955 年。在这个例子中，国防部长扮演的也是一个创造性的调和角色，平衡超额开支与可测算的风险。一方面，用洛维特的话来说，预算"并

没有在军方领导人所要求的时间内提供给我们必要的军事力量"。另一方 447
面，无论审计长还是预算局的观点也未能完全取得优势。[21]

福莱斯特与洛维特都因缺乏合适的幕僚来协助发展全局政策而受到挫折。他们都认识到这一缺陷，并且试图加以弥补。福莱斯特任命他的第一位法定特别助理约翰·奥利出任秘书处处长。奥利向部长提出关于计划与项目的协调的建议，作为战争委员会（War Council）和其他类似政策委员会的执行秘书，并且收集和分析与重大决策有关的事实和意见。他也是国防部与国务院和国安会之间的联系人。这一职位从头衔与实质都是受到英国内阁秘书处（Cabinet Secretariat）的启发，向福莱斯特提供的协助也相当于英国首相从内阁秘书处所获取的服务。[22] 除了这些文职的政策幕僚之外，福莱斯特还尝试建立起军事建议的独立来源，主要依赖于阿尔弗雷德·格伦瑟（Alfred M. Gruenther）少将，联合参谋处长（Director of Joint Staff）。福莱斯特将格伦瑟视为他的"主要军事顾问"，并且任用他作为同参联会沟通的桥梁。格伦瑟持续参加所有的重要会议，陪同部长外出，并且运用他的"真实能力"来"达成关于分歧的解决方案"。[23] 在许多时候，福莱斯特也尝试寻求其他的军事判断来源，这为他提供了对参联会结论的独立检验手段。[*] 他确实不断去汇集那些没有偏见的军事建议。但到最后，通常还是回到格伦瑟这里。

洛维特的经验使得他得出结论说，国防部长应当配备"军职和文职相结合的幕僚群体"，仅对部长一人负责。这些幕僚将协助他解决军种之间的争议，在军种之间分配好物资缺口，并且帮助他形成预算、采购、 448
后勤、人力、人事与情报方面的政策。没有这群幕僚，部长就会被迫将许多同参联会的主要职能没有太多关联的行政与政策事务交给参联会，并且完全依赖他们提供军事方面的事实和"经验丰富的军事判断"。只有

---

　　[*] 福莱斯特有时求助于特别设立的军事团体，如1950年预算案中的顾问委员会和斯帕兹—托尔委员会（Spaatz–Towers committee）。在艾森豪威尔将军退出现役之后，他也常常征求艾帅的建议，并且在1949年初邀请他回到华盛顿出任参联会临时主席。1948年春季，陆军封杀了福莱斯特想让布莱德利将军出任其主要军事顾问的努力。福莱斯特对格伦瑟将军这一方面的任用，也导致格伦瑟与时任参联会主席莱希海军上将的关系变得恶化了。

当部长拥有这样一个军政结合的政策幕僚群体时，才可能将参联会的关注限定在他们最适合的战争计划方面。[24]

职 务 的 需 求

国防部内部军政关系的平衡体制，要求部长将政策战略家作为其职能。达成平衡体制的主要障碍是，国防部结构与组织范围之外的政治压力。尽管如此，即使在当下流行的政治框架内，也存在行政手段可以强化部长作为政策战略家的能力。三个前提条件是：①适当的部长法定权威；②部长办公室内合适的幕僚协助；③被任命为部长的个人有能力扮演政策制定者的角色。

法定权威。 1947 年《国家安全法》赋予部长对国家军事体制并不适当的控制权。1949 年修正案从四个方面扩展了他的权力。各军种的地位从政府组织部门被降低为由国防部长领导下单一的国防部内部的军事部门。1947 年的法条授予部长对于军事体制"一般性的指导、授权和控制"，"一般性"这一限制词在 1949 年修正案中被删除了。部长被设定为"总统在涉及国防部的所有事务方面的首要助手"。1947 年法案中的"第十修正案"条款规定各军种的全部授权不是来自于国防部长的特别授权，这一条款也在 1949 年修正案中被删除。

1949 年后的事件，证明了进一步阐明部长的权力很有必要，尤其是在涉及参联会的方面。洛维特部长抱怨说，某些"法律工匠"（legal beavers）宣称法条将参联会置于"总统和国防部长的权威与指导之下"意味着参联会并不"直接从属于"国防部长。洛维特建议，在补充立法中清楚说明国防部长对参联会和其他军事部门的全部职权。1953 年，洛克菲勒国防组织委员会（Rockefeller Committee on Defense Organization）同意洛维特对于部长职权范围进行适当界定的建议，但是宣称现行法律已经赋予他这种权力，对这种权力的挑战都是来自于对国家安全法的错误解读。该委员会顾问提出的法律意见，以全面且强有力的语言界定了国防部长的职权范围。这一意见指出，将国防部长作为总统在国防部有关事务方面的"首要助手"条款，也赋予国防部长副统帅和"部内最高军官"的身份。没有理由能够论证参联会在部长的职权范围之外，而且将参联会作为总统的主要军事顾问的立法条款，也应当以这一思路来加以解释。[25]只要洛克菲勒委员会的法律意见作为对国防部长职权的权威界定被接受，那么，部长就拥有所有履行其角色所必要的权力。但是，这一问题的最终解决，还要看国会是否以立法来确认洛克菲勒委员会提出的对部长权力的解释。

幕僚的协助。国防部组织结构中最严重的单一缺陷是缺乏对部长适当的幕僚协助。法定职权离开了组织上的手段加以实施，就会毫无意义。福莱斯特在1949年指出："幕僚机构的创建甚至比增强权力更为至关重要。"[26]部长总是被反对派包围着。在他面前是国务院与国安会，从宏观角度指出国家政策的方向；在他背后，是财政部和预算局，总是在拖后腿；而在两侧，参联会与审计长将他向不同方向推出轨道。但是，从制度上来说部长是完全暴露而无力抵抗的。他的职能会被其他机构侵蚀，或者他认为有必要将自己的利益和角色与其他机构等同起来，这也就不足为奇了。部长没有支持来保持自己的独立地位。

有观点反对国防部长获得更多幕僚协助的需求，指出国防部的规模 450 已经很庞大。据说国防部本来规划为小型的政策导向型机构，但是已经扩大到超出两千名职员的庞大规模。部长如果有了更多幕僚协助又会有什么用？他的幕僚已经泛滥了。当然，对此的回答就是，重要的不在于部长有多少幕僚，而在于部长的幕僚是什么类型，以及这些幕僚在什么程度上真正成为他的幕僚。幕僚只有在他的观点和利益都等同于所协助的主观时，才真正发挥了协助作用。但部长的主要幕僚单位没有任何一个拥有和他同等广泛的视野或利益。参联会向他提供军事建议；审计长向他提供预算建议并代表经济需求；他的八位助理部长都有各自有限的功能职责和利益；各军种部长则致力于捍卫本军种的需要。作为形式定义的部长办公室并不是真正的部长办公室。这里面包括代表着独立于部长势力的机构和官员，而部长的工作是要平衡和控制这些人。部长在完成各方面工作时都可以获得协助，唯独有一项职责的执行只能专属于他：制定并实施全局国防政策。所需要的是将部长的观点制度化：一个小型、能够胜任、团结合作的机构来协助部长将围绕他的那些利益与建议发展为一个全面的军事计划。

缺乏和部长视角一致的幕僚机构，导致部长未能履行独立的角色并且形成自己的观点。不仅未能超越其部门中那些下属的利益，部长还被迫将自己降低到认同某一下属利益的层次上。缺乏有效的部长办公室，是美国军事政策过剩或匮乏的制度反映。在和平年代中，经济观点占据主导，部长就成了它的工具。在战争时期，军事要求毫无疑义，部长就451 成了军方的鼓吹者。但是，如果国家要沿着亚里士多德式的中庸道路保持一种连续并一致的军事政策，就需要一个机构来代表和体现在国防部长这一层级上的利益。这个机构将是制度上的陀螺仪（gyroscope），用以保持军事政策的航船能够平稳前进。当政治压力指向对军事开支的大幅度削减时，它将提醒政治领导人注意安全的需要。当反面情形出现时，军方取得他们的成功，该机构又会从另一个方向发挥制衡作用。只要国家保持着半和平半战争的状态，这样的机构就不可或缺。《国家安全法》遇到了冷战提出的部分制度需求，因而设立了国安会并且使参联会法定化。但这部法律在国防部长这一级别上还是留下了极大的缺口。正如胡佛委员会特别小组在1948年指出的那样，国防部长对其工作保持掌控而言，"缺乏明晰的职权、幕僚的协助、组织化的手段以及充足的时间"。四年之后，相同的缺陷仍然持续。[27] 对于为部长在整体政策方面提供协助的需求，几乎所有关注这一问题的人都认识到了。在与英国同类官员的对比中，更体现出为美国国防部长服务的幕僚的不足。英国国防大臣得到了由大约五十名军官和高级文职公务员的协助，由参谋主任（Chief Staff Of-

ficer）和常务秘书长（Permanent Secretary）领导。* 美国政府中，几乎所有 452
其他行政部门都有在全局政策方面协助部长的幕僚。关于部门管理的胡
佛委员会特别小组在 1948 年认识到了这一点，并且建议所有各部领导
"都应该有必要的机制来系统审查部门拥有整体范围内的政策和计划。"[28]
这种需求在国防部内明显更为突出，因为国防部由三方面组成的结构，
以及比起那些较小的内政部门拥有大得多的运作范围。

设置国防政策幕僚的目的是协助国防部长整合在经济与安全方面冲
突的利益，以及三个军种间相互冲突的利益，从而形成全局性的军事计
划。如果不能超越部内所有其他利益而只服务于部长的话，这将无法有
效发挥作用。在得到这种协助时，部长可以为参联会设定从国民经济视
角出发能够接受的军费开支上限，并坚持要求他们以在经济限制内制定
最佳军事计划。部长也可以为审计长设定从军事安全需要出发的最低限
度的兵力水平，并坚持要求他为这一兵力水平制定最优化经济可行性的
预算。以这种方式，参联会退出了经济与政治，审计长也不再决定战略中
的关键问题。经济与战略联系在一起，掌握在部长及其政策幕僚手中。
要完成这一功能，幕僚的人数应当比较少，可能由不超过 20 名官员组
成，其成员应当有三个来源。高级文职公务员将为之提供经验与连续性。

---

　* 参谋主任是国防大臣的主要军事助手及其同参谋长委员会的主要联系人。这一职位在大部
分时候由陆海空三军的中将或退役少将担任。这批幕僚中包括 12—20 名军官。而在文职部分，
常务秘书长得到 1 名常务副秘书长、2 名副秘书长和 7 名助理秘书长的协助。这一幕僚机构使得
国防大臣能够扮演独立而且具有建设性的角色来制定国防政策和国防预算。

　　在美国，谢尔曼海军上将作为《国家安全法》的主要起草者，认为国防部长应当拥有 15—
25 名"万元年薪"的军官和文官组成的幕僚队伍。*Hearings before Senate Committee on Armed Serv-
ices on S. 758，80th Cong.，1st Sess.，p. 155（1947）。洛维特与范纳维尔·布什（Vannevar Bush）
建议设立一个文职与军职混合的幕僚集体。布莱德利和柯林斯以及 1949 年的胡佛委员会特别小
组，都强调部长对于军事建议的需求。*New York Times*，Jan. 10，1953，p. 4，Apr. 21，1953，
p. 20；Commission on Organization，*Task Force Report on National Security Organization*（Appendix G，
1949），pp. 12—14，56—57。前任空军部长托马斯·芬莱特建议设立一个国防部常务副部长。
Power and Policy（New York，1954），pp. 281—283。1955 年，胡佛委员会则建议在国防部设立
"一个文职职位，给予其充分的声望与授权来保证其能够建立和维持有效的计划，并且审查军事
需求"。Commission on Organization，*Business Organization of the Department of Defense*（June 1955），
p. 19。

将校级军官中那些最有前途的军事学院毕业生将带来军事专业知识，而且如果他们任期是三年，也会成为连续性的要素。来自政府以外的文职专家和顾问将会提供新的思路、专业知识，并且成为这个幕僚集体与商界和学术界的联系纽带。幕僚首长应当是文官，获得部长的信任，但又是尽可能与政治无关的常任官僚。高级军官，例如少将、中将或与之类似的等级，应当出任幕僚群体的副职。他将作为幕僚与参联会之间的联系人，并且通常出席参联会的会议。

部长的个人能力。国防部要发挥其适当的功能，最后一个关键因素就是被任命为部长的人有能力胜任该职务。在冷战中，国防部长无论以什么标准来看，都是政府中最为重要的两到三个人之一。作为政府之内的国防政府的首长，他的职责很明显不同于其他部长，并且也比他们大得多。但是，国防部长的职位在政府中仍然是新设的，关于他的权力与特权都还没有得到界定并且形成固定模式。因此，仍然主要是个人在塑造着职位，而非职位在塑造个人。个性与习惯都比规则更加重要。国务卿获得内阁部长中的首位，不是因为他的法定权力，也不是因为其职能的重要性。在从1815年到1917年的一百余年中，国务卿的权力与职能都相对较小。这个职位的声望由那些担任过的部长的声望决定：杰斐逊、麦迪逊、约翰·昆西·亚当斯、克莱、韦伯斯特、卡尔霍恩、苏厄德（Seward）、海伊（Hay）、鲁特、休斯（Hughes）、史汀生、赫尔。国防部长需要有同样才干的人。

什么是国防部长应有的个人特点？首先，他应当是一个经验丰富的人，对于他所要处理的事务相当熟悉。国防部内某一下属职务的就职经历，可能是实现这一要求的最佳途径。马歇尔出任国防部长之前的经历是在1939—1945年担任陆军参谋长，1947—1949年任国务卿，不过对他来说即使没有这样的经历也并不影响他的价值。另外，福莱斯特曾经在二战中担任过海军部副部长，并在1944—1947年任海军部长。洛维特在二战中担任分管航空兵的陆军部助理部长（Assistant Secretary of War for Air）*，1947—1948 年任副国务卿，出任国防部长的前一年担任国防部副部长。路易斯·约翰逊曾在 1937—1940 年担任陆军部助理部长。对于国 454 防问题的复杂性、各军种之间关系、阶段实施计划、采购、情报、理解利益与功能的多样性，要形成理解，只有通过这类型的先前任职才能够实现。

其次，部长必须是一位受到尊重、在公众意见中广受赞誉的人。他必须在公众认识中是有声望、正直、负责任和值得尊重的人。他的能力与诚实必须能够在不能达成一致时赢得信心。简而言之，他必须具有政治家的某些出色素质。美国人可能会同意某些人担任司法部长或邮政署长，却不会同意他们担任国务卿。因为后者要求的是政治家；而在其他两个职位上，虽然我们并不喜欢，但可以接受那些机械的政客、特殊利益的代言人或私人关系户。国防部长的公众形象，应该和国务卿的公众形象相似。

再次，他必须是具有奉献精神、纯粹从职务要求来行动和思考的人。他必须集中精力在自己的职务领域，避免外界的影响、利益和野心的干扰。福莱斯特曾经指出，国防部长从党派立场上来看应该是非政治性的。他是否曾是一位党派色彩明显的人物，在其被任命到这一职务时没有多少影响，除非这会影响到他受尊重的程度。但是作为政党领导人，也可能受到两党的共同尊重。不过，关键是他一旦出任部长职务，就要中止作为党员的思考与行动。国防部长一职对其前四位就任者而言都是公职生涯的终点。对福莱斯特而言，这是必然的情况;** 对约翰逊而言，这是环境使然；而对马歇尔和洛维特来说，这是他们做出的选择。无论如何，先例被建立起来。国防部长一职应当成为公职生涯的终点而非跳板。只有在这种传统得到坚持的情况下，才有可能让部长专注于自己的工作，

---

　　* 当时空军尚未成立，分别归属陆军航空兵和海军航空兵。——译者注
　　** 福莱斯特于 1947 年出任首任国防部长，1949 年因抑郁症辞职，辞职一个多月之后即自杀身亡。——译者注

专注于成功所必需的因素。

最后，部长应当是一位政策制定者。对他而言，最重要的需求是视野开阔、有智慧、具有洞察力，以及最重要的决断力。他不是执行者、管理者、指挥者，而是政策制定者。他必须心情振奋地接受这一艰巨使命，从不试图逃避职责或放弃责任。他不需要积极的驱动力、组织方面的天分、精力充沛并且冷酷无情，那些都是无论作为文官还是军官的强有力管理者所需要的。但国防部长需要的能力是，分析、鉴别、评估并且调和相互冲突的要求与利益。他应当具有自己的政策观点，并且需要主动提出。但是，他也需要耐心和谦让。结合了这些特征的人是罕见的，但历史经验也表明，美国不缺乏这样的人。

第十七章

走向新的平衡

安全的必要条件

军事安全的需求与美国自由主义价值观之间的紧张关系要得到缓解，[456] 从长远来看，只能靠军事威胁的减弱或自由主义的削弱。在二战后的十年中，美国安全所面临的直接威胁改变了其强度。有时，美国接近于总体战，有时卷入有限战争，有时在军备竞赛中处于危险的落后境地。而在另一些时候，威胁似乎在退去，苏联及其盟国接受和平共处，至少在短时期内看上去放弃了他们扩展统治的野心。美国在鸭绿江的十二月精神与日内瓦的七月精神之间摇摆不定。* 但是，无论国际形势如何风云变幻，美国在世界政治中作为主要参与者介入是不可否认的事实，而美苏之间的冷战竞争也是国际局势中相对永恒的场景。在这样的环境中，美国有必要保持远高于其在 1940 年以前所习惯的那种水平的军事力量。军人与军事机构继续发挥着重要的影响力与权威，这些压力使重建二战以前所主导的传统军政关系平衡不再可能。而与此同时，国家安全的发展，要求最大化文官控制与军事职业主义。这些目标的实现遇到了制度和意识形态方面的阻碍。然而，制度上的阻碍是相对次要的。宪法层面的分 [457] 权是唯一真正重要的导致实现文官控制和军事职业主义变得复杂的制度。除此之外，职业军事制度能够没有困难地融入美国政治、经济与社会体

---

* 解决朝鲜战争与印度支那冲突的日内瓦会议于 1954 年 7 月闭幕。——译者注

制之中。在文官制度方面，自由主义是主流特征，但也不存在与职业军事制度之间的必要冲突，只要双方都能够各自处于自己的适当范围之内。真正的问题是意识形态，美国人的思维定式就是将自由主义的解决方案强加于军事问题，就像在民间生活中一样。这种倾向对于美国的军事安全造成了最大的内部威胁。只要冷战还在持续，国家安全就依赖于美国能否形成更倾向于军事职业主义的存在和达成客观文官控制的智识氛围。

意识形态环境的改变

虽然自由主义持续主导着美国二战后十年的军政关系，但也出现了一些现象表明根本性的改变正在开始，将成为新的、对军事机构更具有理解性的保守主义环境的先声。这些开端还没有办法创造美国智识氛围的根本性革命。但是如果持续并且扩大的话，就会建立一个军政关系的新平衡，同冷战时期的安全需求相兼容。毕竟，这一潜流是可以预期的。20 世纪 30 年代以来美国安全状况的革命，在美国思想的各种类型中都会留下某些印迹。

新保守主义。"新保守主义者"在某些方面并没有他们所宣称的那么保守。他们著作中所表达的观点，更接近于商业自由主义的细化版而不是真正的保守主义。不过，一个善于合理表达的知识分子与作者群体热衷于给自己戴上"保守主义者"的头衔，并且详细阐述柏克与卡尔霍恩的美德，这种现象的出现在美国知识史上就是一件值得注意的事件。某些公共知识分子看起来是自以为的保守主义者，因此也给这一运动赋予许多短暂流行的时尚特征。但是，另一些思想家与作者，例如雷茵霍尔德·尼布尔（Reinhold Niebuhr）、T. S. 艾略特、埃里克·沃格林这些没有贴上保守主义者标签的人，也表达了基本的保守主义价值观。此外，没有人会怀疑艾略特在二战后十年中于大众文学领域中的流行地位，以及尼布尔可能有机会被后几代人视为美国 20 世纪中期最重要的社会思想家。

而且，新保守主义的思潮即使没有深入自由主义之中，至少也在文化的表层广泛流传。在教育领域，对约翰·杜威的进步主义的反对力量就在上升。在宗教领域，由尼布尔发起的新正统主义神学（neo-orthodoxy）代表着美国新教精神中最具活力的内容；而且在天主教与犹太教的教义中，也出现了重要的保守主义潮流。大众对于宗教重新激起兴趣，这本身可能就是变革时代的一个信号。在社会科学领域，经济学与政治科学放弃了20世纪30年代和40年代初期那种已经在美国的政治与经济机构中备受批评的心态。在美国资本主义与宪法的旧事实中，发现了新的德性。诸如布尔斯廷（Boorstin）和哈兹（Hartz）这样的作家，就分析了美国的制度与美国思想中基本的自由主义特征之中所固有的保守主义基调。沃尔特·李普曼（Walter Lippmann）从对绝对道德法则需求的假设出发，对未经引导的大众民主来处理公共事务的能力表达了强烈的质疑。所有这些各自分离的发展，都没能形成一种整体的知识运动。不过，这些都是以更为保守主义的视角来重新审视美国社会与美国价值观的信号。这对美国军政关系的意义在于，在未来某个时候产生其结果，使美国人更为普遍地接受与军事伦理相似的价值观。存在于新保守主义的几乎所有源流之中的，就是对人类局限性的强调、对现存体制的接受、对乌托邦主义和"解决方案主义"（solutionism）的批评，以及重新表达相对于进步与个人而言对历史和社会的尊重。虽然可能与达成客观文官控制和军事职业主义没有直接的关联，但这种广阔的新保守主义潮流提供了最大的可能性，让这些目标在未来可能成为现实。[1]

学术界的现实主义。二战后十年中，可以发现国际关系领域流行的学术进路在发生改变。20世纪30年代，研究所强调的几乎全部是国际法与国际组织的形式与结构问题。基本的价值观前提是世界组织的必要性。但是到了20世纪40年代末期，美国学者竞相谴责过去美国外交政策中的道德主义、守法主义、乌托邦主义、威尔逊主义（Wilsonism）以及情感主义（Sentimentalism）。国务院政策计划小组，尤其是乔治·凯南在对于实力政治的新理解中发挥了一定的作用，但最重要的人物是汉斯·摩根索，其国际关系著作在这一时期得到了无可比拟的认可。摩根索警告说："政治家必须确信国家就是强权之一，以此来思考国家利益问题。"在新现实主义的视角中，美国的民间思想基本上接受了美国军方作者自 19 世纪 70 年代以来提出的对国际政治的解释。[2]学术界变化的另一方面是，在高等院校中对国家安全问题的更多关注。建立了诸多外交政策、军事政策、国防政策方面的课程，并且相关的机构也蓬勃发展起来，进一步深化了这些领域的研究。大部分关于军事事务的美国早期著作都主要关注国家安全计划对其他社会价值的影响，例如对公民权与自由市场经济的影响。但到了 1955 年，关注安全本身的实现已经成为对军事事务的学术研究背后所表现出来的更主要动力。

融合主义的衰落。在二战后十年的末期，关于鼓励职业军官的政治思考以及由职业军事机构来承担政治责任的优点，已经有人提出了部分质疑。很明显，参联会不能只参与关于政策的"好的"政治，而不陷入那种带有党派色彩的"坏的"政治。人们更普遍地认可对于中立的专业判断的可靠来源的需求。[3]如果军事考量对国家政策而言事关生死，而且如果陆海军将领都不代表军事观点，那么谁来代表？在关于麦克阿瑟的争议中，以及此后共和党对杜鲁门政府参联会和民主党对艾森豪威尔政府参联会的攻击中，引发了对参联会角色的强烈不安。正如沃尔特·李普曼当时的警告，共和党将领与民主党将领的分裂将是共和国当中"几乎不能容忍的事情"。在以约瑟夫·麦卡锡为首的参议院常设调查小组（Senate Permanent Investigations Subcommittee）和陆军部之间的冲突，戏剧化地表现了滥用军事组织去追求政治目标带来的恶劣后果。这是美国历史上少数几个例子，民意机构联合起来为军事组织辩护，对抗具有大量追随者的民选政治家的攻击。陆军部这一方的利益与观点的联盟，从曾经被关于"军事思维"强烈抨击过的极左派，到像《芝加哥论坛报》（The Chicago Tribune）这样的极右派。如果他们没有实现其他结果，陆军—麦卡锡听证会还是使许多自由主义改革派第一次意识到，在传统的保守主义与虚无主义的反应之间存在着根本上的差异。

重建军人尊严。二战后初期对军官的文职化的推动，从杜利特委员会（Doolittle Board）当中可以体现出来，而这在朝鲜战争时期已经失去了许多动力。取而代之出现的，是在民间和军方的圈子中都普遍关注军人职业的声望下降和军官集团的士气动摇。沃布勒委员会（Womble Committee）在1953年提出的报告以及汉森·鲍德温与其他人持续做出的警告，都在引起公众对军队困境的注意，媒体也普遍对军队的请求做出倾向性的回应，甚至连国会也表达出对军方的同情。虽然在知识环境方面的这种改变并没有扭转相反的势头，但的确导致了在1953—1955年所采取的一系列措施来重建军官集团的尊严与军事职业的吸引力。国会改善了退休福利，放松了晋升机会，提高了军人薪酬。在各军种内部，也更多重视军事指挥员而非技术专家的发展。《统一军事司法典》（*The Uniform Code of Military Justice*）受到广泛的批评，有建议提出，重新授予指挥军官权力，可以不经军法审判处罚轻微的违反军规行为。虽然这些措施并未立即阻止军队的弱化，不过还是成了信号，表明对军官集团的尊严和地位的进一步侵害所造成的最终后果已经引起了普遍重视。[4]

军官的文学形象。小说中描绘的社会形态变迁，通常反映出并且有助于形成更为普遍的公众态度变迁。或许在二战后十年的末期更重要的发展之一，就是在流行小说中出现了对于军人更为赞赏的解读。这体现出延续到二战后初期的关于军事方面的美国文学主流传统，已经发生了显著的变化。二战后第一本杰出的"战争"小说，是诺曼·梅勒（Norman Mailer）1948年出版的《裸者与死者》（*The Naked and Dead*），表现的是陆军正规军军官在自由主义传统中的刻板形象：卡明斯少将在内心深处是一位法西斯主义者，其所阐述的是源自于尼采和斯宾格勒的哲学，即权力本身就是作为目的而存在，恐惧则是权威的基础，这使得他成为陀思妥耶夫斯基笔下的宗教大法官（Grand Inquistor）。卡明斯的陪衬者、书中的主要英雄罗伯特·侯恩中尉是一位哈佛毕业的自由主义知识分子，但是他也认同少将的权力道德，认为这是未来的主流。侯恩因此反映出拉斯韦尔的警卫型国家理论中的那种自由主义悲观，这种悲观显然也是梅勒本

人的观点，他因此将侯恩的早年生活倒叙冠之以"育不成材"（The Addled
Womb）的标题，而对于卡明斯的倒叙章节则冠名为"标准的美国式声明"
（A Peculiarly American Statement）。*《裸者与死者》可以完全归入美国反战、
反军事文学的伟大传统当中。

但是，在梅勒的小说出版三年后，改变的明显信号出现了。第二本
伟大的战争小说，詹姆斯·琼斯（James Jones）的《从这里到永恒》（From
Here to Eternity），看起来也具有简单的自由主义主题：个人对抗组织。但
是，琼斯的书中出现了更多的内容。贯穿全书的是对陆军以及军队生活
方式的认同感，这始于开头的献词"献给美国陆军"，以及序言中对吉卜
林的引用："我吃过你们的面包和盐……"陆军及其价值观对于个人来说
是必要的。书中的英雄列兵罗伯特·普罗伊特是一个理想的军人典型
（他的名字就象征这一点），在陆军中找到家的归属，却走向了一个悲剧
的结局，因为就像所有人类机构一样，陆军达不到它的理想状态。普罗
伊特被"陆军的好战分子"（Army Militant）和"陆军精神"（Army Spiritual）
之间的落差给毁了。与梅勒相反，琼斯的典范都是军人典范，他笔下的
英雄普罗伊特与军士长沃尔登都是真正的军人，而反面人物霍姆斯上尉
则并不符合军人的准则。像梅勒一样，琼斯关注自由与权威之间的冲突
所具有的心理学意义。但是，侯恩对卡明斯的叛逆基本上是微弱、无意
义而且消极的，除了表达自我的愤怒之外没有肯定任何东西，而普罗伊
特对霍姆斯的叛逆则是对真正陆军精神的肯定，是对已经在现实中偏离
了的陆军军事道德的呼吁。《从这里到永恒》贯穿始终的是一种敏感的体
会，对军旅生活中的美、吸引力与意义，以及其中产生的回报与财富。

第三本卓越的战争小说是赫尔曼·沃克（Herman Wouk）的《凯恩号哗
变》（The Caine Mutiny），这本书从 1951 年出版以来已经销售了两百万册，
并且在银幕与舞台上也都表现出高度的成功。在全书从头到尾的大部分
章节中，沃克都遮蔽读者去把握故事的道德意义。全格舰长作为一名正

---

　　* 此处的标题与人名翻译，引用自梅勒作品的中译本：《裸者与死者》，蔡慧译，上海译文
出版社 1988 年版。——译者注

规海军军官，结合卡明斯与霍姆斯的毛病，形成了一种明显精神错乱的性格。他的对手是自由主义知识分子基弗，以及单纯的渔夫马里克，后者代表着卢梭式的天性善良的普通人。只有在军事法庭判决马里克解除奎格的指挥权无罪之后，作者才突然转换方向，直率地表达他关于对与错的真实观点。奎格是对的，而马里克错了。基弗支持马里克发动哗变，他才是真正的反派。没有任何一位个人是真正的英雄，相反美国海军本身才是英雄。凯恩号上的低级军官在奎格的指挥下沉默地工作，因为奎格就是体制的一部分，而且体制的崩溃比起个人承受的不公有更大的危害。军事法庭否认了奎格的权威，因为他像霍姆斯一样未能达到军人典型的标准。但是，当凯恩号上的预备役军官在和平时代的平民生活中自由地追求快乐时，奎格以及其他正规军军官正在为国家安全站岗放哨。无论奎格有怎样的错误，正规军军官仍然是更优秀的群体，马里克的辩护律师格林渥带着醉意指出：“除非你非常优秀，否则不可能在陆军或海军中成为佼佼者，虽然可能达不到普罗斯特或《芬尼根的守灵夜》（*Finnegan's Wake*）的那种标准。”在《凯恩号哗变》和《裸者与死者》相差的数年中，正规军军官与自由主义知识分子之间已经清楚地交换了角色。

463

<h2 style="text-align:center">保守主义与安全</h2>

　　文官控制与军事职业主义的问题同时存在于铁幕（Iron Curtain）的两侧。美国与苏联的军政关系模式在许多方面都是相似的。在两个国家中，占据主导地位的简单的反军事意识形态为军事职业主义的发展道路设置了许多障碍。而且，在两国中，当职业军官集团出现时也都会成为谨慎、清醒、现实主义的力量。军方的声音越大，冲突的可能性就越小。两国之间保持和平调整的可能性，很大程度上取决于共产主义在苏联的和自由主义在美国共同被保守主义视角取代的程度，以及对所谓普世主义主

张的放弃，还有能否单纯地满足于自保和维护现状。在苏联和美国，这种情形都并非没有可能性。

464　　保守主义环境在美国的出现，可能会降低美国军官持续弱化的危险。美国军官集团所形成的领导阶层至今仍然水平不同凡响。数百名陆海军将领中只有少数人被证明不胜任战场，而在 20 世纪全部三场战争中的那些高层统帅也都能力超常。但是，这一成功很大程度上是旧的军政关系模式的成果。自从 1940 年以来，美国人民一直在吃过去的老本。除非能够建立新的平衡，否则美国军政关系的持续混乱将无法帮助并还将削弱未来军事职业所具有的才干。一个政治化的军官集团，派系分裂、别有用心、缺乏声望但对公众知名度敏感，将会危害到国家安全。而一个强大、团结、高度职业化的军官集团，则对政治免疫，并且因为他们的军事特征而受到尊重，将是政策执行过程中的平衡器。在 1939 年以前的二十年中，欧洲的政治领袖们无视那些为避免国家遭受灾难而谨慎安静工作的专业外交官们提出的警告。如果在二战后的二十年中，职业军人的声音也被这样忽视的话，将会带来更为严重的浩劫。在一个自由主义社会中，军队的权力是对其职业主义的最大威胁。但是，只要美国军事安全仍然受到威胁，这种权力就不可能明显削弱。军事安全的必要条件就是，美国的基本价值观从自由主义转向保守主义。只有在这个具有同情理解的保守主义环境中，才能允许美国军方领导人将社会托付给他们的政治权力和社会生存不可或缺的军事职业主义结合在一起。

军事典范的价值

位于西点的美国军事学院的正南方就是高地瀑布村。高地瀑布村的主干道对每个人来说都很熟悉：带有百叶窗帘的第一国家银行、地产与保险公司、装饰着维多利亚式柱廊的黄色住宅、理发店，还有木质的教465　堂——商业化小镇的单调乏味与不可思议的多样化，毫不协调地共同体现出来。建筑的形式并不构成一个整体：它们仅仅是一群杂乱无章而且缺乏联系的结构凑巧聚在一起，缺乏统一性或共同的目的。但在南门之外的军事保留区，存在着一个不同的世界，这里井然有序。其中的部分并不仅仅作为自身而存在，而是作为整体中的一部分。美观与实用融合在灰色的石材中。整洁的草坪环绕着精致而整齐的房屋，每一栋都表明了其主人的姓名与军衔。这些建筑彼此之间有着固定的联系，共同构成整体规划的一部分，而其特色与位置则代表着主人的贡献，砖石建筑属于高级军官，而木质建筑则属于低级军官。这里充满着韵律与和谐，这源于集体意志取代了个体的随心所欲。西点是一个具有结构目标的社区，其中，人们的行为受到代代相传的规则制约。自以为是与个人主义在这里没有存在的空间。社区的统一，使得没有人能够超出自己的本分。从秩序中发现和平，从纪律中发现满足，从社区中发现安全。高地瀑布村的精神表现在它的主干道上；而西点的精神表现在那宏伟、灰色的哥特式教堂中，它建在山上凌驾于平原，让人想起亨利·亚当斯在圣米歇尔山（Mont St. Michel）关于军队与宗教精神的统一的评论。但这座教堂甚至体现了更大范围的统一。在这里，结合的是社会的四大支柱：军队、政府、学院与教会。宗教为了神圣的目标使人服从上帝；军队为了社会的目标使人服从职责。在严格、规范与纪律的要求下，军队社会具有了与宗教秩序相同的特征。现代人也许能在军队里找到属于他的修道院。

西点体现着最佳的军事典范；高地瀑布村则体现着美国精神中最常见的方面。西点是彩色海洋中的灰色岛屿，有点像处在巴比伦式的花花世界中央的质朴严肃的斯巴达。然而，是否可能否认军事价值——忠诚、尽职、克制与奉献——是美国今天最需要的价值？西点有纪律的秩序可以比高地瀑布村那光怪陆离的个人主义主干道提供更多的东西？在历史上，西点的美德被看作美国的缺点，而军队的缺点却是美国的美德。但是在今天，美国从西点学到的，要比西点从美国学到的更多。军人作为秩序的守护者，承担着沉重的职责。他们所能做出的最重要的贡献就是坚持自我，带着沉默与勇气以军人的方式为国家服务。如果他们公开放

466

弃了军事精神，那就是首先毁了自己，最终会毁了国家。如果平民允许军人坚持军人的标准，那么国家自身就会最终在将这些标准变成自己标准的过程中，获得救赎与安全。

注 释

第一章 军人作为职业

1. 本书作者仅找到一本有关分析军官作为职业的英文著作：Michael Lewis, *England's Sea Officers: The Story of the Naval Profession* (London, 1939). 在大不列颠职业史中，军事部分受到忽视较为常见，“因为人们恰恰不希望训练过的士兵能够派上用场”。A. M. Carr-Saunders and P. A. Wilson, *The Professions* (Oxford, 1993), p. 3. 继马克斯·韦伯之后的社会学研究，通常用官僚框架来分析军队。参见 H. H. Gerth and C. Wright Mills (eds.), *From Max Weber* (New York, 1946), pp. 221-223; C. D. Spindler, “The MilitaryA systematic Analysis”, *Social Forces*, XXVII (October 1948), 83-88; C. H. Page, “Bureaucracy's Other Face”, *Social Forces*, XXV (October 1949), 88-94; H. Brotz and E. K. Wilson, “Characteristics of Military Society”, *Amer. Jour. of Sociology*, LI (March 1946), 371-375. 官僚性虽是军官集团的特征之一，但并非其主要特征。其他作者奉行自由主义之风把军队视为自由主义的敌人，强调军国主义中包含的封建贵族因素。参见 Alfred Vagts, *A History of Militarism* (New York, 1937), and Arnold Rose, “The Social Structure of the Army”, *Amer. Jour. of Sociology*, LI (March 1946), 361-364. 对于职业主义，参见 Carr-Saunders and Wilson, *The Professions*, pp. 284-285, 298, 303, 365, 372; A. M. Carr-Saunders, *Professions: Their Organization and Place in Society* (Oxford, 1928), p. 5; Talcott Parsons, “A Sociologist Looks at the Legal Profession”, *Essays in Sociological Theory* (Glencoe, Ill., rev. Ed., 1954), p. 372 以及 *The Social System* (Glencoe, Ill., 1951), p. 454; Abraham Flexner, “Is Social Work a Profession?” *Proceedings*, National Conference of Charities and Correction (1915), pp. 578-581; Carl F. Taeusch, *Professional and Business Ethics* (New York. 1926), pp. 13-18; Roy Lewis and Angus Maude, *Professional people* (London, 1952), pp. 55-56, 64-69, 210; Roscoe Pound, *The Lawyer from Antique to Modern Times* (St. Paul, 1953), pp. 4-10; R. H. Tawney, *The Acquisitive Society* (New York, 1920), p. 92; Graham Wallas, *Our Social Heritage* (New Haven. 1921), pp. 122-157; M. L. Cogan, “The Problem of Defining a Profession”, *Annals of the American Academy*, CVXCVII (January 1955), 105-111. 对职业教育的讨论，参见 T. Parsons, “Remarks on Education and the Professions”, *Intntl. Jour. of Ethics*, XLVII (April 1937), 366-367, and Robert M. Hutchins, *The Higher Learning in America* (New Haven, 1936), 1936, pp. 51-57. 在对通识教育课程的需求中，人们可以窥见美国法律职业的起起落落，参见 Pound, *Lawyer from Antiquity to Modern Times*, p. 229; M. Louise Rutherford, *The Influence of the American Bar Association on Public Opinion and Legislation* (Philadelphia, 1937), pp. 46ff. 关于职业化伦理，参见 Taeusch, *Profes-*

sional and Business Ethics；Benson Y. Landis, *Professional Codes*（New York, 1927）；R. D. Kohn, "The Significance of the Professional Ideal：Professional Ethics and the Public Interest", *Annals* of the American Academy, CI（May 1922）, 1–5；R. M. MacIver, "The Social significance of Professional Ethics", *ibid.*, pp. 6 – 7；Oliver Garceau, *The Political Life of the American Medical Association*（Cambridge, 1941）, pp. 5 – 11；James H. Means, *Doctors, People, and Government*（Boston, 1953）, pp. 36–40；George Sharswood, *An Essay on Professional Ethics*（Philadelphia, 5th ed., 1907, first published 1854）；Samuel Warren, *The Moral, Social, and Professional Duties of Attornies and Solicitors*（Edinburgh and London, 1848）；Henry S. Drinker, *Legal Ethics*（New York, 1953）；"Ethical Standards and Professional Conduct", *Annals of Amer.* Academy, CCXCVII（January 1955）, 37–45. 关于一般职业价值观的起源，参见 E. C. Hughes, "Personality Types and the Division of Labor", *Amer. Jour. of Sociology*, XXXIII（March 1928）, 762.

第二章　西方社会军事职业的兴起

1. 参见 John U. Nef, *War and Human Progress*（Cambridge, Mass., 1950）, pp. 93ff.；Robert G. Albion, *Introduction to Military History*（New York, 1929）, pp. 98ff.；John W. Fortescue, *A History of the British Army*（London, 13 Vols., 1899–1930）, Ⅳ, 212 – 213, Ⅴ, 223 – 225；Walter L. Dorn, *Competition for Empire, 1740–1763*（New York, 1940）, pp. 82–83；Albert Duruy, *L'Armée Royale en 1789*（Paris, 1888）, pp. 26 – 34；Curt Jany, *Geschichte der Königlich Preussischen Armee*（Berlin, 4 vols., 1928–1933）, I, 679–699, Ⅲ, 60 – 64, 435 – 449；Herbert Rosinski, *The German Army*（London, 1939）, pp. 17–19.

2. 有关法国军队进入途径的论述，参见 Duruy, *L'Armée Royale*, pp. 81, 87ff.；Louise Tuetey, *Les Officiers sous L'Ancien Régime：Nobles et Routuriers*（Paris, 1908）, *passim*；Spenser Wilkinson, *The French Army Before Napoleon*（Oxford, 1915）, pp. 86ff., 92 – 93, 101；R. Quarré de Verneuil, *L'Armée en France depuis Charles Ⅶ jusqu'à la Révolution*（Paris, 1880）, p. 261；Edgard Boutaric, *Institutions Militaires de la France*（Paris, 1863）, pp. 413–451. 论以军队作为补贴贵族的手段的合理性，参见 Henry Guerlac, "Science and War in the Old Regime"（Ph. D. Thesis, Harvard Univ., 1941）, pp. 251–254. 法国常规海军军团正如同陆军，都掌握在贵族手中。Dorn, *Competition for Empire*, pp. 117–118. 论走进普鲁士军队，参见 Karl Demeter, *Das Deutsche Heer und seine Offiziere*（Berlin, 1935）, pp. 6 – 8, 11 – 13；Jany, *Preussischen Armee*, I, 724–728, Ⅱ, 219–222, Ⅲ, 34 – 37, 420；Felix Priebatsch, *Geschichte des Preussischen Offizierkorps*（Breslau, 1919）, p. 13；Rosinski, *German Army*, pp. 30–35；Hans Speier, "Militarism in the Eighteenth Century", *Social Research*, Ⅲ（August 1936）, 309 – 316. 论采购制度，参见 Charles M. Clode, *The Military Forces of the Crown*（London, 2 vols., 1869）, I, Appendix XVII；Clifford Walton, *History of the British Standing Army, 1660 – 1700*（London, 1894）, pp. 447 – 456；Fortescue, *British Army*, Ⅱ, 29–30, Ⅳ, 213；Robert Biddulph, *Lord Cardwell at the War Office*（London, 1904）, pp. 80 – 87；C. W. C. Oman, *Wellington's Army, 1809 – 1814*（New York, 1912）, pp. 198–201. 关于英国海军，参见 Michael Lewis, *England's Sea Officers：The Story of the Naval Profession*（London, 1939）, pp. 81ff.

3. 关于法国的晋升政策，参见 C. A. Thomas, *Les Transformations de L'Armée Francaise*（Paris, 2 vols., 1887）, I, 409 – 410, 415 –

416；Duruy, *L'Armée Royale*, pp. 73-76, 83-87, 99-102；Léon Mention, *L'Armée de L'Ancien Régime de Louis XIV a la Révolution*（Paris, 1900）, pp. 136-141；Wilkinson, *French Army*, pp. 87-88, 93；Albert Babeau, *La Vie Militaire sous L'Ancien Régime*（Paris, 2 vols. , 1890）, Ⅱ, ch. ix；Louis Hartmann, *Les Officiers de L'Armée Royale et de la Révolution*（Paris, 1910）, pp. 5-22. 关于18世纪一位最著名的法国军人对法国军队人事政策实施效果的评论, 参见 Maurice de Saxe, *Reveries on the Art of War*（Harrisburg, 1944）, p. 28. 关于普鲁士制度, 参见 Jany, *Preussischen Armee*, I, 541-543, 722-724, 740, Ⅱ, 223-225；Priebatsch, *Preussischen Offizierkorps*, pp. 7-9；Gerhard Ritter, *Staatskunst und Kriegshandwerk*（Munich, 1954）, I, 211；Robert Ergang, *The Potsdam Führer*（New York, 1941）, pp. 78-80.

4. A. Stenzel, *The British Navy*（London, 1898）, p. 114；Lewis, *England's Sea Officers*, pp. 85-86；Clode, *Military Forces*, I, 192-194, Ⅱ, 93-94, 336-339；J. S. Omond, *Parliament and the Army, 1642-1904*（Cambridge, 1933）, pp. 45-49；Fortescue, British Army, Ⅳ, 296-298；Alfred Vagts, *A History of Militarism*（New York, 1937）, pp. 49, 67-68.

5. *Les Officiers*, pp. 37-38. 关于法国学校, 参见 Mention, *L'Armée de L'Ancien Régime*, pp. 78-84；Babeau, *La Vie Militaire*, Ⅱ, 1-78；Jules Clère, *Histoire de L'école de la Flèche*（La Flèche, 1853）, *passim*；Guerlac, "Science and War in the Old Regime", chs. 9, 12, pp. 228, 246ff. 关于普鲁士教育, 参见 Jany, *Preussischen Armee*, I, 727-728, Ⅲ, 38-41, 423-426；Priebatsch, *Preussischen Offizierkorps*, pp. 10-22；Henry Barnard, *Military Schools and Courses of Instruction in the Science and Art of War*（Philadelphia, 1862）, pp. 284-288；William O. Shanahan, *Prussian Military Reforms：1786-1813*（New York, 1945）, pp. 29, 133-134. 关于英语学校, 参见 Clode, *Military Forces*, I, 457-461；Lewis, *England's Sea Officers*, pp. 87-88；F. G, Guggisberg, "*The Shop*"：*The Story of the Royal Military Academy*（London, 1900）, *passim*.

6. J. D. Hittle, *The Military Staff*（Harrisburg, Pa. , 1949）, pp. 75-85；Jany, *Preussischen Armee*, Ⅲ, 157-158；Ritter, *Staatskunst und Kriegs-handwerk*, I, 207-209；D. D. Irvine, "The Origins of Capital Staffs", *Jour. of Modern History*, X（June 1938）, 166-170.

7. Gordon A. Craig, *The Politics of the Prussian Army, 1640-1945*（Oxford, 1955）, pp. 24-26；Priebatsch, *Preussischen Offizierkorps*, pp. 10-11, 15-17；Demeter, *Deutsche Heer*, pp. 9-13, 80；Rosinski, *German Army*, pp. 37, 40；Shanahan, *Prussian Military Reforms*, pp. 95-96；Duruy, *L'Armée Royale*, pp. 211-212；Mention, *L'Armée de L'Ancien Régime*, pp. 141-144；Louis Ducros, *French Society in the Eighteenth Century*（Lon-don, 1926）, pp. 299-300；*Fortescue, British Army*, I, 573-574, Ⅱ, 26, Ⅶ, 424-426, Ⅸ, 86-88, 96, X, 204-206.

8. 对于18世纪的军事思想, 或许军事史学家对其给予了过度的赞扬。参见 B. H. Liddell Hart, *The Ghost of Napoleon*（New Haven, 1934）, ch. 1；Max Jähns, *Geschichte der Kriegswissenschaften*（Munich and Leipzig, 3 vols. , 1889-1891）, Ⅲ, 1769-1770；Henri Mordacq, *La Stratégie：Historique évolution*（Paris, 3rd ed. , 1921）, pp. 19-29. Henry Lloyd, *The History of the Late War in Germany*（London, 2 vols. 1781）是一部十分畅销的军事著作, 曾被拿破仑仔细研读。参见 Liddell Hart, *ibid.* , p. 190；Jahns, *ibid.* , pp. 2102-2114；关于劳埃德对克劳塞维茨的影响, 参加 Hans Rothfels, *Carl von Clausewitz；Politik und Krieg*（Berlin, 1920）, pp. 40-41. Guibert 在1770年于巴黎出版 *Essai General* de Tactique，该书于 1781 年被译成英文。关于 Guibert 的影响力，参见 R. R. Palmer，"Frederick the Great, Guibert, Bülow: From Dynastic to National War"，in Edward Mead Earle（ed.），*Makers of Modern Strategy*（Princeton，1952），pp. 62 - 68；Liddell Hart，*ibid.*，pp. 69 - 100；Wilkinson，*French Army*，pp. 54-84. 论 18 世纪的思想"古典主义"，参见 Liddell Hart，*ibid.*，pp. 15 - 18，187；Jahns，*ibid.* III，1774，1823 - 1837. Pusegur，Guischardt，Mesnil-Durand，Maizeroy，以及 Zanthier 的著作都是该经典思想的代表。在整个 18 世纪，人们通常把"战略"一词与计谋相关联。参见 J. J. Graham，*Elementary History of the Art of War*（London，1858），pp. 201 - 202. Flavius Vegetius Renatus，按照 T. R. Phillips 所言，*The Military Institutions of the Romans*（Harrisburg，Pa.，1944）堪称"从罗马时代到 19 世纪西方世界最具影响力的军事著作"。

9. *Reveries*，p. 17.

10. Lloyd，*History*，II，i，vi-x，xxx-xxxi，69-97.

11. Lloyd，*History*，II，vii，xxi；Saxe，Reveries，pp. 119 - 120；J. A. H. Guibert，A *General Essay on Tactics*（London，2 vols，1781），I，xxvi，xlvi-xlvii，lvii，II，184-185. Compare Vagts，*History of Militarism*，pp. 81ff. 其认为这种天赋理论从根本上来说具有进步性。

12. "Reglement über die Besetzung der Stellen der Portepee - Fahnriche, und über die Wahl zum Officier bei der Infanterie, Kavallerie und Artillerie, 6 August 1808"，published in Prussian General Staff，*Die Reorganisation der Preussischen Armee nach dent Tilsiter Frieden*（Berlin，1857），vol. II，Sec. 3，pp. 366 - 369. See，generally，Jany，*Preussischen Armee*，III，426-428，IV，14-17；Max Lehmann，*Scharnhorst*（Leipzig，2 vols.，1886），II，ch. 1；Shanahan，*Prussian Military Reforms*，passim；

Guy Stanton Ford，*Stein and the Era of Reform in Prussia*，*1807 - 1815*（Princeton，1922），passim，but esp. ch. 8；J. R. Seeley，*Life and Times of Stein*（Boston，2 vols.，1879），I，397 - 423；Hans Delbrück，*Gneisenau*（Berlin，2 vols.，1882），I，117 - 145；Ritter，*Staatskunst und Kriegshandwerk*，I，97 - 101；Craig，*Prussian Army*，pp. 37-75.

13. 论德国，参见 Ritter，*Staatkunst und Kriegshandwerk*，I，100 - 101；Lehmann，*Scharnhorst*，II，62 - 63；Vagts，*History of Militarism*，pp. 139-145；Demeter，*Deutsche Heer*，pp. 12-14. The best source on France is Raoul Girardet，*La Societe Militaire dans la France Contemporaine*（1815-1939）（Paris，1953），ch. 1.

14. *Democracy in America*（Cambridge，2 vols.，1863），II，334-335. 在德国，资产阶级与贵族之间的斗争不仅促进了军事职业的兴起，同时也促进了一大批有关研究二者在军官集团中地位的专题文献的产生。

15. *Thomas*，*Transformations*，I，420 - 422；Girardet，*Societe Militaire*，pp. 125 - 133；Jean Lucas - Dubreton，*The Restoration and the July Monarchy*（New York，1929），pp. 54-55；Eyre Crowe，*History of the Reigns of Louis XVIII and Charles X*（London，2 vols.，1854），I，392ff.，II，37 - 40；J. Monteilhet，*Les Institutions Militaires de la France*（1814 - 1924）（Paris，1926），pp. 9 - 12；E. Guillon，*Les Complots Militaires sous la Restauration*（Paris，1895），passim.

16. Shanahan，*Prussian Military Reforms*，pp. 75-82，150ff.；G. S. Ford，"Boyen's Military Law"，*Amer. Hist. Rev.*，XX（April 1915），528-538；Max Jahns，*Das Franzosische Heer von der Grossen Revolution bis zur Gegenwart*（Leipzig，1873），pp. 291- 293，317 - 319，380 - 383；Thomas James Thackery，*The Military Organization and Administration of France*（London，2 vols.，

1857），I，61 - 63；Biddulph，*Lord Cardwell*，p. 211；Omond，*Parliament and the Army*，pp. 118-119；Fortescue，*British Army*，XⅢ，560.

17. 参见 Hoffman Nickerson，*The Armed Horde 1793-1939*（New York，1940），passim，and Vagts，*History of Militarism*，pp. 221-241.

18. General von Holleben，转引自 Great Britain，Military Education Commission，*Account of the Systems of Military Education in France，Prussia，Austria，Bavaria，and the United States*（London，1870），p. 198. 亦可参见 Jany，*Preussischen Armee*，Ⅳ，168 - 172；Demeter，*Deutsche Heer*，pp. 73-86，95，260-265.

19. 参见 Barnard，*Military Schools*，pp. 11 - 132，225-240；C. J. East，*The Armed Strength of France*（London，1877），pp. 74ff. ；C. de Montzey，*Institutions d'Education Militaire*（Paris，1886），passim；James R. Soley，*Report on Foreign Systems of Naval Education*（Washington，1880），ch. 14，On the social composition of the French services，参见 Girardet，*Société Militaire*，pp. 50，61 - 63，79 - 84，185ff. ；Theodore Ropp，"The Development of a Modem Navy：French Naval Policy，1871-1909"（Ph. D. Thesis，Harvard Univ. ，1937），pp. 95-97.

20. 关于陆军的进入机制，参见 Fortescue，*British Army*，Ⅳ，927，XⅢ，558ff. ；Clode，*Military Forces*，Ⅱ，91-92. 关于海军的进入与教育，参见 Lewis，*England's Sea Officers*，pp. 87-111 以及 "Report of the Committee on the Education of Naval Executive Officers"，*Accounts and Papers*（Cmd. 4885，1886），pp. xxv，xxviii.

21. Theodore Schwan，*Report on the Organization of the German Army*（War Dept. ，Adjutant General's Office，Mil. Information Div. ，No. 2，Washington，1894），pp. 17-18；D. D. Irvine，"The French and Prussian Staff Systems before 1870"，*Jour. of the Amer. Mil. Hist. Foundation*，Ⅱ（1938），195 - 196；Christian W. Gassier，

Offizier und Offizierkorps der Alten Armee in Deutschland（Wertheim a. M. ，1930），pp. 24-25，38.

22. Thomas，*Transformations*，I，422 - 423；East，*Armed Strength of France*，pp. 157，172 - 183，200；Thackery，*Military Organization*，I，73-87，100-111；Louis Trochu，*L'Armée Francaise en 1867*（Paris，1867），pp. 108 - 111；Ropp，"French Naval Policy"，pp. 87-94；J. L. de Lanesson，*La Marine Francaise au Printemps de 1890*（Paris，1890），pp. 273-296.

23. Biddulph，*Lord Cardwell*，pp. 114-117 and 73-77；Fortescue，*British Army*，Ⅳ，871-880，XⅢ，20-21，557-558；Omond，*Parliament and the Army*，pp. 66 - 67，120 - 121；Clode，*Military Forces*，Ⅱ，92，161，347-348，352-353，739.

24. Vagts，*History of Militarism*，p. 242.

25. Great Britain，*Military Education*，pp. 333-334. 亦可参见 Barnard，*Military Schools*，pp. 331 - 336，395 - 399；Spenser Wilkinson，*The Brain of an Army*（London，new ed. ，1913），pp. 147-191.

26. 转引自 Hittle，*Military Staff*，pp. 147-191.

27. D. D. Irvine，"The French Discovery of Clausewitz and Napoleon"，*Jour, of the Amer. Mil. Institute*，Ⅳ（1940），149 - 153；East，*Armed Strength of France*，pp. 79-80；L. Jablonski，*L'Armée Frangaise à travers Les Ages*（Paris，5 vols. ，1894），V，319ff.

28. Soley，*Foreign Systems of Naval Education*，pp. 49ff. ；A. F. Mockler-Ferryman，*Annals of Sandhurst*（London，1900），pp. 86-87.

29. 转引自 John W. Wheeler-Bennett，*The Nemesis of Powder：The German Army in Politics，1918-1945*（London，1953），p. 97. 论及总参谋部，亦可参见 Walter Gorlitz，*History of the German General Staff*（London，1953），pp. 15-23，57 - 58，66 - 69；Rudolf Schmidt - Buckeburg, *Das Militarkabinett der Preussischen Konige und Deutschen Kaiser* (Berlin, 1933), pp. 10 - 14, 57 - 96; Paul Bronsart von Schellendorff, *The Duties of the General Staff* (London, 3rd ed., 1893), pp. 15 - 22.

30. 参见 Col. E. B. Hamley, *The Operations of War* (Edinburgh, 3rd ed., 1872), pp. ix - x; Wilkinson, *Brain of an Army*, pp. 102 - 107. 毛奇对该理论的评论转引自 F. E. Whitton, *Moltke* (London, 1921), pp. 74 - 75.

31. 参见 Irvine, *Jour. Amer. Mil. Hist. Found.*, Ⅱ, 198 - 203; Hittle, *Military Staff*, pp. 89 - 107; Schellendorff, *Duties of the General Staff*, pp. 80 - 83; Jablonski, *L'Armée Francaise*, Ⅴ, 317ff.

32. Hittle, *Military Staff*, pp. 127 - 145; John K. Dunlop, *The Development of the British Army, 1899 - 1914* (London, 1938), pp. 23, 198 - 213; Schellendorff, *Duties of the General Staff*, pp. 97 - 108.

33. Viscount Wolseley, "The Standing Army of Great Britain", *Harper's*, LXXX (February 1890), 346 - 347.

34. Irvine, *Jour. of the Amer. Mil. Institute*, Ⅳ, 146 - 148; Girardet, *Societe Militaire*, pp. 94 - 95. 关于法德战争计划的对比，参见 Helmuth von Moltke, *The Franco - German War of 1870 - 71* (London, 2 vols., 1891), I, 3 - 10.

35. Lascelles Wraxall, *The Armies of the Great Powers* (London, 1859), pp. 99 - 100.

36. *Military Education*, p. 168.

37. Emory Upton, *The Armies of Europe and Asia* (New York, 1878), pp. 319 - 320.

38. 对克劳塞维茨谄媚性评论的典型代表，参见 Stewart L. Murray, *The Reality of War: A Companion to Clausewitz* (London, 1914), ch. ii; D. K. Palit, *The Essentials of Military Knowledge* (Aldershot, 1950), p. 78; Rosinski, *German Army*, pp. 121 - 122. 关于相关简要批判性分析，参见 Hans Rothfels, "Clausewitz", in Earle (ed.), *Makers of Modern Strategy*, pp. 93 - 113. Lloyd, Guibert, Behrenhorst, 以及 Bülow 都是有关方面最重要的先驱人物。有关 Lloyd 与 Guibert, 参见上述内容, pp. 29 - 30. 论 Behrenhorst, 参见 Jahns, *Kriegswissenschaften*, Ⅲ, 2121 - 2128; Ernst Hagemann, *Die Deutsche Lehre vom Kriege: Von Behrenhorst zu Clausewitz* (Berlin, 1940), pp. 6 - 20; Vagts, *History of Militarism*, pp. 92 - 95. 虽然 Bülow 所著 *Der Geist des Neurert Kriegssystems* (1799, English trans., *The Spirit of Modern Warfare*, London, 1806) 中的 18 世纪战略思想广受批评，但是其为人们研究战争提供了非常体系化的方法。参见 Palmer, in Earle (ed.), *Makers of Modern Strategy*, pp. 68 - 74; von Caemmerer, *The Development of Strategical Science During the Nineteenth Century* (London, 1905), pp. 1 - 10. Swiss Henri Jomini 为 Clausewitz 同时代最重要的人物，其著作 *Precis de L'Art de la Guerre* (Paris, 2 vols., 1838) 在后来的军事思想方面论影响力仅次于《战争论》。本章节中《战争论》以及本书其他部分的引用均来自 O. J. Matthijs Jolles 的翻译，Modern Library edition, copyrighted and published by Random House, New York, 1943, 经出版商许可使用。特别参见 pp. 34 - 39, 16 - 21, 45, 128ff., 568 - 571, 594ff.

39. Ghost of Napoleon, pp. 120 - 122. 亦可参见 his *The British Way in Warfare* (London, 1932), ch. 1, and for a similar interpretation, A. Lauterbach, "Roots and Implications of the German Idea of Military Society", *Military Affairs*, Ⅴ (Spring 1941), pp. 3ff. Erich Ludendorff 大力颂扬"暴力终结自我"的观点，作为《战争论》的敏锐读者，他认识到了其与克劳塞维茨之间的本质区别。参见 *The Nation at War* (London, 1936), pp. 11 - 24. In his more recent *Strategy* (New York, 1954), pp. 352 - 357, Liddell Hart tempers some - what his earlier strictures of Clause-

第二章

witz.

第三章　军事思维：
军事职业精神中保守的现实主义

1. 有关军事思想的讨论，参见 Walter Bagehot, *Physics and Politics* (New York, 1948), p. 83; Alfred Vagts, *A History of Militarism* (New York, 1937), pp. 11–21; Herbert Richmond, "The Service Mind" *Nineteenth Century and After*, CXIII (June 1933), 90–97; R. P. Patterson, "The Military Mind", *Infantry Journal*, LXI (July 1947), 13; W. R. Kintner, "Sound Thinking in the Army", *ibid.*, LXIII (October 1948), 17–22; "The U. S. Military Mind", *Fortune*, XLV (February 1952), 91ff.; A. M. Schlesinger, Jr., "Generals in Politics", *Reporter*, VI (April 1, 1952), 33–36; Drew Middleton, "The Enigma Called The Military Mind", *New York Times Magazine*, Apr. 18, 1948, pp. 13ff.; J. P. Marquand, "Inquiry Into the Military Mind", *ibid.*, Mar. 30, 1952, pp. 9ff.; L. B. Blair, "Dogs and Sailors Keep Off", U. S. Naval Institute *Proceedings*, LXXVI (October 1950), 1095–1103; Burton M. Sapin, Richard C. Snyder, and H. W. Bruck, *An Appropriate Role for the Military in American Foreign Policy-making: A Research Note* (Foreign Policy Analysis Series No. 4, Organizational Behavior Section, Princeton Univ., July 1954), pp. 24–33, 42–51. W. R. Schilling 对第一次世界大战中平民与海军思想的对比可扩展为一般范式。"Civil-Naval Politics in World War I", *World Politics*, VII (July 1955), 578–579. 有关针对军事思想水平的猛烈抨击，参见 David Lloyd George, *War Memoirs* (Boston, 6 vols., 1933–37), VI, 338–344; J. F. Dobie, "Samples of the Army Mind", *Harper's*, CXCIII (December 1946), 529–536; and contra, J. J. McCloy, "In Defense of the Army Mind", *ibid.*, CXCIV (April 1947), 341–344. 论军事人格，

参见 Hanson Baldwin in Lester Markel (ed.), *Public Opinion and Foreign Policy* (New York, 1949), pp. 118–120; W. T. Colyer, "The Military Mind", *Independent*, LXXXIX (Jan. 1, 1917), 22; Field Marshal Earl Wavell, *The Good Soldier* (London, 1948), pp. 27–28; Field Marshal Viscount Montgomery, *Military Leadership* (London, 1946), pp. 15–16; Cdr. H. E. Smith, "What is the Military Mind?" U. S. Naval Institute *Proceedings*, LXXIX (May 1953), pp. 509ff.; *The Officer's Guide* (Harrisburg, Pa., 19th ed., 1952), p. 270. 有关军事思想实质的先验定义，参见 W. O. Douglas, "Should We Fear the Military?", *Look*, XVI (Mar. 11, 1952), 34; Albert Salomon, "The Spirit of the Soldier and Nazi Militarism", *Social Research*, IX (February 1942), 95; Quincy Wright, "The Military and Foreign Policy", in Jerome Kerwin (ed.), *Civil-Military Relationships in American Life* (Chicago, 1948), pp. 116–120; Louis Smith, *American Democracy and Military Power* (Chicago, 1951), pp. 111–113. 有关文学作品中的描述，参见 Tolstoy, War and Peace; Stendhal, *Lucien Leuwen*; and Proust, *The Guermantes Way*. 在当代的小说中，还有 Norman Mailer, *The Naked and the Dead*; James Gould Cozzens, *Guard of Honor*; James Jones, *From Here to Eternity*; and, most especially, John P. Marquand, *Melville Goodwin, USA*.

2. Friedrich von Bernhardi (Gen, Ger), *On War of To-Day* (London, 1912), p. vi. On the universality of conflict, 参见 Sir Reginald Bacon (Adm, GB) and Francis E. McMurtrie, *Modern Naval Strategy* (London, 1940), pp. 15–16; W. D. Bird (Gen, GB), *The Direction of War: A Study of Strategy* (Cambridge, 1920), p. 1; Hermann Foertsch (Col, Ger), *The Art of Modern Warfare* (New York, 1940), p. 3; Stewart L. Murray (Maj, GB), *The Peace of the Anglo-Sax-*

ons（London，1905），p. 9.

3. J. F. C. Fuller（Gen，GB），*The Foundations of the Science of War*（London，1926），pp. 34-35；Ardant du Picq（Col，Fr），*Battle Studies：Ancient and Modern Battle*（New York，1921），pp. 48-51，96-97，111，118；U. S. Dept, of Defense，*The Armed Forces Officer*（Washington，1950），p. 131.

4. *On War*（New York，1943），pp. 32-33，53-55；Foertsch，*Modern Warfare*，p. 24；U. S. Dept, of Defense，*Armed Forces Officer*，p. 131；Ardant du Picq，*Battle Studies*，pp. 39-40；U. S. Dept, of War，*Field Service Regulations：Operations*（FM 100-5，June 15，1944），p. 27.

5. Colmar von der Goltz（Lt Col，Ger），*The Nation in Arms*（London，1887），p. 37.

6. Charles de Gaulle，（Gen，Fr），*The Army of the Future*（Philadelphia，1941），pp. 115-116；Clausewitz，*On War*，pp. 128-131；Auguste Frederic Marmont（Marshal，Fr），*The Spirit of Military Institutions*（Philadelphia，1862），pp. 243-256，271.

7. B. H. Liddell Hart（Capt，GB），*The Strategy of Indirect Approach*（London，1941），ch. 1；von Moltke，转引自 Spenser Wilkinson，*The Brain of an Army*（London，rev. ed.，1913），pp. 164-165；Sir H. W, Richmond（Adm，GB），*National Policy and Naval Strength and Other Essays*（London，1928），pp. 255-293；A. T. Mahan（Adm，US），"Subordination in Historical Treatment"，*Naval Administration and Warfare*（Boston，1918），pp. 245-272.

8. Field Marshal Viscount Montgomery，转引自 *Combat Forces Journal*，Ⅳ（July 1954），14.

9. J. F. C. Fuller，*Armament and History*（New York，1945），pp. 11-14，20-21.

10. 这一主题最经典的公式就是 Clausewitz，*On War*，pp. 594-601. 亦可参见 Jomini，*Summary of the Art of War*（New York，1854），p. 25；Bernhardi，*On War of To-Day*，Ⅱ，182-202；Foertsch，*Modern Warfare*，pp. 6-8；B. H. Liddell Hart，*Paris or the Future of War*（London，1925），p. 91；von der Goltz，*Nation in Arms*，p. 117. 论战争的局限性，参见 Fuller，*Armament and History*，pp. 35ff.，343ff.，and Vagts，*A History of Militarism*，pp. 397，410.

11. Liddell Hart，*Paris*，p. 8；Lopez Valencia（Gen，Sp），转引自 *Military Review*，XXIX（January 1950），83；J. J. Graham（Lt Col，GB），*Elementary History of the Progress of the Art of War*（London，1858），p. 1；J. F. C. Fuller，*The Reformation of War*（London，1923），p. 7；von der Goltz，*Nation in Arms*，p. 386.

12. Murray，*Peace of the Anglo-Saxons*，p. 13；Bacon and McMurtrie，*Naval Strategy*，p. 30；Moltke 转引自 Vagts，*History of Militarism*，p. 427；von der Goltz，*Conduct of War*，p. 2；Liddell Hart，*Paris*，pp. 7ff.；Cecil Battine（Maj，GB），"What is Militarism？" *Fortnightly* CXI（March 1919），378-379.

13. 参见 U. S. Army，*Field Service Regulations：Operations*（FM 100-5，June 15，1944），p. 36.

14. Sir Richard Gale（Gen，GB），"The Impact of Political Factors on Military Judgment"，*Journal* of the Royal United Service Institution，XCIX（February 1954），37.

15. 参见 von Seeckt（Gen，Ger），*The Future of the German Empire*（New York，1930），pp. 151-153.

16. 参见 Bird，*Direction of War*，p. 8；Walter H. James（Lt Col，GB），*Modern Strategy*（Edinburgh，1907），p. 10. 有关军人及其他人对自卫战争的态度，参见 Alfred Vagts，*Defense and Diplomacy：The Soldier and the Conduct of Foreign Relations*（New York，1956），ch. 8.

17. Quoted respectively in Vagts，*History of*

Militarism，p. 13，and Carlos G. Calkins（Lt，US），"How May the Sphere of Usefulness of Naval Officers Be Extended in Time of Peace with Advantage to the Country and the Naval Service?" U. S. Naval Institute *Proceedings*，Ⅸ（1883），178. 亦可参见 De Tocqueville's comments，*Democracy in America*（Cambridge，2 vols. 1863），Ⅱ，333-335.

18. 参见 Ashton，*Nineteenth Century and After*，CXXXVI，633-634；Vagts，*History of Militarism*，p. 15；Ardant du Picq，*Battle Studies*，pp. 14，224；V. Derrecagaix（Col，Fr），*Modern War*（Washington，3 vols.，1888），I，81.

19. Moltke，转引自 Wilkinson，*Brain of an Army*，p. 165. 在 19 世纪之前，人们通常把"战略"一词理解为计谋策略。此后，便被认定为军事科学中永恒不变的核心问题。参见 Admiral Castex（Fr），*Theories Strategiques*（Paris，5 vols.，1929-1935），I，3-27；A. R. Maxwell（Gen，US），"This Word 'Strategy'" *Air Univ. Quarterly Review*，Ⅶ（Spring 1954），66-74. 关于战争的原则，参见 Cyril Falls（Capt，GB），*Ordeal by Battle*（London，1943），ch. 5；Bernhardi，*On War of To-Day*，I，30-43；Alfred Higgins Burne（Lt Col，GB），*The Art of War on Land*（London，1944）；C. R. Brown（Adm，US），"The Principles of War"，U. S. Naval Institute *Proceedings*，LXXV（June 1949），621-633；Marshal Foch，*Precepts and Judgments*（London，1919），pp. 215-218；Sir F. Maurice（Gen，GB），*British Strategy*（London，1929），ch. 2；此外关于一种批评性讨论，参见 Bernard Brodie，"Strategy as a Science"，*World Politics*，I（July 1944），466-488.

20. Gale，*Jour. Royal United Service Inst.*，XCIX，37.

21. Von Moltke，转引自 Liddell Hart，*Strategy of Indirect Approach*，p. 185；本书 184-189

页简洁阐述了军队指挥官对政客所负有的责任。

22. A. T. Mahan，"The Military Rule of Obedience"，*Retrospect and Prospect*（Boston，1902），p. 283；Derrecagaix，*Modern War*，I，78. 来自文人的精彩论述，参见 T. V. Smith，"Ethics for Soldiers of Freedom"，*Ethics*，LX（April 1950），157-168.

23. 参见 B，H. Liddell Hart，*The Ghost of Napoleon*（New Haven，1934），pp. 171-177；Richmond，*National Policy and Naval Strength*，pp. 217-230.

第四章　权力、职业主义与意识形态：理论中的军政关系

1. 其他有关军政关系的理论分析，参见 Alexis de Tocqueville，*Democracy in America*，vol. Ⅱ，bk. 3，chs. 22-26；Gaetano Mosca，*The Ruling Class*（New York，1939），ch. 9；Karl Mannheim，*Freedom，Power，and Democratic Planning*（New York，1950），pp. 127-131；Stanislaw Andrzejewski，*Military Organization and Society*（London，1954）；Morris Janowitz，"The Professional Soldier and Political Power：A Theoretical Orientation and Selected Hypotheses"（Bureau of Government，Institute of Public Administration，Univ. of Michigan，1953；mimeo.）；Burton Sapin，Richard C. Snyder，and H. W. Bruck，*An Appropriate Role for the Military in American Foreign Policy - making：A Research Note*（Foreign Policy Analysis Series No. 4，Organizational Behavior Section，Princeton Univ.，1954）.

Friedrich 关于在公共服务方面的客观功能职责与主观政治职责所做出的一般区分，与文官控制不同方式的区分之间存在着联系。Carl J. Friedrich，et al.，*Problems of the American Public Service*（New York，1935），pp. 36-37.

2. 对"权力"概念的分析可以追溯到马基雅维利和亚里士多德。近代颇具意义的讨论：Harold D. Lasswell，*Politics：Who Gets What，*

When, *How* (New York, 1936), *and Power and Personality* (New York, 1948); Charles E. Merriam, *Political Power* (New York, 1934), and *Systematic Politics* (Chicago, 1945); Bertrand Russell, *Power：A New Social Analysis* (New York, 1938); Gaetano Mosca, *The Ruling Class* (New York, 1939); Carl J. Friedrich, *Constitutional Government and Democracy* (Boston, 1950); Robert M. MacIver, *The Web of Government* (New York, 1947); Bertrand de Jouvenel, *On Power* (New York, 1949); Karl Mannheim, *Freedom*, *Power*, *and Democratic Planning* (New York, 1950); Harold D. Lasswell and Abraham Kaplan, *Power and Society* (New Haven, 1950); H. Goldhamer and E. A. Shils, "Types of Power and Status", *Amer. Jour. of Sociology*, XLV (1939), 171-182; Reinhard Bendix, "Bureaucracy and the Problem of Power", *Public Administration Review*, V (1945), 194-209; H. A. Simon, "Notes on the Observation and Measurement of Political Power", *Journal of Politics*, XV (November 1953), 500-516; Robert Bierstedt, "An Analysis of Social Power", *American Sociological Review*, XV (December 1950), 730-738; F. L. Neumann, "Approaches to the Study of Political Power", *Pol. Science Quarterly*, LXV (June 1950), 161-180.

3. 在洛克以及法国启蒙思想家、边沁、亚当·斯密、密尔、康德、格林（T. H. Green）与克罗齐（Croce）的著作中都有对自由主义立场的经典阐述。对自由主义历史成分的分析，参见 Harold J. Laski, *The Rise of Liberalism* (New York, 1936), Guido de Ruggiero, *The History of European Liberalism* (London, 1927), and A. D. Lindsay, *The Modern Democratic State* (New York, vol. I, 1947). 法西斯主义意识形态主要来源于希特勒的 *Mein Kampf*, 墨索里尼的 *The Doctrine of Fascism*, 以及 Alfred Rosenberg 的 *Der Mythus des 20. Jahrhunderts*. 对法西斯思想的分析，参见 W. Y. Elliott, *The Pragmatic Revolt in Politics* (New York, 1928); Hermann Rauschning, *The Revolution of Nihilism* (New York, 1939); Franz L. Neumann, *Behemoth* (New York, 2d ed., 1944); William Ebenstein, *The Nazi State* (New York, 1943). 我曾试图对该法西斯思想分析进行充分抽象，使其能够涵盖意大利和德国法西斯思想，尽管二者必然存在着诸多具体差异。马克思主义政治理论最有贡献的著作为马克思与恩格斯所著的《共产党宣言》以及列宁所著的《国家、革命与帝国主义》。Emile Burns 所著 *Handbook of Marxism* (New York, 1935) 中做出了极具意义的概括。R. N. Carew Hunt 所著 *The Theory and Practice of Communism* (New York, 1951) 为一篇优秀简洁的批判性分析。Edmund Burke 对保守主义有诸多经典阐述，尤其体现在 *Reflections on the French Revolution* 以及 *Appeal from the New to the Old Whigs*. 对于保守主义意识形态的分析，参见 Karl Mannheim, "Conservative Thought", *Essays on Sociology and Social Psychology* (New York, ed. by Paul Kecskemeti, 1953).

第五章　德国与日本：军政关系的实践

1. 转引自 Paul von Hindenburg, *Out of My Life* (London, 1920), p. 220; Friedrich von Bernhardi, *On War of To-Day* (London, 2 vols., 1912), II, 182-183; Hajo Holborn, "Moltke and Schlieffen：The Prussian-German School", in Edward Mead Earle (ed.), *Makers of Modern Strategy* (Princeton, 1952), pp. 175-176. Compare Gerhard Ritter, *Staatskunst und Kriegshandwerk* (Munich, 1954), I, 246-261; Gordon A. Craig, *The Politics of the Prussian Army, 1640-1945* (Oxford, 1955), pp. 195-196, 216.

2. 转引自 John W. Wheeler-Bennett, *The Nemesis of Power：The German Army in Politics, 1918-1945* (London, 1953), p. 86, n. 3. 亦可参见 *Essays*, *Speeches*, *and Memoirs of Count*

Helmuth von Moltke（London, 2 vols., 1893），
Ⅱ, 50; Helmuth von Moltke, *The Franco - German War of 1870-1871*（London, 1891），p. 1.
毛奇曾在一封被广为引用的信中说："拥有永久的和平是一个梦想，但并不是美丽的梦想"，然而一场不可避免的战争紧随其后，引起了无尽的折磨与痛苦。

3. 转引自 Alfred Vagts，"Land and Sea Power in the Second German Reich"，*Jour. of the Amer. Mil. Institute*，Ⅲ（Winter 1939），213.

4. Herbert Rosinski, *The German Army*（London, 1939），pp. 107-108; Walter Gorlitz, *The German General Staff: Its History and Structure, 1657-1945*（London, 1953），p. 139; Christian W. Gassier, *Offizier und Offizierkorps der Alten Armee in Deutschland*（Wertheim a. M., 1930），Appendix 4.

5. Rosinski, *German Army*, pp. 96-98; Gorlitz, *General Staff*, p. 95; Friedrich Meinecke, *The German Catastrophe*（Cambridge, 1950），p. 12.

6. 转引自 G. P. Gooch, *Germany*（New York, 1925），p. 96. 关于德国价值观的根本转变，亦可参见 Meinecke, *German Catastrophe*, pp. 1-24; Koppel S. Pinson, *Modern Germany: Its History and Civilization*（New York, 1954），pp. 251-273, 291-312; Hans Kohn（ed.），*German History: Some New German Views*（Boston, 1954），*passim*; John H. Hallo well, *The Decline of Liberalism as an Ideology in Germany*（Berkeley, 1943），*passim*.

7. *German Army*, pp. 100-104.

8. 参见 John W. Wheeler-Bennett, *Wooden Titan: Hindenburg in Twenty Years of German History, 1914 - 1934*（New York, 1936），pp. 137-140; Albrecht Mendelssohn-Bartholdy, *The War and German Society*（New Haven, 1937），pp. 106-117; and R. H. Lutz（ed.），*The Causes of the German Collapse in 1918*（Stanford University, 1934），pp. 22-24, 199-201, 其中涉及德国文官领导权的失败。

9. *The Nation at War*（Eng. trans of *Der Totale Krieg*, London, 1936），pp. 23-24, 175, 180.

10. 转引自 Telford Taylor, *Sword and Swastika: Generals and Nazis in the Third Reich*（New York, 1952），p. 16.

11. Seeckt, *Thoughts of a Soldier*（London, 1930），pp. 5-6.

12. 转引自 Wheeler-Bennett, *Nemesis of Power*, p. 116.

13. Seeckt, *Thoughts of a Soldier*, pp. 77-80.

14. Wheeler-Bennett, *Nemesis of Power*, pp. 108-110.

15. Gorlitz, *General Staff*, p. 302; Hermann Foertsch, *The Art of Modern Warfare*（New York, 1940）.

16. Gorlitz, *General Staff*, p. 294. 论军事价值观与纳粹价值观的一般对比，参见 Hermann Rauschning, *The Revolution of Nihilism*（New York, 1939），pp. 123-176.

17. General Dittmar, 转引自 B. H. Liddell Hart, *The Other Side of the Hill*（London, rev. ed., 1951），p. 59.

18. 关于十一月会议、捷克危机、贝克的反对以及哈尔德的密谋，参见 Office of U. S. Chief of Counsel for Prosecution of Axis Criminality, *Nazi Conspiracy and Aggression*（Washington, 8 vols. and 2 supplements, 1946），I, 377-387; Gorlitz, *General Staff*, pp. 324-339; Wheeler-Bennett, *Nemesis of Power*, pp. 395-424; Hans Rothfels, *The German Opposition to Hitler*（Hinsdale, 111, 1948），pp. 58-63.

19. 转引自 Fabian von Schlabrendorff, *They Almost Killed Hitler*（New York, 1947），pp. 34-35.

20. 一般性概述，参见 Chester Wilmot, *The Struggle for Europe*（New York, 1952），pp. 89-

第五章

90, 162, 188, 332; Hans Speidel, *Invasion*: 1944 (Chicago, 1950), pp. 27 – 30; E. A. Shils and Morris Janowitz, "Cohesion and Disintegration of the Wehrmacht in World War II", *Public Opinion Quarterly*, XII (Summer 1948), 303 – 308; N. W. Caldwell, "Political Commissars in the Luftwaffe", *Jour. of Politics*, IX (February 1947), 57–79; H. A. Sheen, "The Disintegration of the German Intelligence Services", *Military Review*, XXIX (June 1949), 38–41.

21. General Dittmar, 转引自 Liddell Hart, *The Other Side of the Hill*, p. 59.

22. 参见 Schlabrendorff, *They Almost Killed Hitler*, pp. 39–40; Gorlitz, *General Staff*, pp. 329–330; Gen. Gunther Blumentritt, *Von Rundstedt: The Soldier and the Man* (London, 1952), pp. 34, 39–40; Rauschning, *Revolution of Nihilism*, pp. 151–152, 169–170.

23. 转引自 Wheeler – Bennett, *Nemesis of Power*, p. 381. 亦可参见 Hans Bernd Gisevius, *To the Bitter End* (Boston, 1947), pp. 223–267; Taylor, *Sword and Swastika*, pp. 337–343.

24. Hans Speier, "German Rearmament and the Old Military Elite", *World Politics*, VI (January 1954), 150, n. 4; H. A, DeWeerd, "The German Officer Corps versus Hitler", *Military Affairs*, XIII (Winter 1949), 200–207; Kurt Assmann, "Hitler and the German Officer Corps", U. S. Naval Institute *Proceedings*, LXXXII (May 1956), 520.

25. Ulrich von Hassell, *The Von Hassell Diaries 1938–1944* (New York, 1947), p. 6; Speidel, *Invasion: 1944*, p. 16. Compare Blumentritt, *Von Rundstedt*, p. 25.

26. *New York Times*, Nov. 10, 1952, p. 7; Gordon A. Craig, "NATO and the New German Army", in William W. Kaufmann (ed.), *Military Policy and National Security* (Princeton, 1956), pp. 203–204, 209.

27. D. C. Holtom, *Modern Japan and Shinto Nationalism* (Chicago, rev. ed., 1947), pp. 7ff. 亦可参见 Uichi Iwasaki, *The Working Forces in Japanese Politics* (New York, 1921), pp. 12–13; E. E. N. Causton, *Militarism and Foreign Policy in Japan* (London, 1936), ch. 1; Ruth Benedict, *The Chrysanthemum and the Sword: Patterns of Japanese Culture* (Boston, 1946), pp. 43–75; J. F. Steiner, "Basic Traits of Japanese Character", *Proceedings*, Institute of World Affairs, V (1944–45), 44; Inazo Nitobe, *Bushido: The Soul of Japan* (New York, 10th ed., 1905), passim.

28. J. C. Balet, *Military Japan: The Japanese Army and Navy in 1910* (Yokohama, 1910), p. 3; John M. Maki, *Japanese Militarism: Its Cause and Cure* (New York, 1945), p. 182.

29. Alfred Vagts, *A History of Militarism* (New York, 1937), p. 319.

30. Robert Leurquin, "The Japanese Punitive Expedition in China", *The Army Quarterly* (April 1938), 转引自 Paul W. Thompson, *et al.*, *The Jap Army* (Army Orientation Course, Series I, No. I, 1942), pp. 23–24. 亦可参见 Hillis Lory, *Japan's Military Masters* (New York, 1943), pp. 94–95.

31. Nitobe, *Bushido*, p. 188.

32. 转引自 Lory, *Japan's Military Masters*, p. 37.

33. 转引自 Benedict, *Chrysanthemum and the Sword*, pp. 22–23.

34. M. D. Kennedy, *Some Aspects of Japan and her Defence Forces* (London, 1928), p. 164, and *The Military Side of Japanese Life* (London, 1924), pp. 311 – 312, 355; Alexander Kiralfy, "Japanese Naval Strategy", in Earle (ed.), *Makers of Modern Strategy*, pp. 457–462.

35. Lory, *Japan's Military Masters*, pp. 81, 41–47, 79–95; Balet, *Military Japan*, p. 7;

第五章

Kennedy, *Japan and her Defence Forces*, p. 153; Causton, *Militarism and Foreign Policy*, p. 83; Benedict, *Chrysanthemum and the Sword*, pp. 38ff.

36. War Ministry Pamphlet, 1934, 转引自 Kenneth W. Colegrove, *Militarism in Japan* (Boston, 1936), pp. 52–53.

37. General Mazaki, 转引自 Hugh Byas, *Government by Assassination* (New York, 1942), p. 150.

38. 转引自 K. W. Colegrove, "The Japanese Cabinet", *Amer. Pol. Sci. Rev.*, XXX (October 1936), 916–917. 亦可参见 Chitoshi Yanaga, "The Military and the Government in Japan", *ibid.*, XXXV (June 1941), 529–530; Causton, *Militarism and Foreign Policy*, ch. 2; Lory, *Japan's Military Masters*, pp. 239–245.

39. 转引自 Lory, *Japan's Military Masters*, pp. 139–140.

40. *Ibid.*, pp. 116, 122, 126–128; M. F. Gibbons, Jr., "The Japanese Needed Unification", *Military Review*, XXIX (August 1949), 20–27.

41. 转引自 Lory, *Japan's Military Masters*, p. 114.

42. Lt. Gen. Tamon, 转引自 O. Tanin and E. Yohan, *Militarism and Fascism in Japan* (London, 1934), p. 186. 亦可参见 Tatsuji Takeuchi, *War and Diplomacy in the Japanese Empire* (Garden City, N. Y., 1935), pp. 349–357.

43. 转引自 Tanin and Yohan, *Militarism and Fascism*, p. 187.

44. Kennedy, *Military Side*, pp. 108–109.

第六章 意识形态的常态：
自由主义社会对抗军事职业主义

1. *Journals of the Continental Congress 1774–1789*, XXVII (June 2, 1784), 518, 524; Memorandum of General Tasker H. Bliss in Freder-

ick Palmer, *Newton D. Baker：America at War* (New York, 2 vols., 1931), I, 40–41.

2. 自由主义在美国盛行所造成的影响已经被出色地分析于 Louis Hartz, *The Liberal Tradition in America* (New York, 1955) 对美国自由主义盛行的影响进行了精辟的探讨。亦可参见 Daniel J. Boorstin, *The Genius of American Politics* (Chicago, 1953), and Clinton Rossiter, *Conservatism in America* (New York, 1955).

3. 转引自 Harold Stearns, *Liberalism in America* (New York, 1919), p. 80.

4. 参见 Merle Curti, *Peace or War：The American Struggle, 1636–1936* (New York, 1936), 以及 Arthur A. Ekirch, Jr., *The Civilian and the Military* (New York, 1956).

5. Carl J. Friedrich, et al., *Problems of the American Public Service* (New York, 1935), p. 12.

6. 转引自 Dorothy Burne Goebel and Julius Goebel, Jr., *Generals in the White House* (Garden City, N. Y., 1945), p. 147.

7. *Public Papers* (New York, 6 vols., ed. by Ray Stannard Baker and William E. Dodd, 1925–1927), V, 83, 86.

8. 论美国政治中的军事英雄，参见 Goebel and Goebel, *Generals in the White House*; Albert Somit, "The Military Hero as Presidential Candidate", *Public Opinion Quarterly*, XII (Summer 1948), 192–200; L. B. Wheildon, "Military Leaders and the Presidency", *Editorial Research Reports* (Dec. 5, 1947), pp. 869–883; Frank Weitenkampf, "Generals in Politics", *American Scholar*, XIII (Summer 1944), 375–378; Sidney Hyman, *The American President* (New York, 1954), pp. 210–217; P. F. Boiler, Jr., "Professional Soldiers in the White House", *Southwest Review*, XXXVII (Autumn 1952), 269–279.

9. *The Hero in America* (New York, 1941), p. 12.

10. 转引自 Hyman, *American President*, p.

211.

第七章　结构的常态：
保守主义宪法对文官控制

1. William Blackstone, *Commentaries on the Laws of England* (Oxford, 3rd ed., 4 vols., 1768), I, 407, 413-414.

2. 关于本条款的讨论，参见 Max Farrand (ed.), *The Records of the Federal Convention of 1787* (New Haven, 4 vols., 1911-1937), I, 380, II, 286-290; Jonathan Elliot (ed.), *The Debates in the Several Conventions* (Washington, 4 vols., 1836), III, 372-373. 有关实践中应用本条款的几个实例，参见 *Hind's Precedents of the House of Representatives* (Washington, 1907), ch. XVI, and *Cannons Precedents* (Washington, 1935), ch. 16.

3. Farrand, *Records*, II, 326, 329-330, 563, 640, III, 207; Elliot, *Debates*, I, 326, 328, 335, II, 77-80, 136-137, III, 381, 660, IV, 244; Charles Warren, *The Making of the Constitution* (Cambridge, 1947), pp. 474, 483; James Madison, No. 41, *The Federalist* (Modern Library ed.), pp. 262-263.

4. Farrand, *Records*, I, 465, II, 385; No. 8, *The Federalist*, pp. 42-43; Elliot, *Debates*, II, 520-521, III, 169, 378, 410-411. Patrick Henry 对联邦主义者的主张如此评价："该论证是一种自我毁灭。其要求权力，却拒绝权力运行的可能性。"

5. Farrand, *Records*, II, 136, 168, 182, 330, 385, II, 332; Elliot, *Debates*, III, 382, IV, 422-424.

6. 参见 Emory Upton, *The Military Policy of the United States* (Washington, 1912), pp. 100-103; F. B. Wiener, "The Militia Clause of the Constitution", *Harvard Law Review*, LIV (December 1940), 192-193; Leonard D. White, *The Jeffersonians* (New York, 1951), pp. 540-

541. 对比华盛顿在革命时期的困难。James B. Scott, *The Militia* (S. Doc. 695, 64th Cong., 2d Sess., 1917), pp. 25-26.

7. F. P. Todd, "Our National Guard：An Introduction to Its History", *Military Affairs*, V (Summer, Fall 1941), 73-86, 152-170, pp. 162-163. 除了一些简短的文章和部分法律评论，人们很少针对国民警卫队以及国民警卫队开展学术性研究，这对研究美国政治史充满雄心壮志的学生来说，可以算得上是个"金矿"。

8. *Official Proceedings of the Natl. Guard Assoc.*, *66th Annual Convention*, *1944*, pp. 28-29, 44; *1948*, pp. 111, 242-244, 254-255; *1949*, pp. 202-210. 有关 Gray Board 的建议，参见 Committee on Civilian Components, *Reserve Forces for National Security* (Washington, 1948), pp. 9-24.

9. *Statement of Policy Adopted by the Natl. Guard Assn, and the Adjutants General Assn, in Joint Convention*, Baltimore, May 4, 1944, pp. 1, 4; *Proceedings*, *NGA Convention*, *1944*, p. 100; *1945*, pp. 65-66; *1946*, pp. 114-115; *1948*, p.65; Public Administration Clearing House, *Public Administration Organizations*, *1954* (Chicago, 1954), pp. 102, 119.

10. Proceedings, *NGA Convention*, *1943*, pp. 89, 93-96; *1945*, pp. 50-55.

11. Proceedings, *NGA Convention*, *1945*, p. 47; *1946*, p. 43; 1948, pp. 34, 66, 80-81; *1950*, pp. 264-265; *1953*, pp. 288-290.

12. *Proceedings*, *NGA Convention*, *1943*, pp. 56, 67, 88; *1944*, pp. 44, 53, 55, 58, 65, 69, 73, 74; *1945*, p. 56; *1946*, pp. 28-32; *1948*, pp. 47-49, 57, 91-92; *1953*, p. 28; *Time*, LXIII (Mar. 1, 1954), 18.

13. *Proceedings*, *NGA Convention*, *1948*, pp. 33-34; *1950*, p. 245.

14. 有关王室和议会的讨论，参见 Blackstone, *Commentaries*, I, 257-258, 262, 412-

第七章

413；J. S. Omond，*Parliament and the Army*，*1642-1904*（Cambridge，1933），pp. 7-8；John W. Fortescue，*A History of the British Army*（London，13 vols.，1899-1930），Ⅱ，568. 最初制宪先贤们完全采用了英国基本法的措辞，13 Car. Ⅱ，c. 6（1661），但是，后来他们意识到并不能使总统如同国王一样无论在战争时期还是和平时期都能统帅国民军。参见 Farrand，*Records*，I，139-140，Ⅱ，185，426-427；No. 69，*The Federalist*，p. 448. 对于战争权是否合理地授权给立法与行政部门，有关该问题的持续辩论，参见 Farrand，*Records*，I，64-66；Alexander Hamilton，*Works*（New York，12 vols.，ed. by H，C. Lodge，1904），Ⅳ，145-146；James Madison，*Writings*（New York，9 vols.，1900-1910），Ⅵ，145；Clarence A. Berdahl，*War Powers of the Executive in the United States*（Urbana，Ill.，1921），p. 79. Compare W. W. Crosskey，*Politics and the Constitution*（Chicago，2 vols.，1953），I，422-428.

15. Fleming v. Page，9 How. 603，615，618（1850）. 作为国家统帅的英国国王权力的触角已经触及许多非军事领域。Blackstone，*Commentaries*，I，262ff. 有关制宪先贤们对总揽大权的统帅的观点，参见 Farrand，*Records*，I，244，292，Ⅱ，145，319，426-427，Ⅲ，624；Elliot，*Debates*，Ⅳ，114；*The Federalist*，pp. 448，482.

16. 有关总统与国会的军事权之间的界限，参见 Edward S. Corwin，*The President：Office and Powers*（New York，1948），ch. vi；Ex Parte Milligan，4 Wall. 2（1866）；Berdahl，*War Pwers*，*passim*；Howard White，*Executive Influence in Determining Military Policy in the United States*（Urbana，Ill.，1924），ch. iii；and R. G. Albion's interesting，if unconvincing，views，"The Naval Affairs Committee，1816-1947"，U. S. Naval Institute *Proceedings*，LXXVIII（November 1952），1929.

17. 转引自 T. H. Williams，"The Committee on the Conduct of the War：An Experiment in Civilian Control"，*Jour. Amer. Mil. Institute*，Ⅲ（Fall 1939），141.

18. Lloyd M. Short，*The Development of National Administrative Organization in the United States*（Baltimore，1923），p. 119；Berdahl，*War Powers*，pp. 111-114；Upton，*Military Policy*，pp. 250-251；Pendleton Herring，*The Impact of War*（New York，1941），pp. 141-142；Arthur A. Maass，*Muddy Waters：The Army Engineers and the Nation's Rivers*（Cambridge，Mass.，1951），*passim*；White，*Executive Influence*，pp. 237-238，263；Otto L. Nelson，Jr.，*National Security and the General Staff*（Washington，1946），pp. 130-166；John Dickinson，*The Building of an Army*（New York，1922），p. 320；Bradley A. Fiske，*From Midshipman to Rear Admiral*（New York，1919），pp. 563-571.

19. Donald W. Mitchell，*History of the Modern American Navy from 1883 through Pearl Harbor*（New York，1946），pp. 62-63.

20. Farrand，*Records*，I，244，Ⅲ，217-218，624，Ⅳ，53；Elliot，*Debates*，Ⅱ，408，412，522-523，Ⅲ，59-60，496-498；Leonard D. White，*The Jeffersonians*，p. 220，以及 *The Jacksonians*（New York，1954），pp. 51-57；Herring，*Impact of War*，pp. 146-147.

21. 平衡模式的理论基础阐述于 A. T. 马汉，"The Principles of Naval Administration"，*Naval Administration and Warfare*（Boston，1908），pp. 3-48，and Spenser Wilkinson，Preface to the 2d edition of *The Brain of an Army*（London，1913）. Mahan 的文章与 Wilkinson 的前言都是对行政分支军事组织的杰出分析，为认清该问题提供了基础。

22. Secretary of Defense，*Semiannual Report，July 1 to December 31，1954*，p. 58；*New York Times*，January 13，1956，p. 6；*New York Her-*

第七章

ald Tribune, November 22, 1953, p. 1, November 20, 1955, Sec. 2, p. 3.

第八章　内战前美国军事传统的根源

1. The Writings of Thomas Jefferson (New York, 10 vols. , ed. by Paul L. Ford, 1892 – 1899), X, 239; William A. Ganoe, The History of the United States Army (New York, 1932), p. 95.

2. Secretary of War to Congress, Jan. 13, 1800, American State Papers：Military Affairs, I, 133 – 135 (hereafter cited as ASP：MA). McHenry 的该信函以及在 1800 年 1 月 31 日所写的后续一封（ASP：MA, I, 142）都是建立在汉密尔顿于 1799 年 11 月 23 日给他来信的基础之上，Alexander Hamilton, Works (New York, 12 vols. , ed. by H. C. Lodge, 1904), Ⅶ, 179ff. 更多有关汉密尔顿观点的表述，参见其 Works, Ⅳ, 457, 464, Ⅶ, 11, and The Federalist (Modern Library ed.), pp. 42, 62 – 69, 206–207. 汉密尔顿为华盛顿的告别演说提供了建议。参见 Edward Mead Earle, " Adam Smith, Alexander Hamilton, Friedrich List：The Economic Foundations of Military Power", in Earle (ed.), Makers of Modern Strategy (Princeton, 1952), pp. 128–138. 有关华盛顿的观点，参见 P. F. Boiler, Jr. , " Washington and Civilian Supremacy", Southwest Review, XXXIX (Winter 1954), 10–12; William R. Tansill, The Concept of Civil Supremacy in the United States (Library of Congress, Legislative Reference Service, Public Affairs Bulletin No. 94, 1951), pp. 3–5.

3. The Writings of Thomas Jefferson (Washington, 20 vols. , Thomas Jefferson Memorial Association ed. , 1905), Ⅳ, 218, ⅩⅢ, 261. 更多有关杰斐逊主义者军事政策的阐述，参见 ibid. , Ⅱ, 242, X, 365, XIV, 261; The Works of Thomas Jefferrson (New York, 12 vols. ,

ed. by Paul L, Ford, 1905), V, 386, 426 – 428, Ⅸ, 18, X, 190–191, 206ff. , 222–223, Ⅺ, 68–69, 426, 436–437.

4. Samuel Tillman, " The Academic History of the Military Academy, 1802–1902", The Centennial of the United States Military Academy at West Point, New York, 1802 – 1902 (Washington, 1904), p. 276; H. Wager Halleck, Elements of Military Art and Science (New York, 1846), p. 134; Sidney Forman, West Point (New York, 1950), pp. 43–44, 51–58; R. Ernest Dupuy, Men of West Point (New York, 1951), p. 13, 在军校早期所使用的法国教材包括 Gay de Vernon, Treatise on the Science of War and Fortification (New York, 2 vols. , 1817); Louis de Tousard, American Artillerist's Companion (Philadelphia, 3 vols. , 1809); H. Lallemand, A Treatise on Artillery (New York, 1820).

5. Hamilton to McHenry, Nov. 23, 1799, Works, Ⅶ, 179ff. ; ASP：MA, I, 133ff.

6. Jacob D. Cox, Military Reminiscences of the Civil War (New York, 2 vols. , 1900), I, 172, 177 – 179; Forman, West Point, pp. 23, 74ff. , 82, 87–89; W. V. Judson, " The Services of Graduates", Centennial, pp. 833 – 835; Tillman, ibid. , pp. 282–283, 374; Eben Swift, " Services of Graduates of West Point in Indian Wars", ibid. , p. 527; W. S. Chaplin, " The Services of Graduates in Civil Life, 1802–1902", ibid. , pp. 876–877; William Baumer, Jr. , Not All Warriors (New York, 1941), p. xi, and West Point：Moulder of Men (New York, 1942), pp. 241 – 242; R, Ernest Dupuy, Where They Have Trod (New York, 1940), pp. 368 – 371, 399–402, and Appendix A; Report of Committee on the General Condition of the Military Academy, June 20, 1826, ASP：MA, Ⅲ, 375; Report of the Board of Visitors to the Military Academy, 1830, ASP：MA, Ⅳ, 603; Ann. Report of the

Secy. of War, 1828, ASP：MA，Ⅳ，2ff.

7. Exec. Doc. No. 2, 27th Cong. , 2d Sess. , p. 364（1841）; *Amer. State Papers：Naval Affairs*（hereafter cited as ASP：NA），Ⅰ，320，Ⅱ，44，Ⅲ，350; James R. Soley, *Historical Sketch of the United States Naval Academy*（Washington, 1876），pp. 7–61; W. D. Puleston, *Annapolis：Gangway to the Quarterdeck*（New York，1942），pp. 11–47.

8. Art. 63, Articles of War, Act of Apr. 10, 1806，2 Stat. 367; Act of Mar. 3, 1813, 2 Stat. 819; Leonard D. White, *The Jeffersonians*（New York，1951），pp. 236–240.

9. "Report of the secretary of the navy, of a plan for reorganization of the navy department", *Niles' National Register*, Jan. 25, 1840, pp. 343–345. 论 19 世纪海军组织，参见 S. B. Luce, "Naval Administration"，U. S. Naval Institute *Proceedings*（hereafter cited as USNIP），XIV（1888），574–575，582–583; "Naval Administration，Ⅱ"，USNIP，XXVIII（1902），841–844; "The Board of Naval Commissioners"，USNIP，XXXVII（December 1911），1123–1124; C. O. Paullin， "Naval Administration Under the Naval Commissioners, 1815–1842"，USN1P，XXXIII（1907），598–599，606–611，以及 "A Half Century of Naval Administration in America, 1861–1911"，USNIP，XXXVIII（December 1912），1315ff. ; Act of Feb. 7, 1815, 3 Stat. 202; Act of Aug. 31, 1842, 5 Stat. 579; Rept. of the Secy. of the Navy, Dec. 4, 1841, S. Doc. 1, 27th Cong. , 2d Sess. , p. 378（1841）; Rolf Haugen， "The Setting of Internal Administrative Communication in the United States Naval Establishments, 1775–1920"（Ph. D. Thesis, Harvard Univ. , 1953），p. 133, Mallory, "Southern Naval Statesman"，Jour, of Southern History, X（May 1944），137–160.

10. Emory Upton, *The Military Policy of the U-nited States*（Washington, 1912），p. 225; James D. Richardson（ed. ），*Messages and Papers of the Presidents, 1789–1910*（New York, 11 vols. , 1908），Ⅱ，438; Joseph L. Blau（ed. ），*Social Theories of Jacksonian Democracy*（New York，1947），p. 64.

11. Rept. , Com. On Mil Affs. , H. of Reprs. , May 17, 1834, ASP：MA，V，347; Rept. of Select Committee on the United States Military Academy, Mar. 1, 1837, ASP：MA，Ⅶ，14. 关于法律职业与外交部门受到的杰克逊主义影响，参见 Roscoe Pound, *The Lawyer from Antiquity to Modern Times*（St. Paul, Minn. , 1953），pp. 226–228, 232–233; J. Rives Childs, *The American Foreign Service*（New York，1948），p. 4.

12. ASP：MA，Ⅳ，285，683，V，307，347，Ⅵ，988，Ⅶ，1ff. , 89; Forman, *West Point*, pp. 49–51.

13. Act of Mar. 1, 1843, 5 Stat. 604; Act of Mar. 3, 1845, 5 Stat. 794; Act of Aug. 31, 1852, 10 Stat. 102; *Congressional Globe*, Ⅺ（May 13, 1842），499–500，Ⅻ（Feb. 7, 1843），224–225, XXIV（Aug. 30, 1852），2442–2444; ASP：MA，Ⅲ，616; H. Doc. 167, 20th Cong. , 1st Sess. , pp. 3–4（1828）.

14. Paullin, USNIP, XXXIII, 632; Halleck, *Military Art and Science*, pp. 404–405; Swift, *Centennial*, pp. 528ff. ; Upton, *Military Policy*, pp. 212–213; Truman Seymour, *Military Education：A Vindication of West Point and the Regular Army*（1861），p. 6; J. F. C. , "Hints on Manning the Navy, Etc. "，*Naval Magazine*, Ⅰ（March 1836），185.

15. Halleck, *Military Art and Science*, p. 398; James Fenimore Cooper, *History of the Navy of the United Stateds of America*（London, 2 vols. , 1839），Ⅰ，xxix.

16. *Army and Navy Chronicle*, Ⅱ（Jan. 7, 1836），13（Feb. 18, 1836），108–109（Mar. 2,

第八章

1836），139-140（May 19, 1836），315-316.

17. ASP：MA，Ⅱ，450.

18. H. Rept. 46, 23rd Cong. , 2d Sess. , p. 4. See also Secy. Spenser's similar views in 1842, S. Rept. 555, 45th Cong. , 3rd Sess. , pp. 408-409（1878）.

19. Art. XXXIX, Par. 1, Army Regulations, Dec. 31, 1836. 该条款此后的表现，参见 Par. 48, Art. X, in the 1841 and 1847 Regulations, Pars. 186, 187, 813, *Regualtions for the Army of the United States*（Washington, 1889）. 关于其改革，参见 G. Norman Lieber, *Remarks on the Army Regulations*（Washington, 1898）, pp. 63-73.

20. S. Rept. 555, 45th Cong. , 3rd Sess. , p. 120（1878）. 关于内战后引入垂直组织模式的尝试，参见 *ibid.* , pp. 7-8, 121; William H. Carter, *The American Army*（Indianapolis, 1915）, pp. 185-186; Report of the Commission Appointed by the President to Investigate the Conduct of the War Dept. in the War with Spain, S. Doc. 221, 56th Cong. , 1st Sess. , pp. 115-116（1900）.

21. Colonel H. L. Scott, *Military Dictionary* （New York 1864）, pp. 17, 233, 548-549; Upton, *Military Policy*, p . 129; S. Rept. 555, 45th Cong. , 3rd Sess. , pp. 398-399. 关于部属各局，参见 Carter, *American Army*, pp. 188 ff. , 以及 General S. V. Benet, "Historical Statement of the Rise and Progress of the Ordnance Department", 1876, quoted in L. D. Ingersoll, *A History of the War Department of the United States*（Washington, 1879）, p. 317.

22. S. Rept. 555, 45th Cong. , 3rd Sess. , pp. 410-411; Leonard D. White, *The Jacksonians* （New York, 1954）, pp. 194-196; Upton, Military Policy, p. 365; John McA. Schofield, *Forty-Six Years in the Army*（New York, 1897）, ch. 22, pp. 468-475, 536-538; John McAuley Palmer, *Washington , Lincoln , Wilson : Three War Statement* （Garden City, N. Y. , 1930）, pp. 157-158; Wil-

liam H. Carter, *Creation of the American General Staff*（S. Doc. 119, 68th Cong. , 2d Sess. , 1924）, p. 19, 以及 *American Army*, pp. 185-192; Otto L. Nelson, Jr. , *National Security and the General Staff*（Washington, 1946）, pp. 25-28; Rachel Sherman Thorndike（ed. ）, *The Sherman Letters*（New York, 1894）, pp. 331-332, 339, 346; Elihu Root, *Five Years of the War Department*（Washington, 1900）, p. 330; J. D. Hittle, *The Military Staff*（Harrisburg, Pa. , 1949）, p. 166.

23. See Rollin G. Osterweis, *Romanticism and Nationalism in the Old South*（New Heaven, 1949）, pp. 90-94; W. J. Cash, *The Mind of the South*（New York, 1941）, pp. 43-44. 对于南方军事传统的全面描述，参见 John Hope Franklin, *The Militant South , 1800 - 1860*（Cambridge, Mass. , 1956）, esp. pp. 138-170 关于南方的军事教育。很不幸的是，这本书的出版太晚以至于难以被用于本章的写作。

24. Seymour, *Military Education*, pp. 3ff. ; Alfred T. Mahan, *From Sail to Steam*（New York, 1907）, p. 151.

25. United States Military Academy, Department of Economics, Government, and History, *Military Policy of the United States , 1775 - 1944*（West Point, 1945）, pp. 15-16; Upton, *Military Policy*, pp. 238-241; Oliver L. Spaulding, *The United States Army in War and Peace*（New York, 1937）, pp. 243-244; E. R. Humphreys, *Education of Officers : Preparatory and Professional*（Boston, 1862）, p. 10; Seymour, *Military Education*, pp. 5-6; Ellsworth Eliot, Jr. , *West Point in the Confederacy*（New York, 1941）, passim. 关于南方联盟接收南方辞职军官的重要性，参见 Joseph E. Johnston, *Narrative of Military Operations*（New York, 1874）, p. 11.

26. John A. Logan, *The Volunteer Soldier of America*（Chicago, 1887）, pp. 243-246, 431-

435；Mahan, *Sail to Steam*, pp. 85 - 87；Lloyd Lewis, *Sherman*：*Fighting Prophet*（New York, 1932）, pp. 54 - 55；William A. Gordon, *A Compilation of Registers of the Army of the United States from 1815 to 1837*（Washington, 1837）, pp. 575ff. ；*Congressional Globe*, XI（May 13, 1842）, 498 - 500；Puleston, *Annapolis*, pp. 8 - 9, 14 - 19, 27 - 29, 68 - 69；A. Howard Meneely, *The War Department*, 1861（New York, 1928）, pp. 26 - 28；Paulin, USNIP, XXXIII, 1437 - 1438；P. Melvin, "Stephen Russell Mallory, Southern Naval Statesman", *Jour. of Southern History*, X（May 1944）, 137 - 160.

27. 关于卡尔霍恩的行政改革，参见 Ingersoll, *War Department*, pp. 79 - 107, 以及 White, *The Jeffersonians*, pp. 233 - 250. 有关他对军事政策的看法，参见 ASP：MA, I, 780 - 781, 799, 834 - 835, II, 75 - 76, 188 - 191, 699.

28. Paullin, USNIP, XXXIII, 637, 1473ff. ; "U. S. Naval Lyceum", *Naval Magazine*, I（January 1836）, 21 - 28.

29. Benjamin Blake Minor, *The Southern Literary Messenger*, *1834 - 1864*（New York, 1905）, pp. 84 - 85, 90, 119；Frank L. Mott, *A History of American Magazines*, *1741 - 1850*（New York, 1930）, p. 643. 内战之前军事期刊的一般论述，参见 Max L. Marshall, "A Survey of Military Periodicals"（M. A. Thesis, Univ. of Missouri, 1953）, pp. 10 - 17.

30. See his "Scraps from the Lucky Bag", *Southern Literary Messenger*, VI（April 1840）, 235 - 237, （May 1840）, 312 - 317, （Dec. 1840）, 793 - 795, VII（Jan. 1841）, 5, 24.

31. Mahan, *Sail to Steam*, pp. ix - xiv, 89, 151. 丹尼斯·马汉的著作中与之最密切相关的是 *Advanced Guard, Out Post, and Detachment Service of Troops*（New York, new ed. , 1863）, pp. 7, 19 - 20, 26 - 28, 33, 169, 266；*Notes on the Composition of Armies and Strategy*（West Point, Lithographed）, pp. 2 - 3, 5, 11；*A Treatise on Field Fortifications*（New York, 1856）, pp. vi - vii. 对于马汉的概述，参见 Dupuy, *Where They Have Trod*, pp. 272 - 274, 以及 *Men of West Point*, ch. 2.

32. *Military Art and Science*, pp. 11 - 13, 15 - 21, 29, 142, 381 - 382, 398 - 407；Report on the Means of National Defense, S. Doc. 85, 28th Cong. , 2d Sess. , pp. 2, 7（1845）.

第九章　美国军事职业的创建

1. 有关商业和平主义者的言论，参见 Spencer, *The Principles of Sociology*（New York, 3 vols. , 1888）, I, 473 - 491, 568 - 667；Fiske, *Outlines of Cosmic Philosophy*（Boston, 2 vols. , 11th ed. , 1890）, II, 240ff. ；Sumner, *War and Other Essays*（New Haven, ed. by A. G. Keller, 1913）, pp. 28 - 29, 33, 35, 39 - 40, 323, 348；Sumner and A. G. Keller, *The Science of Society*（New Haven, 4 vols. , 1927）, I, 407 - 410；Carnegie, *Autobiography*（Garden City, N. Y. , 1933）, pp. 271ff. , 321；*The Gospel of Wealth and Other Timely Essays*（Garden City, N. Y. , 1933）, pp. 140, 159, 166 - 167；*Miscellaneous Writings*（Garden City, N. Y. , 2 vols. , ed. by B. J. Hendrick, 1933）, II, 221, 237, 254 - 255, 260 - 267, 275, 284；*New Republic*, I（Jan. 9, 1915）, 9 - 10. Compare Brooks Adams, *The Law of Civilization and Decay*（London, 1895）, esp. pp. vii - viii. 对萨姆纳与卡内基的综合论述，参见 Robert G. McCloskey, *American Conservatism in the Age of Enterprise*（Cambridge, Mass. , 1951）, chs. 2, 3, 6. 斯潘塞在美国的受欢迎程度，可参见 Richard Hofstadter, *Social Darwinism in American Thought*, *1860 - 1915*（Philadelphia9 1945）, pp. 18 - 22. 有关美国商人中卡内基及其和平主义先贤们的活动，参见 Merle Curti, *Peace or War*：*The American Strug-*

gle, *1636－1936*（New York, 1936）, pp. 37, 43－44, 59, 78－79, 127, 164－165, 200－206, 212. 有关经济与政治的角色在自由主义思想中的一般性比较, 参见 Hans J. Morgenthau, *Scientific Man vs. Power Politics*（Chicago, 1946）, pp. 75－81.

2. 直至 1908 年, 正规军成员在堪萨斯、密苏里、俄勒冈以及德克萨斯地区仍无选举权。Frederic S. Stimson, *The Law of the Federal and State Constitutions of the United States*（Boston, 1908）, p. 222.

3. T. Bentley Mott, *Twenty Years as a Military Attache*（New York, 1937）, p. 338; B. A. Fiske, "American Naval Policy", *U. S. Naval Institute Proceedings*（hereafter cited as USNIP）, XXXI（1905）, 69－72; William Carter, "Army as a Career", *North American*, CLXXXIII（Nov. 2, 1906）, 873; Liggett Hunter, S. Doc. 621, 62d Cong., 2d Sess., pp. 22－26（1912）; Sidney Forman, *West Point*（New York, 1950）, pp. 216－217. 论商业和平主义对技术发展的影响, 参见 Harold and Margaret Sprout, *The Rise of American Naval Power, 1776－1918*（Princeton, 1946）, pp. 167－171; William A. Ganoe, *The History of the United States Army*（New York, 1932）, pp. 348－349; C. Joseph Bernardo and Eugene H. Bacon, *American Military Policy*（Harrisburg, Pa., 1955）, pp. 234－261.

4. 参见 Lloyd Lewis, *Sherman: Fighting Prophet*（New York, 1932）, pp. 411, 531, 635－637. 关于谢尔曼的观点, 参见 *Ann. Kept. of the Commanding General*, 1880, I, 6, 1883, pp. 44－45; Rachel Sherman Thorndike（ed.）, *The Sherman Letters*（New York, 1894）, pp. 340－342; W. T. Sherman, *Memoirs*（New York, 2 vols., 1875）, II, 385－386, 406; M. A. De-Wolfe Howe（ed.）, *Home Letters of General Sherman*（New York, 1909）, p. 387.

5. B. A. Fiske, "Stephen B. Luce: An Appreciation", USNIP, XLIII（September 1917）, 1935－1939. 对于鲁斯观念的概括, 参见 J. D. Hayes, "The Writings of Stephen B. Luce", *Military Affairs*, XIX（Winter 1955）, 187－196, 关于厄普顿, 参见 Peter S. Michie, *The Life and Letters of Emory Upton*（New York, 1885）, pp. 454－457; W. H. Carter, "The Evolution of Army Reforms", *United Service*, III（May 1903, 3rd Series）, 1190ff.; R. C. Brown, "General Emory Upton — The Army's Mahan", *Military Affairs*, XVII（Fall 1953）, 125－131.

6. Letter of Sherman to Sheridan, Nov. 22, 1881, Ira L. Reeves, *Military Education in the United States*（Burlington, Vt., 1914）, p. 205; *Ann. Repts. of the Commanding General*, *1880*, I, 6, *1883*, pp. 44－45.

7. The Armies of Europe and Asia（New York, 1878）, pp. 51－54, 319－320, 324, 354－358, 360－362.

8. Upton, *The Military Policy of the United States*（Washington, 1912）, p. 258; Sherman, *Memoirs*, II, 388; Arthur L. Wagner, *The Campaign of Koniggratz*（Fort Leavenworth, 1889）, pp. 9, 11, 15, 23; Major Theodore Schwan, *Report on the Organization of the German Army*（War Dept., Adj. Gen'l.'s Office, Mil. Inf. Div., No. 2, 1894）; Captain T. A. Bingham, "The Prussian Great General Staff", *Journal of the Military Service Institution*（hereafter cited as JMSI）, XIII（July 1892）, 669; Mott, *Twenty Years as a Military Attache*, p. 336; Captain F. E. Chadwick, "Explanation of Course at the Naval War College", USNIP, XXVII（1901）, 332; A. T. Mahan, *Naval Strategy*（London, 1912）, pp. 297－301; A. T. Mahan, "The Practical Character of the Naval War College", USNIP, XIX（1893）, 163; W. E. Puleston, *Mahan*（New Haven, 1939）, pp. 75－80, 295－298; J. H. Russell, "A Fragment of Naval War College Histo-

第
九
章

ry", USNIP, LVIII （August 1932）, 1164 - 1165.

9. Albert Gleaves, *Life and Letters of Rear Admiral Stephen B. Luce* （New York, 1925）, p. 101.

10. See Luce's letter to William Conant Church, 1882, quoted by Rear Admiral John D. Hayes, *Military Affairs*, XVIII （Fall 1954）, 166; Gleaves, *Luce*, pp. 168 - 171; Puleston, *Mahan*, p. 69; R. Ernest Dupuy, *Men of West Point* （New York, 1951）, pp. 116-118.

11. 转引自 Samuel E. Tillman, "The Academic History of the Military Academy, 1802 - 1902", *The Centennial of the United States Military Academy at West Point, 1802-1902* （Washington, 1904）, pp. 289-290.

12. 有关军方对于学院课程的批判讨论, 参见 JMSI, XIV （1893）, 1019 - 1026, XVI （1895）, 1- 24, XX （1897）, 23; *Inf. Jour.*, I （Oct. 1, 1904）, 7; USNIP, XXXVII （1911）, 447-451, XXXVIII （1912）, 187 - 194, 1397 - 1403, XXXIX （1913）, 138; *United Serv.*, VIII （1883）, 173. Also: W. D. Puleston, *Annapolis* （New York, 1942）, pp. 108, 114; Mott, *Twenty Years as a Military Attache*, pp. 41- 42; Charles W. Larned, "The Genius of West Point", *Centennial*, pp. 467, 479; U. S. Military Academy, Board of Visitors, *Report*, 1889, p. 40.

13. Major Eben Swift, *Remarks*, Introductory to the Course in Military Art at the Infantry and Cavalry School, Fort Leavenworth, Kansas （September 1904）, pp. 1-3. 论利文沃思学院, 亦可参见 Report of the Secy. of War, H. Ex. Doc. 1, 42d Cong., 3rd Sess., p. 79 （1871）; Report of the Cmdg. Genl., 1878, p. 8; Ganoe, *United States Army*, pp. 363, 422 - 423; Reeves, *Military Education*, pp. 213-233; Major Eben Swift, "An American Pioneer in the Cause of Military Education", JMSI, XLIV （January-February 1909）,

67-72. 论海军研究生教育, 参见 Gleaves, *Luce*, pp. 330-336; Puleston, *Annapolis*, pp. 119-120; Ralph Earle, *Life at the U. S. Naval Academy* （New York, 1917）, p. 259; Belknap, USNIP, XXXIX. 135 - 153; Paullin, USNIP, XL, 681 - 682; Ernest J. King and Walter White-hill, *A Naval Record* （New York, 1952）, pp. 146-149.

14. 有关鲁斯的观点, 参见 USNIP, IX （1883）, 635, XII （1886）, 528, XXXVI （1910）, 560ff. 有关军事学院历史的其他方面, 参见 USNIP, IX （1883）, 155ff., XXXVII （1911）, 353-377, LIII （1927）, 937 - 947, LVIII （1932）, 1157-1163.

15. Reeves, *Military Education*, p. 198. Typical military views are in JMSI, XIV （1893）, 452ff., XX （1897）, 1 - 54, 453 - 499. 有关鲁特的态度, 参见 *Five Years of the War Department* （Washington, 1904）, pp. 62-65, 335-336, 以及 *The Military and Colonial Policy of the United States* （Cambridge, Mass., 1916）, pp. 121 - 129. 一般概述, 参见 *The Army War College: A Brief Narrative, 1901-1953* （Carlisle Barracks）, pp. 1-3.

16. JMSI, XVI, 19, XX, 1-54; "Memorandum for a General Order—Subject: Instruction of Officers", November 27, 1901, Root, *Five Years of the War Department*, pp. 414-418; "Report and Recommendations of a Board Appointed by the Bureau of Naviation Regarding the Instruction and Training of Line Officers", USNIP, XLVI （August 1920）, 1265-1292.

17. 关于海军学院, 参见 "Sixty Years of the Naval Institute", USNIP, LIX （October 1933）, 1417-1432, 此外, 关于军种学会, 参见 Colonel J. B. Fry, "Origin and Progress of the Military Service Institution of the United States", JMSI, I （1879）, 20-32. 有关军事出版物和社团的一般介绍, 参见 Max L. Marshall, "A Survey of Military Periodicals" （M. A. Thesis, Univ.

of Missouri, 1951）, pp. 18ff. ; "The Journal's First Half Century", *Combat Forces Journal* V（October 1954）, 17 - 20; U. S. Dept. of the Army, *The Army Almanac*（Washington, 1950）, pp. 883 - 908. 关于新兴的军事学术的其他方面，参见 Paullin, USNIP, XXXIX（September 1913）, 1252（December 1913）, 1499; Lt. G. R. Catts, "Post Professional Libraries for Officers", JMSI, XLIV（January—February 1909）, 84 - 89.

18. 关于海军，参见 Act of Aug. 5, 1882, 22 Stat. 284; Act of Mar. 3, 1901, 31 Stat. 1129; Ann. Rept. of the Secy. of the Navy, 1882, H. Ex. Doc. 1, 47th Cong., 2d Sess., p. 8; Puleston, *Annapolis*, p. 223. 关于陆军，参见 Acts of June 11, 1878, 20 Stat. 111; June 18, 1878, 20 Stat. 150; July 30, 1892, 27 Stat. 336; Mar. 2, 1899, 30 Stat. 979; Lamed, *Centennial*, pp. 494 - 496; Herman Beukema, *The United States Military Academy and Its Foreign Contemporaries*（West Point, 1944）, pp. 33 - 34; Peyton C. March, *The Nation at War*（Garden City, N.Y., 1932）, pp. 53 - 56; *Inf. Jour.*, XV（February 1919）, 681 - 682; Richard C. Brown, "Social Attitudes of American Generals, 1898 - 1940"（Ph. D. Thesis, Univ. of Wisconsin, 1951）, pp. 17 - 19.

19. 关于海军状况，参见 Secy. Chandler, *Ann. Rept. of the Secy*. of the Navy, 1882, pp. 9, 41 - 42, 1883, p. 14, 1884, p. 41. 有关对于职业化海军赞成和反对意见的选择，参见 USNIP, XXII（1896）, 85 - 86, XXVII（1901）, 25 - 26, XXXI（1905）, 401 - 454, XXXII（1906）, 20ff. , 801 - 806, XXXIV（1908）, 1129 - 1140. 相关的法规包括 Acts of July 16, 1862, 12 Stat. 584; Apr. 21, 1864, 13 Stat. 53; Mar. 3, 1899, 30 Stat. 1004; Aug. 29, 1916, 39 Stat. 578 - 579. 关于陆军，参见 Root, *Five Years of the War Department*, pp. 61 - 65; JMSI, XIV（1893）, 954 - 955, XXXVII（1905）, 1 - 7, 289 - 294,

XL（1907）, 167 - 183, LI（1912）, 1 - 12; *Inf. Jour.*, XI（1914）, 128 - 131; *United Serv.* I（1902, 3rd Series）, 373 - 389; William H. Carter, *The American Army*（Indianapolis, 1915）, pp. 225 - 230; Act of Oct. 1, 1890, 26 Stat. 562.

20. Acts of Feb. 28, 1855, 10 Stat. 616; Aug. 3, 1861, 12 Stat. 289. 关于海军: Acts of Dec. 12, 1861, 12 Stat. 329; July 16, 1862, 12 Stat. 587; July 28, 1866, 14 Stat. 345; July 15, 1870, 16 Stat. 333; March 3, 1873, 17 Stat. 547, 556; March 3, 1899, 30 Stat. 1004. 关于陆军: Acts of July 17, 1862, 12 Stat. 596; July 15, 1870, 16 Stat. 317, 320; June 30, 1882, 22 Stat. 118; Emory Upton, "Facts in Favor of Compulsory Retirement", *United Service*, II（March 1880）, 269 - 288, III（December 1880）, 649 - 666, IV（January 1881）, 19 - 32.

21. Acts of July 15, 1870, 16 Stat. 319; Feb. 27, 1877, 19 Stat. 243; July 31, 1894, 28 Stat. 205; *Regulations for the Government of the United States Navy*, 1876, Ch. vi, Art. 33, 1896, Pars. 219, 236, 1900, Par. 232; *Regulations for the Army of the United States*, 1895, Art. I, Par. 5. 针对这一立法所引发的后续问题，参见 *New York Times*, Oct. 22, 1951, p. 10; Hearings before House Committee on the Armed Services on H. R. 5946, 84th Cong., 1st Sess.（1955）.

22. Act of Feb. 2, 1901, 31 Stat. 755; Root, *Five Years of the War Department*, pp. 64, 139; Carter, *American Army*, p. 235; USNIP, XXIV（1898）, 4 - 6, XXVIII（1902）, 231 - 242, XXXI（1905）, 823 - 944, XL（1914）, 676.

23. *Ann. Rept. of the Secy. of the Navy*, Nov. 30, 1885, pp. xxxviii - xl.

24. 海军传统主义者观点的最重要表达，体现于以下文献: Luce, USNIP, XIV（1888）,

561－588，XVIII（1902），839－849，XXIX（1903），809－821，and Mahan，"The Principles of Naval Administration"，*Naval Administration and Warfare*（Boston，1908），pp. 1－48，还有海军的特定需求，S，Doc. 740，60th Cong.，2d Sess.（1909）。亦可参见 USNIP，XI（1885），55ff.，XII（1886），362－363，XIV（1888），726ff.，XX（1894），498ff.，XXVII（1901），3－10，XXXI（1905），318ff.，XXXIX（1913），443－444，965－974. 有关垂直组织体系的早期支持，参见 Paullin，USNIP，XXXIX，756－757，1261－1262；Ann. Rept. of the Secy. of the Navy，1886，pp. 66－67. 离经叛道观点的最佳表达是 H. C. Taylor，"Memorandum on a General Staff for the U. S. Navy"，USNIP，XXVI（1900），441－448. 但是，亦可参见 USNIP，XXVII（1901），307－308，XXVIII（1902），254－255，XXIX（1903），805－807，XXXIII（1907），574－576；Bradley A. Fiske，*From Midshipman to Rear Admiral*（New York，1919），pp. 558－559；Elting E. Morison，*Admiral Sims and the Modern American Navy*（Boston，1942），pp. 114－115.

25. Act of Mar. 3，1915，38 Stat. 929；Act of August 29，1916，39 Stat，558；U. S. Navy Dept.，*Naval Administration：Selected Documents on Navy Department Organization*，*1915－1940*，pp. 1－3；Paullin，USNIP，XXXIX，737，XL，118；J. A. Mudd，"The Reorganization of the Naval Establishment"，USNIP，XXXV（1909），37－44；*Ann. Rept. of the Secy. of the Navy*，1885，pp. xxxix－xl.

26. 参见 Root，*Five Years of the War Department*，pp. 297－298，485；William H. Carter，*Creation of the American General Staff*（S. Doc. 119，68th Cong.，1st Sess.，1924），pp. 2，8，20－23，and *American Army*，pp. 197，204.

27. *United Serv.*，IX（1883），663，I（1902，3rd Series），604－631；*Inf. Jour.*，IX（1912），117－137，255－261；USNIP，III（1877），5ff.，IX（1883），155－194，661，XII（1886），527－546，XIV（1888），632－633，XXII（1896），2－3，XXIV（1898），269，XXVII（1901），27，255，XXIX（1903），538－539，801，XXXI（1905），76ff.，XXXIII（1907），485－487；Colonel J. B. Wheeler，*The Elements of the Art and Science of War*（New York，1893），pp. 7－8，317－319；Captain James S. Pettit，*Elements of Military Science*（New Haven，rev. ed.，1895），p. 150；Lt. Col. G. J. Fiebeger，*Elements of Strategy*（1906），pp. 73，105；Captain Arthur L. Wagner，*Organization and Tactics*（New York，1895），p. 2；Captain A. T. Mahan，*Naval Strategy*（London，1912），pp. 2－5，113－115.

28. *Inf. Jour.*，IX（1912），296－297；*United Serv.*，IX，663，III（1903，3rd Series），694－697；USN1P，XII（1886），535，XXX（1904），343，XXXI（1905），323，XXXIII（1907），127－130，476，527，559；JMSI，X（1889），624，XLII（1908），26，30，XLIX（1911），2－4；General Hugh L. Scott，*Some Memories of a Soldier*（New York，1928），p. 145；Mott，*Twenty Years as a Military Attache*，pp. 340－341；Mahan，*Naval Strategy*，pp. 121，135－136，149，191.

29. JMSI，XVI（1895），211－250，XXI（1897），226－228，544－587，XXII（1898），269，XXXVIII（1904），329，XLII（1908），22－23，XLVI（1910），225－256；USNIP，XI（1885），5，XII（1886），530－543，XIII（1887），178－180，XIV（1888），4，XXIV（1898），8－10，XXVII（1901），5，7，16，XXIX（1903），323，XXX（1904），615－618；H. M. Chittenden，*War or Peace：A Present Duty and A Future Hope*（Chicago，1911），p. 238；Rear Adm. Bradley A. Fiske，*The Navy as a Fighting Machine*（New York，1916），pp. 13－16，19－

第
九
章

21，以及 *Midshipman to Rear Admiral*，p. 538；Richard Stockton，Jr.，Peace Insurance（Chicago，1915），pp. 41-42，75，77；Wagner，*Organization and Tactics*，Introduction；Capt. Harrison S. Kerrick，*Military and Naval America*（Garden City，N. Y.，1917），p. 382；Colonel James Mercur，*Elements of the Art of War*（New York，3rd ed.，1894），pp. 11-15；Mahan，*Naval Administration and Warfare*，pp. 245-272；Wheeler，*Elements of the Art and Science of War*，p. v.

30. JMSI，XⅡ（1891），225 - 231，XVII（1895），255，XXI（1897），277-279，XXXVIII（1906），38，XL（1907），199-203；USNIP，V（1879），126，IX（1883），175-176，XIV（1888），3-7，XXIV（1898），8-9；*United Serv.*，V（1881），620-630，Ⅶ（1905，3rd Series），654-660；Wheeler，*Elements of the Art and Science of War*，p. 58；Mercur，*Elements of the Art of War*，p. 273；Scott，*Memories of a Soldier*，pp. 469-471，545；Mahan，*Naval Strategy*，p. 21；U. S. War Dept.，General Staff，*Report on the Organization of the Land Forces of the United States*（Washington，1912），p. 12；Truman Seymour，*Military Education*（New York，1864），p. 4.

31. JMSI，XVII（1895），239，XXI（1897），276，XL（1906），203；USNIP，XXIV（1898），11，XXVII（1901），257，XXXI（1905），79，XXXII（1906），127-130，XXXIII（1907），32-33，XXXVIII（1912），567；*Inf. Jour.*，X（1913），473-485；Army War College，*Statement of a Proper Military Policy for the United States*（Supplementary War Dept. Doc. No. 526，September 1915），pp. 6-10；Mercur，*Elements of the Art of War*，pp. 11-15；Bradley A. Fiske，*The Art of Fighting*（New York，1920），p. 365；Pettit，*Elements of Military Science*，p. 151；Captain J. M. Caleff，*Notes on Military Science and the Art of War*（Washington，1898），pp. 61-62；

Mahan，*Naval Administration and Warfare*，pp. 137-138. 有关国家安全委员会的军事建议，参见 USNIP，XXXVIII（1912），563 - 593，XXXIX（1913），479-482，1709-1710，XL（1914），3-15，636-638；Genl. Staff，*Organization of the Land Forces*，pp. 63-64；Fiske，*Midshipman to Rear Admiral*，pp. 537-538；A. T. Mahan，*Armaments and Arbitration*（New York，1912），pp. 51-77；Nelson，*National Security and the General Staff*，p. 237.

32. USNIP，V（1879），160，XI（1885），4，XVI（1890），201，368，XXIV（1898），41，XXVIII（1902），266 - 267，840，XXX（1904），476-479，493-494，620-621，XL（1914），1301；JMSI，XIV（1893），238，XXI（1897），239-240，XLII（1903），336，XLIV（1909），385，XLVI（1910），193-194，213-214；*Inf. Jour.*，IX（1912），151 - 160，X（1914），777；*United Serv.*，IX（1883），658-666；Wagner，*Organization and Tactics*，p. v；Fiske，*Navy as a Fighting Machine*，pp. 5-6，21-29，and ch. 4，and *Midshipman to Rear Admiral*，pp. 555-560；Chittenden，*War or Peace*，pp. 201ff.，230 - 231；Stockton，*Peace Insurance*，chs. 3，4；Scott，*Memories of a Soldier*，p. 218；A. T. Mahan，*Some Neglected Aspects of War*（Boston，1907），pp. 45-52，以及 *The Interest of America in Sea Power*（Boston，1898），p. 193；Lt. Col. A. L. Wagner and Cdr. J. D. J. Kelley，*The United States Army and Navy*（Akron，1899），pp. 100 - 103，Kerrick，*Military and Naval America*，ch. 46. 怀特的引语来自 Allen Westcott（ed.），*Mahan on Naval Warfare*（Boston，1941），p. xix. 有关对该问题军事观点的其他分析，参见 Morison，*Admiral Sims and the Modern American Navy*，ch. 23；Brown，"Social Attitudes"，pp. 266-268，272-273；Puleston，*Mahan*，ch. 20. 有关军方坚持社会达尔文主义式的好战观点的一个罕见例子，参见 *United*

Serv.，Ⅳ（1903，3rd Series）390–398.

33. Major R. L. Bullard, JMSI, XXVI（January–February 1905），104–114. 亦可参见 JMSI, XXIX（1906），331，XXXVI（1910），268，XXXVIII（1906），1 – 38，327，363，XXXIX（1907），329 – 340，XL（1907），384，XLII（1908），1-12，18，340，XLIV（1909），378，384，XLVI（1910），214 – 215；USNIP, V（1879），162，VI（1880），382–383，XIV（1888），625- 626，XX（1894），796ff.，XXVII（1901），16，XXIX（1903），323，XXXIX（1913），516–536，546，XL（1914），1073–1074；*Inf. Jour.*，IX（1912），300 – 303；A. T. Mahan, *From Sail to Steam*（New York，1907），p. 7；Carter, *American Army*，p. 26；Army War College, *Proper Military Policy*，p. 9；Homer Lea, *The Valor of Ignorance*（New York，1909），pp. 19–20，24-28，58–71；General M. B. Stewart, "Soldiering—What Is There in It?" *Harper's Weekly*，LIII（Dec. 11，1909），16，"Shame of the Uniform" *ibid.*，LVII（May 24，1913），12–13；Colonel C. W. Lamed, "Modern Education from a Military Viewpoint"，*North American Review*，CLXXXVII（April 1908），506；Mott, *Twenty Years as a Military Attache*，pp. 30–31.

第十章 新汉密尔顿主义妥协的
失败（1890—1920）

1. 有关介绍新汉密尔顿主义特性与思想的文献可谓汗牛充栋，但是其中只有一小部分谈及军事事务。有关西奥多·罗斯福对国际关系哲学的简明分析，参见 Robert E. Osgood, *Ideals and Self – Interest in Americans Foreign Relations*（Chicago，1953），pp. 88–91，以及有关新汉密尔顿主义进路的一般分析，pp. 58–70. Gordon C. O'Gara, *Theodore Roosevelt and the Rise of the Modern Navy*（Princeton，1943），探讨了罗斯福上校对该军种的影响。有关 Roof 的观点，参见 *Five Years of the War Department*（Washing-

ton，1904）and *The Military and Colonial Policy of the United States*（Cambridge，Mass.，1916），Richard W. Leopold, *Elihu Root and the Conservative Tradition*（Boston，1954），passim，and Philip C. Jessup, *Elihu Root*（New York，2 vols.，1938），I，215-264. Brooks Adams 观念的讨论，见之于 Thornton Anderson, *Brooks Adams, Constructive Conservative*（Ithaca，N. Y.，1951）. Croly 的哲学阐述于 *The Promise of American Life*（New York，1909）. 有关 Croly, Lippmann 以及他们在《新共和》合作者的观点，参见 *New Republic*，I（Dec. 12，1914），6–7，（Jan. 8，1915），9–10，Ⅱ（Mar. 20，1915），166–167.

2. A. T. Mahan, *From Sail to Steam*（New York，1907），pp. xiv，274. 马汉将自己的宗教哲学表达于 *The Harvest Within*：*Thoughts on the Life of the Christian*（Boston，1909）. 论其该方面的生活，亦可参见 W. D. Puleston, *Mahan*（New Haven，1939），pp. 15–17，24，37，44，63，72–73；C. C. Taylor, *The Life of Admiral Mahan*（London，1920），p. ix.

3. Mahan, *Naval Strategy*（London，1912），pp. 20–21，107–108；*The Interest of America in Sea Power*（Boston，1897），pp. 104，121–122，223；*Armaments and Arbitration*（New York，1912），pp. 15–35，10–11，100–120；*Naval Administration and Warfare*（Boston，1908），pp. 1-86，175–242；*Retrospect and Prospect*（Boston，1902），pp. 17，20–21，39–53；*Lessons of the War with Spain and Other Articles*（Boston，1899），pp. 207–240. William E. Livezey, *Mahan on Sea Power*（Norman，Okla.，1947），pp. 175–187，263–270，292–293.

4. Mahan, *From Sail to Steam*，p. 313；Mahan to Samuel Ashe, Nov. 24，1893，quoted in Livezey, *Mahan*，pp. 12–13；Puleston, *Mahan*，p. 148.

5. Livezey, *Mahan*，pp. 89–90，254.

6. *Ibid.*，pp. 272−273.

7. Mahan，*Retrospect and Prospect*，p. 24，*From Sail to Steam*，pp. 7，276，*Armaments and Arbitration*，pp. 121−154，211−212；*Puleston*，*Mahan*，pp. 206，274 − 275，292，323；Osgood，*Ideals and Self-Interest*，pp. 39−40.

8. 有关伍德对军事道德准则的坚持，参见 *Our Military History*（Chicago，1916），pp. 28，31−54，84−85，and *The Military Obligation of Citizenship*（Princeton，1915），pp. 40−41，62. 有关他在军队改革中的所为，参见 Hermann Hagedorn，*Leonard Wood*（New York，2 vols.，1931），Ⅱ，109，125 − 128；Eric F. Wood，*Leonard Wood*：*Conservator of Americanism*（New York，1920），pp. 268−270. 虽然 Hagedorn 的书是关于伍德的最佳文献，却对其最明显的缺陷视而不见。为如此有魅力的人物写作评传显得十分必要。

9. H. L. Stimson to W. G. Harding，Jan. 9，1921，quoted in Hagedorn，*Wood*，Ⅱ，101.

10. 参见 Wood，*Military History*，pp. 169，177ff.，188−190，194−195，206，以及 *Military Obligation of Citizenship*，pp. 69−76.

11. *Inf. Jour.*，XXV（1924），520；*Ann. Rept. of the Secy. of War*，1920，pp. 8−9.

12. *Inf. Jour.*，XVI（1920），623 − 29，827−831，XXX（1927），253；*Ann. Rept. of the Secy. of War*，1924，pp. 12−13，27，1928，pp. 14−16.

13. AR 600−10，Change 1，Dec. 31，1927，Secs. 6a−6d；*Inf. Jour.*，XXI（1922），454−455，XXIV（1924），36−39，XXV（1925），41−43，520，XXVI（1925），618，651−656.

14. *Ann. Rept. of the Superintendent of the United States Military Academy*，1920，p. 4；*Inf. Jour.*，XXVIII（1926），276−283，324，XXIX（1926），391−395.

15. *Ann. Rept. of the Secy. of the Navy*，*1921*，pp. 6−7，*1923*，pp. 16−22；U. S. Office of Naval Intelligence，*The United States Navy in Peace-time*：*The Navy in Its Relation to the Industrial，Scientific，Economic，and Political Development of the Nation*（Washington，1931）；*Ann. Rept. of the Secy. of War*，*1925*，p. 3；*Inf. Jour.* 9 XXV（1924），521，XXVI（1925），288−289，XXX（1927），2−7.

16. *Ann. Rept. of the Secy. of War*，*1920*，pp. 16−17，*1926*，pp. 22−24；*Inf. Jour.*，XV（1918），325 − 333，XVI（1920），725 − 729，（1919−20），70 − 71，593，725 − 729，XVIII（1921），217−218，325−328，XIX（1921），7−11.

17. *Inf. Jour.*，XVIII（1921），31 − 33，XXII（1923），271 − 286，XXIV（1924），25ff.，XXXIII（1928），229−230. 反预备军官训练方面最具影响力的著作要数 Winthrop D. Lane，*Military Training in Schools and Colleges of the United States*（New York，2d ed.，1926）. 有关反对"教育军国主义"的杰出分析，参见 Arthur A. Ekirch，Jr.，*The Civilian and the Military*（New York，1956），ch. 14.

18. *Inf. Jour.*，XXVIII（1926），485−489，XXI（1922），214−216，XXVII（1925），62−66，242 − 249，432 − 436，XXVIII（1926），196，XXXI（1927），493，611−615，XXXIV（1929），618ff.；U. S. Naval Institute *Proceedings*，LVII（1931），604；*Ann. Rept. of the Secy. of War*，*1923*，*passim*，*1930*，pp. 94−98；Sidney Forman，*West Point*（New York，1950），pp. 192−193；Harold and Margaret Sprout，*Toward a New Order of Sea Power*（Princeton，1946），esp. pp. 104−121.

第十一章　军政关系在两次世界大战之间的稳定

1. *Liberalism in America*（New York，1919），pp. viii，17，200−202. 该著作为威尔逊与罗斯福新政之间的改革思想奠定了基调，参见 John

Chamberlain, *Farewell to Reform* （New York, 1932）, pp. 301 – 305, 以及 Eric F. Goldman, *Rendezvous with Destiny* （New York, 1952）, pp. 276–281.

2. *U. S. Foreign Policy*：*Shield of the Republic* （Boston, 1943）, p. xi.

3. Stuart Chase, "The Tragedy of Waste", *New Republic*, XLIII （Aug. 12, 1925）, 312 – 316; Lewis Mumford, *Technics and Civilization* （New York, 1934）, p. 93.

4. Margery Bedinger, "The Goose Step at West Point", *New Republic*, LXIV （Sept. 24, 1930）, 146; F. B. Johnson, "Discipline", *ibid.*, XIX （July 2, 1919）, 280–283; T. M. Pease, "Does the Military Caste System Work in War?" *ibid.*, XX （Aug. 6, 1919）, 27–28; "The Military Idea of Manliness", *Independent*, LIII （April 18, 1901）, 874–875.

5. 马克沁的著作 *Defenseless America* （New York, 1915）几乎是对改革者批评的讽刺, 这位机枪制造商在其中提出了这样的论辩："这支速射枪是人类有史以来所发明过的最伟大的拯救生命的工具。"

6. Simeon Strunsky, "Armaments and Caste", *Annals of the American Academy*, LXVI （July 1916）, 237–246; C. E. Jefferson, "Military Preparedness a Peril to Democracy", *ibid.*, pp. 232 – 233; Stearns, *Liberalism in America*, pp. 84–85; H. C. Engelbrecht, *Merchants of Death* （New York, 1934）, pp. 113 – 114, 143 – 144; H. F. Ward, "Free Speech for the Army", *New Republic*, LI （July 13, 1927）, 194–196.

7. F. H. Giddings, "The Democracy of Universal Military Service", *Annals of the American Academy*, LXVI （July 1916）, 175; Josephus Daniels, *The Wilson Era*：*Years of Peace—1910–1917* （Chapel Hill, N. C., 1944）, pp. 253 – 278, 386–403.

8. *Ann. Rept. Of the Secy. of the Navy*, 1932,

p. 190; U. S. Naval Institute *Proceedings* （hereafter cited as USNIP）, LI （1925）, 274–279, LVI （1930）, 123 – 131, LVII （1931）, 1364 – 1366, LVIII （1932）, 1110 – 1115, LIX （1933）, 1438 – 1441; *Inf. Jour.*, XXXIX （1932）, 355 – 357, XLIV （1937）, 254; Sidney Forman, *West Point* （New York, 1950）, p. 200; William H. Baumer, Jr., *Moulder of Men* （New York, 1942）, pp. 108– 109.

9. 关于海军晋升, 参见 Acts of June 10, 1926, 44 Stat. 717; June 22, 1926, 44 Stat. 761; Mar. 3, 1931, 46 Stat. 1482; June 23, 1938, 52 Stat. 944; *Ann. Rept. of the Secy. of the Navy*, *1926*, pp. 138 – 139, *1930*, pp. 177 – 178; 1935 和 1936 年的 USNIP 档案中, 关于晋升的内容持续受到关注, 尤其是 Admiral W. S. Sims, "Service Opinion upon Promotion and Selection", USNIP, LXI （June 1935）, 791–806. 关于陆军的晋升, 参见 Acts of June 4, 1920, 41 Stat. 771–774, 以及 July 31, 1934, 49 Stat. 505; *Ann. Rept. of the Secy. of the War*, *1922*, p. 20, *1924*, pp. 33–34, *1932*, p. 73; *Ann. Rept. of the Chief of Staff*, *1927*, p. 53, *1930*, p. 141, *1931*, p. 41, *1932*, pp. 64 – 66, 69 – 70, *1933*, p. 35, *1938*, p. 36; *Inf. Jour.*, XVI （1920）, 591, XLII （1935）, 119 – 125, XLIV （1937）, 532– 535.

10. Henry L. Stimson and McGeorge Bundy, *On Active Service in Peace and War* （New York, 1947）, p. 33; General Peyton C. March, *The Nation at War* （New York, 1932）, p. 373; Charles G. Washburn, *The Life of John W. Weeks* （Boston, 1928）, p. 288; Pendleton Herring, *The Impact of War* （New York, 1941）, ch. 4.

11. 有关上述战役, 参见 Stimson and Bundy, *On Active Service*, p. 36; Otto L. Nelson, Jr., *National Security and the General Staff* （Washington, 1946）, pp. 132–166, 187–210, 247–253; Maj. Gen. Robert L. Bullard, *Person-*

alities and Reminiscences of the War (Garden City, N. Y. , 1925), p. 26; Maj. Gen. James G. Harbord, *The American Army in France*, *1917–1919* (Boston, 1936), pp. 22–23, 110–111; March, *The Nation at War*, pp. 49–50, 371; General John J. Pershing, *My Experiences in the World War* (New York, 1931), pp. 185–192.

12. William H. Carter, *The American Army* (Indianapolis, 1915), p. 200; Nelson, *National Security and the General Staff*, p. 65.

13. Herring, *Impact of War*, p. 82; Frederick Palmer, *Newton D. Baker*：*America at War* (New York, 2 vols. , 1931), I, 11.

14. 论第一次世界大战中陆军部的瓦解，参见 Nelson, *National Security and the General Stafft*, pp. 220ff. ; Bullard, *Personalities and Reminiscences*, pp. 21–23; Paul Y. Hammond, "The Secretaryships of War and the Navy：A Study of Civilian Control of the Military" (Ph. D. Thesis, Harvard Univ. , 1953), pp. 114–132.

15. 参见 *Hearings* before House Committee on Military Affairs on H. R. 8287, 66th Cong. , 1st Sess. , pp. 1803–1804 (1919); Nelson, *National Security and the General Staff*, pp. 282–287, 301–307; John Dickinson, *The Building of an Army* (New York, 1922), pp. 307–322; Mark S. Watson, *Chief of Staff*：*Prewar Plans and Preparations* (Washington, 1950), pp. 60–64, 75–76; John D. Millett, *The Organization and Role of the Army Service Forces* (Washington, 1954), pp. 14–18.

16. 论第二次世界大战中的重组，参见 Millett, *Army Service Forces*, ch. 2, pp. 173–181, 429, 480, 514–516; Ray S. Cline, *Washington Command Post*：*The Operations Division* (Washington, 1951), pp. 70, 91–93, 99, 270–274, 352–361; Nelson, *National Security and the General Staff*, pp. 328–334, 373–382; Stimson and Bundy, *On Active Service*, pp. 449–452.

17. 参见 U. S. Navy Dept. , *Naval Administration*：*Selected Documents on Navy Department Organization*, *1915–1940*, *passim*; R. E. Coontz, *From the Mississippi to the Sea* (Philadelphia, 1930), p. 400; Ernest J. King and Walter Whitehill, *Fleet Admiral King*：*A Naval Record* (New York, 1952), pp. 261ff. , 471–478; Hammond, "Secretaryships of War and the Navy", pp. 223–246, 293–305. 关于海军对垂直体制的支持，参见 USNIP, XLII (1916), 1137–1170, 1451–1452, LI (1925), 521–561, LXVI (1940), 52–57. 论二战前海军作战部长一职的演变，参见 the articles by H. P. Beers, *Military Affairs*, X–XI (1946–47).

18. U. S. Navy Dept. , *Naval Administration*, pp. VI–202–203, VI–224; *Ann. Rept. of the Secy. of the Navy*, *1920*, pp. 199–210, 348, 380.

19. *Ann. Kept. of the Secy. of the Navy*, *1920*, p. 207.

20. Stimson and Bundy, *On Active Service*, p. 506. 对于海军封闭性和狭隘性的进一步评论，来自于理所当然熟知海军的富兰克林·罗斯福，参见 Marriner S. Eccles, *Beckoning Frontiers* (New York, 1951), pp. 335–336.

21. *Ann. Rept. of the Superintendent of the U. S. Military Academy*, *1921*, p. 245; *Inf. Jour.* , XV (1918), 159–160, XXXI (1927), 304–305, 633, XXXII (1928), 78, 323–324; USNIP, XLVII (1921), 877–882, LII (1926), 1–14, LVII (1931), 1157–1162, LXI (1935), 475, 1074, LXIV (1938), 1601–1606, LXVII (1941), 1437.

22. 参见 *Inf. Jour.* , XXXIX (1926), 30–34, XLI (1934), 117–119; USNIP, XLVI (1920), 16091618, LII (1926), 484491, LIV (1928), 257-264, LIX (1933), 1747-1758, LXII (1936), 473–486, LXIII (1937), 1724–

1731，LXVII（1941），621–622；Command and General Staff School，*Military Intelligence*（1937），pp. 7–10.

23. W. T. R. Fox，"Interwar International Relations Research：The American Experience"，*World Politics*，Ⅱ（October 1949），67–79.

24. USNIP，LIX（1933），1747–1758，LX（1934），774–783，961–972；*Inf. Jour.*，XVII（1921），384，XXXVIII（1930），186.

25. 关于从经典的克劳塞维茨式研究进路对美国军事的一般研究，参见 USNIP，LX（1934），1377ff.，LXV（1939），945–948，LXVI（1940），650；Oliver P. Robinson，*The Fundamentals of Military Science*（Washington，1928），*passim*，but esp. pp. viii–ix. 有关国防委员会的军事需求，参见 *Inf. Jour.*，XIV（1918），861–862，XXXV（1929），476–479；USNIP，LX（1934），465–467，779，LXI（1935），842–844，LXV（1939），1395，LXVII（1941），619ff.；Robinson，*Military Strategy*，pp. 14，56–58. 有关各种军事计划的命运，参见 W. R. Schilling，"Civil-Naval Politics in World War I"，*World Politics*，Ⅶ（July 1955），572–575；E. R. May，"The Development of Political-Military Consultation in the United States"，*Political Science Quarterly*，LXX（June 1955），167–172；Lawrence J. Legere，Jr.，"Unification of the Armed Forces"（Ph. D. Thesis，Harvard Univ.，1951），pp. 75–77.

26. Command and General Staff School，*Principles of Strategy*，pp. 19–20；USNIP，XLVI（1920），1615–1616.

27. 参见 Captain Hoffman Nickerson，"U. S. Military Writing Today"，*Inf. Jour.*，XLIX（November 1941），34–35.

28. *Inf. Jour.*，XXXI（1927），4–6，XLIII（1936），237–238，XLV（1938），504ff.，XLVII（1940），12–17，322，536–538，XLVI（1939），22ff.，XLVII（1940），12–17，172–

175，322，536–538.

29. USNIP，LVII（1931），1158，LXIV（1938），1602ff.；*Inf. Jour.*，XLV（1938），504ff.，XLVI（1939），312–313.

30. 比较 *Inf. Jour.*，XVIII（1921），396–397，XIX（1921），331–332，XXI（1922），219，XXII（1923），378–379 和 *Inf. Jour.*，XXXIII（1928），335，XLVI（1939），309，313，XLVII（1940），536–537 以及 USNIP，LXI（1935），1478，1497.

31. Major J. H. Bums，*Inf. Jour.*，XLVII（September-October 1940），419–423.

第十二章　第二次世界大战：权力炼金术

1. Henry L. Stimson and McGeorge Bundy，*On Active Service in Peace and War*（New York，1947），pp. 389，409；Cordell Hull，*Memoirs*（New York，2 vols.，1948），Ⅱ，1109；*Cong. Record*，LXXXIX（June 19，1943），6155–6156，转引自 Elias Huzar，*The Purse and the Sword*（Ithaca，N. Y.，1950），p. 160.

2. *Federal Register*，Ⅳ（July 7，1939），2786；E. O. 8984，Dec. 18，1941；E. O. 9096，Mar. 12，1942；E. O. 9028，Feb. 28，1942. 亦可参见 Ernest J. King and Walter Whitehill，*Fleet Admiral King：A Naval Record*（New York，1952），pp. 349–359.

3. Hull，*Memoirs*，Ⅱ，1111；William D. Leahy，*I Was There*（New York，1950），pp. 3–4，98–101；Ray S. Cline，*Washington Command Post：The Operations Division*（Washington，1951），p. 44；Maurice Matloff and Edwin M. Snell，*Strategic Planning for Coalition Warfare*，*1941–1942*（Washington，1953），pp. 51–52；Robert E. Sherwood，*Roosevelt and Hopkins*（New York，1948），pp. 11，100–101.

4. Stimson and Bundy，*On Active Service*，pp. 414–415. 论 Knox，参见 Paul Y. Hammond，"The Secretaryships of War and the Navy：A Study

of Civilian Control of the Military" (Ph. D. Thesis, Harvard Univ. , 1953), pp. 306−311.

5. Lucius Clay, *Decision in Germany* (Garden City, N. Y. , 1950), pp. 3−6; Sherwood, *Roosevelt and Hopkins*, pp. 269 − 270, 661 − 662, 757; Hull, *Memoirs*, Ⅱ, 1109−1110; John J. McCloy, *The Challenge to American Foreign Policy* (Cambridge, 1953), pp. 36 − 37; H. Bradford Westerfield, *Foreign Policy and Party Politics*: *Pearl Harbor to Korea* (New Haven, 1955), pp. 139−145, 184−186.

6. Sherwood, *Roosevelt and Hopkins*, pp. 446, 615, 948; Leahy, *I Was There*, p. 213; King and Whitehill, *Fleet Admiral King*, pp. 525−526.

7. Colonel H. D. Kehm, "Comparison Between British and American Joint Planning", 转引自 Cline, *Washington Command Post*, pp. 104−106, 314; Otto L. Nelson, Jr. , *National Security and the General Staff* (Washington, 1946), p. 399.

8. 参见 Cline 对军队规划部门特征变化及军方在这种发展中复杂感受的精彩分析, *Washington Command Post*, pp. 189, 327−332.

9. George A. Lincoln, W. S. Stone, and T. H. Harvey, *Economics of National Security* (New York, 1950), pp. 420−421; Huzar, *Purse and the Sword*, pp. 55−56, 58, 162.

10. *S. Rept*. 10, 78th Cong. , 1st Sess. , Part 9, p. 1 (1943), 转引自 Louis Smith, *American Democracy and Military Power* (Chicago, 1951), p. 216; Harry A. Toulmin, Jr. , *Diary of Democracy*: *The Senate War Investigating Committee* (New York, 1947), *passim*.

11. Stimson and Bundy, *On Active Service*, pp. 414−415, 453; Sherwood, *Roosevelt and Hopkins*, pp. 405, 739, 756−757; Hull, *Memoirs*, Ⅱ, 922−923, 1110.

12. 例如，参见 Wallace Carroll, *Persuade or Perish* (Boston, 1948), p. 74; Robert Payne, *The Marshall Story* (New York, 1951), p. 230; Chester Wilmot, *The Struggle for Europe* (New York, 1952), pp. 714−716.

13. *Roosevelt and Hopkins*, p. 446; *I Was There*, p. 95.

14. King and Whitehill, *Fleet Admiral King*, pp. 525−526; Sherwood, *Roosevelt and Hopkins*, p. 615; Matloff and Snell, *Strategic Planning*, pp. 282−306.

15. 参见 Dwight D. Eisenhower, *Crusade in Europe* (New York, 1952), p. 19.

16. 参见 Mark S. Watson, *Chief of Staff*: *Prewar Plans and Preparations* (Washington, 1950), pp. 23−56, 110−119, 388−389, 406−407; Matloff and Snell, *Strategic Planning*, pp. 12−16, 51−52; William L. Langer and S. Everett Gleason, *The Undeclared War*, *1940-1941* (New York, 1953), pp. 35, 41−43, 649−651, 844−847, 894−901.

17. 转引自 Matloff and Snell, *Strategic Planning*, pp. 28−31, 以及 Watson, *Chief of Staff*, pp. 370−373.

18. Sherwood, *Roosevelt and Hopkins*, pp. 410ff. ; Langer and Gleason, *Undeclared War*, pp. 739−740; Watson, *Chief of Staff*, pp. 352−357.

19. *On Active Service*, pp. 472, 565 − 566; Cline, *Washington Command Post*, p. 313.

20. 论上述决策, 参见 Hull, *Memoirs*, Ⅱ, 1165ff. ; Sumner Welles, *Seven Decisions That Shaped History* (New York, 1950), ch. 5; Matloff and Snell, *Strategic Planning*, pp. 30, 380; Leahy, *I Was There*, p. 145; Sherwood, *Roosevelt and Hopkins*, pp. 695 − 696; Watson, *Chief of Staff*, pp. 124−125.

21. 参谋长办公室的会议记录, Cline, *Washington Command Post*, p. 44.

22. Sherwood, *Roosevelt and Hopkins*, p. 164.

23. Quoted, *ibid*. , p. 948.

24. Payne, *Marshall Story*, p. 230; Cline, *Washington Command Post*, p. 313.

25. Sherwood, *Roosevelt and Hopkins*, p. 748; Hull, *Memoirs*, Ⅱ, 1470, 1705-1706.

26. *I Was There*, pp. 284 - 285; Welles, *Seven Decisions*, p. 134.

27. 例如，参见 "It Will Take Something More", *Inf. Jour.*, LII (February 1943), 6 - 7; Lt-Cdr. E. M. Eller, "How Shall We Win", U. S. Naval Institute *Proceedings* (hereafter cited as USNIP), LXVIII (April 1942), 465 - 472; Cdr. Harley Cope, "When Peace Comes", USNIP, LXIX (February 1943), 165 - 168; C. A. Weil, "An American Way of Peace or War", USNIP, LXIX (May 1943), 674-694; Cdr. H. H. Smith-Hutton, "Post-War Problems and the Navy", USNIP, LXIX (June 1943), 785-793; Lt. Col. H. N. Kenyon, USMC, "Executing the National Policy", USNIP, LXIX (August 1943), 1045 - 1051; 1st Lt. R. Sunderland, "The Soldier's Relation to Foreign Policy", USNIP, LXIX (September 1943), 1170-1175; Cdr. Isaiah Olch, "National and Naval Policy", USNIP, LXIX (July 1943), 925-932.

28. *Great Mistakes of the War* (New York, 1949), pp. 44-45.

29. Memo to the Chief of Staff, July 23, 1940, Cline, *Washington Command Post*, pp. 43-44, 105-106, 314ff.

30. *Hearings* before Senate Committee on Military Affairs on S. 84, 79th Cong., 1st Sess., p. 521 (1945); *I Was There*, p. 239 (italics are the admiral's).

31. King and Whitehill, *Fleet Admiral King*, pp. 631 - 632; E. O. 9635, Sept. 29, 1945; Naval Organization Act of 1948, 62 Stat. 66 (Mar. 5, 1948).

32. 关于建立独立的空军部，*Hearings* before House Select Committee on Postwar Military Policy, 78th Cong., 2d Sess., pp. 34 - 38 (1944).

33. *Hearings* before Senate Military Affairs Committee on S. 84, pp. 157, 411ff.

34. *Ibid.*, pp. 589ff,; *Report* by Ferdinand Eberstadt to Secretary of the Navy Forrestal on Unification, Senate Committee on Naval Affairs, 79th Cong., 1st Sess. (1945); Walter Millis (ed.), *The Forrestal Diaries* (New York, 1951), p. 19.

35. 霍普金斯—纳尔逊—战时生产委员会的观点，可见于 Donald M. Nelson, *Arsenal of Democracy* (New York, 1946), Bruce Catton, *The War Lords of Washington* (New York, 1948), and the Bureau of the Budget history, *The United States at War* (Washington, n. d.). 有关帕特森—萨默维尔路线，参见 John D. Millett, *The Organization and Role of the Army Service Forces* (Washington, 1954), 以及 Stimson and Bundy, *Active Service*, ch. 19. 柏鲁克—埃伯斯塔特—福莱斯特的解释反映在 Eliot Janeway, *The Struggle for Survival* (New Haven, 1951) 以及 Robert H. Connery, *The Navy and Industrial Mobilization in World War II* (Princeton, 1951). 其描述是基于 James Byrnes 和 OWMR 的观点，在 H. M. Somers, *Presidential Agency*：*OWMR* (Cambridge, Mass., 1950) 中有所体现。Somer 的著作与战时生产委员会的官方正史结合在一起，可能实现了全面与客观的最佳结合，Civilian Production Administration, *Industrial Mobilization for War*, vol. I, Program and Administration (Washington, 1947).

36. *Industrial Mobilization Plan*, Revision of 1939. S. Doc. 134, 76th Cong., 2nd Sess. (1939).

37. 参见 Connery, *Navy and Industrial Mobilization*, ch. 8; Millett, *Army Service Forces*, pp. 201-212, 291-293.

38. Executive Order 9024, Jan, 16, 1942, *Federal Register*, Ⅶ (Jan. 17, 1942), 330.

39. Civilian Production Administration, *Indus-*

trial Mobilization for War，I，971. 简要的概括，也参见 Somers，*Presidential Agency*，pp. 28–31.

40. 参见 Somers，*Presidential Agency*，pp. 125–137.

41. 关于德国在战时生产管理的不善，极具说服力的描述可参见 United States Bombing Survey，*The Effects of Strategic Bombing on the German War Economy*（Washington，1945），and Wilmot，*Struggle for Europe*，chs. 3，4，7.

第十三章　战后十年的军政关系

1．"Sino–Japanese Crisis：The Garrison State versus the Civilian State"，*China Quarterly*，Ⅱ（Fall 1937），643–649；"The Garrison State and Specialists on Violence"，*Amer. Jour of Sociology*，XLVI（January 1941），455–468，reprinted in *The Analysis of Political Behavior*（New York，1947）；"The Interrelations of World Organization and Society"，*Yale Law Journal*，LV（August 1946），889–909；"The Prospects of Cooperation in a Bipolar World"，*Univ. of Chicago Law Rev.*，XV（Summer 1948），877–901；"'Inevitable' War：A Problem in the Control of Long–Range Expectations"，*World Politics*，Ⅱ（October 1949），1–39；"The Threat Inherent in the Garrison–Police State"，in *National Security and Individual Freedom*（New York），1950，pp. 23–49；"The Universal Peril：Perpetual Crisis and the Garrison–Prison State"，in Lyman Bryson，Louis Finkelstein，and R. M. MacIver（eds.），*Perspectives on a Troubled Decade*：*Science*，*Philosophy*，*and Religion*，*1939–1949*（New York，1950），pp. 323–328；"Does the Garrison State Threaten Civil Rights?" *Annals of the American Academy*，CCLXXV（May 1951），111–116；"The Threat to Privacy"，in Robert M. MacIver，（ed.），*Conflict of Loyalties*（New York，1952），pp. 121–140；"The World Revolutionary Situation"，in Carl J. Friedrich（ed.），*Totalitarianism*（Cambridge，Mass.，1954），

pp. 360–380.

2．例如，参见 Townsend Hoopes，"Civilian–Military Balance"，*Yale Review*，XLIII（Winter 1954），221–222；*Report* of the Rockefeller Committee on Department of Defense Organization，April 11，1953，pp. 3–4；H. Struve Hensel，"Changes Inside the Pentagon"，*Harvard Business Review*，XXXII（January–February 1954），102–103.

3．*National Security and Individual Freedom*，pp. 186–187.

4．*Sword and Swastika*（New York，1952），pp. 368–370. 美国人对德国将军职责所做出的最为敏锐的评析之一，参见 G. A. Craig，"Army and National Socialism 1933–1945：The Responsibility of the Generals"，*World Politics*，Ⅱ（April 1950），426–438.

5．Speech to the Massachusetts legislature，July 25，1951，*New York Times*，July 26，1951，p. 12.

6．Lawrence J. Legere，Jr.，"Unification of the Armed Forces"（Ph. D. Thesis，Harvard Univ.，1951），p. 406，经作者许可后引用。亦可参见 Crommelin's statement，*New York Times*，Nov. 9，1949，p. 33.

7．比较李奇微将军的评论，参见 *Soldier*：*The Memoirs of Matthew B. Ridgway*（New York，1956），pp. 239–240. 关于该问题的一般情况，参见 William Yandell Elliott and associates，*United States Foreign Policy*：*Its Organization and Control*（New York，1952），pp. 168–172，and G. C. Reinhardt and W. R. Kintner，"The Need for a National Staff"，U. S. Naval Inst，*Proceedings*，LXXVII（July 1952），721–727.

8．Richard C. Snyder and H. Hubert Wilson，*The Roots of Political Behavior*（New York，1949），p. 557.

9．有关民间评论，参见 Hanson Baldwin，"The Military Move In"，*Harper's* CXCV（December 1947）, 481 - 489; J. F. Dobie, "Samples of the Army Mind", *ibid.* , CXCIII（December 1946）, 529 - 536; L. B. Wheildon, "Militarization", Editorial Research Reports（May 12, 1948）, pp. 301 - 310; William R. Tansill, *The Concept of Civil Supremacy over the Military in the United States*（Library of Congress, Legislative Reference Service, Public Affairs Bulletin No. 94, Washington, 1951）, pp. 38 - 59; *Cong. Record*（Daily ed.）, Cl（May 17, 1955）, 5518（July 14, 1955）, 9069 - 9071（Aug. 1, 1955）, 11024 - 11026, CII（Mar. 20, 1956）, 4595 - 4597（Mar. 21, 1956）, 4691 - 4706. 关于军方的防御，参见 *Inf. Jour.* , LX（April 1947）, 71, CXII（January 1948）, 76 - 77; J. W. Stryker, "Are the Military Moving In?", U. S. Naval Inst. *Proceedings*, LXXV（March 1949）, 295 - 301; L. B. Blair, "Dogs and Sailors Keep Off", LXXVI（October 1950）, 1102.

10. 前任官员的活动每周报告于 "Retired Service Notes" in *Army Navy Air Force Journal*, 有关更多重要商业任命的名单，参见 "The Military Businessmen", *Fortune*, XLVI（September 1952）, 128ff. ; *Cong. Record*, Cl（July 14, 1955, daily ed. ）, 9070 - 9071; *U. S. News and World Report*, XL（Apr. 27, 1956）, 55 - 56.

11. Walter H. McLaughlin, Jr. , "Business Attitudes Towards Defense Policy During the Cold War", （Honors Thesis, Harvard Univ. , 1955）, pp. 36 - 59; U. S. Dept, of the Army, *The Army Almanac*（Washington, 1950）, pp. 883 - 908.

12. "The Macs and the Ikes: America's Two Military Traditions", *American Mercury* LXXV（October 1952）, 32 - 39.

13. 有关对麦克阿瑟同马歇尔与艾森豪威尔之间的长期敌对，参见 Clark Lee and Richard Henschel, *Douglas MacArthur*（New York, 1952）, pp. 98 - 102, 115 - 131; Richard H. Rovere and Arthur Schlesinger, Jr. , *The General and the Pres-*ident（New York, 1951）, pp. 70 - 71; Robert E. Sherwood, *Roosevelt and Hopkins*（New York, 1948）, p. 759, and "The Feud between Ike and Mac" *Look*, XVI（July 1, 1952）, 17ff. ; Marquis Childs, "Soldiers and 1952 Politics" *Washington Post*, July 8, 1952, p. 12; Frazier Hunt, *The Untold Story of Douglas MacArthur*（New York, 1954）, *passim*; Robert Payne, *The Marshall Story*（New York, 1951）, pp. 108 - 110; James K. Eyre, Jr. , *The Roosevelt - MacArthur Conflict*（Chambersburg, Pa. , 1950）, passim.

14. "The Necessity for Military Forces", *Inf. Jour.* , XXX（March 1927）, 330; Speech to the Rainbow Division, July 14, 1935, in Frank C. Waldrop（ed. ）, *MacArthur on War*（New York, 1942）, pp. 31ff.

15. Address, Los Angeles, Jan. 26, 1955, *U. S. News and World Report*, XXXVIII（Feb. 4, 1955）, 86 - 88; Douglas MacArthur, *Revitalizing a Nation*（Chicago, John M. Pratt, ed. , 1952）, p. 16.

16. *New York Times*, July 26, 1951, p. 12; *Hearings* before the Senate Committee on the Armed Services and the Committee on Foreign Relations on the Military Situation in the Far East, 82d Cong. , 1st Sess. , pp. 39 - 40, 44 - 45, 114 - 115（1951）.

17. *New York Times*, May 24, 1953, p. 34, July 2, 1953, p. 1.

18. Quoted by Stewart Alsop, *New York Herald Tribune*, Apr. 24, 1955, Sec. 2, p. 1.

第十四章　参谋长联席会议的政治角色

1. Walter Millis（ed. ）, *The Forrestal Diaries*（New York, 1951）, pp. 13, 203; *New York Times*, Dec. 9, 1952, p. 26.

2. Millis, *Forrestal Diaries*, p. 341; Edgar A. Mowrer, *The Nightmare of American Foreign Policy*（New York, 1948）, pp. 249 - 250; *State*

Department Bulletin, XVIII（May 16, 1948），623-625.

3. Millis, *Forrestal Diaries*, p. 529.

4. 参见 Harry S. Truman, *Memoirs*：*VoL. I*, *Year of Decision*（Garden City, N. Y., 1955），pp. 70-72, 79-82, 411-412, 550-552, 555-560.

5. 参见 John C. Campbell（ed.），*The United States in World Affairs*, *1947 - 1948*（New York, 1948），pp. 8-9, n. 4；Mowrer, *Nightmare of American Foreign Policyy*, pp. 211-212.

6. 参见 George Kennan, *Realities of American Foreign Policy*（Princeton, 1954），及其早期著作 *American Diplomacy*, *1900 - 1950*（Chicago, 1951）；Louis Halle, *Civilization and Foreign Policy*（New York, 1955）；Charles B. Marshall, *The Limits of Foreign Policy*（New York, 1954）.

7. "A Soldier's Farewell", *Saturday Evening Post*, CCXXVI（Aug. 22, 1953），63-64.

8. Millis, *Forrestal Diaries*, pp. 195, 312, 315-316；*Hearings* before Senate Armed Services and Foreign Relations Committees on Military Situation in the Far East, 82d Cong., 1st Sess., pp. 2572-2576（1951）；A. L. Warner, "How the Korea Decision was Made", *Harper's*, CCII（June 1951），99-106.

9. General Vandenberg, *Hearings* before Senate Committee on Appropriations on Department of Defense Appropriation Bill for 1951, 81st Cong., 2d Sess., p. 226（1950）对文官控制做出了经典表述。

10. Gabriel A. Almond, *The American People and Foreign Policy*（New York, 1950），pp. 122-126.

11. 对于凯南哲学鞭辟入里的批判，参见 Joseph and Stewart Alsop, "That Washington Security Curtain", *Saturday Evening Post*, CCXXVII（Feb. 19, 1955），128.

12. 对于预算政策、外交政策和战略之间关系的进一步分析，参见该作者的 "Radicalism and Conservatism in National Defense Policy", *Journal of International Affairs*, VIII（1954），206-222.

13. 有关该演讲内容，参见 *U. S. News and World Report*, XXXII（March 28, 1952），84-86；有关 Baldwin 的评论，*New York Times*, April 2, 1952, p. 20. 亦可参见 Burton M. Sapin and Richard C. Snyder, *The Role of the Military in American Foreign Policy*（Garden City, N. Y., 1954），pp. 46-49.

14. *New York Times*, April 27, 1951, p. 4；Dulles, *War or Peace*（New York, 1950），pp. 233-238.

15. George Barren, "That's the Way the Ball Bounces", *New York Times Magazine*, Nov. 23, 1952, p. 14；Peter Braestrup, "Korea：The New Professional", in *Yale Daily News*, *eventy-Five—A Study of a Generation in Transition*（New Haven, 1953），p. 81；Bill Mauldin, *Bill Mauldin in Korea*（New York, 1952），pp. 10 - 11；John Groth, *Studio：Asia*（Cleveland, 1952）.

16. *Hearings* before Senate Committees on Foreign Relations and Armed Services on Military Situation in the Far East, pp. 380-381.

17. *New York Herald Tribune*, Jan. 20, 1953, p. 1.

18. *The Korean War and Related Matters*, Report of the Internal Security Subcommittee, Senate Committee on the Judiciary, 84th Cong., 1st Sess., p. 2（1955）；Mark W. Clark, *From the Danube to the Yalu*（New York, 1954），p. 81；Matthew B. Ridgway, *Soldier：The Memoirs of Matthew B. Ridgway*（New York, 1956），pp. 219-220.

19. 参见 Angus Campbell, Gerald Gurin, and Warren E. Miller, *The Voter Decides*（Evanston, Ill., 1954），ch. 4, esp. pp. 65 - 67；Samuel Lubell, *Revolt of the Moderates*（New York,

1956），pp. 39–45.

20. 参见 John McDonald，"The Businessman in Government"，*Fortune*，L（July 1954），68–70.

21. Charles J. V. Murphy，"Strategy Overtakes Mr. Wilson"，*Fortune*，XLIX（January 1954），80.

22. Merlo J. Pusey，*Eisenhower the President*（New York，1956），p. 129.

23. *Report* of the Rockefeller Committee on Department of Defense Organization，p. 3（1953）. 有关该问题背后所蕴涵哲学的进一步阐述，参见 H. Struve Hensel，"Changes Inside the Pentagon"，*Harvard Business Review*，XXXII（January–February 1954），102–103；Paul L. Davies，"A Business Look at the Army"，*Military Review*，XXXIV（December 1954），41–42.

24. "Method of Operation of the Joint Chiefs of Staff and Their Relationships with Other Staff Agencies of the Office of the Secretary of Defense"，Department of Defense Directive No. 5158.1，July 26，1954.

25. M. B. Ridgway，"My Battles in War and Peace"，*Saturday Evening Post*，CCXXVIII（Jan. 21，1956），46.

26. "Defense and Strategy"，*Fortune*，XLVIII（September 1953），75（December 1953），77–78；*New York Times*，Oct. 14，1953，p. 18，Oct. 15，1953，p. 21.

27. *Hearings* before Senate Committee on Appropriations on Department of Defense Appropriation Bill for 1955，83rd Cong.，2d Sess.，p. 83（1954）；*New York Times*，Dec. 15，1953，p. 31，Jan. 22，1954，p. 12，Apr. 5，1955，p. 1；*New York Herald Tribune*，Mar. 17，1954，p. 1；*Army Navy Air Force Journal*，XCII（Jan. 29，1955），630. 对比李奇微的观点，*Soldier*，pp. 271–272.

28. 参见 Marquis Childs in the *Washington Post*，June 15，16，1954；Chalmers Roberts，"The Day We Didn′t Go To War"，*The Reporter*，XI（Sept. 14，1954），31–35.

29. 参见 Stewart Alsop，*New York Herald Tribune*，Jan. 26，1955；Chalmers Roberts，"The Battle on 'The Rim of Hell'：President vs. War Hawks"，*The Reporter*，XI（Dec. 16，1954），11–14. 有关对 Radford 早期观点的分析，参见 Arthur Krock，*New York Times*，May 14，1953，p. 28. 关于 Admiral Carney 的观点，参见其讲话 speech before the National Security Industrial Association，May 27，1954，*New York Times*，May 28，1954，p. 2. 如果要对艾森豪威尔政府国防政策中军民作用做最终评判，必然要建立在大量参考相关文献的基础之上。

30. *Militant Liberty*：*A Program of Evaluation and Assessment of Freedom*（Washington，1955）. 亦可参见 W. H. Hale，"Militant Liberty and the Pentagon"，*The Reporter*，XIV（Feb. 9，1956），30–34.

第十五章　分权与冷战中的国防

1. Pendleton Herring，*The Impact of War*（New York，1941），pp. 115–117；Elias Huzar，*The Purse and the Sword*：*Control of the Army by Congress through Military Appropriations*，*1933–1950*（Ithaca，N. Y.，1950），pp. 46–52，133–156；Lawrence H. Chamberlain，*The President*，*Congress*，*and Legislation*（New York，1946），ch. 5.

2. 参见 Carey Brewer，"An Analysis of Defense Legislation and Congressional Committee Jurisdiction"，Report prepared for the Senate Committee on Expenditures in the Executive Departments，82d Cong.，1st Sess.，August 24，1951；Francis Shackelford，"The Separation of Powers in Time of Crisis"，in Harvard Law School，*Government Under Law*（Cambridge，Mass.，1955），pp. 174–180.

3. Organization of the Armed Services Committee, 81st Cong., 1st Sess., pp. 9-10（1949）; Title Ⅳ, Act of Sept. 28, 1951, 65 Stat. 365-366; Act of Apr. 4, 1944, 58 Stat. 189. 委员会针对第 82 次国会会议进行了调查，有关该调查的精彩总结，参见 *Report on Investigations by Armed Services Committee*, H. Rept. 2489, 82d Cong., 2d Sess.（1952）.

4. 例如，参见 H. Rept. 307, 82d Cong., 1st Sess.（1951）; H. Rept. 857, 83rd Cong., 1st Sess.（1953）; and Francis Shackelford's comments, Harvard Law School, *Government Under Law*, pp. 166-167.

5. 参见 Huzar, *The Purse and the Sword*, pp. 398-407; Arthur Smithies, *The Budgetary Process in the United States*（New York, 1955）, pp. 139-142, 163-164, 183ff.; Edward L. Katzenbach, Jr., "How Congress Strains at Gnats, Then Swallows Military Budgets", *The Reporter*, Ⅺ（July 20, 1954）, 31-35.

6. 参见 Arthur A. Maass, *Muddy Waters: The Army Engineers and The Nation's Rivers*（Cambridge, Mass., 1951）.

7. Sec. 206, Act of June 10, 1921, 42 Stat. 21.

8. *Hearings* before House Committee on the Armed Services on Unification and Strategy, 81st Cong., 1st Sess., p. 604（1949）.

9. *Hearings* before House Committee on Appropriations on War Appropriation Bill（Military Activities）for 1936, 74th Cong., 1st Sess., p. 18（1935）, 转引自 Huzar, *Purse and the Sword*, p. 147.

10. 转引自 Mark S. Watson, *Chief of Staff: Prewar Plans and Preparations*（Washington, 1950）, pp. 21-22; Huzar, *Purse and the Sword*, p. 128.

11. Sec. 202（c）（6）, National Security Act, Act of Aug. 10, 1949, 63 Stat. 578.

12. Committee on Armed Services, House of Representatives, *Unification and Strategy*, H. Doc. 600, 81st Cong., 2d Sess., pp. 10-12, 45, 53（1950）.

13. *Hearings* before Senate Armed Services Committee on JCS Nominations, 83rd Cong., 1st Sess., pp. 15-16（1953）.

14. *Hearings* before Senate Committee on Appropriations on Dept. of Defense Appropriation Bill for 1955, 83rd Cong., 2d Sess., pp. 43-44（1954）; *Hearings* before Senate Committee on Appropriations on Dept. of Defense Appropriation Bill for 1956, 84th Cong., 1st Sess., pp. 211-212, 215-219（1955）. 有关对此问题的敏锐分析，参见 E. L. Katzen-bach, Jr., "Should Our Military Leaders Speak Up?" *New York Times Magazine*, April 15, 1956, pp. 17ff.

15. See this author's "Radicalism and Conservatism in National Defense Policy", *Journal of International Affairs*, Ⅷ（1954）, 206-222.

16. 参见 Lawrence J. Legere, Jr., "Unification of the Armed Forces"（Ph. D. Thesis, Harvard Univ., 1951）, p. 344.

17. *Cong. Record*, XCVIII（May 16, 1952）, 5347.

18. *Hearings* before Senate Committee on Armed Services on S. 758, 80th Cong., 1st Sess., pp. 100, 113, 209, 211（1947）; *Hearings* before House Committee on Armed Services on Army Organization Bill, 81st Cong., 2d Sess., pp. 6013, 6023, 6036, 6046ff., 6125, 6128, 6202, 6208, 6235（1950）.

19. *Cong. Record*, XCV（Oct. 18, 1949）, 14922.

20. H. Rept. 1797, 81st Cong., 2d Sess., pp. 309-311（1950）; H. Doc. 600, 81st Cong., 2d Sess., pp. 49-50（1950）; *Hearings* before House Armed Services Committee on Unification and Strategy, pp. 97-99, 300-301; Hearings before House Committee on Appropriations on Department of Defense Appropriations for 1951, 81st Cong. , 2d Sess. , pp. 50–62（1950）; J. D. Williams, *The Impounding of Funds by the Bureau of the Budget*（University, Ala. , ICP Case Series：No. 28, 1955）.

第十六章　军政关系的部门结构

1. Public Law 253, 80th Cong. , 61 Stat. 495（July 26, 1947）, amended by Public Law 216, 81st Cong. , 63 Stat. 578（Aug. 10, 1949）, Public Law 416, 82d Cong. , 66 Stat. 283（July 22, 1952）. 1953 年，第 6 号重组计划倾向于在许多方面修改此前的理论。

2. 论国家安全委员会的起源与背景，参见 *Hearings* before Senate Committee on Military Affairs on S. 84, 79th Cong. , 1st Sess. , p. 588（1945）; Report by Ferdinand Eberstadt to Secretary of the Navy For-restal on Unification, Senate Committee on Naval Affairs, 79th Cong. , 1st Sess. ; Walter Millis（ed. ）, The Forrestal Diaries（New York, 1951）, pp. 19, 61–63, 315–316; E. R. May, "The Development of Political–Military Consultation in the United States", *Political Science Quarterly*, LXX（June 1955）, 161–180. 论具有可比性的英国机构，参见 Maurice Hankey, *Government Control in War*（Cambridge, 1945）, pp. 22–31, 以及 *Diplomacy by Conference*（New York, 1946）, pp. 83–104; Franklyn A. Johnson, "Defense by Committee：The Origin and Early Development of the British Committee of Imperial Defense, 1885–1916"（Ph. D. Thesis, Harvard Univ. , 1952）. On the operations of the NSC, 参见 J. and S. Alsop, "How Our Foreign Policy Is Made", *Saturday Evening Post*, CCXXI（Apr. 30, 1949）, 30ff. ; S. W. Souers, "Policy Formation for National Security", *Amer. Pol. Sci. Rev.* f XLIII（June 1949）, 534–543; H. P. Kirkpatrick, "The National Security Council", A-

merican Perspective, Ⅶ（February 1949）, 443–450; The Brookings Institution, *The Administration of Foreign Affairs and Overseas Operations*（Report to the Budget Bureau, June, 1951）, *passim*; John Fischer, Master Plan USA（New York, 1951）, ch. 2; W. Y. Elliott et al. , United States Foreign Policy（New York, 1952）, pp. 83–96; J. S. Lay, Jr. , "National Security Council's Role in the U. S. Security and Peace Program", World Affairs, CXV（Summer 1952）, 37–39; Cabell Phillips, "The Super-Cabinet for our Security", *New York Times Magazine*, Apr. 4, 1954, pp. 14ff. ; G. A. Wyeth, Jr. , "The National Security Council", *Jour. of International Affairs*, Ⅷ（1954）, 185–195; Anthony Leviero, "Untouchable, Unreachable, and Unquotable", *New York Times Magazine*, Jan. 30, 1955, pp. 12ff. ; Dillon Anderson, "The President and National Security", *Atlantic Monthly*, CXCVII（January 1956）, 42–46; Robert Cutler, The Development of the National Security Council, *Foreign Affairs*, XXX-IV（April 1956）, 441–458. 关于国防委员会发展的其他报告，参见 the *New York Times*：Apr. 22, 1949, p. 14; Apr. 2, 1951, p. 1; Mar. 12, 1953, p. 22; Mar. 24, 1953, p. 24; May 4, 1953, p. 9; Sept. 4, 1953, p. 1; Mar. 18, 1955, p. 24.

3. *Hearings* before Senate Committee on Armed Services on S. 758, 80th Cong. , 1st Sess. , pp. 491ff. （1947）; Sherman Kent, *Strategic Intelligence*（Princeton, 1949）, p. 79; Public Law 110, 81st Cong. , 63 Stat. 208（June 20, 1949）.

4. *Hearings* before Senate Committee on Armed Services on S. 758, pp. 215–216.

5. 例如，参见 Commission on Organization, *The National Security Organization*（Report to Congress, February 1949）, p. 11; Hanson Baldwin, *New York Times*, Aug. 15, 1951, p.10, and A-pril 23, 1953, p. 16; Robert A. Lovett, Letter

to the President, Nov. 18, 1952, pp. 5 – 6;
Vannevar Bush, Address at the Mayo Clinic, Rochester, Minn. , Sept. 26, 1952, p. 8; L. E.
Denfeld, "Why I Was Fired", *Collier's* CXXV
(Mar. 25, 1950), 47.

6. *Hearings* before Senate Committee on Armed
Services on National Security Act Amendments,
81st Cong. , 1st Sess. , p. 209 (1949).

7. Frederick C. Mosher, *Program Budgeting：
Theory and Practice with Particular Reference to the
US. Department of the Army* (Public Administration Service, 1954), pp. 184, 216−217.

8. 参见 *Hearings* before Senate Committee on
Armed Services on National Security Act Amendments, p. 195; S. Rept. 366, 81st Cong. , 1st
Sess. (1949); Secy, of Defense, *First Report,
1948*, pp. 3 – 4, 40 – 42; Mosher, *Program
Budgeting*, pp. 31−42, 46, 220.

9. Mosher, *Program Budgeting*, pp. 180 –
185, 192; Francis Shackelford, "The Separation
of Powers in Time of Crisis", in Harvard Law
School, *Government Under Law* (Cambridge,
Mass. , 1955), p. 146.

10. *New York Times*, Nov. 6, 1952, p. 15;
Charlotte Knight, "Mystery Man of the Pentagon",
Collier's, CXXXIII (Jan. 22, 1954), 30ff.

11. 参见 *Unification and Strategy*, Report by
House Committee on Armed Services, H. Doc.
600, 81st Cong. , 2d Sess. , pp. 52−53 (1949),
举出了国会支持审计长对抗国防管理委员会的
例子。

12. Knight, *Colliers*, CXXXIII (Jan. 22,
1954), 32−34.

13. CLXXII (Aug. 28, 1954), 639−640.

14. *Hearings* before House Committee on Appropriations on Second Supplemental Appropriation
Bill for 1951, 81st Cong. , 2d Sess. , pp. 17,
20, 53 – 54, 62 – 63 (1950); *Hearings* before
Senate Committee on Appropriations on Second Sup-

plemental Appropriation Bill for 1951, 81st Cong. ,
2d Sess. , p. 88 (1950); Secy. of Defense, *Semi-
annual Report*, *Jan. 1−June 30*, 1951, p. 70.

15. *Hearings* before House Committee on
Armed Services on Unification and Strategy, 81st
Cong. , 1st Sess. , p. 624 (1949).

16. Charles E. Wilson, Address, Secretaries'
Conference, Quantico, Va. , July 23, 1953, p.
14; P. R, Leach, *Boston Daily Globe*, Apr. 17,
1953, p. 18.

17. J. and S. Alsop, *New York Herald Tribune*, Jan. 26, 1953, p. 17; Lovett, Letter to
the President, p. 5; Walter Millis, *New York
Herald Tribune*, Nov. 24, 1952, p. 14; P. R.
Leach, Boston Daily Globe 9 Apr. 17, 1953, p.
18; Fred Seaton, 转引自 D. Norton − Taylor,
"The Wilson Pentagon", *Fortune*, L (December
1954), 96; "Defense and Strategy", Fortune,
XLVII (June 1953), 89.

18. *Hearings* before House Committee on
Armed Services on Unification and Strategy, pp.
305−306, 357−358, 608−609, 624.

19. *Hearings* before Senate Committee on Appropriations on Department of Defense Appropriation
Bill for 1954, 83rd Cong. , 1st Sess. , pp. 36,
38−39, 216, 230−231, 340−342, 355, 561−562
(1953); *New York Times*, Mar. 21, 1953, p.
1.

20. Commission on Organization, *Task Force
Report on National Security Organization* (Appendix G, 1949), p. 38; Millis, *Forrestal Diaries*,
p. 435. 除非在其他地方对来源另有明确说明，
1950 年预算编制说明来自于 Millis, *Forrestal
Diaries* ch. 13 and pp. 435, 450, 500 – 506,
510, 535, 537, 以 及 *Hearings* before House
Committee on Appropriations on Department of Defense Appropriation Bill for 1950, 81st Cong. , 1st
Sess. , pp. 12, 16, 205ff. (1949).

21. *Hearings* before House Committee on Ap-

propriations on Department of Defense Appropriation Bill for 1953, 82d Cong., 2d Sess., pp. 1, 57, 87 - 90, 97, 110 - 111, 142 - 145 (1952); *Hearings* before Senate Committee on Appropriations on Department of Defense Appropriation Bill for 1953, 82d Cong., 2d Sess., pp. 1, 5, 145 - 151 (1952).

22. Secretary of Defense, *First Report, 1948*, pp. 30-31; *Semiannual Report July 1-December 31*, 1949, p. 31. 有关福莱斯特对继任部长依赖于那些经验丰富的文官中的稳定骨干的必要性的观点，参见 James Forrestal, "Managing the Public's Business", in Joseph E. McLean, *The Public Service and University Education* (Princeton, 1949), pp. 236-237.

23. Millis, *Forrestal Diaries*, pp. 314, 317, 335, 352, 404, 415, 434, 497, 500, 502, 519ff.; *New York Times*, Feb. 12, 1949, p. 1.

24. Lovett, Letter to the President, pp. 2-8.

25. Lovett, Letter to the President, pp. 3-4; *Report* of the Rockefeller Committee on Department of Defense Organization (1953) p. 2, Appendix A.

26. *Hearings* before Senate Committee on Armed Services on National Security Act Amendments, p. 20.

27. Commission on Organization, Task Force Report on National Security Organization, pp. 37-38; Vannevar Bush, "What's Wrong at the Pentagon", *Collier's*, CXXX (Dec. 27, 1952), 32.

28. Commission on Organization, *Task Force Report on Departmental Management* (Appendix E, Jan. 1949), pp. 16, 51-54.

第十七章　走向新的平衡

1. Clinton Rossiter 所著的 *Conservatism in America* (New York, 1955) 对美国保守主义的过去与当下进行了简明扼要的概括和分类。Peter Viereck, *Conservatism Revisited* (New York,

1949), Francis G. Wilson, *The Case for Conservatism* (Seattle, 1951), Russell Kirk, *The Conservative Mind* (Chicago, 1953), 以及 Gordon Harrison, *Road to the Right* (New York, 1954) 对更具意识性的保守主义进行了精彩阐述。我们可以在 Reinhold Niebuhr 的著作中找到其对保守主义观点从根本上进行的深刻阐述，其著作 *The Nature and Destiny of Man* (New York, one vol. ed., 1948) 具有代表性，T. S. 艾略特收录在 *The Idea of a Christian Society* (New York, 1940) 中的诗歌、戏剧和散文表述最为明确，同样还有埃里克·沃格林的 *The New Science of Politics* (Chicago, 1952)。Niebuhr 所著 *Christian Realism and Political Problems* (New York, 1953) 采用了新正统派观点来分析当前问题。Ross J. S. Hoffman, *The Spirit of Politics and the Future of Freedom* (Milwaukee, 1951), Martin Hillenbrand, *Power and Morals* (New York, 1949), 以及 Thomas P. Neill, *The Rise and Decline of Liberalism* (Milwaukee, 1953) 进行了天主教政治分析。Will Herberg 所著 *Judaism and Modern Man* (New York, 1951) 以及系列评论都强有力地阐述了犹太教传统中的保守元素。Gordon K. Chalmer 所著 *The Republic and the Person* (Chicago, 1952) 是对于杜威教育哲学诸多评论中水平最高的。我们可以在 Arthur N. Holcombe, *Our More Perfect Union* (Cambridge, Mass., 1950), Ernest S. Griffith, *Congress: Its Contemporary Role* (New York, 1951), 以及 Don K. Price 的著作中看到他们对美国政治制度的周密维护。Hans J. Morgenthau, *Scientific Man vs. Power Politics* (Chicago, 1946), 以及 John H. Hallowell, *The Decline of Liberalism as an Ideology* (Berkeley, 1943) and *Main Currents in Modern Political Thought* (New York, 1950) 都是保守政治学者对政治理论的分析。被称为"自得经济学"的评论家代表著作有 John K. Galbraith, *American Capitalism: The Concept of Countervailing Power* (Boston, 1952), A. A.

Berle, *The Twentieth Century Capitalist Revolution* (New York, 1954)，以及 David Lilienthal, *Big Business*：*A New Era* (New York, 1953). Reinhold Niebuhr, *The Irony of American History* (New York, 1952)，Louis Hartz, *The Liberal Tradition in America* (New York, 1955)，and Daniel J. Boorstin, *The Genius of American Politics* (Chicago, 1953)强调美国经验的独特性以及美国观念与制度的二分法，对美国政治传统进行了鞭辟入里的分析。Lippmann 的观点参见 *The Public Philosophy* (Boston, 1955). 新保守主义是为一场知识分子运动，*Dissent* 期刊阐述了人们对其内在一致性的认识。有关美国保守主义的更多参考文献，参见 Rossiter 书中全面的文献索引。

2. Morgenthau 的观点可见于 *Politics Among Nations* (New York, 1948)，*In Defense of the National Interest* (New York, 1951)，以及 "Another 'Great Debate'：The National Interest of the United States"，*American Political Science Review*，XLVI (December 1952)，961–988. 关于对立观点，参见 Frank Tannenbaum， "The Balance of Power versus the Coordinate State"，*Political Science Quarterly*，LXVII (June 1952)，173–197，and T. I Cook and Malcolm Moos， "The American Idea of Inter-national Interest"，*Amer. Pil. Sci Review*，XLVII (March 1953)，28–44.

3. 例如，参见 Hanson Baldwin， "Military in Politics"，*New York Times*，Apr. 1, 1952, p. 22, Apr. 2, 1952, p. 20; Senator Mike Mansfield， "The Role of the Military in American Foreign Policy"，*Cong. Record*，Cl (Feb. 21, 1955, daily ed.)，A-1091 –A-1093.

4. Hanson Baldwin， "What's Wrong With the Regulars?" *Saturday Evening Post*，CCXXVI (Oct. 31, 1953)，19ff. ， "The Problem of Army Morale"，*New York Times Magazine*，Dec. 5, 1954, pp. 9ff. 以及他的定期专栏，刊登于 *Times*；Department of Defense, Press Release, Dec. 3, 1953, "Final Report—Ad Hoc Committee on the Future of Military Service as a Career that will Attract and Retain Capable Career Personnel" (Womble Committee Report)；*New York Times*，Apr. 19, 1954, p. 22; H. W. Blakeley， "Esprit de What? Our Army and Morale"，*The Reporter*，XI (Sept. 23, 1954)，35–37; D. J. Carrison， "Our Vanishing Military Profession"，*American Mercury*，LXXVII (November 1953)，77–81.

第十七章

索 引

（页码为原书页码，见本书边码）

A

K

O

译后记

作为亨廷顿的第一本著作，出版于 1957 年的《军人与国家》一直是军事政治学这一领域的经典。虽然本书研究的主题同亨廷顿后来的著作相比有较大的跨度，但在思路和方法上却表现出了一以贯之的连续性、超越意识形态教条的现实态度，以及从具有历史感的全面视野对社会各方面因素的相互影响进行观察。这在序言中就体现为亨廷顿对当时主流理论展开的犀利批判：

"在美国流行的关于军政关系的唯一理论，只不过是从美国自由主义的基本教条中所得出的一些令人困惑并且不成体系的假想和信念而已。只有这样一些观念的集合是不够的，无助于理解许多重要的事实，它们不过是一些陈词滥调，形成于那些在当今世界已经颇为可疑的价值等级体系之中。"（页 vii，以下引用均为本书边码）

正是为了破除这些教条中形成的陈词滥调，亨廷顿提出了作为他这一著作基础的两个方法论假定。首先，假定军政关系在任何社会中都应作为一个包含了诸多相互依赖的组成要素的系统加以研究。其次，假定可形成一个标准以分析任何社会中军政关系体制增强或削弱其所在社会的军事安全的程度（页 viii）。这两个假定，首先意味着军政关系不能简单地贴上某些标签进行理解，也不能纯粹基于某种理想主义的追求加以设定；其次意味着对军政关系的评价不是基于政治意识形态设定的主观标准，而是所在社会的军事安全这种客观的标准。

亨廷顿的问题意识与方法论，可以归结为一个核心的命题：国家安全需要什么样的军政关系。毫无疑问，在人类永久和平实现之前，国家安全离不开军事力量，而且一般而言需要足够强大的军事力量；但强大的军事力量同样也可能成为对国家安全的威胁，因为其强大且破坏国家现有的政制结构与社会秩序。"法律与城邦的守卫者，如果只表面如此，那么就会从根本上摧毁整个城邦，正如他们也掌握着使城邦得到善治与幸福的机会。"[1] 随着社会的发展，这一点尤其得到体现，军事的基本规律要求专业化的军事力量，而当军事力量的专业化发展出自身的特殊利益时，那么这种力量就可能用于实现自身的利益而非国家的利益。因此，就需要对从社会中逐渐分化出来的专业化军事力量加以有效而适当的约束，这种约束既不能使之变得孱弱，也不能使之失控。"当我们选出未来的战士，并且以音乐和体育来教育他们，我们所追求的不是别的目标，而是让他们如同被染色一般，以最佳的可能方式来接受我们的法律。"[2] 在各个社会中，这种约束普遍同文官政治的运作结合在一起，从而形成军政关系。军政关系的表现，简而言之，即文官政治如何吸纳并控制专业的军事力量。进一步展开的话，则可将军政关系视为一个综合性的系统，这个系统的主要组成要素包括军事组织在政府中正式的、结构化的位置，以及军事集团在政治与社会中全面的非正式角色与影响，还有军事与非军事集团的意识形态特性。军政关系的体系，也就成为国家军事安全政策的基础。从制度层面来说，该政策的目标是建立一个军政关系的体系，通过这个体系以最小限度牺牲其他社会价值的成本来最大化军事安全的收益。

一

亨廷顿对于所提出的核心命题的回答，首先立足于对军事职业的界

---

[1] *The Republic of Plato*, 421a, translated and notes by Allan Bloom, BasicBooks, 1968, p. 98.

[2] *ibid.*, 429e–430a, p. 108.

定与理解。亨廷顿强调将"军人作为职业"，其视角是在马克斯·韦伯基础上发展而来的职业社会学而非涂尔干理论中包括所有行业的"职业团体"，将军事职业同法律职业与医疗职业这样的现代化职业团体联系在一起进行分析，从而与社会分工中所形成的其他行业加以区分。他在此讨论的职业（profession）具有服务社会的"更高天职（higher calling）"，能够成为一种特定类型的使命（vocation）最显著的特征，是其专业能力（expertise）、责任（responsibility）与内部团结（corporateness）（页8）。

从这样的职业标准出发，军事职业以"对暴力进行管理"（the management of violence）作为其独有的专业能力。不具备这种专业能力而仅仅在军事组织中工作、提供其他辅助服务的人，则不属于军事职业。"对暴力进行管理"的独有技能来自于通识教育基础上进一步的学习与实践，这一界定使这种技能既不是通过机械劳动掌握的手艺，也不是来自于天赋的艺术（页13）。这种对职业范围的界定，类似于在法律职业中对司法机关的司法人员与司法辅助人员，或律所中的律师与秘书、信息管理等后勤支持人员的区分。而对技能性质的描述，也正类似于法律理论中将司法所依据的技能界定为"技艺理性"而非"自然理性"这一学术脉络。[1]法律理论语境中两种学术脉络的对峙，分别意味着法律职业借助于传统强化自身作为一个独立集团的垄断权力，抑或政治权力作为变革力量来建构更符合外部社会需求的法律秩序。[2] 而正如在法律语境中所表现的这种权力归属的差别，对军事技能的性质界定，也自然影响到军事权力究竟更多掌握在与社会相隔离的职业化集团手中，还是集团之外的政治力量手中。亨廷顿明确指出，军事职业不仅有独特的专业技能，还通过其独有的责任和内在的科层制组织自治同其他职业区分开，"生活与工作

---

〔1〕 关于"技艺理性"与"自然理性"之间的理论分歧与对立，及其背后所表现出来的不同权力之间的博弈，可以参见李猛："除魔的世界与禁欲者的守护神"，载李猛编：《韦伯：法律与价值》，上海人民出版社2001年版，第164—174页。

〔2〕 波斯纳分析了法理学学术发展史中涉及理性的一系列重要分歧，指出在自然法与实在法、形式主义与现实主义之间的不同进路，涉及司法主权与人民主权之间的权力之争。参见波斯纳：《法理学问题》，苏力译，中国政法大学出版社2002年版，第12—25页。

通常都和其他职业在很大程度上相隔离；从物理空间和社会空间来说，它与其他职业的人士几乎没有职业之外的联系。军官与外行的民间人员之间所存在的鸿沟，通过制服与军衔的象征公开展现出来。"（页16）既然对军事职业做出如此理解，那么军队就很难成为一个社会中获得普遍参与的民主群体，而是柏拉图所讨论的城邦守卫者那样具有同生产者和治国者不同材质的人。而从专业技能与权力之间的关联展开，也就必须进一步思考，这个同社会保持高度隔离的职业集团能否合理使用其权力，能否成为确保国家安全的积极力量而非消极威胁。当知识成为权力，社会通过给予职业共同体直接的社会控制权力而实现其对这一共同体实施的间接的社会控制。[1] 这种控制对于军事职业这个同暴力联系在一起的共同体是否仍然可能？

这种控制的必要性与可能性，在历史变迁中逐渐展现出来。"职业化军官集团的出现在西欧与北美制造出了军政关系这一现代性问题。"（页19）西方的传统社会中虽然也有军队，有军人，也需要对军队的忠诚度加以控制，但由于不存在清晰的军事职业分化，用业余军人与文官关系的视角来理解这一问题，对理解现代性问题并无多少意义。在这种业余时代的军队中，贵族占据着军官集团的绝对主流，他们并不将军事作为自己的专业领域，而只看作一种荣誉和社会地位的表现。这样的军事制度，其基础是封建贵族制。贵族制的社会结构与军事服役同征服紧密地结合在一起，军事权力与其他权力一样被各级分封的贵族分割，而对其的控制也就完全混同于王权与各级贵族之间复杂的制约关系。[2] 而在比较视野中对于不同军事制度的理解，事实上也就与社会的基本结构差异结合起来。军事制度的基础是社会结构，而军事技术与战术的革命又推动了社会结构的变迁。骑兵进行并决定一切战争的情形，被英国弓手、

---

〔1〕 William J. Goode, "Community Within a Community: The Professions", *American Sociological Review*, vol. 22, No. 2（Apr., 1957）, pp. 194-200. 转引自刘思达："职业自主性与国家干预——西方职业社会学研究述评"，载《社会学研究》2006年第1期。

〔2〕 参见马克·布洛赫：《封建社会》（下卷），李增洪等译，商务印书馆2004年版，第480—483页。

西欧步兵以及由阿拉伯传来的火炮终结了。[1] 以平民为主组成的步兵终结了骑士时代，步兵革命改变了西欧战争的方式，更改变了平民的社会地位，冲击了旧的社会等级秩序。[2] 在这样的背景下，需要有与新的军事技术相适应的军事制度，专业教育的准入基础取代了贵族血统，基于资历和功绩的晋升制度取代了金钱交易与门第荫庇，职业化军事制度得以建立起来。这样一种职业化的进程，通过亨廷顿的梳理，在普鲁士、法国、英国的历史中浮现出来，并最终以克劳塞维茨的《战争论》完成了理论自觉的建构。

二

亨廷顿在历史语境中对于军事职业的界定，为其提炼军事思维的理想类型提供了基础。正是基于军事制度逐渐职业化的历史演变的分析，亨廷顿得以超越对军事思维传统的、浅薄的认识，把握军事职业同世界独特的联系方式所形成的独特的认识世界的这一切入点，通过作为职业伦理的界定来探寻军事思维的实质。并且进一步指出职业化的军事伦理，是"非时间性与非地方性"的，只要没有对于军事功能内在本质的根本性替代，职业伦理的内容就不会改变（页60—61）。而这样一种职业化的军事伦理，则包含了军队对历史、社会、国家、安全、军事与政治等问题的根本性思考。这些思考，都是坚持以一种自觉的职业军人立场所展开的，而非混同于平民和文官的思考，亨廷顿以"保守的现实主义"作为对其最基本的总结。

正是基于对军事职业的界定，以及由此作出的对军事伦理的概括，

---

〔1〕 恩格斯："论封建社会的瓦解与民族国家的产生"，载《马克思恩格斯全集》第21卷，人民出版社1965年版，第455—457页。

〔2〕 许二斌："14世纪的步兵革命与西欧封建制的瓦解"，载《史学理论研究》2004年第4期。

亨廷顿对军政关系的理论命题进行了模型建构。这一模型的基本内容是关于"主观文官控制"与"客观文官控制"的区分。主观文官控制被定义为将能够控制军事权力的文官集团权力最大化地扩展，具体又表现为通过特定的政府机构、特定的社会阶层与特定的宪政结构的权力最大化来进行控制。而客观文官控制则是最大化军事职业主义，承认军事职业主义的自治，同时使之与政治绝缘并且中立（页80—84）。

在做出了清晰的二分之后，亨廷顿明确表达了客观文官控制的可欲性。主观文官控制试图通过削减军事力量来维护和平，却常常事与愿违，导致好战的文官集团扩张权力而刺激战争。而客观文官控制保证了军事职业的独立性，则以此使得军事职业既不尝试去干预政治，也能够保障国家的军事安全。这样一种论证，仍然立足于对"保守的现实主义"这一军事伦理的认知。"自古知兵非好战"，正是军人的这种态度，使之悲观看待战争的作用，不会激进地运用军事力量去追求政治目标，同时也对国家安全有更谨慎的认识，将国家安全的基础建立在强大的军事力量之上，而不会过于乐观地看待国际环境。

但是，客观文官控制的可欲性并不意味着在现实中的可能性。亨廷顿指出："即使在现代西方社会中，高水平的客观文官控制仍然是罕见的现象。"（页85）原因在于，实现军事职业主义与客观文官控制的最大化，所需要的条件涉及一系列复杂的变量。对于这些变量，亨廷顿以权力和意识形态两个层次进行衡量，前者的关键在于军官集团相对于社会中文官集团的权力，后者则关键在于职业主义军事伦理同社会其他主流政治意识形态的兼容性（页86）。通过这样两个层次的衡量，军政关系以军事权力、职业主义和意识形态不同形态的排列组合形成了五种基本模式。

军政关系的五种基本模式，展现出一种韦伯式的"理想类型"特征，关心的是解释历史事实的"文化含义"，以便能够在"混乱无序"中建构某种概念性的秩序，而非在事实和资料的帮助下重构过去。[1] 这种理想

---

〔1〕 迪尔克·克斯勒:《马克斯·韦伯的生平、著述及影响》，郭锋译，法律出版社2000年版，第219页。

类型的建构，也被认为是亨廷顿重要的方法论贡献，即提炼出"功能性要求"和"社会性要求"这两个自变量，以文官控制的模式作为中间变量、国家军事安全作为因变量，形成一种具有包容性的理论模型，能够提供关于军政关系问题的一般性理论解释。[1]

三

如果简单地理解亨廷顿这部著作的话，似乎可以在第四章即宣告结束。即提出了"主观文官控制—客观文官控制"这一理论模型，并且描述了五种基本模式，而且指出了客观文官控制是更具可欲性的军政关系模式。在本书的台湾版序言中，就以此作为对全书的基本概括。[2]

但如果仅止于此的话，亨廷顿的学术贡献就难以充分把握。理想类型的建构也并非仅仅立足于理论的抽象推衍，而是通过深入的历史分析实现的。亨廷顿以全书的大部分篇幅进行了历史梳理，事实上，本书三编的结构安排也可以做出一种更为简洁也更不均衡的重构：前四章提出基本理论命题，第五章直至最后都是在历史材料的梳理中展现各个变量的不同状态。对于德国和日本的历史比较，其意义在于对美国的参考价值，最终还是回到美国的具体语境下。亨廷顿所设计的理想模型，存在着鲜明的理想主义成分，但他所做的分析同时也是高度现实主义的。

尽管美国在其短暂的历史中赢得了绝大多数重要战争的胜利，但亨廷顿并未因此骄傲地从意识形态来理解美国的胜利，如同反联邦党人那样认定"一旦战争到来，靠得住的不是伟大的陆军或海军，而是美国精

---

〔1〕 See Suzanne C. Nielsen & Don M. Snider, eds., *American Civil-Military Relations: The Soldier and the State in a New Era*, The Joho Hopkins University Press, 2009. 转引自王永强："《亨廷顿之前和之后——军政关系研究方法的成熟》评介"，载《军事政治学研究》2014年第4辑。

〔2〕 参见《军人与国家：文武关系的理论与政治》译者序，洪陆训等译，时英出版社2006年版，第1—4页。

神，是那种支持美国的自由、真正阳刚的独立和热爱国家的美国精神"。[1] 相反，亨廷顿坦率地指出，无论是自由主义精神还是美国宪法，都并不能促成美国建立一种能够有效回应军事安全所需的军政关系。从意识形态的常态来看，在独立战争直至20世纪上半叶主导美国的自由主义不理解军事制度和军事职能，并且对其带有敌意（页144）。而与自由主义作为意识形态之常态相对应的是保守主义宪法塑造的制度结构常态，其模糊之处将政治和军事功能混合了起来，也不利于军事职业主义与客观文官控制的确立（页163—164）。

正是由于这样的背景，对于面临的战争考验，美国并非以一种自由主义的意识形态或保守主义的宪法所设计的稳定军政关系模式来一以贯之地应对，而是在历史变迁中不断调整实用主义的解决问题。实用主义的回应，在和平时期常常导致对军事的轻视，无论是在兵力规模、武器技术还是在财政投入与社会文化方面，都造成一支软弱的军事力量，以致不能真正有效地保障国家安全。例如在独立战争胜利之后不过半年，仅剩的700名美国陆军就被裁减到区区80名士兵与极少数军官（页143）。又例如，在内战之后"陆军的黑暗时代"和"海军的停滞时期"，海军军官因经济压力"简直就像害怕犯罪一样不敢在其舰船上使用蒸汽动力"，陆军则成了"在边境线上四处追捕印第安人的警察"（页228—229）。类似这样的时期，在美国历史中并非特例。在和平时期过于轻视军事的同时，战争时期又往往表现出军事力量的极度膨胀，不仅强大到足以击败一切外敌，并且还能在内政中充分发挥主导作用，并且在与文官存在冲突时处于上风。而这样一来，虽然军事上的安全得以解决，内政上的安全问题却又暴露出来。

针对历史变迁中表现出的这种"左倾"与"右倾"之间的波动，亨廷顿犀利地指出了其深层原因："美国军政关系的混乱，只是一种更深层弊病于体制上的反映：天真无知地希望，让美国人追求军事胜利来替代

---

[1] 斯托林：《反联邦党人赞成什么》，汪庆华译，北京大学出版社2006年版，第50—51页。

军事安全。"（页344）这样一种"天真无知地希望"，意味着美国并未形成"居安思危"的长期考虑，而是追求短期的一次性解决方案。正是由于这一点，亨廷顿此前的分析也就体现出不乏忧患意识。虽说此前的历次战争中这种军政关系的混乱并未导致失败，但人无远虑必有近忧，如果不能形成一种可长期行之有效的基本制度，则过去的胜利并不保证未来还能立于不败之地。而对此的有效对策，也就是以高度的军事职业化来形成客观文官控制，建立一支高度职业化的强大军队，专注于其军事职能，将文官对军队的干预和军官对政治的干预都降到最低程度。这一方案的可能性，来自于美国军人中诸如厄普顿与马汉这样的理论家和马歇尔与艾森豪威尔这样的统帅所做的长时间努力，亨廷顿对历史的梳理，正是为了指出这种努力的漫长与曲折。

通过对历史的梳理，给出的军政关系对策事实上也可谓"醉翁之意不在酒"。要想实现军事职业主义的客观文官控制，从根本上来看不取决于军方领导人与政治家的制度设计，而是需要美国在意识形态方面的根本性调整。美国不应继续将军队作为执行其自由主义意识形态的力量，而应当是一个坚持保守主义的职业化集团，这最终依赖于整个社会的价值观转型。"军事安全的必要条件就是，美国的基本价值观从自由主义转向保守主义。只有在这个具有同情理解的保守主义环境中，才能允许美国军方领导人将社会托付给他们的政治权力和社会生存不可或缺的军事职业主义结合在一起。"（页464）关注到这一论断的话，就可以发现，此前各章节漫长的铺垫最终是为了引出此种思考，而这也开启了亨廷顿在他三十多年后出版的那本更有名的著作中对西方文明的告诫，即不要为了自由主义宣称的普世理想而过度透支自己的力量进行帝国扩张，而是以保守主义的态度去保存自己的实力，以"有所为有所不为"的姿态维护西方文明的主导地位。[1] 正是因为这一点，《军人与国家》这本处女作，发出了亨廷顿作为一个极具洞察力的保守自由主义者的先声，从

---

〔1〕 参见亨廷顿：《文明的冲突与世界秩序的重建》，周琪等译，新华出版社2010年版。

而体现出他作为政治学家而非军事学家抑或历史学家的意义。

四

理解亨廷顿在全书最后所表达的这种"隐微教诲",也就能够更好地理解这本半个多世纪前的著作对于当下中国的意义。亨廷顿虽然在理论上进行了一般性的构建,但真正所要给出的并非关于军政关系的一个普遍适用的理想模型,而是立足于美国语境的高度现实主义分析。一个国家中理想的军政关系,不是由意识形态理想所设定的,而是由国家所面对的最基本安全形势决定的。美国式的军事职业化与客观文官控制,因而也并非能够放之四海而皆准地适用。

如果用比较的视角来看的话,中国传统社会中的军事职业分化程度更高,因而也更早地形成了处理军政关系的相关理论与制度,并且也在历史实践中体现出了其重要意义。在大部分时间内,儒家思想指引下的军政关系既保证了国家有一支较为强大、足以抵御外敌的军事力量,又能基本控制住军事力量不干预政治,保障了外部安全与内部稳定。[1] 而在传统社会的现代化转型过程中,尤其是在中国共产党领导的革命过程中,军事力量作为更早实现现代化与组织化的社会集团,实际上成为一种实施社会动员与社会整合、推动松散的传统社会组织化和现代化的重要力量,从而也需要针对这一特点来建构军政关系,而不能套用西方式的"职业军人与文官政治"二元框架。

因此,对于亨廷顿的解读,不应简单理解为提供了值得借鉴模仿的具体方案,需要在中国建立与之相似的客观文官控制。而是应当"得意忘象",认识到亨廷顿所指出的关键,即把军政关系嵌入社会整体秩序之中,围绕着社会应有的最核心意识形态来加以建构。借用亨廷顿另一部

---

〔1〕 李晟:"儒家政制传统中的军政关系——制度与思想的语境化理解",载《中外法学》2016 年第 5 期。

重要著作的篇名来说，那就是军事力量一定要清醒地认识到"我们是谁"（*Who Are We: The Challenges to America's National Identity*），并且为保卫"我们是谁"而战。"军人作为秩序的守护者，承担着沉重的职责。他们所能做出的最重要贡献就是坚持自我，带着沉默与勇气以军人的方式为国家服务。"（页466）正如美国军事力量应当以保守主义的立场审慎而坚定地捍卫"美国何以成为美国"，在中国，我们可以获得的借鉴是，军事力量也应当捍卫"中国何以成为中国"，坚持这个"人民共和国"的基本立场。宪法、法律以及与此相关联的其他各类型制度建构，都应以此作为基本立足点。

五

对于亨廷顿这部具有丰富内涵的著作，上述的分析仅仅是理解视角之一，不可避免带有个人浅显的理解。在为期两年的翻译中，不断感受到这部作品的经典意义，也一直很享受与其中具有洞察力的丰富思想的对话过程，当然也不可避免地会存在思想上或文字上的误读。翻译中，也看到亨廷顿对于马克思主义、共产主义以及东亚各国社会问题的不同于我们的理解。角度不同，善读有益。感谢田雷兄主持的《雅理译丛》提供了这个宝贵的机会，让我能够以这样一种方式与经典对话，进一步加深我对法律与军事这一主题的思考。感谢我的硕士生董化亮同学，他为本书录入了大部分尾注。作为参考的繁体版译本，也常常会给我更强的市场竞争的激励来追求更为准确妥当的表达，并且在比较之下获得一些小小的成就感，因此也向繁体版的译者们表示感谢。最后要感谢的，当然是本书未来的每一位读者，同时也为译本中存在的错误与不足预先向读者表达歉意。

李　晟

2016 年 12 月 31 日